REMARKABLE CONVERSATIONS

A guide to developing meaningful communication
with children and young adults who are deafblind

盲ろう児
コミュニケーション
教育・支援ガイド

豊かな「会話」の力を育むために

編著◉バーバラ・マイルズ／マリアンヌ・リジオ（パーキンス盲学校）

訳◉岡本 明／山下 志保／亀井 笑

協力◉社会福祉法人 全国盲ろう者協会
　　◉特定非営利活動法人 全国盲ろう児教育・支援協会

明石書店

REMARKABLE CONVERSATIONS
by Barbara Miles and Marianne Riggio
© 1999
Japanese translation published by arrangement with Perkins School for the Blind
through The English Agency (Japan) Ltd.

私たちは一人でできることはほんの少しですが、
皆で一緒になればとてもたくさんのことをできます。

ヘレン・ケラー

献呈

私たちの先生である、すべての子どもたちとその家族に
この本を捧げます。

目　次

謝　辞

　この本を作るための模索中に、個人的なまた専門的な協力をいただいたすべての人々に心からの感謝を捧げます。

　ヒルトン／パーキンスプログラムのディレクターのマイケル・コリンズさん。文章を仕上げていく過程で忍耐強く助言をいただき、また盲ろうの世界でのこの本の価値と重要性を高めてくださいました。

　パーキンス盲学校校長のケビン・ルサールさん。このプロジェクトに惜しみない支援と信託をいただきました。

　パーキンス盲学校のスタッフ、生徒さん方。このプロジェクトの進行過程全体で、ユーモアをもって真摯に対応してくれました。トム・ミラーさん、適切な指示と励ましをいただきました。また、パーキンス盲学校の乳幼児プログラムのスタッフ、ボランティア、家族、子どもたちは私たちとたくさんの楽しい夢を共有してくれました。

　ナンシー・ホーガンさん、原稿を何度も何度も何度も改訂するのを、巧みに、ユーモアをもって手伝ってくれました。

　ベスティ・マギンティさんとスティーヴン・ディヴィスさんは、DB-LINK（訳注　NCDB: National Information Clearinghouse on Children who are Deaf-Blind 盲ろうの子どもに関する全米情報収集センターの情報提供・広報部門）のサービスで私たちが参考資料や情報源を探す際に大変熱心に手伝ってくださいました。とくにスティーヴンさんの校正眼は素晴らしいものでした。

　私たちの専門校閲者のバーバラ・マクレッチーさんとサラ・ガーさんには、ここに書いたこと以上のことをたくさん教えていただきました。

　ヒルトン／パーキンス・ラテンアメリカ地域コーディネーターのスティーヴ・ペローさんは、楽しくサポートしてくれ、また、私たちがこの著作に没頭しているときに、愛犬ロージーをチーズバーガーを買いに連れていったり、散歩にいったりしてくれました。

　キンバリー・エムリックさんはこの本の最終作成段階をとても楽しいものにしてくれました。パト・ニーショフさんによる本のデザインは私たちが想像した以上に素晴らしいものです。

　ジョン・ケナードさんとキャロル・ベノアさんのおかげで、文章をより分かりやすくする写真を得ることができました。

　アン・ウォーレン・スミスさんのおかげで、私たちの話の流れがとてもスムーズになりました。家族、友人たちは皆、いつも私たちを元気づけてくれました。ヒルトン財団の惜しみないご支援によってこの本を完成することができました。

　私たちが深い心からの感謝を捧げたいのは、効果的な教育方法を教えていただき、それぞれの子どもたちへの日常の献身的活動から学ばせていただいた、世界中の盲ろう児の多くの先生方、ご両親、養護者の方々です。

序　文

　盲ろうの分野では長い間、コミュニケーションを育てるための包括的な本が望まれてきました。この課題に関してはたくさんの文献が書かれてきたのですが、多くは子どもや青少年やある年齢のグループの人とのコミュニケーションの特定の面に注目したものでした。それに対して、この本では、お母さんと赤ちゃんの初期の意思疎通のやり取りから、上級の学習者のより高度なニーズまでのコミュニケーションのすべての面に対して専門的分析をしています。人間同士の対話のすべての機能が示されているのです。

　ローラ・ブリッジマンとヘレン・ケラーが初めて教育を受けたときから今日まで、盲ろうの学習者のニーズについてや、これらのニーズが、重複感覚障害のためにいかに独特で特殊なものになっているかということについての多くの文献が書かれています。しかしながら、盲ろうの人が学べるようにし、最も効率良く学習できるようにする特別のアプローチが見逃されてしまう傾向がときどき見られます。高いレベルの教育者ですら、ときに「この盲ろう児の学習ニーズで何がそれほど特有なのですか」という質問をなげかけてくるのです。子どもが自らのコミュニケーション能力を発揮するために必要な、適応したコミュニケーションや教育方法についての充分な考慮がなされないまま教育された盲ろう児がたくさん見られます。

　この本は教育について考察する助けになります。とくに際立っているのは、この本が教育者によって教育者のために書かれたということです。この思慮に満ちた本から読者は、盲ろう障害が学習や生活においていかに大きな影響を与えるかについて、たくさんの知識を得ることができます。著者たちの仕事の明快で簡潔な実例を通して、またそれぞれの言葉で、子どもたちのニーズや教室での対応の仕方を明らかにしています。個々のケーススタディの実際的な例と組み合わされた理にかなった教育哲学や理論は、盲ろう児教育のあまり明白になっていない原則のいくつかを読者が把握する助けになります。この本の著者は、多数の子どもたちのために働いた多くの年月の直接的な経験を読者に分け与えてくれています。この情報は興味あるもので、かつ啓発的であるということが、著者のコミュニケーション教育の手法、とくに、コミュニケーションが盲ろう児の生活経験すべてにとって不可欠であるという彼らの適切な主張から分かります。手法を読者が理解するのに文章だけでは不充分な部分は、写真とイラストが補っています。

　パーキンス盲学校の盲ろうプログラムとヒルトン／パーキンスプログラムの5人の教育者によって書かれたこの本の紹介をすることは、私にとって大きな誇りです。彼らは、パーキンス盲学校で数十年にわたって盲ろう児のコミュニケーションニーズについて考えられていたことをうまく描き出しています。世界中の専門家のコミュニティのために、これらの原則が明快で簡潔な言葉で表されています。この本はこれから何十年間も盲ろうの分野での貴重な情報源となることは間違いありません。

マイケル・T・コリンズ

パーキンス盲学校、ヒルトン／パーキンスプログラム　ディレクター

マサチューセッツ州ウォータータウンにて

序　文
（日本語訳の出版に際して）

　本書は、パーキンス盲学校が出版した *Remarkable Conversations* を元筑波技術大学教授の岡本明氏および全国盲ろう者協会職員の山下志保氏およびパーキンス盲学校にて盲ろう教員研修プログラムを学んだ（2017〜2018）亀井笑氏が邦訳したものです。*Remarkable Conversations* は、今から20年以上前の1998年初版の書籍ですが、盲ろうの子どもたちのコミュニケーションを育むための包括的な内容は、今なお、輝きを放ち、指針となるものです。

　米国マサチューセッツ州にあるパーキンス盲学校は、米国で初めて公教育を受けた盲ろう者であるローラ・ブリッジマンやアン・サリバン、ヘレン・ケラーが学んだ学校で、視覚障害プログラム、盲ろうプログラムを有しています。また、海外の視覚障害児、盲ろう児、重複障害児支援を行っているパーキンス・インターナショナル（Perkins International）は、海外の教育関係者向け養成プログラム、エデュケーショナル・リーダーシップ・プログラム（ELP）を提供しています。*Remarkable Conversations* は、これら米国に限らず、世界に影響を与え、リードしている盲ろう教育の根本にある考え方、コミュニケーションについて、パーキンス盲学校で数十年、盲ろうプログラムに携わり、実践されてきた5人の教育者によって書かれている書籍です。ことば獲得前の養育者等との初期の意思疎通から、抽象的思考を表現する、といった段階までのコミュニケーションについて、個々のケースの専門的分析をし、実践する、そして、またその実践について分析を加えるといった理論と実践の往還の中で、具体性を持って、網羅的に書かれています。

　我が国においても、盲ろうの子どもたちのコミュニケーションの力を育てるための取組が学校や家庭等、さまざまな場所で行われ、実践が積みあげられてきました。コミュニケーション手段として、身体の動き、しぐさ、身振り、表情、視線、発声、音声言語、絵、写真、オブジェクトキュー、手話、拡大文字、点字といった多様な方法が用いられています。子どもたちの視覚と聴覚を始めとした身体的状況、抱えている困難を観察し、把握することで、子どもたちの持っている可能性を広げようといった取組が行われてきました。その中で、一方的に働きかけるのではなく、子どもとやりとりする中で、感情や思いを伝え合うこと、子ども自身が伝えたい、分かち合いたい、という気持ちを持つことがコミュニケーションの土台になることを共有してきました。そして、コミュニケーションを通じて、子どもが安心感や見通しを持ち、生活そのものが豊かに広がりのあるものになっていくことが大切なことであることも確認してきました。

　しかしながら、一人ひとりの障害の状態や生活経験、環境等も異なることから、取組事例の積み重ねを汎化することが難しく、盲ろうに関わる教職員や保護者からは、盲ろうの子どもたちのコミュニケーション獲得までの手だて等については、常に悩みとして出され、課題として挙げられてきています。

　こうした中で、本書が出版されることの意義は大きく、教育現場を始めとして、盲ろう児者に関わる方々にとっては、貴重なテキストとなると考えています。本書は、「第1章　コミュニケーションとは」から「第14章　質の高いサービスの構想を作る」まで経験に基づき、系統的に、そして俯瞰的に書かれています。盲ろう児者と目の前の様子や出来事、お互いの感情をどのように

共有していくのか、豊かなコミュニケーションとは何かといった根本を考えながら、日々の関わりに多くの示唆を与えてくれることを確信しています。盲ろうの子どもたちにとって、コミュニケーションは、周囲の世界とつながる手段です。盲ろうの子どもたちの世界が少しでも拡がることを願ってやみません。

　約3年に及ぶ邦訳に心血を注がれた岡本氏、そして、山下氏、亀井氏に心から敬意を表します。

筑波大学附属視覚特別支援学校校長
国立特別支援教育総合研究所特任研究員

星　祐子

概　要

　この本を読まれる方は、盲ろうの人について知る、あるいは、視覚、聴覚のどちらかまたは両方に障害のある人との何らかのコミュニケーションをするにあたって、運がいいと思います。ここで盲ろうという深刻な障害について語るときに「運がいい」という言葉を私たちが使ったことに驚かれるかもしれません。しかしこの本を書いている私たちとしては、運がいいと言うつもりです。盲ろうの人は私たちの日常をとても充実したものにしてくれています。私たちが彼らとのコミュニケーションの経験から学んだことには読者の皆様と共有できるものがたくさんあります。私たちの中には、30年以上この経験を積んだ人がいるのですから。

　私たちは、良いコミュニケーションは盲ろうの人との私たちの素晴らしい経験の中心的なものと考えていて、これを本書の重点として選んだ理由はそこにあります。読者は本の全体を通して、実在の盲ろうの人との私たちの実際の経験に基づいた話を読み取っていただけると思います。これらの話は、盲ろうの人やその家族との私たちのやり取りの活力の中で読者と分かちあうことができるように選び、編集しました。これらの話が、コミュニケーション豊かな環境を作るためのガイドラインと併せて、盲ろうの幼児、子ども、青少年との読者自身のやり取りに新しい洞察を得るのに役立つことを望みます。

　初めのいくつかの章には、先天盲ろうあるいは生まれて間もなく盲ろうとなった子どもへの教育プログラム策定の基礎的なことが示されています。その後の章では、読者に有意義な経験を提供する要点を、より具体的に、順を追って見ていきます。後半の章では、盲ろうの幼児、子ども、青少年への個々の教育サービスを提供するための基礎となる基本的論点をいくつかまとめました。

　読み終わった方が、この本にある話やイメージを仕事の中に取り込んでいただけることを望みます。そしてそれが、あなたが知り合うことに恵まれた子どもたちや若者たちとの関係の中で、大きく膨らむ喜びや満足を得る助けになりますように。

　　　「世界で最も素晴らしく、一番美しいものは、
　　　見ることも、触ることすらもできません。
　　　心の中に感じ取らなければなりません」
　　　　　　　　　　ヘレン・ケラー

第 1 章

コミュニケーションとは

バーバラ・マイルズ

1-1 つながりとしてのコミュニケーション

コミュニケーションとはどういう意味でしょう？　まず形式に則った言語の構造の中で言葉を使うこと、という答えが返ってくるでしょう。しかしコミュニケーションにはそれ以上の、もっと多くの意味があります。コミュニケーションは人が周りの環境やほかの人とつながるための道具です。コミュニケーションはお互いに手を差し伸ばす、「触れ合う」手段です。コミュニケーションを通じて、私たちはその言葉の最も重要な意味でつながります。コミュニケーションはつながることなのです。

盲ろうの人には、生きているどんなものとも同じように、つながる権利があります。盲ろうの人はでき得る最良の生活の質を持つ権利があります。彼らは人生全体において、社会の仲間として置かれ、ますます豊かで多様な手段で自身を表現できるのです。彼らは話したことを聴いてもらい、尊重される権利があります。しかし、それは言葉であったり、ジェスチャー、動作、声、手の動き、眼であったり、さらには沈黙であるかもしれないのです。

コミュニケーションには、その人が周囲と
つながるいろいろな種類の方法がある。

1-2 言語の獲得以前のコミュニケーション

きちんとした言語が始まる前に、すでに養護者と子どもの間の非言語的なつながりの複雑なシステムができています。すべての新生児には、重い障害のあるなしにかかわらず、子どもと母親の間のコミュニケーションの絆を強化するために作られたと思われる、特定の遺伝的なプログラムが与えられているのです。たとえば、生まれて間もない、眼が見える乳児は、ランダムなデザインの絵よりも顔の絵を好むようになっていて、それによって、子どもはランダムに何かを見つめるよりも、対面でのアイコンタクトを好むようにされています。結果として、コミュニケーションの機会が最大化されるのです。

新生児には、「突進－休止」吸てつ反射（"burst-pause" sucking reflex）と呼ばれるプログラムが組み込まれていることが心理言語学者によって明らかにされています。おっぱいや哺乳瓶を与えられた新生児は突発的に吸いついたあと、自然に休みを置きます。この休止の効果は、母親あるいは養護者が休止中に乳児との対話にも似たやり取りをできることです。母親あるいは養護者は、乳児がまたお乳を吸い始めるようにするために、この休止の間に子どもをあやしたり、押したりしなければなりません。この行ったり来たりです。きちんとした言葉ではありませんが、ここではすでに一種の会話が始まっています。二人は対話の中にいます。非常に原始的な、非言語的な方法でのコミュニケーションをしているのです。

生まれて数ヶ月から数年の子どもの生活で、子どもと養護者の間の非言語的な対話は、複雑になっていきます。いきます。子どもは最初の言葉を発することができるようになる前に、いろいろな方法で自分自身を表現することができるようになっています。それは、笑う、泣く、顔の表情、筋肉の緊張や弛緩、手を伸ばしたり指差したりするなどのジェスチャー、人や物の方を向いたりそっぽを向いたりする頭や体の動き、そのほかたくさんの種類の「行動」（たとえば、何かをするのを拒んだり、言葉を使わない思い通りのあらゆる手段で欲しいものを得ようとしたり）によるものです。幼い子どもが遊ぶゲームの多くは実際のところ非言語的な対話の形をとっているのです。「いないいないばあっ」のような遊びには往復のやり取りが入っています。これらのすべてはコミュニケーションの形態をとっていて、子どもに感覚障害があるか無いかにかかわらず、いろいろな組み合わせで起こります。

きちんとした言語が始まる前に、すでに養護者と子ども間の非言語的なつながりの複雑なシステムができている。

1-3 言語によるコミュニケーション

よりきちんとした、体系化されたコミュニケーションである言語は、この非言語的な会話から発達してきます。これは、子どもと養護者の間の関わりや、言語に常に触れている状態の結果として発達するのです。普通に聴こえる子どもは、最初の言葉、あるいはそれに近いものを発する前に、声に出された言葉を計りきれないほど多くの時間聴いています。その言葉は、非言語的なやり取りがすでに確立していて、役に立つようになっている関係の中での文脈で出てくるので、子どもは聴いた言葉に意味を結びつけることを学ぶのです。

1-3-1 考えを表現する

言語は単なる形ではなく、私たちがコミュニケーションと呼ぶもの全体の中の一部です。言語は記号的なコミュニケーションであり、記号的であることから、非言語的な形のコミュニケーションには無いある種の機能を持っています。言語は概念的なものです。物理的に存在しないものを指すのにも使われます。過去や将来のことを話すことができます。物理的な実体が無い概念やアイデアを語るのにも使えます。感情（幸福、怒り、愛）、物の種類（野菜、動物、家具）、抽象的な考え（希望、正義、欲望）などを示すことができます。

言語によって私たちの考える力が増え、より複雑になり、そして人と対話する能力が拡大されます。ものごとを示す言葉を知るまでは表せなかったことを表現することができます。ものを示す語彙を増やしていくと、より一層正確に世の中を見ることができるので、私たちの理解は変わ

言語はより複雑な対話をする能力を拡大する。

るでしょう。おそらく私たちの理解力は変わるので、私たちはより一層正確に世の中を見ることができるでしょう。「あの鳥を見て」というのは「ああ、あれはカージナルだよ。あれはアオカケス（blue jay）。あれは赤褐色トウヒチョウ（rufous-sided towhee）」のように変わっていきます。この見方の精密さは文字通りの視覚だけではなく、目の見えない人にとっての視覚である触覚によっても起こります。「このいすに触ってみて」は、「はい、肘掛いす。これは籐いす。チペンデール風のいすです」になっていきます。

1-3-2　感情の表現

　物理的な物への私たちの知覚は、物により正確な名前を付けることができたら鋭くなるでしょう。感情についても同じです。「欲求不満」という単語を習うと、以前は漠然とした、不快だった感情とのまったく新しい関係が生み出されるでしょう。その感情に合った言葉を知ると、ただ怒りを爆発させたり、くじけて無抵抗になってしまったりするのではなく、その不快な気持ちを、一種の興味を持って受け入れることができるでしょう。その上、私たちはその感情を、行動で表す必要もなく、他の人に伝えることができるのです。心の内部の感情状態を表す言葉を持つと、私たちが他の人から理解されていることや、他の人を理解していることを知ることで、その人たちとのつながりを強めることができます。

1-3-3　いろいろなできごとの間の関係を理解する

　私たちは言葉を学習するだけでなく、文法的な構造も学び、これによって物、人々、できごとの間の関係を表すことができるようになります。私たちは、たとえば誰かが「明日、外が暖かかったら泳ぎに行く。でも寒かったら建物の中にいてバスケットボールをやる」と言ったらそれを理解できます。この理解からさらに大きな柔軟性が得られます。私たちは単に気づかないままに生活の中で起こることにぶつかるのではなく、今やそれを期待する方法を持ち、変化していく生活の状況の間のいろいろな関係を理解する方法を持つことになるのです。力は理解から生じます。今や、私たちは「明日、暖かくても建物の中にいることにする」と言えるのです。私たちは、生活への関わりについてのやり取りを開始し、好き嫌い、ニーズや興味をますます複雑で正確な方法で表現することができるのです。ひとたび私たちがそれをやる仕組みを知ると、質問をし、情報を要求し、そして多くのことについての好奇心を満足させることができます。豊かで正確な言葉と文法が増えていくと、生活に対してますます豊かな価値ある関わりをしていけるようになります。

　生き生きとした創造性のもとになっていく、より豊かな、変化に富んだ内部的活力もまた発達します。より複雑な言語があると、さらなる精密さ、違いの識別、喜びをもって何かを不思議だ

と思ったり、想像したり、夢見たり、希望を持ったり（おそらく、気をもんだり、考え込んだりも）することができます。これは、言語が発達するに伴ってその人の外部世界との関係が豊かになっていくのとほぼ同じように起こります。これらすべては私たちが読み書きを学習する以前にさえ起こります。つまり、音声または記号言語をちょっと獲得するだけで起こるのです。

1-3-4 読み書き

読んだり書いたりすることはさらに多くの扉を開きます。読むことができると、人が物理的に存在していなくても、情報のやり取りにアクセスできます。また、世界中の遠くの場所、数世紀前の人々の考え、物の作り方の説明、旅行の案内、人の創作力から出てくる物語などについて知ることができます。自由に読むことができるので、私たちの知識や楽しみへのニーズは止むことがありません。そして、書くことは、離れたところにいる人々に自分の考えや経験を伝える力を与えてくれます。この文章を書くことで、私たち著者は、盲ろうの人とのコミュニケーションの経験をあなた方、つまり読者に伝えることができるのです。何らかの方法（たとえばタイプライタ、点字）で書くことができる盲ろうの人は、たとえ相手が手話を知らなかったり、離れたところにいたとしても、他の人に情報を伝えることができます。

言語（読み書きを含めて）によって、私たちを取り巻く世界に向かってより広く、より深く手を伸ばす力が拡がります。これは見える、聴こえる場合には当然ですが、もし私たちが視覚や聴覚のどちらか、あるいは両方を失った場合にも言え、さらにはより重要でさえあります。視覚あるいは聴覚を失った人々は言葉へのアクセスが大幅に制限されます。盲ろうということから起こる疎外に対処するためには、その人がつながりを持ち、情報を集め、自分自身を表現するための別の手段をできる限りたくさん持つことが大切です。言語（読み書きを含めて）は、まさに幸いにもそれを教えられ、またそれを使うことを学習できる感覚障害のある人々にとって必要不可欠な道を提供するのです。

読んだり書いたりすることで、相手がそこにいなくても情報のやり取りをすることができる。

1-4 盲ろうの人のコミュニケーションの重要さ

盲ろうの人が正式な言語体系あるいは読み書きを学習できるかどうかにかかわらず、コミュニケーションは必要不可欠なものです。私たちはコミュニケーションには単なる言語以上のものがあることを見てきました。それには、人を自分の周囲や生活様式と結びつける多種多様なやり方があるのです。

コミュニケーションは、それが発達しうるどのようなレベルにおいても大きな価値があるもの

です。ごく制限されたコミュニケーション能力しか持てなくても、生活はより良くなります。盲ろうの人の、伝える——会話する——能力を最大限にすることで、その人が生活様式の中に可能な限り仲間入りできるようになります。また自分自身の生活をコントロールする可能性が与えられます。力が与えられ、自分や他の人に起こることを左右できるようになるのです。

1-4-1 教育者の責務

　盲ろうの人に上手にコミュニケーションする方法を教えるという私たちの責務を認識するということには、大きな意味合いがあります。できる限りその盲ろうの人を生活の流れの中に取り込んでいくことを確約することが前提条件とされます。この確約を真摯に受け止めていくには、その盲ろうの人の、ほかの人や周囲環境とのやり取りはもとより、私たちとのすべてのやり取りも観察しなければなりません。コミュニケーションのゴールが、あたかも生徒たちの生活や教育プログラムから分離された部分であるとするような取り組みはできません。コミュニケーションは、認知的、社会的、情動的、職能的、さらには身体的な発達の中に組み込まれています。生徒のコミュニケーションのニーズを明瞭に考えることは、その他のすべてのニーズについて明瞭に考えることでもあります。盲ろうの子どもたちや大人がコミュニケーション能力を向上するのを支援するということは、すべての分野においてその人の生活の質を拡大することです。これは決して小さな仕事ではありません。

　コミュニケーションスキルは、盲ろうの人にとって容易に得られるものではありません。私たちの多くが周囲と初めてのつながりを持つために使う二つの感覚から得られる情報が、盲ろうの人には歪んでいるか、まったく無いのです。彼らがつながりについて学ぶのを支援することは、彼らにとっても、また彼らの先生である私たちにとっても難しいのですが、私たちはそれをやらなければなりません。盲ろうの人たちもできる限り自分自身の考えを表現する資格があるからです。

　また、見えて聴こえる人には、盲ろうの人が言わんとすることを聴く特権があります。盲ろうの人の人生経験はユニークなものです。私たち皆を世界とつないでいる感覚能力が無い、あるいは欠けているという、驚くべき経験です。盲ろうの人は異なる方法でつながっています。彼らは、見えて聴こえる人が知らないものを知っているのです。盲ろうの人一人ひとりが何かしら貢献できるものを持っています。そして彼らの貢献を受け入れる必要があります。社会全体が盲ろうの人に対してオープンでなければなりませんし、誰もが利を得られるようにするために、彼ら一人ひとりと可能な限り完全にコミュニケーションする必要があります。

1-4-2　一人ひとりについて知る

　個々の盲ろうの人を知ると、さらにたくさんの知識が得られます。盲ろうの人や子どもとのコミュニケーションは、原則や手法だけに則って行われるものではありません。具体的な人や状況についてもお話しましょう。そのために、盲ろうの人とのコミュニケーションについての議論を始めるにあたって、ここで何人かの盲ろうの人をご紹介したいと思います。この人たちは今、10代の人たちで、数年の学校生活の只中にあり、まだ成人としての人生には至っていません（訳注　本書が書かれた1900年代の終わりに10代ということで、2021年の現在では30歳、40歳代になる）。読者は以下の説明を読んで個々の人について知るにつれ、この人は小さいころはどんな子どもだったのか、あるいは大人になったらどうなるのだろうかなどを思い巡らせたいと思われるでしょう。この本ではこれらの人たちの初めのころと後の生活を簡単にご紹介していますので、後

にその推測と実際の状況を突き合わせてチェックすることができるようになっています。読者は、彼らの可能性や受ける制限についての自分の考えが楽観的すぎたか、あるいは狭く見すぎていたかどうかが分かると思います。そうすることによって、盲ろうの人や子どもについてどんな期待やイメージを持っているのかをよりはっきり知ることができるようになるでしょう。読者は、これを書いている私たちも同様ですが、これから知ることになる個々の盲ろうの人へのイメージを現実に合わせて変えていけるということが分かるでしょう。

　ここに、私たちの友人である盲ろうの人たち4人の10代の様子をご紹介します。彼らについての話の中には、あなたが知っている生徒の姿が垣間見られるものがあるかもしれません。

ジェイソン

　ジェイソンは14歳。彼は背が高く、体格の良い、しかし見た目が幼い少年です。もし体格がそうでなかったら、彼は10歳くらいに見えるでしょう。彼は近視用の分厚い眼鏡をかけ、中・重度のレベルの聴力低下を補正する補聴器を使っています。廊下で彼とすれ違って、「ハロー」と手話で示すと、彼は無視したようにしてエレベータに向かっていき、その間ずっと微笑んでいますが、やがて何度も何度も大きな動きをして「エレベータ」という手話を始めると思います。彼の手話になじみが無いと、何を言っているのか分からないと思います。彼の手話は、エレベータ、コピー機、カメラのようにとくに彼が夢中になっているものについて話すときには速いのです。

　ジェイソンはどんな機械でも大好きです。放っておくと彼は一日中エレベータの前に立ってボタンを押しているでしょう。あるいは、コピー機が光って、コピーが終わると消えるのを数時間も見続けるでしょう。週に1回、授業でジェイソンは先生が必要とするコピーを取る仕事をします。コピー機のあるところまで廊下を通って行くとき、笑いながら、独り言を言いながら、大股で走っていく様子からも、彼がこの仕事をとても楽しんでいることが分かります。彼は話そうとするとき、しわがれた音を出します。好きな音は「ダー」で、これは日に何回も、とくにコピー仕事をするときのように興奮したときに使います。

　ジェイソンの表出言語のほとんどは手話です。彼は短い手話の文章を真似ることはできますが、自分では二つ以上の単語をつなげて使うことはめったにありません。よくやるのは、いつも彼の頭の中にあると思われる機械や、家族や先生のように彼にとって大切な人たちをただ挙げることです。もし彼が二つの言葉を一緒に使うとしたら、それは通常は、「明日、エレベータ」、「金曜日、家」、「コピー機、光」のように、考えを簡素に表わしたものです。

　ジェイソンは教室ではかなり協調的ですが、何かをやりたくないときにはとても頑固になることがあります。彼は書き物を使う授業がとても嫌いで、ときには拒みます。彼は、自分自身のことや自分の経験について書かれたものであれば、ごく短い文章を読むのは好きですが、それはたいていはすでに暗記していたもので、同じ文字で始まる単語はたびたび混同してしまいます（彼は読みやすい大きな字を要求します）。彼は覚えている数単語を書けるのですが、文字は大きく書きます。いくつかの文字はときにくっついてしまいますし、「b」が「d」になるように逆さまになることがよくあります。絵を描くのは好きで、とくに機械の絵が好きです。そして彼が自主的に字を書くのは、ほとんどが描いた絵にラベルを付けるときです。先生が最もイライラするのは、言おうとしていることに彼が注意を払わないときです。彼はぼんやりと見上げていて勉強に集中せず、一人でただ微笑んでいるのです。

　機械に夢中のジェイソンですが、彼はとても優しくもあるのです。ジェイソンには見境なく誰とでもハグする性向があるので、今年、学校では不適切なハグをしないこと、という規則を作ら

なければなりませんでした。彼はとくに小さい子どもが好きなのですが、彼の強いハグはときに子どもたちを怖がらせてしまいます。今、彼は自分の衝動をコントロールできるようにすることを始めており、もしそれを覚えていれば、彼はハグしに駆け寄るのではなく、握手をしようと手を伸ばすでしょう。

ヴィヴィアン

　ヴィヴィアンは16歳です。彼女はか細く、肌は青白く、なで肩です。実際の歳よりも上に見えます。歩くとき、頭を一方（右）に傾け、何度も右の眼のところに手を持っていきます。そうして2本の指の間から覗き見ると物がよく見えることを知っているのです。片方の眼しか視力がありませんが、それも強度の近視です。もう一方の眼は、2年前に摘出した眼球の代わりに入れた義眼です。彼女は取り出した方の眼では物を見ることはありませんでした。小さいころに損傷したからです。おそらく事故でと思われますが、それについてはっきりした記録はありません。

　彼女は補聴器も使っています。セーターの上にひもで付けているのが本体で、その両側から耳に着けたイヤーモールドに線がつながれています。

　近くでヴィヴィアンを見ると、離れていたときに思っていたよりも若いことが分かります。あなたが微笑んでいると彼女もすぐ微笑んだり笑ったりし、そのとき顔がパッと明るくなり、彼女が10代なのだと分かるのです。しかし、もしなにか反対するような様子を見せると、彼女は心配そうになったり、泣き出したりします。

　ほとんど毎朝、彼女はなにか体の不調を訴えながら教室に入ってきます。よく頭や胃を指差して「痛い」と手話で言います。彼女が遅刻した場合、先生は学校の看護師のところに電話をすればいいことを分かっています。ヴィヴィアンはよく困っていることを看護師に話しに行くのです。看護師は手話は知りませんが、ヴィヴィアンは紙を折って鼻を1インチのところまで近づけて絵を描いたり、看護師に分かるように単語を書いてみたりします。ヴィヴィアンが覚えているスペリングはあまり正しくなく、hrut（hurt の意味）、haed（head の意味）などと書いたりします。看護師は辛抱強く聴いたり見たりしてから、ヴィヴィアンにいつものビタミンを持たせて教室に連れて行くのです。

　ヴィヴィアンは学校で先生を喜ばせようと一所懸命で、認めてもらうために、よく先生に触ったり見つめたりします。彼女は先生とのコミュニケーションに手話を使いますが、一度もちゃんと習ったことがないのに、彼女の手話構造は ASL（American Sign Language アメリカ手話　訳注　独立した言語としての手話。第7章参照）のものです。手話をするとき、彼女はジェスチャーと指差しを多用します。また、指で空間に絵を描きます。たとえば、ある人について話すとき、その人の仮のモデルとして、自分の頭に手でその人の髪の毛をかたち作るのです。促されると、彼女は英語の構造で簡単な文章を作ることができます。でもたいていは2、3単語のフレーズを基にしたものです。彼女は、自分にとって大切なことについて話そうとするとき、活気づきます。そして、絵や短い単語、フレーズを書こうとして興奮気味に、また緊張気味に手元にある紙と鉛筆に手を伸ばします。彼女は相手が正しく理解していることを確認するためには何でもやるのです。この年齢で彼女の手話のボキャブラリは約500語あるので、自分に関するほとんどのことがらを理解することができます。彼女は自分の感情をきちんと表現するのに、まだ少し難しいところがあります。感情を示す単語はほんの少ししか持ってないのですが、絶えず変わるボディランゲージや顔の表情から、彼女はいろいろ複雑な感情を持っているのだろうと分かるのです。

先生は彼女に、大人になったときに必要になると思われるコミュニケーション装置を使うことを教えようとし始めています。ヴィヴィアンは書き言葉が得意ではありません。とくに、拡大文字ディスプレイつきのTDD（Telecommunication Device for the Deaf　聴覚障害者のための通信用タイプライタ）を使って文を読み書きするとなると、自信がないのです。彼女はこういう授業ではすぐイライラし始め、よく泣き出すのです。

　ヴィヴィアンは小さな子どもが好きで、週に1回、朝に就学前クラスで手伝いをしています。彼女には言葉を使わない表現力があるので、3、4歳の子どもにとって格好の遊び友達になるのです。子どもたちがぐずったりすると、彼女は叩いたり慰めたりして母親のように振舞います。それ以外のときには、子どもたちの大騒ぎや人形遊びに加わってはしゃいでいます。

　ヴィヴィアンは週1回の料理教室も好きです。彼女はいつも「ままごと遊び」を楽しんでいますが、料理教室での彼女はその延長にいるように見えるでしょう——とても真剣になり、集中するのです。ヴィヴィアンはあまり神経質になっていないときには、絵に描いた簡単なレシピに従ってやることができます。ときどきイライラし、やることに集中しなくなることがありますが、そんなときには、先生が穏やかに話を聞こうとしても、ヴィヴィアンがレシピのどこでつまずいているのか、探しているものは何かなどを言えるまでには、5、6回は尋ねなければならないのです。

ジュリア

　ジュリアは15歳です。彼女は茶色の縮れ毛で、かわいらしい顔つきをしています。まぶしい光で眼が傷つくので、いつも黒い眼鏡をかけていなければなりません。室内でも、とくに外からのギラギラした光が強い春や夏には、長い時間かけなければならないのです。彼女は重度の難聴で、ほとんど全盲です。彼女の弱い残存視力ではあなたの姿が見えないので、話しかけるときには、まず自分がいることを伝える必要があります。話すには手話が必要ですが、彼女にあなたの手を触らせて手話をしなければなりません。おそらく最初に感じるのは、彼女の触り方が鳥の羽のように軽いということでしょう。彼女は手話を苦も無く、丁寧に読み取ります。

　話をするとき、彼女は細かい注意を払っています。彼女は注意散漫になることはなく、また、一所懸命読み取ろうとして質問をたくさんしてくることからも分かります。さらに、前の週に話したことについて、数日後に聞いてくることもあって、驚かされるでしょう。たとえば、あなたの友達が訪ねてくることを話していたとすると、彼女はその人がまだあなたの家にいるのかどうかを聞いたりします。昨日あなたが会議に出席したことを知っていたら、たぶんそれについて聞いてくるでしょう。彼女のこのような注目の仕方には、本物の気配りがあるように思えます（これは彼女の心の動きの優しさ、接し方の質なのか、あるいはあなたが表したことに対して彼女ができることを一所懸命確かめようとする方法なのか？　おそらくこれらのすべてなのでしょう）。

　彼女の手話は、ほとんど英語の構造を使い、簡素な完成文で、注意深く表現します。彼女は複文をいくつか使いますが、重文は多くありません。彼女は自分の言葉に誇りを持っていて、一所懸命勉強しています。充分に習えていないと思ったときには、学校で勉強したいと頼んできます。

　彼女は読むことには苦労しています。黒い字で大きく書いたもの以外は読めません。それですら、適切な照明が必要で、鼻を紙から1インチまで近づけるのです。この距離で一度に見えるのはたった1単語で、単語が長いときにはそれもできません。ですから彼女の読み取りはとても遅いのです。さらに、ジュリアにとって文を理解するのは難しいのです。文の最後まで読んできたとき、とくにそれが長い文のときには、最初の方を覚えておくのは難しいからです。数年にわ

たって、何人かの先生たちが彼女に点字を読むことを教えようとしました。それには彼女はあまり熱心ではなく、努力に見合った進歩はありませんでした。先生に聞いてみても、15歳になった今となってはジュリアは大きな文字の大人向けの書物が簡単に読めるようにはならないし、それを大いに楽しむこともないと答えるでしょう。今現在、彼女が理解していないことが多すぎます。彼女は読むのが遅いだけでなく、たくさんの単語について質問してきます。彼女が触れたことのない語彙は実に多く、したことのない人生経験もたくさん（テレビも映画も見たことがなく、ラジオも聴いたことがないのです）あり、また彼女はとても好奇心が強いので、読みの授業のとき、一つのパラグラフを終えるのに長い時間をかけてディスカッションすることがよくあります。

　でも、ジュリアはこれらの授業を楽しんでいます。彼女は真面目です。またクラスメイトと付き合うのを楽しんでいます。そして自分で見ることができないため、どんなことが起こっているのかをいつも聞くのです。噂話も好きで、友達にほかの10代の子や先生や以前の先生のことを話します。彼女には同じように盲ろうの（しかしかなり見える）親友が一人います。彼女たちが、放課後に一緒にいて、話したり、雑誌を見たり（見える方の女の子がジュリアに絵を説明）しているのをよく見かけます。

メアリー

　メアリー、14歳はピクシーヘア（訳注　1950年代に流行した短く刈り込んだ女性の髪形）をした小柄な女性です。彼女は表情豊かな口元をしています。笑顔もふくれっ面もともに迫力があります。脳性まひで手足の動きが限られているので、歩くのはゆっくりです。長い距離を歩く力はまだありません。母親が明るい赤色のベビーカーを買ってくれたので、メアリーは母親がジョギングしたり散歩したりするとき一緒についていくことができます。メアリーは膝を少し曲げて足を広げて引きずって歩きます。歩くとき、彼女の頭は下がっています（足を見ているのかもしれません）。彼女は4年間ほど住んでいた里親の家のあたりへの道はよく知っています。キッチンは間違いなく大好きな場所です！

　メアリーは家で養母、妹、シッターと「手重ねドン！ゲーム」（訳注　交代で手を重ねていって、一番下の人が手を引き抜いて上の人の手を叩く。上の人は叩かれないように逃げるが、叩かれたら負け）を楽しんでいます。彼女は居間の自分専用の場所である、ポリ塩化ビニルパイプで作られた小さな家に入っているのが好きです（彼女はパイプのような形のものが好きなのです）。そこの床には赤いクッションがあり、好きなもの（クリスマスの豆電球、光る飾り、筒など）がたくさん吊るされています。彼女はそのおもちゃの家に妹が加わってくると、色とりどりのものをみんな見せられるので、ことさら楽しくなります。おもちゃ箱の中には、明るい色のプラスチックの鎖、フラフープ（彼女はその輪から逆さまに見るのが好き）、プラスチックのテニスラケットなどがいっぱいです（彼女はテニスラケットの網から見るのが好きで、とくに車に乗っているとき窓から外を見るのが好きです）。メアリーは大好きなミッキーマウス人形も持っています。たぶん、よく行ったディズニーワールドのことを思い出すのでしょう。

　メアリーの母親はオブジェクトコミュニケーションボードを持っています。そこには、学校やベッドへ行く支度をする意味の歯ブラシ、トイレへ行くときのトイレットペーパーの芯、食事時間のお椀（いつも彼女が食べるときに使うのと同じもの）、飲み物のコップ（食事以外のとき）、寝る時刻の小さなテディベア、車に乗るときのシートベルトのバックルなどが下がっています。オブジェクトを渡されると、彼女はそれを使う場所に持っていきます。でもまだトイレやテディベアとはうまく結びついていません。

たまにメアリーはキッチンで眼の高さに吊るされているボードからオブジェクトを取り、それに関係した行動をする場所へ行きます。オブジェクトを取らずにそこへ行くこともあります。ときには、ボードのオブジェクトを使わずに食器棚のところへ行き、お椀やコップを取ってテーブルへ持っていきます。こういうとき、母親はメアリーが望んでいるものを与えるのにちょっと苦労します。

　メアリーは現在、約10の簡単な手話を理解できます。たとえば母親が「食べる」という手話をすると、テーブルのところに歩いて行って、いすに座ります。脳性まひの影響で手をうまく動かす力が無いので、自分から手話をするのは困難です。学校で彼女は、トイレへ行きたい、ということを示すジェスチャーを使い始めています。メアリーは、このジェスチャーを、やりたくないことから逃げるのに使えることを、実に賢く見つけ出したのです。

　メアリーは家の近くの、重複障害のある子どものための共同学習教室に通っています。彼女は教室での日課（ルーチン）をとても満足していて、活動が変わるたびにほかの子どもたちが立ち上がっていすを動かすのについていきます。彼女には気に入った友達がいて、隣に座りたがり、そばにその友達がいると微笑んでいます。とくに職業訓練教室にいる一人の少年が気に入っているようです。彼はメアリーを見守っていて、できるときにはいつも助けています。彼女がコートを着ようとするとき、彼はそれが脳性まひのために難しいことを知っていて、そばで袖を持ってあげるのです。

　ここ数年、メアリーの聴力低下が大きくなっていることは分かっていましたが、視力低下もまた起こっていることが分かったのはごく最近のことです（彼女が躓くのは脳性まひのせいだけだと思われていて、はっきり見えていないということはまったく考えられていなかったのです）。最終的に彼女は、重複障害のある子どもの診断に特化した病院で綿密な弱視の診察を受けました。新しい眼鏡を着けると彼女は頭を上げていることが以前よりずっと多くなりました。

　ここに書いた物語を読んで知った子どもたちや、この本を通じて知ることになる人たちは、みな実在の人々だということを頭に置いておいてください。一人ひとりはそれぞれの個性を持ち、それぞれの方法でコミュニケーションするのです。個々の盲ろうの人を知ることがなければ私たちは盲ろうということや課題についての真の理解を深めることはできません。この本を通じて、子どもたちのコミュニケーションスキルの上達を支援するとき、一人ひとりの子どもに倣うことがいかに大切かという実例を見ることができるでしょう。すべての子どもに当てはまるたった一つの手法など無いことも分かるでしょう。手法は個々に対応して変えなければならないとはいえ、これらの人たちについて考えるときは、彼らが共通して持っていることを包括的に捉えなければなりません。一人ひとりが私たちの尊敬に値します。一人ひとりを理解するための努力をする価値があるのです。

　次の章では、理解を深めるために、対象とする集団を定め、盲ろうの人にはどのような特性が共通なのかを議論しましょう。そして最後に、感覚喪失が人間のコミュニケーション能力に具体的にどう影響するかを示します。

［参考文献・資料］

Chen, D. (1994). Early social interactions. ReSources. San Francisco, CA: San Francisco State University.

Goetz, L., Guess, D., & Stremel-Campbell, K. (Eds.) (1988). *Innovative program design for individuals with dual sensory impairments*. Baltimore, MD: Paul H. Brookes.

Schachter, P., & Chen, D. (1995). *Making the most of early communication*. [Video and discussion guide].

Northridge, CA: California State University.

Wood, B. (1976). *Children and communication: Verbal and non-verbal language development*. Englewood Cliffs, NJ: Prentice-Hall.

第 2 章

盲ろうを理解する

バーバラ・マイルズ、マリアンヌ・リジオ

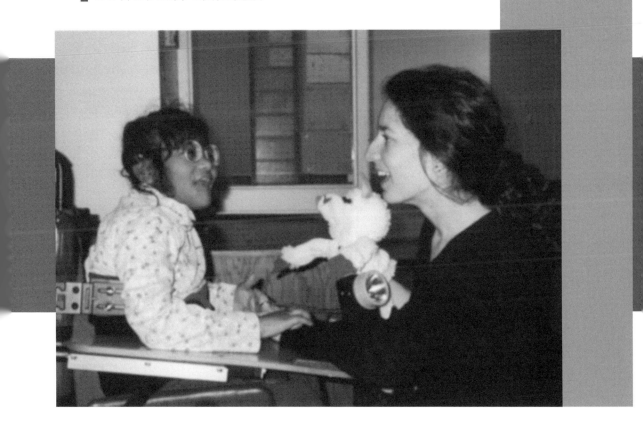

2-1 盲ろうの人々の多様性

　盲ろうの人がそれぞれの最大限の力でコミュニケーションできるように支援するためには、私たちは盲ろうということと、それがコミュニケーションにどう影響するかを知る必要があります。まず、盲ろうとはそもそもどういうことでしょうか、盲ろうの人とはどういう人でしょうか。

　人はごく一般的な感覚から、盲ろうの人とは、見ることも聴くこともできない人のことです、とまず言うでしょう。しかし、聴覚障害や視覚障害の人と出会ったことがある人ならだれでも知っているように、その障害の程度はさまざまなのです。多少の差はあるにせよ視覚または聴覚（あるいはその両方）に重度の障害のある人がいます。そしてその視力喪失、聴力喪失の種類も異なります。さらに、いろいろな種類の視覚障害、聴覚障害があります。そこで、次のような疑問が生じます。聴覚・視覚障害のどのような程度や種類の、どのような組み合わせが、私たちが「盲ろう」と呼ぶ障害になるのでしょうか？

　この章では、盲ろうがどう定義されるかを考察し、私たちが盲ろうと呼ぶ人々の多様性を探索して、この障害が個々人に与える影響について詳しく見ていきます。最も重要なことですが、盲ろうという障害の固有の特性と、それが個々の人のコミュニケーション能力に与える影響を考察していきたいと思います。

2-2 集団を定める

　私たちの目的にとって、また法的にも盲ろうの定義は第一に教育に関するものとなります。以下は特殊教育に関して規定する米国連邦法（障害者教育法［IDEA：Individuals with Disabilities Education Act］）での盲ろうの定義です。

　「盲ろう児」という用語は、聴覚と視覚に障害があり、障害がその両方を組み合わせたものであることが、視覚だけあるいは聴覚だけに欠陥や重度の障害のある子どもに与えられる教育を超えた、その重複障害に適した特別な教育や関連サービスが無ければ適切な教育が受けられないという、コミュニケーションやその他の発達および学習における深刻なニーズを生じさせる状況にある児童生徒を意味する。(PL101-476, 20 USC, Chapter 33, Section 1422 [2])

　つまり盲ろうの人とは、視覚障害でかつ別の障害もある（そして、視覚障害の人向けの支援環境がある中では助けが無くても行動できる）人である、と単純に考えることはできないのです。また、聴覚障害で別の障害もあるが、聴覚障害児用の学校プログラムで容易に対応できる、という人でもありません。盲ろうの人を「重度障害あるいは重複障害」というカテゴリーに収めるのも、それだけでは彼らの障害とニーズの本質を充分に取り込んだものにはなりません。どうしてそうなのでしょうか？　これがこの章を通じて私たちが焦点を当てたい問題なのです。独立した障害としての盲ろうの本質と、それが個々人のコミュニケーション能力に与える影響を見ていきたいと思います。

　ここで、この本で私たち著者が「盲ろう Deafblind」という用語を一つの単語として使っていることについて述べておく必要があります。1991年、国際盲ろう教育協会（International Association for the Education of the Deafblind　現、デフブラインド・インターナショナル Deafblind International）は、いま私たちがここで議論している幼児、子ども、大人の集団を定義するために、ハイフンを使った Deaf-blind ではなく、このスペルを使うことを決議しました。こ

の変更はそれほど重要なものとは思われないでしょうが、盲ろうが独自の障害であり、視覚障害と聴覚障害を足したものではないことをはっきり示しているのです。

　このアメリカの盲ろうの定義はとても広い範囲のものであることも特記しておかなければなりません。たとえば、次の簡単な事例記述にあるような幼児から青年までが含まれています。

・全盲で、中等度の聴力低下があるが、運動能力と知的能力は正常のように見える3歳の少年は、いま自分で歩き始めたところだが、言語表出はまだない。

・先天的風疹症候群のために重度の聴覚障害で、視力が一部限られていて、注意欠陥多動性障害による行動障害のある6歳の少女。知能推定によると彼女は発達が著しく遅れていると思われる。

・重度の聴覚障害と視覚障害があり、脳性まひの影響で四肢に障害がある16歳の少女。知的レベルは、運動機能障害と、生まれてからずっと一貫して使える言語が入ってこなかったことから、正確に評価できない。彼女は言語を明確に受発信する技術を持っていない。

・早産で生まれ、出生前脳内出血があり、病弱で、重度の聴覚障害で全盲の2歳の女児は、いま小児療養施設でケアされている。

・先天ろう、後天盲で、知的には平均以上の能力を持つ20歳の男性。午前中は盲ろうの青少年のための特別授業に、午後は男子の進学校のメインストリーム環境の授業に手話通訳付きで出席している。彼はカレッジに進学する予定。

　簡潔に書かれたこれらのものは、盲ろうのカテゴリーに含めることが妥当と思われる個々人の簡単な例です。感覚という面から言えば、盲ろう障害は以下のように大きく四つのカテゴリーに分けることができます。

・全ろうで全盲の人
・全ろうで弱視の人
・難聴で全盲の人
・聴覚、視覚の残存能力を使える人

　個々の盲ろうの人をより深く理解するためには、障害になった年齢、補正（すなわち、手術、レンズ、補聴器など）、他に重複する身体的障害、知的障害（訳注　原文は cognitive disabilities で、直訳すると「認識障害」ですが、これは古い表記で、現在は発達障害に近い障害で、知的障害も含まれた intellectual disability に置き換えられています。以下、これらは「知的障害」とします）、および健康障害についても考慮に入れなくてはなりません。これらはすべて盲ろう児についての私たちの考え方に影響し、また指導するときに使うべき個々に合わせた方法を決めるときの助けになるものなのです。子どもにどのような具体的な感覚障害、重複障害があっても、一人ひとりの子どもにはこれらの固有の障害についての正しい認識を持つ先生による教育が必要なのです。それによって先生は個々の子どもとの関係を構築でき、周囲環境の中でその子どもと他の人や状況とのつながりを最大限に伸ばすことができるのです。

2-3 変わりつつある子どもの集団

　近年、盲ろう児の集団はかなり大きくなってきています。米国では、盲ろう児の教育は、1837年、パーキンス盲学校でのローラ・ブリッジマンへの教育から本格的に始まりました。盲ろう児への教育の初期のプログラムは教科ベースであり、通常は盲学校と連系していました。それはどちらかというと、障害が盲ろうだけで、それも先天盲ろうではなく後天的に視力あるいは聴力を

ローラ・ブリッジマンとサムエル・グリッドレイ・ハウ博士

失った子どもに対して行われたものでした。しかし、1964 年から 1965 年の風疹の流行によって約 5,000 人の盲ろう児が生まれたことで、盲ろう児教育の本質が変わりました。

　1968 年、連邦政府は盲ろうの人の支援のために、全米に 10 か所の地域センターを設立しました。それは、先天性風疹症候群の子どもたちのニーズに合うモデルプログラムを策定し、トレーニングを与えるために作られたものです。この集団は、当時の一般の子どもの集団と比べると、明確な医学的特性（たとえば、心臓の疾患、緑内障、白内障、感音性難聴）を持っていました。個々の子どもによって違いがあるにせよ、多くの共通性——とくに効果的な教育アプローチについて——があったのです。

　1965 年以降の特定された盲ろうの集団の広がりは、主として二つの理由によって起こったものです。医学の進歩によって、一時代前には幼児期に亡くなっていたであろう未熟児や重複先天疾患を伴って生まれた子どもの命が救われるようになりました。また、医学的診断の高度化、遺伝学の進歩によって、低罹患遺伝性疾患の子どもを特定するのに大きな一歩を踏み出しています。これは、以前は視覚、聴覚に障害があることが判別されなかった多くの子どもたちが支援されるようになったことを意味します。さらに現在は、障害のあるすべての子どもたちを支援する法令があるために、これらの子どもたちを特定し、高い品質の教育支援を与える努力がなされています。

2-4 なぜカテゴリーを定めるのか

　視力低下と聴力低下の両方を重複した子どもや青少年には幅広いニーズがあることは分かったとして、「なぜ、これらすべてを盲ろうという一つのカテゴリーのもとに考えるのが効果的なのか？」という疑問が浮かんでくるでしょう。この「盲ろう」という教育用語に含まれるあらゆる種類の子どもを教育してきた私たち著者の経験では、実際、これは多くの理由からとても効果的なカテゴリーなのです。

2-4-1 コミュニケーション：重要な優先事項
　私たちがある子どもの障害を盲ろうであると考え、したがって、その子どもの感覚障害に最重点を置くとき、コミュニケーションを教育における重要な優先事項として定めます。これは、見ることと聴くことはコミュニケーションの第一の手段だからです。第 1 章で、なぜ私たちが、コミュニケーションスキルは誰にとっても最良の生活の質を達成するのに必須であると考えているのかを説明しました。私たちは、生徒を盲ろうという観点から見ることは、生徒の最良のコミュニケーションの潜在能力を獲得するのをいかに助けるかについて、教育者が最も明確にまた創造的に考える助けになると信じています。

2-4-2 特定の教育の専門知識の必要性
　私たちは、先生、家族、養護者、その他の専門職と助手の知識とスキルを絶えず向上させたい

と望んでいます。またこの高まった知識が盲ろうの学習者が潜在能力を最大限に発揮する助けになると確信しています。私たちはそのための努力をする中で、まさに盲ろうの人とはどういう人か、そしてそのニーズとは何かへの深い理解を持つことが大切です。

　盲ろう児や青少年の幅広い集団に対して、高い品質のサービスを提供できるような人を教育するためには、子どもと学習計画についてできる限り知る必要があります。そのためには盲ろうという領域が明確に定められていることが必要です。子どもたちがどのようで、どこにいるかを知る方法も、また彼らの教育でこれまで有効だった教育実践についてのある程度の知識もなしでは、教育者、子どもたち、家族はばらばらのままになってしまいます。これらの人たちは、自分が責任を持たなければならない個々の子どもの教育ニーズに合った情報と協力が得られません。

　多くの先進国では、いま特殊教育（訳注　現在は「特別支援教育」）サービスの分散化の傾向があります。この流れによって、先生たちは、同じような学習ニーズを持つ子どもたちを教えている同僚と協力することが難しくなってきています。現在、盲ろう児の先生の多くは、他の盲ろう児と会ったこともなく、同じ問題を抱えている他の先生と話し合ったこともないのです。したがって私たちは、専門技術を開発し、支援を提供し、教育者と盲ろう児を持つ家族を結びつけることができる中心的人材の養成を促進する必要があります。障害としての盲ろうの特殊性を強調することが、彼らが孤立してしまうことを打開する助けになります。盲ろう児の先生にとって、他の盲ろうの人や、盲ろうの生徒を教えている他の先生と親しくなることは大いに助けになります。

　もし「盲ろう」であろうと思われる子どもを教えているなら、その子どものための計画をつくるときや教え方を想定するとき、先に述べたようなさまざまな盲ろうの人たちと会い、知ることができると大いに役に立つでしょう。もし実際に会ったり、事例研究（たとえばこの本にあるような）を読んだりして、この幅広い範囲の盲ろうの人について経験を持てば、あなたが担当している盲ろう児の教え方をより効果的にイメージできるでしょう。

　その子をあなたが知っている重度の障害のある子どもと単に比較するのは、その子どもへの理解や教育方法を狭めてしまうことになるでしょう（もしその子どもが盲児あるいはろう児のクラスにいて、あなたがその子どもをまずは盲あるいはろうと考えて、その観点だけから教えるとしたら、同じことが言えます）。同様に、もし盲ろう児を教えている他の先生たちと知り合いになれるなら、情報や意見を共有でき、したがってより能力のある先生になっていけるのです。このようなつながりを持つには、その子どもが盲ろうを主たる障害として持っていると考えるかどうかが前提となります。

　頭の中でのカテゴリー分けの仕方は私たちの行動に影響します。ある子どもを盲ろうと呼ぶことは、もしその子に他にも知的障害、他の身体障害、社会との関わりの問題などがあったとしても、単に重複障害として一括りには考えず、特有の困難さやニーズのある

盲ろう児を教えるのに役立つ教育実践について知ることは先生にとって重要である。たとえば多くの子どもたちは、ものごとを最もよく理解できる触手話を望んでいる。

「盲ろう」という二重の感覚障害であるという点を最も重視しなければならないということです。しかしこのような認識を高める過程では、盲ろうの人を分離するのではなく、彼らが社会により充分に参加できるような方法で関わり合えるようにしなければなりません。

2-5 盲ろうの人々に共通する困難さ

孤立：先に述べたように、視覚と聴覚は、人とその人の身体範囲を越えて広がる世界とを結びつけるもので、遠感覚と呼ばれます。見えて聴こえる人が世界に関する多くの概念を学んだり、社会的関係を拡げたりするのはこれらの感覚を通してなのです。

盲ろうの人は、離れたところから話しかけたり手話をしてきたりする人の声を聞けませんし、手話も見えません。他の人がやっていることをそれとなく見たり、会話を立ち聞きしたりもできませんし、周囲の状況を明確に察知することもできません。盲ろうという障害がほかの人や周囲にあるものとの接触を大きく制限しています。そこで、盲ろうの人たちは皆、認知能力や身体的能力のいかんにかかわらず、周囲の情報にアクセスし、解釈し、整理するのを支援してくれる人にある程度頼らざるを得ません。

盲ろうの人とのやり取りを考えるとき、彼らは人のごく近くにいるか、または身体的に直接接触できる状況にない限り、基本的に孤立しているということを頭に入れておくことは重要です。

盲ろうによって引き起こされる孤立感は、盲ろうの人の人生に大きな障壁を作り出します。この孤立感は、有効な視力、聴力を持たない盲ろうの人の集団のごく一部に起こるものではないということに注意しておかなければなりません。全盲である程度の聴力のある人の場合、孤立は声での会話が途絶えた瞬間に始まるのです。あるいは、数人の人がグループで談笑しているとき、盲ろうの人は、話している人や話題が突然変わると付いていけません。この孤立と呼ばれる、話している内容の大きな部分の「抜け落ち」がその人をグループから孤立させてしまうのです。盲ろうの人がひとたび会話の流れから外れてしまうと、話題に合わないことや、すでに話に出たことをしゃべってしまうのではないかと恐れて、そこに加わっていくことに躊躇してしまいます。

盲ろうの人には他にも共通している特性があります。それは初めちょっと垣間見るだけでは明白には分からないのですが、それに対する配慮が教育において重要なものであることが分かってきます（Robbins, 1983）。これまで注視してきたコミュニケーションの困難さに加えて、以下では盲ろうの人に一般的に共通する経験とニーズについて議論していきます。

一人ひとり個別に指導する必要性：視覚、聴覚の両方に障害のある人に、伝えていることの意味が分かるようにするには、触るかごく接近することが必要です。

通訳者への信頼：盲ろうの人は通常、離れた世界にアクセスできるように、通訳してもらう必要があります。この通訳はいくつか異なる方法で行われます。それには、会話内容の通訳という従来から行われているようなものだけでなく、周囲の物理的環境や文脈を説明したり、やり取りをしている状況を簡単に説明することなどがあるでしょう。いずれにしても、通訳者との密接な協力関係を持つことは盲ろうの人に共通しているのです。

この通訳は、盲ろうの人のニーズや状況によって、いろいろな人たちが行うことになるでしょう。すべての盲ろうの人が、専門資格を持つ通訳者を必要とするわけではありません。これは個々の人のニーズによります。しかし、盲ろうの人は皆、自分を他の人たち、イベント、場所とつなげてくれる誰かを日常的に必要としているのです。

経験の量や多様性への制限：見ること、聴くことができないことから、世界が狭められます。そ

多くの盲ろう児は、他の健康上の問題を重複して抱えている。

れが指先の届く範囲だけのこともしばしばあります。あなたが毎日、眼と耳でどのくらい多くの情報を得ているかをちょっと考えてみると、盲ろうの人が失っているものに気づくきっかけになるでしょう。これを毎日、毎週、毎年と続けていくと、足りない情報の大きさについて、さらにはっきりとした知識を持つようになります。

社会的経験への制限：盲ろうの人は普通、一度に複数の人とコミュニケーションすることができません。このことは、彼らの社会経験が聴こえて見える人とは大きく異なっていることを意味します。聴こえて見える人はグループの中に比較的気兼ねなくいることができ、社会的慣習や礼儀に幅広い経験を持っています。盲ろうの人は、これらの経験が不足することによって、さらに言えば、単に社会的交流の際にとても重要な面である表情やしぐさのやり取りをする機会がなかったために、いかに知的能力が高くても、社会的に洗練されていない、あるいは無礼であるように見えることがあるのです。

何度もの入院：現在の盲ろう児たちの多数は、命に関わる病気のために長期間の入院をしています。このような入院は、盲ろう児とその家族に大きな精神的負担を常に強いています。このような入院が不安の元になるということは、深く考えない人は気がつかないかもしれませんが、実際にたくさんの具体的経験からきているのです。

ここに挙げた項目はすべての人の発達に大きく影響するものです。これらの困難さがあっても、盲ろうの人たちは、見えて聴こえる人たちには無い深い知識と経験を得る特別な機会を持っているのです。教育者は、この違いを考慮に入れ、それが盲ろうの人たちとのやり取りにどのように影響があるかを考えなければなりません。

2-6 アセスメントの大切さ

盲ろうの幼児、子ども、大人たちの集団は今日、非常に多種多様です。この多様性のために、できる限り早期にその子どもが盲ろうであると判定することが大切です。私たちは重複した感覚障害がその子どもの発達に与える大きな影響についてしっかりと認識する必要があります。そして、これらの感覚障害によって生じるその子どもの教育プログラム上のニーズに対応しなければなりません。

子どもを盲ろうであると判断する際に、私たちは教育アセスメントの過程における極めて重要な要素として、感覚のアセスメントの重要性に目を向けます。とくに盲ろうに加えてとくに「目に見える」深刻な障害がある子どもの場合には、その子どもの視力、聴力の充分な評価の必要性

が見過ごされることがしばしばあります。たとえば、子どもに重大な健康上や身体機能上の課題があるとき、「眼や耳のことはこの子の問題の中で最も小さいものだ」と言われることがしばしばあるでしょう。子どもに重度の知的な遅れがある場合、盲ろうについての知識が無い人たちの中では、視覚や聴覚のアセスメントの優先度が低くされてしまうことがよくあります。しかし、子どもがどのように情報を受けているかをできる限り詳しく知り、処置（たとえば、補聴機器、眼鏡、矯正手術）や介入の可能性を理解することによって、その子どもの学習の可能性を大きく拡げることができるのです。

2-7 感覚障害の、愛着、コミュニケーション、概念発達への影響

　私たちはいま、盲ろうを子どもの教育ニーズに関わるものとして定義しました。ここでさらに、盲ろうが経験的に意味することは何か、それがコミュニケーションに具体的にどう影響を与えるかを考える必要があります。視力と聴力が無い、あるいはわずかしか無いということはどういう感じなのか？　これはコミュニケーションを学ぶということに関しては何を意味するのか？　この本では私たちは盲ろうを一つの特有な障害であるとして語っていきます。しかし、視覚、聴覚それぞれの感覚障害の影響についても知ることが必要です。

2-7-1 盲について

　もし子どもが全盲で生まれたら、それによる制限がその子の周囲との結びつきにどう影響するでしょうか。文献によれば、多くの人の学習の75%は視覚を通してであると見積もられています（Smith & Cote, 1982）。これはかなり劇的で、誇張されていると思えるでしょうが、この統計は、周囲環境——物、人、動き、関係——と子どもの視覚的結びつきの大きな重要性をまさに示しています。

　盲であることがコミュニケーションに与える影響について最も包括的で利用しやすい業績の一つに、セルマ・フライバーグのものがあります。フライバーグは精神科医で、1960年に、独特な困難さをもっていた盲の子どもに出会ったことから盲について興味を持つようになりました。彼女は盲の子どもたちについて幅広く研究し、著書『視覚障害と人間発達の探求——乳幼児研究からの洞察』（Fraiberg, 1977／宇佐見芳弘訳，2014）には、多くの盲児のコミュニケーション能力の発達について、繊細な解説がなされています。

　情緒的絆：フライバーグ博士は、盲児とその母親のやり取りを観察し、そのやり取りが赤ちゃんとお母さんのそれぞれの視点からはどのように感じられているのか理解しようと試みました。彼女が最初に気づいたことの一つは、「生後数ヶ月から母親と子どもの間の疎遠は始まっている」（前掲　Fraiberg, 1977, p.60）ということでした。これはお母さんにとって、「その赤ちゃんが盲だということを知らなかったら、拒絶されているかのように変に感じられる」から起こるのです。眼が見える幼児の笑顔は新しい母親にとってとても大きな励みになり、母親が返す笑顔がこんどはまた赤ちゃんの笑顔を促すのです。この笑顔のやり取りが、赤ちゃんの眼が見えにくい、あるいはまったく見えないことによって妨げられていて、とくに、視覚の問題についての診断（赤ちゃんが笑わない理由が分かる）が無い場合にはお母さんはだんだん落ち込んでしまうでしょう。幼児の世話を止めてしまうかもしれません。

　フライバーグ博士は、盲の子どもを持つ母親には、子どもの顔から反応の度合いや自発性を見

出そうとするのではなく、身振り——とくに手の動き——を見るように教えることが必要だということに気づきました。彼女はこれは私たちにとっては自然ではないことを指摘しています。私たちは、相手の顔を見て反応を知り、自分も顔で気持ちを表すようにしっかりと条件づけられているからです。実際、見える幼児にとって、眼は社会的交流を始めるための主たる手段です。赤ちゃんは眼を通して、注目、要求、疑い、退屈、質問などを表します。フライバーグは、盲の子どもの母親が、子どもの注目、興奮、探索、期待などのサインを知るのに、顔ではなく手を見るように教えられている場合、感情や興味——その子どもの顔からははっきり見えない情動——を赤ちゃんが実際、幅広く表していることが分かって、大いに報われた気持ちになることを見出しました。フライバーグ博士は、ひとたび母親がこれを見ることができると、幼児と両親のより満足のいく対話が取り戻せることを発見しました。「赤ちゃんが、反応や多様な社会的やり取りの中で、また愛情を交わす能動的な

盲の幼児の母親は、子どもが注目、興奮、探索、期待などのサインを出すいろいろな方法を学ばなければならない。

パートナーになっていく中で、自分の喜びを示すと、[盲であるという診断を受けた]悲しみさえも癒すことができる」(同 p.108)。フライバーグは、これらの助けが得られないとき、またお母さんと赤ちゃんの間での対話が充分にできていないとき、盲の子どもにとって社会的、情動的な困難さがしばしば起こることを見出しました。その子どもが、お母さんと初めての適切な関係の体験がないために、自分自身では社会に関わりあう適切な方法を見つけることができないのです。

　物の永続性を知る：盲で生後数ヶ月の幼児にとっては、触れるもの以外は存在しないもの、となります。ベビーベッドの中にあるおもちゃでさえも同様に、その子どもが偶然手で触れるか、その上に寝返りを打つなどしなければ、存在しないのです。見える幼児は自分から離れたところにある物の存在を、眼、手、口からの情報を統合することで学習します。見える幼児が——初めは偶発的に、のちには意図的に——口、手、指、おもちゃを使って顔の前でする遊びから、彼らは見ている物は実際に存在する物であることを学びます。彼らは、何度も試したり、一度に数時間かけて練習したりして、ある動きにはある視覚的結果が伴うこと、ある視覚的刺激にはそれと結びつく身体的感覚があることを学びます。彼らは試行錯誤を通して徐々に、自分の眼で見た物に手を伸ばし、つかむことができるようになります。彼らは自分の眼から入ってきた、まだ触っていないものも実際にはそこに存在するのだ、そしてもし手を伸ばしたら、拡げた手に手触りや重さが返ってくるのだ、ということを伝える情報を信用するようになってきたのです。彼らはこの情報をしっかりと信じるようになってきて、もし物が布で覆われていたり、床に落ちていて見えなくても、それはちゃんと存在するのだと信じるのです。これは物の永続性と呼ばれます。

　フライバーグ博士は、物の永続性を確立するのに、盲の子どもは眼が見える子どもよりも多くの困難な期間を要することを明らかにしました。というのは、彼らは物が物理的に存在しない場

重度の視覚障害のある子どもたちは、物理的に存在
しない物のイメージを持つのに、眼が見える子ども
たちよりもより多くの困難がある。

合には、頭の中にその物のイメージを持つことが容易にはできないのです。それができる能力は、物を特定し分類する能力と深く関係し、したがって、言語と概念の獲得と明確に結びついているのです。

　物との視覚的つながりを多かれ少なかれ奪われている盲児は、ほかの、実物世界とのより非直接的なコミュニケーション方法を学ぶか、実物世界について、物との身体的なつながりが無くても、その物が実際に存在することを信じることを学ばなければなりません。耳が聴こえる盲児の場合、耳と音が眼と視界の代わりを務めます。手拍子ゲーム（訳注　リズムを真似するゲーム）、音を出すおもちゃ、話をしている父親の口に当てた手、ぶら下げてあるベルに偶然触って、その音が気に入ってまた意図的に軽く触る——これらは「耳と手の協調」を知る経験であり、物の永続性の知覚のはじまりです。視覚刺激の代わりとして充分な聴覚刺激が与えられると（フライバーグは、このプロセスは両親がこれらの経験を注意深く与えることによって大きく促進できることを見出しました）、盲児は、そのとき手が物に触っていなくても、母親の声は母親が近くにいることを意味し、ベルの音は丸い金属のものがあることを示し、子守歌の歌声は大好きなゼンマイ仕掛けのテディーベアがそばにあると教えてくれていることをだんだん分かってくるのです。

　このことから、重度難聴でかつ全盲の幼児の前にある、大変な課題を察することができるでしょう。赤ちゃんが自分から離れたところにも物があるのだということを理解しなければならないという、このまさに最も基本的な発達の転機に、盲ろうの赤ちゃんは多くの助けと忍耐を必要とする大変困難なタスクを持つことになるのです。同様に、その子どもの家族もこのような初期の関係を構築するためにたくさんの情報と支援が必要となるでしょう。

　子どもが盲であって、かつ物の永続性の概念を確立するための支援を受けられていない場合、その子の言語発達は遅れてしまいます。物の名前を挙げたりする能力は、物は自分から離れたところにあっても実際に存在するのだというある種の感覚に依存するところがあるからです。もし支援があれば、物を示す能力はやがて獲得され、それは普通の眼が見える子どもの能力にそれほど劣ることはありません。

　移動能力：盲児が物の永続性概念を獲得する支援を受けられなかった場合、他にも遅れが生ずることになるでしょう。その子はおそらく移動能力の発達が遅くなり、それによってさらに認知面、コミュニケーション面での遅れが出るのです。辺りを歩き回って探検することは、子どもが世の中を知り、好奇心を育て、人々と物が互いに関係し合っている様子を学ぶ手段です。眼が見える子どもの場合、移動能力は主として見たことの結果として発達します。見えるものは子ども

にとって「誘因力」になり、それが子どもを世界に引き出すのです。子どもは見えるけれど触れるところにはない物のところへ這って行くことを覚えます。その子の視覚世界が上の方に誘いかけてくると、歩くことを学びます。これらのスキルを学習するにつれ、子どもはより話し好きになり、質問をし、主張し、物を要求するようになります。コミュニケーションスキルは子どもが世界を動き回れば回るほど発達するのです。

　見えて聴こえる子どもは、部屋の向こう側にある鮮やかな色のおもちゃに向かって、あるいはおばあちゃんの伸ばした手とおいでおいでの声に向かって這って行く意欲を持っています。盲児は、物の永続性を知覚させる視覚的誘因、あるいは音の誘因が無い限り、行動する意欲が喚起されません。フライバーグ博士は、盲児が這うことや歩くことを学ぶのに役立つのは、移動訓練のようなものではなく、人への愛着心と触って理解する世界（手を伸ばし、握る）での教育的作業なのです（同　p.278）。彼女は、子どもたちと絆をつくり、子どもたちが手を伸ばして触ることを覚えるのを助けるための、両親向けトレーニング教育プログラムにおいては「赤ちゃんが移動することを自分のために“考え出す”のを確信をもって待つことができる」と述べています（同　p.278）。そして、子どもが自分の世界を探検し始めると、認知やコミュニケーションの進歩が自然についてくるのです。

　人称代名詞、自己概念、時間概念の使用：フライバーグ博士は、盲児はコミュニケーション発達の他の一面においても困難を感じていることを観察しました。彼女は「キャシー」の物語について詳しく述べています。キャシーはとても聡明な盲の子どもですが、その知能や豊かな言語環境にもかかわらず、人称代名詞の適切な使用、安定した自己概念の発達、時間概念の発達に遅れがあったのです（これらすべては関連していたと思われます）。眼が見える子どもの多くはこれらの安定した概念は、普通3歳前後に獲得されるのに対し、キャシーの場合は4歳と10ヶ月までかかりました。フライバーグはキャシーの観察結果から、「人称代名詞の獲得は、文法的ツールを使っての勉強の範囲を越える。それは言語環境の影響の域を超える。視覚が欠けている中での自己イメージの構築という途方もない課題を反映しているのである」（同　p.268）としています。

　フライバーグ博士は、キャシーが2歳半から3歳の間に、彼女の言語発達におけるこれらの側面を理解するという観点から見ていたとき、キャシーが「人形やおもちゃなどを通して自分を表現することができない。遊びの中で状況を再現したり、作り出したりすることができない。お話をしっかり聞いたり、それに関する質問に答えたり、自分自身でそのお話をしたりすることができない。自発的に経験を語ることができない」（同　p.256）ことに気がつきました。言い換えれば、キャシーはまだ「自分自身を他の人からの対象となる存在として見る」（同　p.260）ことができなかったのです。眼が見える子どもにとって、視覚は自己概念を発達させるうえで大切な道具です。自分の手を見る、鏡で自分の姿を見る、自分の体を他の人と比べる、などはすべて幼い子どもの自己概念に寄与するものなのです。これらのことを経験できない盲児は自己イメージを構築するのが遅れるでしょう。実際、何も支援されていない盲児の中には、「私」と「あなた」を正確に使えるように、また、自分の経験談を詳しく話せるようになるのが驚くほど遅くなることもあるのです。このような伝達行動の遅れは自閉症的に見えるかもしれません。しかし実はその基底には彼らには視覚的経験が欠けていることがあるのです。

　抽象的概念の発達：最後に、視覚が制限されている、あるいは欠けていることが、概念の発達、ひいてはコミュニケーションの発達に与えるであろう影響について触れておかねばなりません。盲児は世界についての知識を、残された感覚——聴覚、触覚、嗅覚、運動感覚——を通して得ています。これらの感覚を通してだけでは体験するのがとくに難しい物や概念がいくつかあります。

たとえば、盲児にどうやって雲を説明したらいいでしょうか。その子どもは雲を見ることも、聴くことも、触ることも、味わうことも、嗅ぐこともできないのです。沈んで行く太陽、虹、星はどうでしょう。これらの物を体験できないことは、私たち眼が見える者の思慮に欠ける見方からすれば、まさに欠陥としか言いようがないものです。私たちが、見えない人とコミュニケーションしている、見える人だとしましょう。私たちは彼らの経験が私たちの経験とすべてのことについて同じだと思ってはいけません。話をするときに彼らの立場になって考えなければなりません。私たちが当たり前と考えている知識が彼らに欠けているということを、彼らが理解力に欠けている、だからコミュニケーションはできないことを意味する、と考えてはいけません。実際、私たち一人ひとりが、時間をかけてお互いにしっかり理解しあうようにすると、コミュニケーションはより豊かなものになり得るのです。

　眼が見えない人からすると、見える人は、視覚以外の感覚にまさに「欠陥がある」ということになるでしょう。通常、私たちは周囲の情報の大部分を視覚から得ています。周囲とのつながりを持つために視覚に集中したり頼ったりすることができないと、他の感覚が鋭くなってきます。ジャック・リュセイランという、後天的に盲になったフランス人の男性は、感覚が強まった経験について次のように書いています。

　両手に命が吹き込まれるとすぐに、手は私をすべてが圧力感のやり取りである世界へといざなってくれた。この圧力感は形の中にひとまとまりになって、その一つひとつは意味を持っている。子どものとき、私は長い間、物に寄りかかり、物が私に寄りかかるままにしていることがあった。盲の人は、このしぐさや物とのやり取りは言葉にできないほど満足感があることが分かるはずだ。

　果樹畑でトマトにまさに触る、家の壁、カーテンの生地、地面の土の塊を触る、これは眼で見ることのできるものすべてを確実に見ているのだ。だが、それは見る以上のものだ。それらに波長を合わせて、その流れと自分自身の流れを結び付けられるようにする。ちょうど電気のように。言い換えれば、それはただ物の前にいるだけの命の終わりであり、物と一緒にいる命の始まりなのだ。この言葉が衝撃的だといって気にすることはない。これは愛だからだ。実際に触った物への愛から手を離すことはできないのだ。(Lusseyran, 1987, pp.27-28)

2-7-2 ろうについて

　これまで、盲であること自体が、盲の人にとっての世界とのつながりとコミュニケーションに与えると思われるいくつかの影響を、少しですが見てきました。ろう、あるいは聴覚障害についてはどうでしょう。聴こえないということが、ろうの人がどのように周囲とつながりを持つかにどんな影響を与えるでしょうか。

　母親の無力感：眼は正常なろうの乳児の場合、盲の乳児が養護者との初期のつながりを作る際に起こるような困難さはありません。これまで見てきたように、眼はこれらの初期のつながりの幹線道路だからです。聴覚障害があるけれど視覚には障害が無い子どもの場合、笑顔のやり取りはすぐにできますし、ボディランゲージで愛情とつながりを伝えることができます。しかしながら、聴覚障害の早期診断や疑いが、聴覚障害児の母親に無力感や憂鬱感を与え、子どもとの関係に影響を与えることもあります。ヒルデ・シュレシンジャーは、ろう児とその養護者について、長期間にわたる貴重な研究を行い、これらの無力感の影響として最も典型的なのは、母親が子どもとコミュニケーションしようとするうちに「過度に指示的」になっていくことだと気がつきました。

つまり、母親たちの子どもとのコミュニケーションは対話というより、一人芝居というものにより近いのです。彼女たちは子どもよりたくさんしゃべり、その多くは、命令、要求、指示的質問です。このように過度に指示的になると、その影響として幼児は、コミュニケーション力、自発性、社会性が低下してくるでしょう。このような阻害は、のちの言語発達に影響してきます。言語スキルは世界との積極的な関わりによって生ずるもので、幼児が過度の指示的な環境で受け身的に反応するのでは発達しないからです。シュレシンジャーは、母親が、不安がより少なくより力強くなれるような助けを得られたときには、ろう児に対してより良い、より自発的なコミュニケーションを取れるように助けることができていることを見出しました。

聴こえる／話せる環境での言語発達：ろうであることは、言語の発達段階でのコミュニケーションに最も大きく影響します。言語を学習するには言語が入ってくることが必要です。聴こえる人たちの世界にいるろう児は、適切な対応が無ければ、生得的な言語発達能力を大きく活性化するために充分な言語に接することができません。言語の生得的な能力は、生後数年の間が最も適応性があり、活発のようです。子どもが小さいときに言語刺激を受けられないと、大きなリスクが生じます。そのように刺激が奪われた子どもは、どんな言語も決して流暢に話すことはできないでしょう。

聴こえる人たちは、言葉のほとんどを耳を通して受け取ります。子どもは最初の言葉を発するまでに、何千もの単語、文章を何千回も聴き、何らかの形でその意味を理解し始めます。聴こえない、あるいは重度難聴の子どもは、特別な手段によって伝えられない限り、言語を取り入れることができません。普通の会話なら聴こえるくらいの比較的中程度の難聴の場合でさえも、重要な音の多くが消えてしまって、子どもが周囲から受け取る役に立つ言語情報を大きく制限することがあります。

聴こえる人の世界で育った、ろうあるいは重度難聴の子どもは、言語の学習に明確に不利な立場にいます。その子の眼は、言語だけではなく、文章、抑揚パターン、強調を受け取る唯一の受信器として働く必要があります。また、彼らの眼は、聴こえる人の耳が果たしている「アンテナ的な」機能——あらゆる方面から周囲の環境を調べ、危険や好奇心をそそることを伝える動きをピックアップする——を引き受けなければなりません（Myklebust, 1960）。眼だけではこれらの多くを見逃してしまうのは明らかです。口話読み取り（読唇）は、どんなにうまくいっても、言語を受け取るにはとても能率が悪いものです。理解力のある読み取り者でも、話し手の顔をしっかり見ることができて、適切な文脈の手がかりもある状態でも話された言葉の約30％から40％しか理解できないと推定されています。こうした事実から、まず、ろうの人で音声言語が唯一のコミュニケーション方法である場合、その人の生活上の制限を想像することができるでしょう。もし、ろうに加えて、視覚障害あるいは他の障害が重なったら、コミュニケーション上の孤立はまさに深刻なものになるでしょう。

聴こえる人が生活の中で知ることの大半は「小耳に挟んだ」ことからだという事実も考えてみましょう（耳はいろいろな意味でアンテナのようなものです）。家庭、学校、お店、劇場、その他いろいろな場所で、聴こえる子どもたちは大人の間や他の子どもの間、大人と子どもの間の実に多くのやり取りを耳にします。その子どもの周りの人々は、あらゆることについて話し、情報を交換し、判断に迷っているとき声を出し、感情的な問題を解決し、社会的な礼儀を果たしています。聴こえる子どもはこれらすべてを取り込み、いくつかを理解します。そしてのちに、これらのやり取りの一部を自分自身の行動や会話のやり取りのためのモデルとして使います。この「小耳に挟む」経験は子どもの社会化にとって大変重要で、世界に関する情報の貴重な源なのです。

聴こえる、話せる人の世界にいる重度の聴覚障害の子どもはどうでしょう。これらすべての形の偶発的な学習は、その子には無いと言ってよいというのが純然たる事実です。その子が受ける伝達情報はその子だけに向けられたものに限られ、それも、受け取るのが難しい場合さえあり得ます。コミュニケーション能力の発達という点で、これは何を意味することになるのか、ちょっと考えてみてください。その子が、社会とどうやり取りするか、問題をどう解決するか、ものごとの判断にどう協力するかなどの課題に直面した場合を考えてみましょう。その子が世界について持っている情報が、聴こえる子どもの場合より範囲が極端に狭いということだけでなく、特別な対策がなければ、その子の手本となるものが大きく制限されてしまうか、存在しないのです。これはおそらくより重要なことです。

　手話の環境での言語発達：これまでは聴こえる、話せる環境の中でのろう児について話してきました。そこでの困難さは、手話の環境にあるろう児には同じような形では存在しません。もしあなたが、両親や兄弟姉妹たちがコミュニケーションの手段としていつも手話を使っているろう児のことを思い浮かべられるなら、ろう児が使えるような形での一般的な社会的やり取りのすべてを想像することができます。たとえば、その子は両親が話していること、判断に困っていること、情報をやり取りしていることなどを視覚的に「小耳に挟む」ことができます。そしてその子は、これらのやり取りから実に多くのことを学ぶことができ、そのすべてはのちに自分自身が同じようなやり取りをするときの助けになります。言語へ視覚的にアクセスすることで、その子は、他と同等のメンバーとして社会的ネットワークの一員となっていくのです。

　ろうの両親を持ち、手話が主なコミュニケーションの手段である環境で育ったろう児には、手話を使わない両親を持つろう児が言語を学ぶときに生ずる困難さがありません。実際、生まれたときから手話に常に触れているろう児は、聴こえる友だちが声で喃語をしゃべるのと同じ歳（あるいは、場合によっては、より早い時期）に、手で「喃語」をしゃべります（手話の形を作ろうと手を動かしてみている）。彼らはまた、聴こえる子どもが音声言語を話し出すのと同じ歳に、意味の分かるような手話の単語を使い始めます。また、彼らは聴こえる友だちよりも早く２単語、３単語の文を作るようになります（Caselli and Volterra, 1994）。ろうで手話を使う両親を持つろう児は、のちに社会的対応をよりうまくできるようになる傾向もあります。これはたぶん、親も手話を使うことから、彼らの自尊感情が高まり、コミュニケーションが楽になり、彼らにとっての適切なお手本が得られるからだと思われます。

　孤立感：聴こえる、話せる世界にいるろう児と、手話環境にいるろう児という、非常に異なるシナリオを頭に描くと、ヒルデ・シュレシンジャーの言う次のことが真実だということが理解できます。

　子どもの重度の聴覚障害は医学的見地以上のものがある。これはより社会的、情動的、言語的という文化的現象であり、知性のありようと問題は密接に結びついている（*Schlesinger & Meadow, 1972, p.1*）

　ろうを単に言語の学習に障害があるだけと考えるのは、狭すぎます。ろうは、とくに、聴こえる、話せる文化環境に多くの時間あるいは常にいる場合、ずっと広く大きな影響があります。その隔たりは一見したところで分かることよりはるかに大きいのです。実際、単独の障害としてのろうは、外見上分かりません。ろうの人は聴こえる、話せる人たちのグループの中にいるときは、静かにしているでしょう。また視覚的に注意を払うことで、普通に振る舞っているように見えますが、実はかなり孤立しているのです。その孤立の程度や性質を理解し共感すること、さらには

その孤立には自分自身が加担していることを理解することは、聴こえる人にとって、挑戦すべき課題です。肢体不自由や盲の人は、すぐにその孤立に対して、いろいろ工夫して対応をしてもらうことができるでしょうが、ろうはあまりはっきり分かりません。同じような困難さがあるということが表に出てくるわけでもないので、無視されがちなのです。さらにその上、私たちにはまったく新しい方法でのコミュニケーションを学ぶことが要求されます。これは、声で話すのと同様に、手や顔、体を使って話すことを学ぶということです。

　ヘレン・ケラーは自身のろうと盲の影響を比較して、ろうをより困難な障害として語り、コメントしています。

　私は盲であり、同時にろうです。ろうであることの問題は、最も重要という訳ではないにしても、盲であることの問題よりもずっと深く複雑です。ろうはずっと不運なことなのです。なぜならそれは音声という、言葉をもたらし、考えを活性化し、知的な友人たちの中にいられるようにしてくれる、極めて重要な刺激が無いということを意味するからです。……もし、生まれ変わることができたとしたら、私はろうの人のためにもっと尽くしたいと思います。ろうが盲よりもずっと大きいハンディキャップであることが分かったからです（J・ケン・ラブ博士への1910年3月31日付の手紙より。ヘレン・ケラーがクイーンズランドろう啞者伝道所を1948年に訪問した際の記念プログラムから転載）。（Ackerman, 1990, pp.191-192）

2-7-3 盲ろうであること

　さて、盲ろうとはどういうことでしょうか。ヘレン・ケラーと同じような状態とは、そして聴覚も視覚も大きく失われているということはどのようなことを意味するのでしょうか。盲ろうとは、盲とろうのすべての困難さを併せ持つものと考えるのは、手始めとしては無難なところでしょう。しかし、この遠感覚の両方が欠如している、あるいは大きく制限されているとしたら、その困難さは単に2倍というわけではなく、そのこと自体が独自の障害を作り出すのです。

　孤立：聴覚と視覚は私たちの二つの遠感覚で、一方が欠けると残っている方の遠感覚の重要性が大きくなります。盲の人は普通、聴覚を研ぎ澄ませて視覚を補います。多くの場合、ろうの人は驚くほど視覚に敏感で、極力、眼を使って言葉を読み取ろうとします。

　盲ろうの人は困難さを補う機会が制限されています。代替になる近感覚、とくに触覚への依存が高まります。また視覚、聴覚で残っているところがあれば何でも重用します。盲ろうの人の世界は狭まります。多くの盲ろうの人にとって、指先が届くところより先には広がりません。そのほかの人の場合もそれよりほんの少し広がるだけです。盲ろうであるロバート・スミスダスは次のように話しています。

　盲ろうの人にとって、世界の大きさと範囲は文字通り狭まる。そしてどのような知識が得られようとも、それは二次的な感覚である味覚、触覚、嗅覚と、個人的な好奇心、自発性の発動を通してのものである。したがって、盲ろうの人が成熟するのは、一般に好ましいとされているよりもずっと遅く、また、欲求と要求を表現するのにより大きなフラストレーションを感じることが多い。

　盲は人を物から遠ざけ、ろうは人から遠ざける。盲ろうは、コミュニケーション、移動、適応に特有の問題を生ずる。（Robbins, 1983, p.3）

　盲ろうの人は、人と物の両方から孤立しています。盲ろうの男性のルイス・ホプキンスは、この孤立感について次のように述べています。

私は一度に一人の人としか話せない。それもその人が私の手の届くところにいる場合に限られている。もし人がたくさんいる部屋にいるけれど、自分から3フィート以内には誰もいないとき、私はクローゼットの中にいるのと同じ状態なのだ。間違えやすいので、コミュニケーションはとても遅くなることが多い。（前掲　1983, p.3）

　もし、盲ろうの人のそばにいる人が、気持ちの上でも技術においても盲ろうの人とのコミュニケーションができるようにしておかなければ、孤立感はさらに大きくなっていきます。盲ろうの人が触ろうと手をさし伸ばしてきたのに、相手が手話を知らなかったり、盲ということにぎょっとしたり、あるいはかわいそうにと感じすぎて話ができない、ということを考えてみてください。これらのどれにおいても、あるいはほかに思い浮かぶ多くの例でも、盲ろうの人は指で触るでしょうが、どれも有効な方法でコミュニケーションできません。つまり、ハードルはとても高いのです。

　視覚と聴覚が失われていることから負わせられる孤立は、この両方の感覚が生まれつきなかった場合には最も困難な課題となります。母親や生まれて間もないころの養護者とのふれあいは、コミュニケーションのその後のすべての進歩の基礎を作ります。視覚や聴覚が無いと、このふれあいはとても難しいですが、もちろん、実現不可能ということではありません。さらに、盲についての話のときに見てきたように、物の永続性の感覚と安定した自己概念またはボディイメージの両方の獲得は、盲児にとってとても難しいのです。それに加えて、聴覚も無い、あるいは障害があるとすると、それは途方もないタスクになるのです。

　一つあるいは両方の遠感覚を失ったのが母親とのふれあいができた後で、安定した自己概念を獲得できている盲ろうの人の場合は、この時期に触覚、味覚、嗅覚で補って支援してもらわなければならない人に比べると、一般的に良い状況にあります。ろうと盲の両方の障害を伴って生まれた赤ちゃんの経験する世界は、私たちのものとは質的に大きく異なるので、私たちとこの子どもとの間のギャップの橋渡しは素晴らしい挑戦となります。

　他の障害も重複する：私たちが盲ろうを、ろうと盲の単なる足し算と考えることができないもう一つの重要な理由は、聴覚と視覚の両方を失った場合、必ずしもそうとは限らないにしても、その人の全体的発育成長に影響する内科的、神経的な関わりがある可能性が高いのです。これは医学の進歩の結果、多発性先天性奇形や稀な遺伝的症候群を伴って生まれた子どもの命が救われるようになるとなおさらです。

　このようなケースでは、これらの子どもとコミュニケーションするときの課題は大きくなります。養護者や教育者は、見ること、聴くことができないだけでなく、身体的（たとえば脳性まひ）、知的（多種の脳障害）、医療的（器官・臓器系に機能不良があり、重症心身障害病棟への入院が必要な幼児）、さらに情動的（ここに挙げた困難さのいくつか、あるいはすべての結果として起こる）にも制限があるかもしれない子どもの体験をイメージすることができなければなりません。彼らの体験をイメージすることができるだけでも、私たちはこれらの子どもたちと有効にコミュニケーションでき、彼らが私たちとコミュニケーションするのを助けることができるのです。

　盲ろう児に他の障害もある場合、私たちのその子どもを評価する能力や、その子どもに合ったコミュニケーション方法を作り出すための創造性の問題が出てきます。通常、一つだけの、標準的なコミュニケーション方法では盲ろうでさらに重複障害のある子どものニーズには合いません。このような子どもたちは、彼らが情報を受け取ることができる手段について私たちが可能な限り学ぶ意欲をかきたてます。私たちは子どもがいかにうまく情報を扱うか、自分の考えをどう表現

するかを知る必要があります。そしてその理解を、コミュニケーションをとるための有意義な方法を発展させる創造的な方策に変えていかなければなりません。

2-8 診断とアセスメントの大切さ

　診断と評価についての議論は、それぞれが一つの章全部を占めることになってしまうでしょう。この時点では、私たちは子どもが何を聴き何を見ているかということについて、可能な限り明快な考えを持つことが必要、とだけ言っておきましょう。この最も重要な情報によって私たちは、その子どもの世界の体験をできるだけ正確に想像することができるのです。それによって私たちはその子とつながり、またその子が周りの世界とつながるのを助けることができるのです。これらの重要性はしばしば過小評価されます。とくに重複障害のある子どもが対象であるときはそうなのです。専門的な機能評価とともに行う臨床評価は盲ろうの生徒が家族、友達、環境と交わることができるようにする過程でまさに不可欠なものなのです。

　聴覚、視覚の臨床評価の結果は多くの場合、極めて感情に左右されがちになります。私たちが一生のうちに経験するよりもずっと侵襲的な治療を生後1年以内に受けた子どもの家族は、さらに他の治療を子どもに受けさせることに消極的な場合が多いのです。それはしばしば不必要に思えたり、より「悪いニュース」のあるいは別のレッテルを貼られる問題を引き起こしたりするからです。医学の進歩によって、以前よりずっと客観的に子どもの聴力、視力を評価できるようになりました。これは、視覚誘発電位（VEP: Visual Evoked Potential）、聴性脳幹反応（ABR: Auditory Brainstem Response）、耳音響放射（OAE: OtoAcaustic Emissions）などで評価されます。これらのテストの結果は決定的なものとは言えないものの、総合的評価プロセスに不可欠な貴重な情報が提供されます。機能的評価は、いま進んでいる私たちと子どもたちとの関係の中で、常にその一部として行われなければなりません。

　医学的評価もまた、診断と評価のプロセスで重要な要素です。視覚、聴覚の劇的な改善が得られる多くの医学的治療があります。その範囲は、中耳液を除去する薬の処方から緑内障手術まで及びます。視覚障害、聴覚障害に加えて他の障害を重複する盲ろう児は大変多いので、あらゆる機会を利用して、その子が学ぶのに使えるすべての手段を最大限に使い、また、残存する感覚があるならそれを維持するようにしなければなりません。

2-9 盲ろうに対する文化的態度

　コミュニケーションはすでに述べたように、双方向のプロセスです。盲ろうの人が世界とつながろうとするときに経験する困難さの原因は、彼ら自身にある制限によるものだけでなく、関わろうとしている世界——ときにはいくつかの世界——にもあるのです。多くの聴こえて見える人にとって、見えなくて聴こえない人とかかわったことがなければ、盲ろうは想像できない状況です。さらに、それは恐ろしい状況でもあります。私たちのほとんどは視覚と聴覚にとても依存しているからです。そのどちらかの一つでも無い状態を想像しようとするだけで不安になります。私たちはその不安のすべてを知ることはできないでしょう。それは徐々に出てくるのです。道や建物の通路で盲の人の横を通るとき、私たちは黙ってしまうでしょう。ろうの人のグループが手話で話していると、もの珍しそうにあるいはこっそりと見たりするでしょう。見えなくて聴こえない人を前にすると無力感を覚えるでしょう。そのような自分自身の恐れを認識することは、そ

社会が全体として、見えなくて聴こえない人をより
受け入れるようになってくると、私たちすべてがお
互いのそれぞれの世界での固有の経験をよりたくさ
ん学ぶことができる。

れを克服する助けになります。少なくとも、負けてしまうことがないようにできるでしょう。私
たちは、自分が孤立してしまったとしたときの恐れと向き合おうとしたり、あるいはこれらの恐
れを経験したことがあるとそれに共感できるようになり、盲ろうの人と近づきになることができ
るかもしれません。

　これらの盲ろうについての恐れは、見えて聴こえる人の間だけではなく、盲ろうの人を最も受
け入れやすいと期待されるグループである、ろうで見える人たち、盲で聴こえる人たちにも生じ
るのです。ロバート・スミスダスは「盲の人にとって、ろうは起こりうる中で最悪のことです。
ろうの人にとって、盲は同じように恐れられています」と言っています（前掲　1983, p.3）。その
結果として、ろうや盲の仲間の中にいる盲ろうの人は、自分があたかも見えて聴こえる人たちの
中にいるように隔絶されていることが分かるでしょう。この隔絶は、とくに盲の人の中にいる場
合には、盲ろうへの不安によるものだけでなく、共通する言語形態が無い、という単純な事実に
よるのです。触ることによるコミュニケーションに頼っている盲ろうの人は、盲の人の声での話
を理解できないし、その逆もまた同じです。

　その他、表に現れてくる微妙な文化的態度の多くは、盲ろうの人が関わっている人たちにも関
係してきます。世界中の多様な宗教、人種のグループは盲やろうに対して、多種多様な考え、態
度を持っています。それは、これらのハンディキャップを前世の罪に対する罰と考えるものから、
創造主あるいは神々の特別な思し召しと考える、見えない、聴こえない人にとても哀れみ、同情
を感じるものまでにわたります。私たちは、自分の考え方を自覚できるようになれば、盲ろうの
人たちとより簡単に関わることができるでしょう。

　これは自分の考え方を検討してみればうまくやっていけるでしょう。私たちの文化を全体とし
て見るだけではなく、身近な友達のグループや家族に一般にいきわたっている考え方も見るので
す。友達は障害についてどう感じているでしょうか？　自分が盲ろうの人と対等に関わろうとす
るとき、嘲笑われるでしょうか、褒められるでしょうか、無視されるでしょうか？　盲ろうの友
達を家に連れていったら、家族の反応はどうでしょうか？　どうすればそれが分かるでしょう？
ほんの少しであっても、これらの反応への期待や想像から、どう影響されるでしょうか？

　最後に、文化的態度は自分自身のものを含めて、ときにゆっくりであっても常に変化すること
を覚えておくとよいでしょう。私たち一人ひとりは、この変化を促進するうえで、行動や発話を
通じて役割を果たします。盲ろうの人々を積極的に受け入れる私たちの姿勢は、些細なことでも
大きなことでも、社会全体が、見えない、聴こえない人をより受け入れ、それによって彼らが隔
絶されないようにする助けになるでしょう。このオープンな姿勢はまた私たち皆が、お互いそれ

ぞれの世界での独自の経験を多く学ぶ助けになるでしょう。

　この章では、盲ろうの固有の障害の概要を示しました。盲ろうの人は一人ひとり大きく異なるのですが、それぞれは他の人と数えきれないほどいろいろな方法でつながっています。また、一人ひとりは、一定程度の抗しがたい孤立を経験しているのです。

［引用文献］

Ackerman, D. (1990). *A natural history of the senses*. New York, NY; Random House.

Caselli, M.C., &Volterra, V. (1994). From communication to language in hearing and deaf children. Volterra,V. & Erring, C.J. (Eds.). *From gesture to language in hearing and deaf children*. (pp.263-277). Washington, DC- Gallaudet University Press.

Fraiberg, S. (1977). *Insights from the blind*. New York, NY: Basic Books.（邦訳：宇佐見芳弘『視覚障害と人間発達の探求──乳幼児研究からの洞察』文理閣，2014）

Individuals with Disabilities Education Act of 1990 (IDEA),PL101-476. (October 30, 1990).Title 20, USC 1400 *et seq.: U.S. Statutes at Large*, 104,1103-1151.

Lusseyran, J. (1987). *And there was light*. New York, NY: Parabola Books.

Myklebust, H. (1960). *Psychology of deafness: Sensory deprivation, learning, and adjustment*. New York, NY: Grime and Stratton.

Riggio, M. (1992).A changing population of children and youth with deafblindness: A changing role of the deaf-blind specialist/teacher (Reaction Paper). Hilton/Perkins Program (Ed.). *Proceedings of the national conference on deaf-blindness: Deaf-blind services in the 90s* (pp.20-26).Watertown, MA: Perkins School for the Blind.

Schlesinger, H.S., & Meadow, K.P. (1972). *Sound and sign: Childhood deafness and mental health*. Berkeley, CA: University of California Press.

Smith, A.J., & Cote, K.S. (1982). *Look at me: A resource manual for the development of residual vision in multiply impaired children,* Philadelphia, PA: Pennsylvania College of Optometry Press.

［参考文献・資料］

Davidson, I., & SimmonsJ.N. (Eds.). (1992). *The early development of blind children: A book of readings*. Ontario, Canada: The Ontario Institute for Studies in Education.

Edwards, L., Goehl, K., & Gordon, L. (1994). *Profiles: Individuals with deaf-blindness*. Terre Haute, IN: Indiana Deaf-Blind Services Project.

Freeman, P. (1985). *The deaf-blind baby: A programme of care*. London, England: William Heinemann Medical Books.

Huebner, K.M., Prickett, J.G., Welch, T.R., & Joffee, E. (Eds.). (1995). *Hand in hand: Essentials of communication and orientation and mobility for your students who are deaf-blind*. New York, NY- AFB Press.

McInnes, J.M., & Treffry, J.A. (1984). *Deaf-blind infants and children: A developmental guide.* Toronto, Canada: University of Toronto Press.

Miles, B. (1995). *Overview on deaf-blindness*. Monmouth, OR: Western Oregon University, Teaching Research Division, DB-LINK.

Reiman. J.W., &Johnson, P.A. (Eds.). (1992). *Proceedings of the national symposium on children and youth who are deaf-blind*. Monmouth, OR: Western Oregon State College, Teaching Research Division.

Robbins, N. (Ed.). (1983). *Deaf-blind education: Developing individually appropriate communication and language environments*. Watertown, MA; Perkins School for the Blind.

Sauerburger, D. (1993). *Independence without sight or sound: Suggestions for practitioners working with deaf-blind adults*. New York, NY: American Foundation for the Blind.

Smithdas, R. (Ed.). (1995). *Outstanding deaf-blind persons*. New York, NY: Helen Keller National Center for Deaf-Blind Youths and Adults.

Simmons, J.N., & Davidson, I. (1992). *Determinants of development: Conceptualizing young blind children*. Toronto, Canada: Canadian Council of the Blind.

Within Reach: Getting to know people who are deaf/blind [Video]. (1987). Available from Western Oregon State College, Teaching Research Division, Monmouth, Oregon.

第3章

家族との協力関係を築く

マリアンヌ・リジオ

3-1 家族との協力関係

　この章では、専門家と家族の間の極めて重要な関係に集中して述べます。この結びつきは、盲ろう児たちが、自分たちの潜在能力を発揮するあらゆる機会を与えられるようにするために、非常に重要なものです。親や家族は、すべての子どもたち、とくに盲ろうの子どもたちの人生で中心的な役割を担っています。

　私たち著者は、盲ろう児たちの親ではないので、その思いを正確に述べることはできません。しかしながら、長い年月を通して、盲ろう児たちの家庭に迎え入れていただき、勇気あるご家族から多くのことを学んできました。ここで、親が子どもたちの教育において果たす極めて重要な役割について、私たちの見解を読者の皆さんと共有したいと思います。それによって、教育者の方々が家族とうまくいき、強い協力関係を築ける方法を示すことができればと思います。

　本章では、盲ろう児のコミュニケーション能力の発達に焦点を当てますが、家族と協力して盲ろう児が新しいスキルを発達させ、世界について学べるようにするいろいろな専門家についても議論を広げていくつもりです。

3-2 盲ろう児の家族から学ぶ

3-2-1 家庭環境と価値観を尊重する

　どの子どもも異なるように、どの家族も異なります。それぞれの子どもが生まれたときの周りの状況も異なります。異なる医療上の心配ごと、さまざまな年齢の夫婦、片親、祖父母に育てられた子どもたち、異なる民族や社会経済的地位の家族などが挙げられるでしょう。典型的な家庭というものはないのです。子どもに関するニーズ、価値観、期待は家族によって異なります。そしてまた、専門家たちも皆異なっていて、それぞれ独自の価値観と期待を持っています。子どもたちにより豊かな学ぶ機会を提供しようとするとき、私たちは自身の価値観について注意深く、しっかり考えなければなりません。そして私達が関わっている子どもたちは、まず第一に、その家族の一員であることを心に留めておかなければなりません。これらの価値観と調和した方法で支援を行っていかなければならないのです。

　教育者は、家族との連携にあたって、敬意と共感を持っておかなければなりません。とりわけ、批判的になることは避けなければなりません。たとえば、ある家庭が経済的に貧しい場合、子どもへの適切な環境を家族が整えていけるかどうかを考えるでしょう。しかし実際には、家族が前向きに自然な方法で子どもと関わる能力は、家計の状況とはまったく関係ありません。また宗教、教育、その他の私たちが思いつく家族のどんな特質も関係ないのです。

　専門家は、家族が対処しなければならない多くの課題についても、充分に検討する必要があります。たくさんの病院の予約、眠れない夜、チーム会議、そのほか、家族の典型的な心配ごとなどもあるでしょう。すべての家族が問題を抱えています。しかし、障害のある子どもを持つ親の場合は、生活の中でどこでも起こる問題が、そのような子を持つことに対する過剰に神経質な反応であるように誇張され、レッテルを貼られがちなのです。

3-2-2 プライバシーを尊重する

　障害のある子どもの親は、通常であれば私的にとどめておく家族生活についての事実を、明かさなければならないことが多いのは悲しい真実です。彼らは、しばしば親族の個人的、医療的、

経済的情報を明かすことを求められます。家庭を訪問する人は、必要のない情報には立ち入らないように適切な判断をしなければなりません。さらに、親はすべてを話さなければならないという義務を感じる必要はないのです。優れた専門家は、そのことを明らかにし、家族のプライバシーの権利を尊重するのです。

3-2-3 現実的であること

　第2章で述べたように、盲ろう児が日常生活のすべてに関われるようにするためには、盲ろう障害のある人との関わり方についての特定の知識と技術が要求されます。これは多くの時間を要します。専門家は、家族が子どもに対してできることを認識し、彼らができないことに着目してはいけません。普通、親は盲ろう児教育についての修士の学位を持っていません。中には、盲ろう児と接した経験がほとんど無い、またはまったく無いという親もいるでしょう。さらに、個々の親は必要なすべてのスキルを学ぶために、家族、仕事、社会生活から完全に離れてしまうわけにはいかないことを忘れてはなりません。たとえば、もし親が手話に堪能になることができれば、コミュニケーション能力を着実に強化するのに役立ちます。しかしさまざまな理由によって、それを学ぶ準備がいつでもできている、または準備できるというわけではありません。手話に堪能になること、盲ろうに関する他の専門知識を身につけることには、家族にはとても無理と思われるほどの多くの時間がかかり、エネルギーが必要なのです。

　家族と専門家は、新しいスキルを教えたり、学んだりするとき、きちんと優先順位をつけて、少しずつ考えていくことが大切です。タッチキュー（訳注　手の甲を2回軽く触ったら握った手を開きなさいという意味など、触り方や体の動きでの合図）やオブジェクトキュー（訳注　日常のある活動を表す手がかりとして使われる、実際に使う物や象徴的な物）の知識が少しでもあれば、子どもが毎日の日課（ルーチン）を楽しみに待っているように教えることができるでしょう。同様に、日課のためにいくつかの簡単で基本的な手話を学ぶのは良い出発点となり、その後に発展させることができます。家族は、サービス提供者に自分たちが今できないことについて安心して伝えられるようでなければなりません。彼らが、未熟な親だと思われていると感じないようにしなければいけません。専門家たちは、彼らを圧倒するような情報を浴びせるべきではありません。情報はゆっくりと心地よいペースで共有されていくようにしなければならないのです。

　親と一緒に計画を立てる際には、子どもたちがどのくらい早く成長するのかを判断することの難しさを認識しておかなければなりません。目標設定のとき、現実的かつ楽観的であることは大切で、途中には山や谷、停滞期に直面することも知っておくことが必要です。進歩が遅い、と他のチームメンバーを責めることは、望む効果をもたらしません。ときには、子どものゆるやかな成長期に苛立ちを感じる教員は、子どもが怠けている、または家族がちゃんとやっていないからだと非難するかもしれません。子どもや家族を怠けているとみなすよりも、私たちの関わり方の何を変えることができるのかということに視点をおき、その子どもに教えるための新しい方法を考えることのほうが、ずっと生産的です。家庭環境や子どもへの家族の希望を念頭に、親と専門家たちが一緒に計画を話し合うことは極めて重要なことです。私たち皆が、何を一緒に目指していくのかが明確で、安心感があれば、現実的な期待に応えることができるでしょう。

3-2-4 家族の状況に配慮した支援であること

　日々子どもとその家族のために働いている専門家は、家族全体への一定程度のレベルの支援を子どもとの仕事に取り入れていかなければなりません。たとえば子どもがたくさんいて、常に仕

事に追われている家庭では、家庭訪問の前に子どもをお風呂にいれる時間をつくることがいつもできるわけではありません。思慮深い家庭訪問者であれば、訪問目的に入浴を組み入れ、この機会を利用して、入浴中にコミュニケーションを促すやり方を家族に見せることができます。これは、親の子育て能力を批判的に意見することよりずっと前向きで、生産的な方法です。また、きょうだいにおもちゃを持っていくと、盲ろう児に対する"特別な配慮"が原因でよく起こる喧嘩を避けることができます。

　盲ろう児のケアにそれほど関与していない人は、もし自分がその立場にあったらある程度は上手くできるだろうと思いがちです。しかし、一時的にでもこのような役割を経験する機会があった人なら、それが見た目ほどには簡単ではないと言えるようになるでしょう。

3-3 家族の重要性：変わらぬ絆

3-3-1 見えて聴こえる子どもの発達

　私たちは皆、自身の一生を形作るのに家族の存在がいかに重要かということを知っています。自分の気質、表情、話し方が家族のだれかに似ていると言われる人も多いのです。自分の生まれつきのことや育ちについて知っていく中で、その両方の要素が自分の人格や能力に大きく影響しているということが分かります。つまり、人生のすべての段階で私たちがどうあるかは、遺伝子構造によるだけでなく、健康や生活環境からくるものでもあるのです。

　ほとんどの人にとっては、家族が生活の中で最も変わらない絆です。先生やクラスメイト、友だちは移り変わっていきますが、家族はいつもそこにいます。家族とは、私たちのことを本当に知っている人たちなのです。私たちの能力が、信頼できて自信に満ちた大人としてのものであることは、良くも悪くも、家族との関係に強く根ざしています。これらの個人的な特徴は、私たちが生まれた瞬間から家族がさまざまな方法でコミュニケーションしてくることすべてをもとに、大きく発展していきます。

　第2章で述べたように、人間関係は子どもの性格や言語を学ぶ力に大きな影響を与えます。さらに、初期の刺激づけがのちの発達に影響するという、神経学的研究が近年増加しており、どの子どもに対しても刺激的な環境を整えるためには、家族がいかに重要かということが分かります。そのような環境は、生涯に渡って影響力を持ち続けます。子どもがどれほど多くのスキルを持てるかは、自由に安全に探索できる機会にかかっているのです。

　以後、この本の中でも何度も述べますが、初期の、とくに母子間のやり取りは、言語の基礎となります。幼児にとっては、親の両腕から自分の世界が形成されていくのです。やり取りには多くの活気ある動作がありますが、最も大切なのは母親の眼、声、ふれ合いです。数ヶ月が過ぎ、成長していくにつれ、子どもの世界も広がっていきます。眼や耳、そして体を使うスキルが増えるにつれ、その子が探索し関わることができる世界も広がっていくのです。子どもたちの世界は徐々に広がっていき、関わる人もだんだんと増えていきます。その世界が刺激的で、魅力的であれば、子どもは強く、そして自信を持った人に成長するでしょう。そうでなければ、おどおどした人になりかねません。

　社会的なやり取りからコミュニケーションを切り離すことは、とくに初期の段階では、ほとんど不可能です。したがって、早期の対話は子どもの全体的な成長に重大な影響を及ぼします。ほとんどの母親にとって、これらの早期の関わりは直感的で、本能的な関わりから始まります。母親はまた、他の人が小さな子どもを世話するのを見て学びます。私たちが小さな子どもとの一般

的な関わりは、視覚、聴覚、触覚に大きく依存しています。親にかかわりを促す幼い子供の反応は、たいてい視覚に頼っています。

3-3-2 盲ろう児の発達

　盲ろう児の場合、家族の役割がさらに重要になります。これを理解するために、障害による孤立化の影響についての議論に戻りましょう。身体的、感情的側面の両方での親密性が、盲ろう児たちの発達を促すには不可欠です。子どもが新生児期を過ぎるとすぐに、多くの学びが偶発的に起こります。しかし盲ろう児の場合、視覚的、聴覚的情報へのアクセスに制限があるため、偶発的学習は起こらないのです。実際、盲ろう児がさまざまな代替的な方法で受け取る情報は、分かりにくい歪められた情報です。このため、身近な家族や影響力のある養護者との密接で個人的な接触が、盲ろう児の認知学習において大きな影響を与えることになります。盲ろう児たちは、他の子どもたちが遊ぶのを見たり、テープを聞いたり、ビデオを見たりすることから学ぶ機会はほとんどないのです。彼らが受け取るほとんどすべての情報は、他の人との直接的なふれあいや、注意深く配置された環境から得られるものです。

　盲ろう児は、他の子どもたち誰もがする経験と同じようなタイプや質の経験を必要としています。しかし、その経験は子どもの視覚・聴覚障害の程度に適応させて、修正することが必要です。私たちは、専門家として、親と子どもに良い結果をもたらす早期の対応方法を提供しなければなりません。親が、触覚や非視覚的、非聴覚的なコミュニケーションの可能性を考えることを手助けしなければならないのです。私たちは、盲ろうの子どもたちが使うこれまでとは異なったコミュニケーション方法を、親が理解し受け入れるのを助けることができます。子どもの学び方について異なった視点を受け入れる家族は、子どもの未来についても希望を持つようになるでしょう。それに付随する利点として、家族は、盲ろうの子どもたちが何を必要としているかよく分かるようになります。そうなれば、彼らは自分の子どもと、この障害を持つ他の子どもたちのための良い擁護者になるでしょう。

　きょうだいの重要性：両親が家庭の機能を「いつも通り」に維持しようと一所懸命努力していても、盲ろう児の兄弟姉妹にはさまざまな影響がでます。ほとんどの場合、盲ろう児には常にたくさんの身体的なケアと注意が必要です。繰り返しますが、教育者は自分自身が、盲ろう児だけではなく、その家族全体にサービスとサポートを提供する役割にあることを常に考えなければなりません。教育者は、親が盲ろう児のケアや、受けるサービスの調整に追われないようにしてあげることができる特別な存在なのです。私たちは、家族のすべての子どもが一様に重要だ、と言うことができます。また一方、きょうだいにとって、なぜ弟がそんなにも注目されているのかを理解するのがいかに難しいかということにも共感することができます。また、きょうだいの中には、盲ろうのきょうだいのために重圧を感じている子どもがいることを、親が理解するのを助けることができるでしょう。きょうだいのこのようなことを思いやれるようになった親は、兄弟や姉妹が子どもらしく楽しめるようにさせることができるのです。

　ここでの目的は、きょうだいに盲ろう児がいることによる心理的な影響を論じることではなく、きょうだいは家族やチームの重要なメンバーであることを認識することです。兄弟姉妹は、年齢や家族への関心に応じて重要な役割を果たすことができます。実際、兄弟姉妹は最も気楽なチームメンバーかもしれません。在宅介入サービスの提供者は、幼いきょうだいがしきりにレッスンに参加したがったり、インストラクタがやっていることをなんでも真似するという話をいつもしています。家庭訪問員はいつもおもちゃの袋を持って訪問していると思います。親と話をしてい

る間に、幼いきょうだいがバッグの中に手を伸ばして、何度も見ている活動の準備をしたり、先生の言葉や癖を真似したりすることも珍しくありません（先生としての自分のスキルを見直すきっかけをくれることもあります！）。

きょうだいは、手話を家庭内のコミュニケーションに快適に使える手段にする素晴らしい源になることができます。子どもたちは、外国語や新しいスポーツを覚えるのに熱心で適応力があることが多いのと同じく、一般的に多くの大人よりも手話を学ぶことを喜んで受け容れます。それは彼らの楽しみのようにも見えます。このことは、手話がコミュニケーションの中心的な手段になるであろう盲ろう児にとってとても大きな財産になります。

さらに、子どもたちに自由と手段を与えてあげれば、盲ろうのきょうだいと一緒に遊び、最も力のある専門家も顔負けの、自然な会話のやり取りをするようになることも多いでしょう。メアリーを覚えていますか？　2歳年下の妹アドリアナは、よくベッドの上で一緒に遊んでいます。アドリアナは、足を上げるとメアリーも同じようにし、また足をドンと戻すとメアリーも同じようにしたことに気づきました。遊び心のある自然発生的なコミュニケーションは、どの「先生」の助けを借りずに起こったのです。

きょうだいが、自分の兄弟姉妹をガラスのように扱わなければならない相手としてではなく、普通の子どもとして見ることができれば、結果として生じる関係は、より健全で自然なものになるでしょう。教育者は、きょうだいに対する歓迎と関心のある姿勢を常に持っていると、このような状況が起こるのを助けることができるのです。

家庭での学習環境：私たちはこの本を通して、自然環境や日常活動のルーチンの中で盲ろう児を教えることの重要性について述べます。家庭に勝る自然な環境はありません。家庭は、新しいスキルを学び、実践するのに最も安全な場所なのです。

家族は適切な支援と励ましがあれば、食事の準備や家事の手伝い、その他の日常生活の活動に子どもを参加させるだけで、価値ある概念を教えることができます。一緒にやっていることについての話に子どもを参加させると、言語や概念を学ぶだけでなく、家族の一員としてのアイデンティティを形成する助けにもなります。普段からの意見や気持ちのやり取りによって、家族の関係が豊かになるのです。

家庭はくつろげるところなので、多くの場合、子どもは新しいスキルやコミュニケーションスタイルを身につけたことをまず家庭で見せます。子どもが学校ではまだ観察できていない新しいスキルを家庭でできていることを親が伝えると、先生は危機感を抱くこともあるでしょう。専門家としての先生という古い役割にはまり込んでいる先生は、最初は親が大げさに言っているのではないかと思うかもしれません。しかし、先生と親が、それぞれお互いの努力をサポートしあうチームとして一緒に働いているのであれば、得られたスキルがどこでお目見えしたとしても、その子の成功を一緒に喜ぶことができるでしょう。

感情的なニーズ：家族の力学や、障害のある子どもの家族が直面する感情的なプロセスについて書かれたものはたくさんあります。K．モーゼス、T．バリー・ブラゼルトン、E．クブラー＝ロスなどの専門家は、そのテーマに関して、広く、洞察力に満ちたものを書いています。思っていたのとは異なる子どもが生まれたことに伴う、親の喪失感について語っています。

どんなに知識が多くても知的でも、喪失感のさなかにある親は皆、同じような感情を経験することでしょう。教育者が盲ろう児の親を支援しようとするとき、家族が今、この癒しと対処のプロセスを経験していることを忘れてはなりません。

家族は、家庭生活全般での負担と、盲ろう児のニーズを満たすための特別な努力の両方に対処

していることが多いのです。したがって、先生は親身のサービス提供者であるために、癒しのプロセスの心理的側面について充分に理解しなければなりません。しかし、そうは言っても、私たちは自分に「家族療法士」の責任を押し付けないようにしなくてはなりません。

的を射たサービスを続けるためには、ある情報がその子により良いサービスを提供するのに本当に役立つかどうかを自問しなければならないでしょう。親が私たちと個人情報を共有することを認めたとして、それは良いことですが、適切な視点、つまり子どもへのサービスの範囲に保つ必要があります。

教育者は、支えになろうとする取り組みの中で、家族の個人的な視点の重要性を軽視したり、あるいはどんな形でも否定したりしないことが大切です。補助装具で擦れて子どもの足に小さな跡がついてしまったなどと、親が心配しているとき、よく専門家は、親にはもっと心配すべき大切なことが他にたくさんあると結論づけて、それを親に言うことさえあります。しかし、その親にとっては、その小さな赤いマークは、子どもが痛みを感じていることを示しているのであり、それはまさに重要なのだ、ということを忘れてはいけません。盲ろう児の家族には、自分では何もできない、あるいは自分ではどうしようもないと感じさせられていることがたくさんあります。子どもへの身体的なケアは、他の誰よりも親が最もよくできることなのですから、親が身体的なケアや着る物に力を入れるのは当然のことなのです。

教育者は、基本的には情報と励ましの提供者です。教育者は子どもに注力しながら、家族のメンバーが子どものために新しい夢を育むのを助けることができます。つまり子どもが生まれる前に親が持っていた夢とは異なるかもしれない夢を育てるのです。教育者は、親が直面している問題に耳を傾け、どの情報が最も役に立つか、それをいつ提供すべきかを判断しなければなりません。また教育者は、退くべき、あるいは前進すべきタイミングに敏感でなければなりません。

私たちは、何よりも親や家族が子どもと健全な関係を築くように支援したいと考えています。そして周知のように、コミュニケーションはすべての個人的な関係の基礎となります。

3-4 考え方、役割、ニーズの変化

3-4-1 親の役割の変化

過去20年間、教育システムは、子ども、とくに障害のある子どもの教育における家族の役割に劇的な変化を目の当たりにしてきました。盲ろう児教育の分野では、教育システムの家族への対応や家族問題が、非常にポジティブに変化してきています。1960年代後半に盲ろう児へのサービスが確立された当時は、全国的に非常に因習的な教育モデルがありました。私たちは診断者として、まず子どもたちを評価し、「何が問題なのか」を判断し、それから先生としてそれの解決に着手することにしていました。このシステムでは、学年の四半期ごとの終わりにその子がどのようなパフォーマンスを発揮することが期待されるかという目標が書かれていて、先生が教室の中でコミュニケーションを引き出すための方法論が定められていました。通常は家族がどのように関与するかについてはほとんど書かれていませんでした。家族は、上から目線で通り一遍の配慮をされていることが多かったのです。定期的な親と先生の会議や「保護者懇談の夕べ」はあったかもしれませんが、家族と協力して子どもの教育に積極的に参加してもらうための計画が充分に練られていることはほとんどありませんでした。

幸いなことに、いま私たちは、教育計画を策定したり、子どものために最も適切なプログラムを選択する上で、親を最も重要な意思決定者として見ています。家族に焦点を当てた計画を通し

家族は専門家に教えるたくさんのことを持っている。

て発展する、子ども中心のサービスの構築のための多くのモデルが出てきています。広く使われているモデルの一つに、個別家族サービス計画（IFSP: Individual Family Service Plan）があります。このプロセスは、乳幼児や幼児のための教育プログラムや介入プログラムを策定している人々に米国中で使われています。IFSP は、家族が子どもにとって最大の資源で、乳幼児のニーズは家族のニーズと最も密接に結びついているという前提に基づいています。このアプローチでは、子どもを支援し、ニーズを満たすための最善の方法は、各家庭の個々の強みを支援し、積み重ねることであると認識しています。このアプローチでは、親をチームの中で最も重要な一員として尊重し（障害のある子どもと青少年のための全国情報センター NICHCY: National Information Center for Children and youth with Disabilities, 1992）、すべての計画は家族の価値観や希望を尊重した方法で書かれています。とはいえ、IFSP や他の家族中心のモデルの精神を真に満たすには、まだ長い道のりがあります。

　IFSP によって早期介入サービスを受けたこの年代の子どもたちが教育サービスシステムに移行するとき、個別教育計画（IEPs: Individual Educational Plans）の策定の際にこれらの原則が出てきます。家族とコミュニケーションがよく取られている教育システムでは、家族はもはや IEP のミーティングで決まりきった文書にサインするように言われるようなことはありません。家族はそのプロセス全体に不可欠な貢献者なのです。

3-4-2 プロフェッショナルの役割の変化

　早期介入や教育サービスにおいて家族の役割が変わってきたように、専門家の役割も変わってきています。以前は、先生になるための教育を受けた場合、担当する子どもたちの教室を持つことが想定されていたのですが、現在の教育システム、とくに盲ろう児の教育にはさまざまな役割があります。盲ろう児の先生としての訓練を受けた人は、早期介入サービスの直接の提供者、全般的な早期介入サービスの提供者へのコンサルタント、学級担任教員、特別支援教育専門員（リソーススペシャリスト　訳注　授業中に特別なニーズを持つ生徒を支援する専門職）、あるいは教師の相談相手である特別支援教育専門員へのコンサルタントなどを担うことになるかもしれません。盲ろう児の早期介入や教育サービスを提供する人々のいろいろな役割と責任については、プログラム策定を扱う第13章と第14章で、より詳しく述べます。しかし、ここで重要なことは、盲ろう児の教育について最も幅広い知識を持つ人たちが、家族と直接コミュニケーションを取らなければならないということです。その人たちは、確実に、子どもに関して最も正確な情報を与え、また受け取っているようにしなければなりません。

　盲ろう児の教育者としての役割は、さまざまな要因によって決められます。新生児の家族に提

供するサービスは、年長の子どもの家族に提供するサービスとは大きく異なります。家族がこれまでに他の教育や医療の専門家と関わった経験は、私たちとの関係の初期の段階に大きな影響があります。何かネガティブな経験がある家族の場合には用心深くなるかもしれません。そうでない場合には、オープンでいろいろなことを受け入れる姿勢があるでしょう。しかし、ポジティブな関係を築くことに関しては、どの家族にも共通していることがあります。

盲ろう児にコミュニケーションを教えるプロセスは非常に複雑で、学校の日中だけに限られることではありません。私たちには、したがって、子どもが一日を通して意味のある言語に触れていられるようにするために、観点を広げていくことが求められます。家族、教育者、すべてのサービス提供者が一緒に計画を作り、家庭、学校、地域社会でのコミュニケーションに用いられるアプローチに、一貫性のあるプログラムを実施しなければなりません。

教育者として私たちは、家族の人生におけるさまざまな段階で彼らに会うことになります。家族と会うときにその家族がどこにいるかによって、どこから一緒に仕事を始め、何を達成できるかが変わってきます。生命を脅かすような健康上の問題のある子どもの家族と一緒に仕事をする際の私たちの役割は、子どもの障害が視力と聴力の低下だけである家族を支援する際のものとは異なります。子どもの年齢や能力、健康状態にかかわらず、どのような状況であっても、私たちは常に家族とのパートナーシップのもとに仕事をしていかなければなりません。

3-4-3 複雑な医療ニーズを持つ子どもたちの家族

医療技術が進歩して子どもの命を救えることが多くなったとはいえ、複雑な健康管理の問題を抱えた子どもを持つ家族が出てきました。これは通常はごく幼少期に見られることが多いのですが、医療システムの高度化に伴い、かなりの医療的ニーズを持つ年長の生徒も増えてきています。

子どもが病弱な場合、家族は子どもへのケアが不充分だと感じることがよくあります。このような家族は医療専門家に大きな責任を委ねることが頻繁にあります。このごく自然な親の反応は、ときに医療界のメンバーによって助長されることがあります。しかし実際には、これらの家族は多くの場合、自分の子どもの状態について非常によく知っていて、専門家に教えるべきことがたくさんあるのです。

このような状況での教育者の役割は、その子の個々の健康上の問題に応じて異なります。状況が急性か慢性か、予後が改善に向かうものか固定化するのか、病状が進行しているか（一部のある種の稀な変性遺伝子疾患の子どもの場合のように）などです。盲ろうの人への優れたサービスの提供者は、このような状況にある家族との個人的で、支援のためのやり取りに加えて、医療提供者に対しても、子どもの健康問題の大きさにかかわらず、家族と直接接触することが子どもにとってどれほど重要であるかを理解するように働きかけなければなりません。たとえば、親が子どもを抱きしめて世話をする機会を持てるような医療環境を作ることを支援しなければなりません。集中治療室にロッキングチェアを用意して、親が揺らして食事を与えられるようにすると、親と子どもの相互の愛着と絆（これは学習の基盤です）に強いプラスの影響を与えることになるのです。その他、常に健康管理が必要な子どもたちのためには、家族に直接協力して、子どもとのやり取りを促し、ケアをする上での自信をつけ、自分のスキルを認識してもらうことができます。これは、病気の経過の予想がどのようなものでも、彼らにとって大きな慰めとなり、価値のあるものとなるでしょう。

私は、酸素吸入、経管栄養が必要で自発的な動きがないために、擁護施設で生活していた少女

の家族を訪問したことを思い出します。多くの人が、彼女は半昏睡状態だと言っていました。キャサリンの反応がまったく見られないのでとても落ち込んでいた母親と、ある日話しているとき、娘さんにしてあげていることを尋ねると、彼女は「ああ、娘は私が髪をとかしてあげるのを本当に喜ぶのです」と言いました（キャサリンは長い、美しいストロベリーブロンドのロングカールをしていました）。どうやってそれが分かるのかと聞くと、「顔の表情の変化で分かるのです」というのです。これは重要なコミュニケーションと捉えられるということを教えてあげると、母親の一日が明るくなりました。彼女は、それがいままで認識することができていなかった、子どもの楽しさのコミュニケーションだと知ることができたのです（M.　リジオ）。

この種の、子どもの丁寧な観察と、その子がすでに伝えていることの確認は、先生ができる最も大切なことの一つです。

教育者は、家族が子どもと楽しい関係を築けるように支援しなければならない。

3-5 教育者にとっての課題

3-5-1 早期の段階

どんな子どもでも、考え、コミュニケーションしています。家族がその子の思考表現をより理解できれば、その子の不安は軽減され、人生はより豊かなものになっていきます。

先生や早期サービスの提供者に盲ろう児たちのための仕事の訓練をする際に、伝えることができる最高のスキルの一つは、注意深い観察者や通訳者として、すべての行動がどのようにコミュニケーションの機能を果たしているのかを注意深く観察し解釈するスキルです。先生は、家族が子どもの最も微妙で気づきにくいコミュニケーションの仕方を理解し、音声、言語、非言語コミュニケーションの違いを理解できるように支援しなければならないからです。

盲ろうの乳児との生活は、親にとって大きな負担でしょうし、このとき家族へのサポートが不足していることが多いのです。障害のある子どもが生まれた家族になんと言っていいか分からない友人は、離れていってしまうかもしれません。あるいは、友人や親戚の人は、絶望的になり、同情以上のことはできないかもしれません。このような初期の段階に、寄り添ってきて、子どもがかわいいことを誠実に言ってくれ、家族がしているケアに前向きにコメントしてくれる人は大歓迎です。このような評価は、親が子どもと自然でリラックスした関係を築く助けになります。

私たちは常に、とくに幼い子どものいる家庭では、教育者としての自分の立場を明確にし、そこでやるべきことは何かをじっくりと説明しなければなりません。たいていの親は通常の教育システムしか経験したことがないでしょう。そして、幼児に何を教えていいのか迷っているでしょう。教育者はまた、子どものための課題と計画が現実的なものであり、家族への他の課題・計画とも整合性があることを確認しなければなりません。教育者は、家族がすでに努力してやってい

ることに常に協力的でなければなりません。

　多くの場合、早期介入の提供者は家族に接する最初の医療関係以外の人になります。家族と子どもの受け入れを表明する最初のメンバーの一人として、私たちは非常に親密で個人的な関係に引き込まれるでしょう。思いやりのある聴き手であることは極めて重要な役割です。幼い子どもを持つ家族は、かなり鬱積した感情を表現しなければならないことがしばしばあります。ほとばしり出る感情に、思いやりのある態度で対応し、有益な情報を提供することは、最も困難な時であるかもしれないこの時期に、大きな支援になります。さらに、家族と専門家とのこのような初期の関係は、家族が自分自身をチームの一員として認識するかどうかに大きく影響を与えます。教育システムの中で最初に出会った人たちが、自分たちを認めてくれて、支援してくれて、情報を提供してくれれば、家族は希望的で楽観的な気持ちで新しい状況に入り、これからケアを提供してくれる人たちと協力していくことができるでしょう。

3-5-2 入学後の教育サービス

　家族ごとに個別に提供されることが多い早期介入サービスから、学校を基盤としたサービスへの移行は非常に困難であることがよくあります。家族と早期介入サービスの提供者との関係は、非常に密接であることが多いのですが、子どもが学校に通うようになると、役割がより明確に区別され、サービスはずっと個人的ではなく見えるものが多くなります。家族は、これまでの個人的に支援してくれる関係から、自分たちの子どものためのプログラムを作ってくれる、名前も知らない専門家が何人もいる部屋に突然移されるのです。

　これは、もし気配りをもって対処されていない場合は、実に疎外的な状況になってしまう恐れがあります。また家族は、自分の子どもに関わると思われる多くの専門家がいることを知るようになります。優れた専門家は、家族がどのサービスが子どもにとって最も有益であるかを見極めるのを助け、「多いこと」が必ずしも「より良い」とは限らないことを教えてくれます。

　家族は、教育サービスシステムに入ったときに、自分の価値が評価されていると感じることが非常に重要です。子どものことをよく知っていて、家族と働いてきた人たちは、新しいサービスに移行する際に大きな助けとなります。いわば「バトンが渡される」ときに、家族から提供される情報が尊重され、子どもがどのように学習し、どのようにコミュニケーションをとるかについて得られたすべての情報が受け入れられることが大切です。教育者は、子どもの教育への親の参加を促すにはどうすればよいか、意識的に取り組まなければなりません。

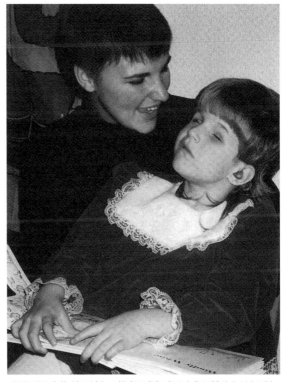

教育者は家族が子どもの教育に参加するように勧めなければならない。

3-6 親：最も持続的なチームメンバー

教育者が本当に親を教育計画のパートナーとして参加させたいと望むのであれば、彼らが意見を共有し、大切にすることができる環境を整えなければなりません。先に述べたように、サービス計画の策定過程に家族を参加させるモデルはいろいろあります（IFSP、IEP、個別サービス計画など）。しかしこれらのモデルは、教育者がすでに家族との関係を構築していて、家族のそれぞれが持っている子どもに関する豊富な情報を共有できるようになっている場合に、最も効果的に使えるものなのです。

3-6-1 個人将来計画（PFP: Personal Futures Planning）

個人将来計画策定のプロセスは、教育計画会議から除外されがちな人たち（親戚、近所の人、友人、幼児ケアの提供者など）に協力してもらう非常にポジティブなものです。このプロセスでは、その人たちが、盲ろうの人について知っていることや、その人に望むことをすべて共有できます。これは、専門家が主導で作る臨床計画のプロセスを置き換えるもので、開かれたプロセスの中で人々を結びつけ、盲ろう児の家族の家の居間で行われることがしばしばあります。

このプロセスでは、子どもの過去の歴史、現在の能力、好き嫌い、コミュニケーション、選択、将来の夢、そしてグループで考えたその他のことがらなどについて探求するいろいろな「地図」を作ります。個人将来計画では、障害についてあれこれ考えるのではなく、ポジティブで可能性のあるすべてのことに目を向けていきます。その結果、子どもが現在いるところから子どもと家族の両方のための、幸せで実りある未来の目的地までの道筋を描いた地図や青写真になるので、このプロセスでは「地図」という言葉が使われるのは妥当です。これは、計画策定を個人と家族のニーズと願望に焦点を当てたものにし、教育や臨床の業界の慣習に大きく邪魔されがちなそのプロセスに対して、貴重な情報と意図を示してくれます。家族の要望に応じて、「地図」は、大人になったときの生活にまで拡張して策定することができます。そのほかは、より近い将来のための夢を計画することになります。

「コミュニケーションマップ」を作成することで、これが無かったら教育計画の会議に参加することができなかったかもしれない家族や友人、その他の養護者も、盲ろう児のコミュニケーションの方法を共有する機会を得ることができます。このような地図の上に、とくにまだしっかりした言語が発達していない子どもがさまざまな人とどのように交流しているかを見ることができます。このプロセスは、子どもが効果的に使うことを学ぶコミュニケーションの方法を専門家が考えるのに役立つだけでなく、その子の周りにいる人たちに、その子とのコミュニケーション能力に自信を植え付けることにもなるのです。

さまざまな人が参加してコミュニケーションマップを作成するとなると、普通は誰もが熱心に参加してくれます。このようなグループでは、通常、個々の子どもがすでにコミュニケーションをとっている方法の広範なリストを作成します。多くの場合、このリストには先生が一人で作業するよりもはるかに多くの項目が含まれています。

この章では、個人将来計画（PFP）の完全なプロセスについて詳しくは述べません。しかし、もしあなたがプロセスについて詳しくなければ、調べてみる価値はあります（参考文献を参照してください）。個人将来計画のプロセスを個別教育計画（IEP）の開発や教育サービスの背景資料として使えば、子どものプログラムを有意義な学習経験に根ざしたものにするのに役立ちます。

個人将来計画はポジティブで可能なことがらに焦点を当てる助けになる。

3-6-2 アセスメント

　私たちは、盲ろう児たちが使う、微妙で独特なものであることが多いコミュニケーションの形の複雑さを認識しなければなりません。盲ろう児を教育するプロセスには、私たちが実施できる、豊かな教育体験を提供するために必要な情報が得られるような、標準化されたテストはありません。家族は、盲ろう児の初期のアセスメントにおいて最も貴重な情報源です。これについては第6章で詳しく説明します。親や主な養護者以上に子どものことをよく知っている人はいないのです。

　先ほど個人将来計画のプロセスが、教育者に子どもに関する多くの情報を提供することができることを説明しました。また親は、教育者が子どもの状況について書かれた正式な文書の多くを解釈する上で、重要なチームメンバーでもあります。記録や報告書は、大雑把で不正確なものが多いのです。これらの記録を家族と話し合うことで、ギャップを埋め、これらの情報に意味付けをすることができます。その過程で、家族はこれらの記録にどの程度の信頼を置くべきかに影響を与える質的な情報を提供することもできます。たとえば、発達アセスメントが行われたのは、子どもが長い病気をした直後だったということを親が説明すると、記録されている情報の価値に影響を与えるでしょう。

　盲ろう児のコミュニケーションには独特の形態があるため、親はアセスメントのプロセスに欠くことができない情報を追加してくれます。親は、子どものコミュニケーションの多くを解釈することができます。親は子どもの不快感の表現をすべて解釈する方法を知っています。うんちが

出てない？ お腹がすいた？ 痛い？ オムツが汚れている？ 親は、その子の好きな人が誰で、なぜ好きなのかを教えてくれます。「この子はジョンの深い声と大騒ぎするところが好きです」、「足を叩くと、それはトイレに行きたいという意味です」。

　また、子どもが眠いとき、警戒心が強いとき、慣れたところあるいは慣れない場所にいるとき、どういう行動をするかが分かります。その子の好きな活動や遊ぶときに好きなおもちゃも知っています。これらの親の洞察はすべて、評価者にその子に関する重要な情報になります。この情報は、子どものスキルや能力を評価するための活動を選ぶ際の指針と、それを行うための最良の環境を作ってくれます。家族はさらに、評価の過程で観察した行動が典型的なものなのか、そうでないのかを教えてくれます。評価者は、それが典型的な行動なのか、あるいはその子が慣れない状況や慣れない人への恐怖心を伝えているのかをちゃんと理解しないまま、十把一絡げに判断してしまうことがよくあるのです。

　アセスメントのプロセスや意味のあるコミュニケーションシステムの開発のプロセスには、絶え間ない対話と、観察結果の比較や仮説の検証、良好なコミュニケーション能力を育む機会を提供することが含まれています。これはチームの中で行うべき継続的なプロセスで、「専門家」とみなされる一人の人間の責任だとすることはできません。家族のメンバーと教職員が一緒に考えて答えを見つけなければならないのです。

3-6-3 指導の優先順位の設定
　良いアセスメントの成果の一つは、教育の優先順位が設定されることです。この時点では親や家族の意見を注意深く聴く必要があります。チームは、親が共有してきた優先順位と将来の夢を考えなければなりません。これらの夢は、子どもの教育プログラムを形作っていきます。この計画の過程で、親が実際の盲ろうの大人の話や情報にアクセスすることは、子どもの将来の可能性を考え始める上で役に立つことが多いのです。教育者はこのような情報を親に提供する責任があります。

　通常、親はこのプロセスに現実性をもたせます。子どもに実践的なスキルを学ばせたい、普通のマイルストーンを達成させたいという親の要望は、子どもが学校にいる限られた時間の中で、教育者がどこにエネルギーを集中させるべきかの指針を与えることができます。すべての教育上の優先事項の根底には、明記されているかどうかにかかわらず、コミュニケーション能力の発達があります。

3-6-4 コミュニケーションの維持
　親とサービス提供者の間に、情報がスムーズに流れる、正式な構造があることが重要です。一般的に、子どもは家に連絡ノートを持って帰りますが、多くの場合、これらのノートは急いで書かれていて、家族に役に立つ情報を伝えることができません。最も良いノートは、子ども自身が何らかの形で参加できるものです。これには、活動で使った物、絵、子どもがしたことについての簡単な文章などが書かれているでしょう。これらはすべて、子どもに関することを伝えるだけでなく、子ども自身とのコミュニケーションを促進することができます。

　定期的な電話連絡や家庭訪問は、情報を共有し、子どもが新しいことを学ぶ機会を最大限に与えられるように私たちが協力していることを見てもらうための優れた方法です。また家族に学校を訪問してもらうのも、コミュニケーションの道をオープンにしておくのに有効な方法の一つです。さらに、可能なら、学校での活動をビデオに撮っておくと、家族が自分の子どもの新たな能

力の活き活きとした映像を見ることができます。

3-7 大人への困難の多い移行

　教育現場では「ニーズアセスメント」を行うのが普通です。このプロセスでは、サービスを受ける人たちに、私たちが対応すべき最も重要だと思う課題を共有してもらいます。通常はアンケートや他の形の質問紙で行われます。親へのアンケート調査では、親が自分の言葉で深い懸念事項を表現できるようになっていて、通常は共通の懸念事項が明らかになります。たとえば、「子どもが大人になって、私がもう世話をできなくなったらどうなるのでしょう」。この反応は年長児の親から出ると考えるでしょうが、どの年齢の子どもの親もこのような懸念を共有しているのです。

　ほとんどの先進国では、盲ろう児たちはいくつかの法律のもとに学齢期のサービスを受けています。しかし、子どもが成人に近づいてくると、サービスを提供する明確な責任者がなくなり、学童期に提供されていたサービスほど包括的なものではないことがほとんどです。

　実際には、成人期には、コミュニケーションや言語を引き続き発達させる多くの有意義な学習経験ができます。成人期での活動は、学校で行われていた活動よりも、盲ろうの人にとってずっと意味のあるものであることが多いのです。大人へのサービスは、職場やプログラムの環境だけでなく、家庭で提供されるものもたくさんあります。

　どんな家族であっても、息子や娘が大学に進学したり、初めてアパートに引っ越したりしていなくなると、ストレスを感じるでしょう。それは、盲ろうの若者の家族にとっても同じです。親は子どもの人生でのすべての重要な判断をします。しかし家族は、子どもが成長するにつれて、保護者としての役割を再調整しなければなりません。家族は、成人した子どものケアをしてくれる人が、ときには自分たちとはまったく異なる方法でケアしたとしても、その人を信頼するようにしなければなりません。しかし、家族の意思決定プロセスをサポートできる心強い教育者であれば、家族がこの移行についてより安心できるようにすることができます。たとえばすべての決定に家族が選択したことを取り入れて尊重すれば、このような当然な不安を軽減するのに役立ちます。

　さらに、盲ろうの若者は、話し言葉を使ってコミュニケーションできて環境についての情報を視覚を使って得られる同世代の若者よりずっと弱い立場にあります。この事実は、生涯にわたる保護と相まって、この岐路にいる家族が感じる心配の多くを物語っています。私たちは、この時期までに親が自信を持った擁護者になることを願っています。親は、もし機会が与えられれば、洞察力と創造力をもって、子どもが成人してから受けるべき最も適切なサービスを計画することができるのです。

　家族は子どもの教育計画策定に重要な役割を果たすのと同様に、子どもの成人生活の計画にも重要な役割を持っています。この段階では、親はケースマネージャーやトレーナーとしての役割を求められることがよくあります。成人へのサービスシステムではスタッフの入れ替わりが激しいため、子どもの能力について新しい職員に説明する際には、親の力に大きく頼ることになります。専門家が自分の仕事をきちんと行っていれば、子どもが成人になるまでに、親は自信を持った代弁者になれるでしょう。人生のこの段階に備えて、学校の終わりが学習の終わりを意味しないようにするために必要なスキルや情報を家族が得られるように、絶えず励ましていかなければなりません。

教育者は、家族が子どもに関する情報を共有する方法を作り出すのを助けることができます。たとえば、一緒に子どものビデオポートフォリオ（ビデオ記録集）を作ることができます。そこには、スキルや能力を示す最も重要な状況を選んで撮ったものが入っているでしょう。この若者のために仕事をする人が知っておくべきすべての細かい情報を伝えるナレーション（親が録音したもの）もあるでしょう。また、大人になってからその人の担当になるワーカーのための、分かりやすいハンドブックを書くこともできます。

3-8 継続的な家族支援と研修のシステム

これまで、子どもたちの生活の中で家族が果たす貴重な役割を見てきました。家族に対して、盲ろうのことや、盲ろう児のコミュニケーション学習法を知る機会を提供することが重要です。盲ろう児のコミュニケーションニーズに関する研修を計画する際には、家族も含む必要があります。家族、専門家、専門家助手（パラプロフェッショナル）にこの障害について学ぶ機会を平等に提供することによって、教育計画を立てるための前向きな環境を作ることができるのです。一方、もし私たちがチームプロセスの中に影響力を維持しようとして、知識を溜め込んでしまうと、将来のフラストレーションや対立を招くことになってしまいます。

教育者も親もともに、先生だけがすべての答えを知っているという古い考えを捨てなければなりません。私たちは皆、先生は家庭からの情報を尊重してまとめることができる人、親は教育情報を尊重し、まとめることができる先生として考えるようにシフトしなければなりません。その第一歩は、親も教育者もすべての答えを持っているわけではないことを認めることです。そこで、情報を共有し、新しいことを一緒に学んでいけば、強くてダイナミックなチームを持てるのです。

近親者と親戚の両方に訓練を行う場合は、その人にとって有益な情報を提供し、その人にとって快適な状況とペースで行うことが重要です。私たちがやりかねない最悪のことは、私たちが助けたいと思っている人たちを威圧することです。運が良ければ私たちは、子どもが小さいうちに家族に会い、家族全員で協力して、触覚、サイン、オブジェクト、手ざわり（テクスチャ）、その他会話の無数の戦略を組み合わせた新しい言語を学ぶスキルを、一歩一歩発展させていきます。家族全員に手話の訓練をすることが重要です。兄弟姉妹がこの新しい言語の学習が斬新で楽しいと感じることは多いでしょう。彼らは自然に他の家族のメンバーを励ますようになるでしょう。

訓練はさまざまな形で行われます。学校の取り組みを支援するために専門のコンサルタントを雇うこともあるでしょう。また、家族がスキルと自信をつけるために、何度も盲ろうに関する訓練を受けることを希望する場合もあります。大人も子どもと同じように基本的なことを学びます。

家族同士で集まって一緒に学び、経験を共有することは大切。

私たちは、現在のスキルを土台にして、彼らが挫折したり、退屈したりしないで学べるようにしなければなりません。同様に、家族と一緒に、どのようなスキルが必要で、身につけたいのかを一緒に考えていかなければなりません。そして、整然とした計画を考えていくのです。

　家族が必要としている情報によって、適切な状況はさまざまです。たとえば、ある家族に、住んでいる州や地方のサービス提供システムについての情報が提供されているとしたら、同じようなニーズを持つ家族のグループにその情報を提供することができます。しかし、ある特定の子どもとの個別のコミュニケーションのアプローチなどの他の問題については、個別に一家族ずつ対応しなければなりません。

　私たちが盲ろう児の家族に情報を提供する立場にあるとき、私たちは彼らの身になって考えてみなければなりません。訓練は、本当のニーズを満たすように計画されなければなりません。私たちは皆、人生のどこかの時点で、興味のないコースを受講することを強制されたでしょう。その結果は、基本的には何とかやり過ごそうということであり、熱意を生むものではありませんでした。一般的に、ほとんどの場合、覚えたことは試験に合格するまでの間だけ頭に残っているものでした。家族が熱心に参加するようにするためには、彼らが欲している、必要としている情報を、家族にとって良い刺激になる方法で提供しなければなりません。

3-9 家族間のネットワークの構築

　この話題は最後になってしまったのですが、これはその重要性が低いということではありません。社会のスピードが速く、地理的に広い地域をカバーする多くのプログラムに参加しているために盲ろう児が分散している中で、親の支援グループ、訓練グループ、擁護者グループを作ることには多くの課題があります。しかし、盲ろうの大人が社交クラブやセルフアドボカシー（自己権利擁護）グループに参加して、お互いに個人的な友情を育てていくことが重要であるのと同じように、家族も他の家族と集まって経験を共有することも大切です。日々盲ろうの体験をしている家族の生活について本当に理解するのは、同じように生活している人にしかできないものです。

　家族が他の家族とコミュニケーションをとり合うことで、家族内でのコミュニケーションが豊かになることがよくあります。家族同士が対話することで新たなアイデアが生まれ、子どもたちのコミュニケーションの仕方にも新たな感性が芽生えます。

　盲ろう児の家族がお互いに会うことには、幅広い利点があります。最も良いのは、親が会うときに子どもも一緒であることです。子どもは緊張をほぐすのに最高の存在で、すぐに交流の機会を与えてくれることが多いでしょう。最も良い活動の一つは、専門的なことを話すのではなく、家族が集まるための非公式な機会を提供することです。そこでは、家族が対話に参加できるようにするための専門のファシリテーターを必要とすることはめったにありません。対話はほぼ自然に起こるでしょう。盲ろうの経験が家族に与える影響が大きいのが主な理由です。家族同士がそれぞれの経験についてのメモを比べてみて、他の家族がどのように管理しているかを見ていると、支援についての素晴らしい感覚を得ることができます。

　このような共通の経験を共有することは、家族が子どもの障害をより深く知り、すべての人にとってより良い生活を送るための新しいスキルを得る多くの創造的な機会につながります。

　私たちが盲ろう児の親に与えられる最大の支援の一つは、子どものために計画された豊かなサービスのシステムです。以下の章では、最も重要な関係である、盲ろう児とその家族の間に強い関係を築く方法を引き続き見ていきます。

［引用文献］

Brazelton, T. B., Yogman, M W. (1988). *In support of families*. Cambridge, MA: Harvard University Press.

Kubler-Ross, E. (1969). *On death and dying*. New York, NY: MacMillan.（邦訳：鈴木晶『死ぬ瞬間——死とその過程について』中公文庫（キ5-6），中央公論新社，2020）

Laborde, P.R., (1991). *Counseling parents of children with disabilities. The family with a handicapped child*, Needham Heights, MA: Allyn and Bacon

Moses, K. L. (1983). *The impact of individual diagnosis: Mobilizing family resources*. In Mulick, J.A. and Puschel, S. M. (eds.) *Parent and professional partnerships*, Cambridge, MA: Academic Guild Publishers.

The National Information Center for Children and youth with Disabilities. (1992). *A parent's guide: accessing programs for infants, toddlers and preschoolers with disabilities*. Washington, DC.

［参考文献・資料］

Boethel, M., Rudin, D.(1987). *Power of the heart* (video). Austin, TX: Texas School for the Blind.

Brazelton,T.B., Cramer, E.G. (1991). *Earliest relationship: parents, infants, and the drama of early attachment*. Addison-Wesley.

Brown, N. (1997). My deafblind child is now a deafblind adult. What does that make me? In *Proceedings of 4th Deafblind International European Conference on Deafbindness* (pp. 83-86) Madrid, Spain: ONCE.

Hurth, J.L., Goff, PE. (1996). *Assuring the family's role on the early intervention team: Explaining rights and safeguards*. Chapel Hill, NC: NEC*TAS.

Moss, K., Wiley, D. (1995). *Brief guide to personal futures planning: Organizing your community to envision and build a desirable future for you*. Austin, TX: Texas School for the Blind and Visually Impaired.

Mount, B., (1991). Person-centered planning: *Finding directions for change using personal futures planning*. New York, NY: Graphic Futures Inc.

Project School Care Children's Hospital Boston (1992). *Working toward a balance in our lives: A booklet for families of children with disabilities and special health care needs*. Cambridge, MA: Harvard University.

Santelli, B., et al (1997). *Parent to parent programs: parent preferences for supports*. Infants and Young Children, vol. 9#1. Gaithersburg, MD: Aspen.

第 4 章

会話：
コミュニケーションで最も大切なこと

バーバラ・マイルズ

4-1 豊かな言語環境

　見える人、聴こえる人は、言語的に豊かな環境に自然に囲まれています。子どもは生まれた瞬間から、母親の声と周りの会話を聴いています。このように音が入ってくるので、言語が最初の数年の間に自然に発達するのです。言語学者と教育者は、子どもが快適な母語を身につけていくためには、アクセス可能で豊かな言語環境が不可欠であることを明らかにしています。それが自然な形で存在しない場合は、他から提供されなければならないのです。

　先天盲ろう児は、言語への自然なアクセスができません。したがって、見えない、聴こえない子どもには、どのような言語やコミュニケーション環境であれ、意識的に提供（あるいは、「準備」）されなければなりません。これが行われなければ、その子どもは自分自身の自然な言語やコミュニケーションモードを発達させることができません。言語を学んだり、会話を楽しんだりする機会が与えられていない子どもたちにしばしば見られる悲しい結末は、人や環境からの引きこもりや極度のフラストレーションです。

　私たちの責任は、会話が豊富な環境を提供することです。ここで話しているのは、ただ子どもに基本的な「生き残るためのボキャブラリ」を与えるのではなく、子どもが能力を最大限に発揮して、創造的な考え方やコミュニケーションをできる人に成長するように、生活や会話の流れの中にその子を引き込むことなのです。

　盲ろう児が効果的なコミュニケーターになるのを助けるにはどうしたらよいでしょう。まず、最も基本的なレベル――見えないあるいは聴こえない子どもに初めて会ったときのことから始めましょう。

　教室に入ると盲ろう児がいて、その子は6歳で、言語は何も知らないとすでに聞いている、と想像してください。

　ポールは年齢の割に小柄で、車いすに座っています。大きなモジャモジャの金髪がほとんど眼にかぶさっています。彼が盲であることはすぐに分かります。まぶたは閉じていて、眼窩は落ちこんでいるのです。彼が一瞬微笑んで、顔全体が明るくなりますが、その微笑みの原因が何であるかは分かりません。そして、それが現れたときと同じように瞬くうちに消えてしまいます。

　彼の手は小さくて繊細です。左手を上げて車いすのヘッドレストをリズミカルに叩いています。叩き続けて数分も経つと、彼は両手を車いすのシートベルトに下げて、ざらつきのある布目の上を指で前後に動かします。そのとき、彼は手の動きとほぼ同じリズムで頭を前後に動かしています。誰かが部屋に入ってきてドアをバタンと閉めたのですが、ポールは何の反応も示さず、シートベルトを指でいじり続けています。10分ほど見ていると、彼は手と頭でこの繰り返し動作だけをしています。彼は自分の世界で迷子になっているように見えます。

　このように、見えず聴こえず、さらに自発的な動きもほとんどない子どもとコミュニケーションを始めるには、どのようにしたらよいでしょう。コミュニケーションを始めるのに、どうやって彼にアプローチしますか。あなたはすぐにやり取りしたくなるほうでしょうか。それとも躊躇してしまいますか。躊躇している人は、何が自分を躊躇させているのかを自覚していますか。

　ポールのような子どもに会うとき躊躇する理由としてよくあるのは、次のようなことです。「彼は言葉を知らないので、何から始めればいいのか分からない。言葉を少し覚えるまでは コミュニケーションが取れない」、「本当にかわいそう。動きも変に見えるし」、「どうやって彼のような人

と関わっていいのか分からないし、何を話せばいいのか分からない」、「耳が聴こえない、言葉が分からないなら、どう接していいのか分からない」。

　特別なニーズを持つ子どもを教えた経験が豊富にある先生でさえ、盲ろう児に会うときに、その子の教育を大きく阻害してしまうような、限定化する思い込みを持っていることがあります。最も限定化する思い込みは、この子はまだコミュニケーションの方法を知らないから、この子自身が自分から表現したり、私が話をする前に、まずどうやってコミュニケーションするのかを教える必要がある、ということです。

　この章では、この思い込みに挑戦します。ポールはすでにコミュニケーションをしています。すでに自分自身を表現しているのです。盲ろう児は皆、どんなときでも、すでに自分を表現しています。その子に必要なのは、コミュニケーションを上手に受け止めて、会話に入ってきてくれる人です。その会話の中から、関係性と言語が生まれてくるのです。

　盲ろう児の先生や親の多くは、子どもとの良い会話の仕方が直感的に分かります。彼らは、子どもたちがすでに表現していることを読み取って、子どもたちに意味が分かる対応をする方法を知っているのです。この章が、彼らがこのようなやり取りを続けていくためのサポートになり、さらに、そのような会話を進めるためのアイデアを与えられればと願っています。また、盲ろう児たちとお互いに真の会話をできるように、真の会話をしてみようという人が増えてほしいと願っています。それによって、子どもたちはますます自信をもってコミュニケーションすることを学んでいくのです。

　会話による相互のやり取りは言語の学習に先立って起こります。その逆はありません。少し考えるだけで、これは見えて聴こえる子どもたちにも当てはまることが分かるでしょう。乳幼児と養護者は、子どもが最初の言語を覚える前に、数え切れないほどの非言語的な会話を交わしています。見つめ合い、微笑み、いろいろな顔の表情や体の動き、声のやり取りがあります。往復の動きです。この次にその子のところにいるとき、何が起こるのだろうかを考えてみてください。大人は、面白い顔であやしたり、ジェスチャーをしたり、動きや音を真似したり、赤ちゃんが頑張っていることに無意識に反応したりして、子どものようになっていることも多いでしょう。幼児が言語を使えるようになるずっと前から会話をしているのです。その会話の中で、大人は、そのときやっている非言語的やり取りに合わせた言葉も使います。聴いてください。「ママ」、「かわい子ちゃん」、「おおーーきい！」、「ワンちゃん」、「起きて」、「見て！」、「ダダ（パパ）」など、顔や身振り手振りで行われている会話に関連した簡単な言葉が聴こえてきます。子どもはママやパパとの関係を深める文脈の中で、これらの言葉を何度も何度も聴いているのです。子どもが最初の言葉を話すころには、何千、何万もの言葉を聴いています。すべて遊びや、行ったり来たりの自然なやり取りの中でのものです。

　盲ろう児たちには、これと同じような、自然な会話のやり取りをする機会と、言語の中に自然に置かれる機会が普通はありません。なぜでしょう？　そのような会話は眼と耳を介して行われるのが普通だからです。しかし、見えなくて聴こえない子どもたちも、その機会を逃してよいはずはありません。そこで、盲ろう児たちには、視覚と聴覚だけに頼らない、また言語に頼らない会話をする方法を知っている大人がそばにいる必要があります。

　つまり、手や体、触覚や動きによって会話をする方法を知っているパートナーが必要なのです。盲ろう児は、対等な会話のパートナーとしてやり取りをしてくれる人を必要としています。そのような大人に囲まれていれば、彼らは積極的にコミュニケーションできる人になるチャンスがあります。そのようなパートナーがいなければ、受動的になって、孤立し、ますますコミュニケー

ションできなくなります。あるいは、何とかして自分ができる方法で表現しようとしているうちに、ぎこちなく、不安そうにコミュニケーションをとるようになってしまいます。

　私たちは、盲ろう児には、巧みな会話のパートナーになっていってコミュニケーションを「教える」ことから始めます。子どもは、すでにコミュニケーションができる人として扱われることで、コミュニケーションを学びます。会話をすることで、会話を教えるのです。

　先に紹介したポールは、誰かが会話をしようとしてくれない限り、一日中一人で車いすに座っているでしょう。彼のような子どもを放っておくのはとても簡単です。孤独でいることは、彼という人間の本質的な部分のように思われます。彼は、多くの子どものように眼や耳を通して他の人と自然につながっているわけではありません。しかし、ポールは学ぶことができるのです。彼は満足のいく会話の仕方を学ぶことができます。彼は自信を持ったコミュニケータになることができます。これは、単に彼がいくつかの言語やオブジェクトシンボルを使うように訓練するだけでは起こりません。人々が彼に対して意識を集中し、彼がコミュニケーションしようとしている小さな試みに反応してくれるならば、たとえこれらの行動が最初は意図的なコミュニケーションではなかったとしても、起こるのです。人々が彼との有意義な会話を何時間にもわたって続けてくれるならば、ポールは良いコミュニケーターになるでしょう。

4-2 良い会話の要素

4-2-1 良い会話とは

　盲ろう児たちのために良い会話のパートナーになるには、良い会話とはどういうものかを知る必要があります。実際、私たちは友人といつも会話をしているので、これはすでに知っています。そこで、会話の経験を振り返り、その知識を見えない、聴こえない子どもたちとのやり取りに生かすことができます。

　練習の始めとして良いのは、最近の友人や親戚とのうまくいった最近の会話を思い出すことです。その状況に戻って、自分自身を思い浮かべると、どのような要素がその会話を満足のいくものにしたのかを考えることができます。それにはおそらく次のようなものがあるでしょう。

・話していた人（人たち）との相互尊重の関係があった。
・身体的に快適だったので、お互いにしっかり話を聴くことができた。
・お互いに興味のある話題があった。
・誰もが公平に順番に話ができ、一人の人が独占したり、他の人が理解できないような言語を使ったりすることはなかった。
・会話のペースは、すべての参加者にとって快適だった。ある話題から次の話題への移行は無理なく、皆がその準備ができているときに行われた。
・あなたはおそらく、聞いてもらっているという感情を経験していた。相手が自分の言ったことを理解しているとそれとなく分かっていた。また相手の言ったことや意味することを分かっているように感じていた。
・会話から何か新しいことを学んだかもしれない――たぶん会話のパートナーに関する何かを。

　盲ろうの人とのやり取りは、見えて、聴こえる友だちとの会話と同じように、満足のいくものでなければなりませんし、そうできるはずです。私たちの友だち、生徒、子ども、家族である盲ろう児や盲ろうの人との一瞬一瞬の出会いの中に、これらの良い会話の要素をどのように盛り込

盲ろう児たちを自然な、自発的な会話の中に入れることが必要。この女の子は、他の人も自分と同じようにクッキーが大好きだということに気がついている。

むことができるかを考えることが必要です。

4-2-2 お互いの尊重

　お互いを尊重することは、良い会話の基本です。相手を見下したり、人としての重要性を軽視したりするように感じる人とは、良い、実り多い交流をすることはできません。盲ろう児たちにも同じことが言えます。彼らが、効果的な会話の相手になるためには、気兼ねなく、また自分が尊重されていると感じる必要があります。第5章では、良いコミュニケーション環境を築くものは何かを論じ、そこで尊重についても広く扱います。

　いまここで必要なのは、私たちが自分自身の態度を観察するだけです。盲ろうの人との出会いに何を期待しようとしているのかを自分に問わなければなりません。相手が私と会話できるようになることを期待しているのか？　その人がやり取りに充分な能力を持っていることを期待しているのか？　会話がうまくいくことを期待しているのか？

　盲ろうの人と会話をするとき、私たちにできる最も役に立つ態度は、その人の能力を尊重することです。その人の能力が私たちの能力と大きく異なる場合や、見えない、聴こえない子どものケースでよくあるように、子どもが自分のためにできることがあまりにも少ない場合には、難しいかもしれません。そのような子どもたちと接するうえで最初の大切なステップは、焦点を「彼らができないこと」から「できること」に移すことです。どんなに障害があっても、会話のやり取りができない子どもや大人はいません。呼吸そのものを含めた小さな動きが、真に敬意に満ちた会話の基礎になり得るのです。私たちはパートナーとして相手を尊重し、彼らの言語（多くの場合、身体の動きと触覚によるもの）を喜んで学び、彼らのレベルに合わせ（身体的にも、発達的にも）、そして彼ら自身の成長のために必要なものを絶えず確認することをしていかなければなりません。

　好奇心と興味は敬意の要素です。相手に対する好奇心は、その人についての新しいことを常に知りたいという欲求です。また好奇心には、この他人の人生経験が私たちのものとは大きく異なるかもしれないということへの敬意的な認識と、その人にとって人生経験がどのようなものなのかを知ろうとする意欲が含まれているので、お互いに本当の意味でコミュニケーションできるのです。盲ろうの人と実際の会話をする前に、その人の経験に心から興味を持たなければなりません。

初めてポールを見たとき、彼を「何もできない人」と見なしたくなるかもしれません。一つの視点だけからは、車いすに乗ったポールを見て、「ポールは歩けない、眼が見えない、耳が聴こえない」と言いたくなるかもしれません。しかし、彼ができることを探す方がはるかに意味があるのです。ポールを尊敬の念を持って見れば、支えれば座っていられる、両腕を動かせる、物を感じるのに指が使える、リズミカルに頭を動かせる、左腕を上げて頭を叩くことができる、微笑むことができる、などが分かるでしょう。ポールの能力の一つひとつが、会話の始まりになる可能性があるのです。

　また、ポールと会話をしようとするとき、彼の世界での経験はどのようなものなのだろうかと考えることは非常に役に立ちます。毎日のほとんどの時間、車いすという限られた空間の中で座っているのはどんな感じなのか。ほとんどの情報を手の感触から得るというのは、彼にとってどのように感じられるのか。言葉がないのはどんな感じなのか。彼はどのようにものを考えているのか。どうやって人を知るのか。どうしてあんなように頭を動かすのが好きなんだろう。シートベルトは指の下で どんな感じなのか。私がここにいることを知っているのか。これらの質問は、活かし続ければどれもポールとの会話に役立ちます。彼を一人の人間として尊敬する助けになり、普通の友だちと知り合いになるように、彼と友だちになろうとする気にさせてくれることでしょう。

4-2-3 気持ちの面での快適さ

　見えて聴こえる人は、微笑んでアイコンタクトし、他の人を会話に誘うことがよくあります。「やあ、話をしようよ」という意味のジェスチャーもします（たいていは無意識に）。立っている人の横に行ったり、心地よい距離のところに座ったり、必要ならいすを引いたりします。盲ろう児にも同じようなジェスチャーをして、私たちと会話ができ、会話を望んでいることを伝える必要があります。しかし、このようなジェスチャーは、その子が分かる方法で行わなければなりません。その子がある程度の視力を持っていれば、近づいてアイコンタクトし、近くで微笑むことができ、その子はそれを見て、招待のジェスチャーとして受け取ることができます。しかし、眼

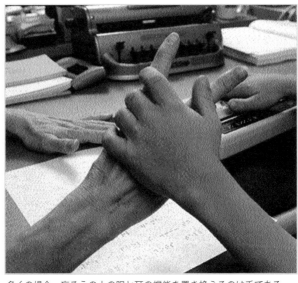

多くの場合、盲ろうの人の眼と耳の機能を置き換えるのは手である。

が見えない場合は、同じジェスチャーを伝えるためには触覚を使う必要があります。

盲ろうの人への触り方は、とてもとても重要です。盲ろうの多くの人にとって、触ることは情報を受け取るための主要な（そして最も信頼性の高い）方法であり、触られていることに、見える聴こえる私たちのほとんどが想像もできないような方法で敏感に感じ取るでしょう。盲ろうの人に触るとき、感情、意図、善意かどうか、急ぎかどうか、承認か不承認かなどを伝えることができます。したがって、触るときには、何を伝えたいのかを分かっておく必要があるのです。また、手や身体で意図を伝える方法を学ぶ必要があります（上手に触れることを学ぶのは、北米の人や北欧の人にとってはとくに難しいことです。私たちの文化は、一般的に一部の文化ほど触ることに慣れていません。そのため、北米やヨーロッパの文化圏で生まれた盲ろう児はとくに孤立しやすいのです）。

子どもが、コミュニケーションの相手が支援してくれて、興味を持ってくれて、受け入れてくれていると感じるようにしなければならない。

盲ろう児を会話に引き込むためには、感受性を持ってアプローチし、威圧感がなく親しみやすく、交流の機会を最大限に確保できるような姿勢を持つことが必要です。どのような方法がうまくいくかは、人によってさまざまです。

最初の挨拶として、よく肩や上腕に優しく触れ、それからサインネームをしたり、あなただと分かる物や身体の部分などに触ってくるように誘ったりします。サインネームの出し方は重要です。肩や上腕に最初に触れた後、子どもがそれを理解できるように、しばらく間をおきます。そして、手を腕の外側にそっと滑らせて、子どもの手の下に手を置き、子どもの手のひらと指があなたの手の甲と指の上に来るようにするのが、通常は最も効果的です。もしあなたが右利きなら、子どもの左に位置して、子どもの左手をあなたの右手の上に乗せるのが最も楽な姿勢でしょう。しかし、子ども自身の利き手なども考慮に入れて、自分の手よりもまず子どもの手を優先する必要があります。対面も、とくに言語を受け取り始めたばかりの子どもには、良いポジションです。そうすると、子どもの両手をあなたの両手の上に置くことができます。これは、子どもが触覚サインを受け取ることができる姿勢であるとともに、その位置から子どもに見せたいものを触るように誘ったり、子どもの手の動きを追って、その子が興味を持っているものの体験を共有したりすることができる良い安定した姿勢でもあります。その子の片手、あるいは両手をあなたの上に置いて、サインネームで自己紹介をすることができ、また、その子があなたを識別するのに役立つ特徴的な身体の部分に触れさせることもできます。視力のある人の場合と同じように、自分の体の上にサインネームを作ってください。この位置から、特徴的な指輪、時計、あごひげ、髪型など、その子が意味を受け取れる特徴的なものに触れてもらうこともできます。

子どもの手の上に手を乗せたり、無理やりあなたを触らせたりする必要は決してありません。何度も何度も誘ってください。多くの子どもは、このように声をかけられることに慣れていないので、すぐには反応しません。しかし、注意深く、また丁重にしていれば、子どもは同じように何度か誘われているうちに学習して、触覚で情報を受け取ろうと意欲的に手を差し伸べてくるで

しょう。盲ろう児の手は、見える子どもの眼と同じであることを忘れないでください。子どもの眼の上に手を置くことは普通はないでしょう。同じように盲ろう児の手に触れるときは、細心の注意を払わなければなりません。いつも優しさと気配りをもち、荒っぽく扱ったり、触ることを強制したりしないでください。誘ったり、聴いたり、反応を見たり、感じたりしてください。盲ろう児の手を乱暴に扱ったり、軽率に扱ったりすると、「触覚防衛反応」（訳注　触覚過敏）を引き起こす可能性があります。元に戻すには長い時間がかかり、これは手が眼として機能しなければならない子どもにとっては悲劇的な学習行動です。触覚防衛のレッテルを貼られた子どもでもその多くは、生まれつきこのような行動を示すことはありません。他の人の不適切な接し方によって学習してしまった反応なのです。

4-2-4 身体的な快適さ

盲ろうの人の位置：会話の相手の一人が盲ろうだったら、会話しやすい物理的な環境を作ることはとても大切です。見えない、聴こえない人の場合、知覚できる世界の広がりは指先までです（少しは見えるときには、若干広がるかもしれませんが）。これは、その人の注意の大部分は、自分自身の身体と、現在の周辺環境に集中している可能性が高いことを意味します。したがって、身体的な快適さが極めて重要です。盲ろうの人との対話を上手く進められるようにするためには、表現や接触の機会を最大限に確保できるような快適な座り方や位置が必要なのです。

理学療法士や作業療法士は、盲ろうの人、とくに盲ろうに加えて身体的な制限のある子どもや若者に、座り方や立ち方を提案するときにとても貴重です。子どもが腕を使える場合は、腕が自由に動かせるように体幹を支えてやらなければなりません。ときに、最善のコミュニケーションは腕や手を使って行われるからです。子どもが安心感を持つためには、足をしっかりと支える高すぎず小さすぎないいすに、安定したまっすぐの姿勢で座ることが欠かせません。子どもには、充分に暖かく（または涼しく）、おむつなどが濡れていない状態で、食事をきちんと与え、似合った服を着せていなければなりません。これらの身体的なニーズに注意深く配慮することが、注意を払うことが、リラックスした会話ができるようにするのに役立つのです。

自分自身の位置を決める：私たちは、自分の体が心地よく受け止められる態勢を見つけて、私たちがそこにいて対話の準備ができていることを子どもが分かるようにしなければなりません。座った姿勢では、膝や肩、手などに軽く身体を触れさせることになるでしょう。このように優しく、控えめに接触を続けていると、眼の見える子に、あなたがそこにいて会話ができることを分からせるのにアイコンタクトをするのと同じように、盲ろう児に対しても同じように、あなたの存在を知らせることができます。良い会話のやり取りをするためには、子どもが、相手がサポートしてくれている、興味を持ってくれている、受け入れてくれていると感じることが必要です。熟練した適切な体勢、助けるけれど指図的ではない触れ方、じっと待つ姿勢によって、満足のいく会話をするための雰囲気を作ることができます。

子どもが車いすや体位保持装置を使っている場合は、会話しようとする人にとって特別な問題がでてきます。これらの装置はお互いを離してしまう可能性があり、会話のときの良い位置を見つけるのがとくに難しいのです。多くの場合、車いすを使ったり長時間ベビーベッドの中にいる子どもたちとは、床に敷いたマットの上で会話することが最も良く、お互いに自由に動くことができ、ある種の、快適で邪魔にならない程度の身体的接触を維持することができます。幼い子どもや運動機能障害のある子どもは、会話をする相手が座った状態で後ろから支えると、最も快適に過ごせるでしょう。この姿勢のときは、会話の相手は子どもの呼吸パターンや身体の緊張とリ

ラックスを感じることができ、これらはすべて子どもがどのように感じているかが分かる貴重なフィードバックです。ただし、子どもを支えるだけにし、制限しないように注意してください。子どもの表情も見られるように、大きな鏡を用意しておくといいでしょう。

　マットの上での会話は理想的な場合が多いのですが、必ずしもそれができるとは限りません。盲ろう児が毎日長時間、車いすや立位保持装置、ベビーベッドにいる場合は、その子と快適に会話ができるような家具が近くにあるかどうか探してください。車いすと同じくらいの高さの折りたたみいすであれば、子どもの隣に座れて、膝や肩が子どもの膝や肩に触れるので、会話を続けられます。そのような会話は、このいすのような適切なものがなければうまくいかないのです。立っていて、車いすやベビーベッドに乗っている子どもの上から話しても、とくに盲ろう児の場合は、お互いに満足のいくやり取りはできません。

　動きながらの会話：子ども、とくに少し見える子どもは、とても活発に動きます。本当に気持ちが伝わるやり取りをするためには、子どもと一緒に動く必要があります。ある程度の視力があってよく動く小さな子どもの場合は、同じ眼の高さになるようにしゃがむと、やり取りを始めるのに良いことが多いでしょう。アイコンタクトが使える状況だったら、友人との会話の中で使うのと同じ方法で、できるだけ多く使うべきです。子どもが盲で、かつたくさん動き回っている場合には、まずしゃがんで自分がその子と同じ高さにいることを感じさせてから、その高さで一緒に動くのも良い方法です。

　ポールは車いすに乗っているので、彼が快適なように、また実際に会話ができるように、いすを彼の近くにもっていく必要があります（ポールを車いすからマットの上に降ろし、私たちも対話できる位置に一緒に座ってしっかりと支えることもできます。これは時間と設備が許すときにたびたび試してみるのもいいでしょう）。私はまず左からポールに近づき、横に座るときに肩を優しく触ります。彼は聴覚が残っていると思われるので、それを活用して話をします。肩に触れた後は、私の存在に反応する時間を与えるために、ちょっと間を置きます。初めて彼に会ったとしたら、彼がこの最初のタッチの形を気に入っているかを気をつけて確認します（彼がこの挨拶にどう反応するかによって、次のときには、アプローチの方法を調整する必要があるかもしれません）。もし彼が私に手を伸ばしてきたら、触らせてあげて、右手を彼の左手の下にそっと置きます。そして私が座るために持ってきたいす、私の髪や顔、特徴的な指輪をしている左手を触ってみるように誘います。彼が手を伸ばさなかったら、私の手をそっと彼の腕の外側に滑らせ、その下に私の手を入れます。

　それから、私のサインネームをして、いつもつけている指輪を彼に示します。その後は、車いすの肘かけや自分の膝の上に手を置いて、彼が次に何をするかを待ちます。待っている間は、ごく穏やかに身体的接触をして、私がまだそこにいることを知らせます。私の右膝が彼の左膝に触れているか、私の右腕や肩が彼の左腕や肩に触れているか、あるいは、車いすの肘掛の上に置いた私の腕の上に彼の手があるかもしれません。私が待っている位置にいることで、ポールに決定権を与えているのです。つまり、ポールは次に話すかどうかを自由に決めることができるのです。

4-2-5 お互いの関心事項
　子どもの話題を見つける：どんな会話でもそうですが、話をする双方にとって興味深い話題が必要です。この点で、多くの人が盲ろう児との会話で行き詰ってしまうのです。先生などが、自分自身が興味を持っている話題——子どもへの指示、子どもが好きそうだと思う物、行動について

生徒が今注目していることは何でも、共有できる話題になり得る。

の手話など——を持ち出すことはよくありますが、もし子どもがそれに興味を示さなかったら、会話の試みは終わりです。最初は、盲ろうの幼児には興味のある話題が無いように見えるかもしれませんが、そうではありません。その子は私たちの話題には興味が無いかもしれませんし、興味を持ってほしいと思っていることに興味を示さないかもしれません。しかし、盲ろう児がどんなときも興味のある話題を持っていると仮定することは非常に大切です。その子が今注目していることが何であれ、それは潜在的な話題なのです。

　見える子どもが何に注目しているかは、眼や顔を見ればすぐに分かります。たとえば、幼児が犬を見て微笑むと、母親は指をさして「見て、ワンワンよ」。会話が始まったのです。ドアがバタンと閉まると、幼児は身体的に反応して振り向き、母親は「パパがお帰りよ」と言うでしょう。子どもが笑顔で手を伸ばすと、父親は「いい子だね。元気だったかな？　起きあがりたいの？　パパが起こしてあげるよ！」などと声をかけるでしょう。視線や表情、ボディランゲージで会話が進みます。子どもはこの年齢でも、自分は効果的なコミュニケーターだと感じています。多くの場合、その子の興味のあることが会話を促進し、その興味のあることは、何もしゃべらなくても、顔から読み取れるのです。

　もしその子が盲ろうだとすると、何に注意を向けているのかが分かりにくくなります。ある程度の視力のある子どもの場合は、視線や顔の表情が、信頼できる手がかりになるでしょう。しかし、子どもが今何に興味を持っているのかを見つけるには、そのほかのところにも目を向けることを知っておかなければなりません。盲ろう児がそのときそのときに何に興味を持っているかを見極めるのは、先生として、友だちとして最も重要なスキルの一つです。子ども自身の興味に細かく注意を払うことで、そのときのやり取りを成功させることができるのです。また今後、何か大切なことを教えたり示したりするときに、子どもの注意を惹きつけられるようになります。

　会話の話題としての動き：手、体の動き、顔の表情、緊張、リラックスなどはすべて、盲ろう児の注意や興味についての手がかりになります。子どもが体のどこかを動かしていれば、その動き自体がその子が集中していることであり、会話の話題にできる可能性があります。実際、動きは、盲ろうの幼児と共有するのに最も良い話題であることが多いのです。ただ子どもと一緒に動くだけでも、お互いの話題を成立させる方法になります。子どもが少しでも動きを変えたら、あなたもそれに応じることができるでしょう。動きだけでも、とても満足のいく会話ができるのです。オランダの盲ろう児の先生であるヤン・ファン・ダイクは、動きをベースとした幼児の初期教育の総合的な方法を開発し、この相互運動を「共鳴（resonance）」と名付けました（van Dijk, 1986）。子どもと一緒に動くことは、まさに言葉のない会話と考えることができます。目標は、真のやり取りを作り上げることであり、そのやり取りの中で子どもは、対等で効果的な会話の相手になれることに、ますます自信を持つようになっていきます。子どもがこれをできるかどうかは、主としてパートナーの対応力と忍耐力にかかっています。最も良いのは、子ども自身が運動を起こすこと、話題が先生からのものではなく自分のものであることです。

指差しに相当するのは、先生の手を子どもの手の下にそっと置いてお互いに触れること。写真のこの子は先生がテディベアに興味を持っていることを知っている。

　盲ろう児との間でよくあるように、動きが会話の話題であるときは、パートナーが自分の体の位置に注意を払うことが重要です。子どもがある程度の視力を持っている場合は、自分の動きが認識されていることを子どもが見ることができるように、近くで、または直接触って、動きをミラーリングすることができます。しかし、見えない子どもの場合は、その子が認識できる（そして自由な動きを妨げない）方法で動きをミラーリングするのが難しいことがあります。幼い子どもとのこの種の会話は、まるでダンスのように見えるでしょう。穏やかに身体的接触をしながら、子どもの動きの流れに沿って、動いている身体の同じ部分に触れることが必要です。そこで、子どもが腕を前後に動かしている場合は、あなた自身の腕はその子の動きを邪魔しないように、普通は下側から付いていくのです。子どもが足を動かしている場合は、あなたの足もそれを真似ることができるでしょう。このように優しく始めるだけで、遊び心のある、行ったり来たりのやり取りにつながります。子どもの動きに合わせて、自分の考えを少しずつ（少しずつ、が大切です）紹介していくことで徐々に会話が発展していくのです。

　私はポールに自己紹介をして、今ポールの隣に座っています。彼は車いすに乗っていて、私の右膝が彼の左膝にそっと触れているので、ポールには私がそこにいることが分かっています。ポールは両手でしばらく私に触れた後、左手で車いすのヘッドレストをリズミカルに叩く動作に戻りました。今、その動きが私たちが共有できる会話の話題になる可能性があると考えることができます。その動きを話題として定着させるために、ヘッドレストを叩くときに私の手も感じるように、手を彼の指の1本か2本の下にそっと滑らせるのです。それから彼に従って、一緒に動き始めます。彼がちょっと止めると、私も一緒に休みます。すると彼は微笑むのです。彼がま

た動くと、その叩きのエネルギーとリズムにできるだけ正確に従って、私も一緒に動きます。彼はまた止まり、私も止まります。今度は笑顔がありません。その代わりに私の指を2本つかんで、私の手を彼の手と一緒に外側に引っ張り、それから離します。私は、彼が頭で感じられるように、頭を載せているヘッドレストのうしろ側の、布で覆った金属の部分を叩きます。驚きの表情と笑顔があり、それから、このゲームを繰り返します。彼は私の手を取って、それを外側に引っ張って離し、私がヘッドレストを叩くのを待っています。これをかなり長い間続けます。会話が進むにつれて、私は少しずつ叩くリズムを彼が手を離すたびに変えます。そうすると、彼は微笑んだり、時には笑ったりして、分かったことを示します。私もすぐに笑ってしまい、彼と繋がったことを感じ嬉しくなります。私たちの会話はお互いに楽しいものです。

　話題としての身体と人：盲ろうの幼児は、自分自身の身体と、それで何ができるのかにとても興味を持っています。これが、初期の会話では身体の動きに関することがとても多い理由です。身体の動きを伴っている会話は、自然に身体についての会話に発展することが多いのです。子どもは、他の人が自分と一緒に動いているのに気づくと、その人に興味を持つようになるでしょう。その子の関心は動きそのものから、自分と同じ動きをしている人へと変化していくでしょう。このようなことが起こったら、それは見えない聴こえないために世界との接触が限られている子どものポジティブな発達なので、私たちは喜ばなければなりません。どんなことにも手を差し伸べ、それを積み重ねていくのです。

　ポールが私の指をつかむ動きをしたことは、私たちの会話の中で素晴らしい進展です。彼は今、自分の動きだけでなく、私の身体やその動きにも興味を持っているのです。私の手に長時間触れるようになったので、彼は私の手を調べたり、いろいろ試したりすることができるようになりました。あなたの手を子どもが使えるようにすることは、見えない、聴こえない子どもに関しては、とても有益なことなのです。

　子どもの興味が動きそのものから、その子と同時に動いている人に移ったことは、どうすれば知ることができるでしょうか。子どもの関心のこの移り変わりを察知するためには、相当に注意深くしていることが必要です。ポールが私の指をつかんだときのように、顔や手、足に触れようと手を伸ばすかもしれません。おそらく頭を上げるか、考え事をしているかのように頭を下げて、しばらくの間動きを止めるでしょう。体をずらして、パートナーとの位置関係を変えるかもしれません。子どもがこれらのどれかをやっているとき、触れているものが何であれ、その子が体験していることが曖昧にならないように、しかし子どもにはあなたがその体験を共有しているということが分かるように、その子の手の下にほんのわずかにあなたの手を置いて反応する必要があります。たとえば、子どもがあなたの顔に触れようと手を伸ばしてきたら、それを制御しようとせずに、「ああ、私の顔が分かるね」と言うように、その子と一緒に触れることができます（同時に微笑むこともでき、その表情を触って体験させることができます）。その子が頭を下げたり上げたりしたときは、自分の頭をその子の頭の動きに合わせて動かしたり、優しく頭に触れたりしてみましょう。とくに邪魔にならない触れ方は、手の甲でその子の頭の動きを優しく追っていくことです。

　これらのジェスチャーのいずれかによって、その子の注意が移ったことに私たちが気づいたことが伝わるでしょう。私たちは、子ども自身の動きを確認するたびに、ちょっと待って、その子がまた次の動きを始めるための時間をとれるようにする必要があります。ときには、このような動きでの会話の間に、私たちの身体の別の部分や、近くにある物や他の人に触れるように誘うこ

とがあります（前述のように、その子の手の下に私たちの手を置いて）。このようにして続けていくと、注意はだんだん外の世界に向くようになり、子どもの世界は自身の身体を超えて広がっていきます。

　話題としての物：盲、あるいは盲ろうの子どもが、物それ自体（自分の動きの延長線上にある物ではなく）に興味を持つようになったときは、ワクワクする瞬間です。それは、子どもの自我の発達における重要なステップの前兆なのです。一般に（常にではありませんが）、子どもはまず、自分の延長として、あるいは取り込むもの（口に入れるなど）としての人や物に興味を持ちます。次に動きに興味を持ち、次に、一人ひとりが異なる人々に興味を持ちます。それからしばらくして初めて、物自体と、それがどう感じられるか、それで何ができるかに興味を持つようになります。子どもが物自体に興味を持つようになってくると、自分が他の人や物から離れた、別個の存在であることを理解するのです。セルマ・フライバーグは、盲の子どもの素晴らしい発達研究である『視覚障害と人間発達の探求——乳幼児研究からの洞察』（Fraiberg, 1977／宇佐見芳弘, 2014）の中で、視覚を持たない子どもが物に興味を持つ段階に到達するためには、並外れたプロセスを体験しなければならないことを述べています。物に興味を持つためには、子どもは物と物理的に接触していなくてもそれが存在することを知って、物の永続性についてしっかりした知識を持たなければなりません（これは、眼の見える子どもが、覆い隠された物を探すことができるようになったときに見せるのと同じ知識です）。子どもがこの段階に達すると、物そのものが会話の潜在的な話題になります。

　視覚のある子どもの場合、物への興味は普通、物を操作して何ができるかという興味と結びついた視覚的な興味です。耳が聴こえる場合は、その物で出せる音にも興味を持ちます。見えない、聴こえない子どもにとって、自分の外の世界への興味の高まりは、主に触覚、運動感覚、嗅覚への興味です。盲ろう児の興味を引き出すためには、私たち自身がこれらの感覚に非常に敏感にならなければなりません。また、動きだけでなく、触覚的な体験からも共通の会話の話題を作る方法を学ばなければならないのです。

　盲ろう児が物を見たり、触ったりしていると、その子が注目している物が何であっても、二人で共有できる話題になり得ます。子どもに視覚がある場合には、指差すことによってお互いの話題を確立することがよくあります。母親は、子どもが見ているものを指差して、それについて話しかけます。子どもがトラックに注意を向けているのを見ると、「ほら、トラックよ！」と言うでしょう。弱視の子どもにも、視覚的に分かるように指差しをし、二人の会話に手話や顔の表情を加えて、同じようにできます。あるいは、眼の見えない子どもに対しても、これを触覚で行うことができます。指差しに相当するのは、お互いに触れ合うことです。子どもは、私たちが自分と一緒に対象物に触れていること、同じ話題を共有していることを知る必要があります。

　私たちは、次の三つの条件を満足できる方法で、慎重にタッチする必要があります。上手なお互いのタッチは、

・非支配的である。
・一緒に同じ物に触る経験をあなたと共有していることを、子どもが知ることができる。
・その子が触って経験している最も重要な手の部位を邪魔しない。

　普通、これらの条件を満たすための最良の方法は、子どもの手の小指と薬指の下に、1本か2本の指先をそっと滑り込ませることです。このようなふれあいは、もちろん会話の中で行われます。私たちはすでに慎重に敬意を持ってアプローチし、自己紹介をしたことが前提となっています。このように触るのは、「私も君が触っているこれに興味があるよ」ということを非言語的に表

しています。こうしたジェスチャーの後、私たちはちょっと動きを止めて、子どもが何をするか、会話で次にその子の話す番がどうなるかを確認するために待つ必要があります。

ポール

　ポールは自分の車いすのシートベルトの布を触り始めます。私には彼が、たぶんその質感に興味を持っているのだろうと思えます。私は彼の指の1本の下に自分の指を1本か2本、そっと入れることができ、彼は私が彼と一緒にベルトを触っていることに気づきます。これは指差しのようなもので、私が彼が触っているこのものについて会話をしたいと思っていることを彼に知らせる方法なのです。私が「ああ、そうだね。私もこのベルトを見ているんだよ」と言っているのと同じです。そのあと、ポールが次に何をするかを待ちます。私の手を押しのけたり、私の手から手を離したりするかもしれません。私はこれを、彼が自分が話す番として、「今はこの話はしたくない」と言っているかのように受け止めます。しかし、私はすぐにはその場を離れません。私の膝が彼の膝にそっと触れたままにして、別の話題が出てくるのを待ちます。おそらくポールは体の別の部分を動かし始め、私はそれにそっと付いていくことができるでしょう。あるいは、ポールはまたベルトに触れるかもしれません。その場合、私は彼と一緒に、もう少し優しい方法でもまた触れてみるかもしれません。ポールが何かに触れたり動いたりするたびに、私はそれを会話の中での彼の番として尊重し、その意味を読み取って、次の私の番ではお互いに満足できる形で会話を進めることができるようにしようと思いました。

　ポールが一緒にシートベルトを触るという私のジェスチャーを受け入れたとしたら、どうすれば会話を続けることができるでしょうか。私は手をシートベルトの別の部分、たとえばバックルに移して、彼の手がそれに付いてくるかどうかを確認することができます。これは彼の話題を少し広げて、「ほら、他にも触るものがあるよ。これはどう？」。あるいは、私は彼と一緒に同じベルトを触り続けるとしても、彼とは違うリズムで手を動かして、彼がそれに気づいたかどうかを見るのです。これは、「こうやって手を速く動かすと面白いよ」と言っているようなものです。彼が自分で何か違うことをするまで一緒に触っていて、次の手の動きに付いていくこともあります。あるいは、別の触る物を示すこともあります。理想的には、完全に話題をずらしてしまわないように、興味を持てそうな質感のものがいいでしょう。この最後のジェスチャーは、「ああ、君はこの触感が好きなんだね。面白いものを見つけたよ。これはどうかな」。ここでも私は少し止めて、彼が会話の次の番に何をしてくるのかを待つのです。

　自分の体の外にあるものに興味を持つようになった、視覚と聴覚が無い子どもにとって、物質世界は、ほとんどではないにしても、多くの興味深い話題を提供してくれます。そのため子どもの日常の環境に置いておくものに注意を払うことが必要です。その子が、注意を引き、それについて会話することができる興味深いアイテムをたくさん持っているようにする必要があります。しかし、私たちが選んだアイテムや装飾品は、私たちだけが興味を持つものではなく、子どもにとっても興味深いものであるようにしなければなりません。

　たとえば、美しい花柄の壁紙を使った寝室は、眼の見える女の子には好まれるかもしれませんが、盲の子どもには、触れるいろいろな触感のある壁掛けや、いろいろな面白いおもちゃや素材を入れ替えられる、メゾナイト（訳注　硬質の繊維板の商標名）のボードの方がずっと面白いでしょう。自分の体に興味を持っている子どもには、気持ちの良い動きを引き起こす道具は会話のきっかけになります。

先生が、同じようなものを探しながら子どもと一緒
に並んで動くと、有意義な会話に入ることができる。

　子どもと一緒に物を探求すれば（物を与えるのではなく、子どもが自分一人で探れるように）、好奇心が刺激され、会話が豊かになります。たとえば、弱視の子どもが懐中電灯に興味を持った場合、それがどのように動作するのかを探るのを助けてあげるとよいでしょう。一緒に電池を持ってきて、キャップのネジを外し、電池を入れ、「オン」ボタンを見つけてスイッチを入れるのです。そうすることで、その子が物のどの部分に興味を持っているかを知ることができ、その興味を共有していることを、あらゆる方法（触ったり、表現力のある言語を使ったり）で伝えることができます。また、いろいろなものに光を当ててその名前を挙げたり、話をしたりすることもできます。これは、会話の話題を拡げる楽しい方法であり、また、その子がものを選ぶ力を与えもします。このようなゲームは、身体の動きが制限されている子どもにはとくに役に立ちます。光は離れた場所にあるものを指し示すのにも使えます。

　同じような会話は、触れる面白い物を用意すれば、眼の見えない子どもとでもできます。眼の見えない子どもは、振動するおもちゃや物、スイッチを押したり、なにか簡単な方法で物を動かしたりすると反応が動きで返ってくるものを好みます。子どもに物を渡すときは、会話の中で行うことが非常に重要です。長い目で見ると子どもにとっては、その物について意味のあるやり取りをした方が、スイッチの押し方を教えてもらってそのまま放っておかれるよりも、ずっと有益なのです。この後者の、放っておかれるシナリオは、何度も何度も行われると、子どもをコミュニケーションの孤立状態にしてしまいます。それに対して、物について子どもと会話する前者のシナリオは、豊かなコミュニケーションと社会的学習の可能性を秘めています（これは、子どもに自分で物自体を探索したり、操作したりする時間を与えるべきではないということではありません。これが子どもが過ごす時間の大半になっているとすれば、会話遊びの中で起こり得る偶発的な学習の機会の多くを失うことになるだろうということなのです）。

　楽しいおもちゃや物の複製を持つ：会話を始めるのに、子どもからおもちゃを取り上げる必要はありません。子どもの行動を真似したり、そのおもちゃを使ってやる新しいアイデアを教えたりしながら、子どもと一緒に遊ぶことができるのです。

　私はポールに電池式のおもちゃを与えます。これは縦に持っているときは振動しますが、横に持っているときは振動しません。ポールの横に座っている私の膝の上にあるおもちゃに手を伸ばすように、ポールの手（私の手はポールの手の下にあります）を誘って、このおもちゃを与えます。まず私がおもちゃで遊んで、彼にそれを分からせ、スイッチが切れたり入ったりするようにおもちゃを動かす私の動きを感じさせます。そして、おもちゃを握っていた手を放し、彼が自

由にそれを持って確かめられるようにします。ポールはちょっと自分の膝の上に持ち上げますが、それを動かすための持ち方を理解していないので、それ以上は進みません。

　私は似たような振動するおもちゃをもう一つ持っています。ポールがどうやっておもちゃを作動させるか思案しているように見えるとき、私は、私のおもちゃを動かしながら、再び私に触れるように誘います。ポールは左手で私の手を感じ、私は左手でおもちゃを上下に傾けてスイッチを切ったり入れたりします。しばらくして、私は再びポールを、自分の膝の上にあるおもちゃに触るように誘います。彼はそれを持ち上げることはできますが、なかなか振動させることができません。私は右手でそっと手を伸ばして、彼の手をそっと下から誘います。おもちゃを動かすことに成功した彼は、両手でおもちゃを持てるように左手を自分のおもちゃの方に持ってきます。彼は微笑みます。ゆっくりとおもちゃが水平になって、振動が止まります。ポールは自分のおもちゃを落とし、私のおもちゃの上にある私の手の方に左手を伸ばします。そして両手で私のおもちゃをつかみ、自分の方に引っ張ります。私は彼をからかうように肩を彼の肩に少し押し付けながら、「君は私のオモチャを取ったね。じゃあ、君のを貰っていいかしら」と冗談っぽく言います。そして、私は彼の膝に手を伸ばし、彼のおもちゃを取ります。振動するおもちゃについてのこの会話はかなりの時間続き、そこには、何回ものおもちゃの交換、ポールが自分でおもちゃを動かそうとする多くの試み、そして、ポールの私の助けを得ようとする試み（これは次第に指示的になっていきました）が含まれています。何度かの行動でポールは自分のおもちゃを動かすことに成功し、私は彼のおもちゃに自分の振動するおもちゃを冗談っぽく押し付けて、両方が一緒に振動するようにします。そして、「よーし、やったね！」と言って彼の成功を喜ぶのです。

　これらのおもちゃを使った遊びは、おもちゃが一つしかなく、目的が単におもちゃを動かす方法をポールに教えるだけのときとは、大きく異なる感覚と結果になります。おもちゃの複製を持っていて、ポールと一緒におもちゃが何ができるのかを探っていくと、ただ手で教えるだけのレッスンが、認知的、社会的で、伝達力のあることを目指した会話へと変化していきます。これは、おもちゃが単なる教育ツールとしてではなく、会話の話題として考えられていることが大きな要因となっています。

　子どもを知るようになると、子どもが興味を持つものの特性に気づくようになります。ピアジェは、子どもが発達の感覚運動期に使用する「スキーマ」（物に対する行動のパターン）について述べています。これらのスキーマは、それ自体を会話の話題として、あるいは、会話の話題を広げられるような興味深いものを選ぶ基準として捉えることができます。たとえば、その子が物を回すことが好きだということを知っている場合、その子の興味を惹く話題になりそうな明るい色のコマを渡して、会話を始めることができるでしょう。会話は、最初は、交代でコマを回すことだけになるかもしれません。しかしのちには、コマのいろいろな特性（色、部品、動き）についての、非言語的と言語的の両方の話に拡大していくことができます。子どもとたびたびやり取りしているうちに、このような会話は発展していきます。もしあなたがそれを受け入れていれば、二人は、この特定のトピックに関連したジェスチャーや言葉のボキャブラリを自分たちで増やしていることに気づくでしょう。このような関係性や会話の発展は、友だちとの間で徐々に起こることに相当しています。友だち同士で話題を探求することで、話題が成長し、深まっていくのです。

ジェイソン
　第1章で会ったジェイソンは、いろいろ好みの話題を持っています。コピー機は彼のお気に入

りです。彼は弱視の生徒なので、光の点滅やガラス越しのレンズの動きはとても刺激的で興味あるものなのです。ジェイソンとの会話は、コピー機を話題にして簡単に始めることができるでしょう。たとえば、ジェイソンが光を見ているときに「光」と指差して手話をすることで、彼が光に興味を持っていることに触れ、それを認めることができます。あるいは、とくに光を強調してコピー機の絵を描くこともできるでしょう。あるいは、ジェイソンと一緒にコピー機のところに行くときに、別の種類の点滅する光を一緒に持っていって、二つの光を比較することもできます。ジェイソンがコピー機に興味を持っている理由に気を配っていれば、会話を進めるのがより楽になるでしょう。

　私たちは、盲ろうの子どものユニークな興味について好奇心を持てば、どんなやり取りの場面にも熱心に参加するようになれます。私は次のように積極的に問うことができます。なぜこの子はこれが好きなのだろう。この動きのどこに興味を持っているのだろう。彼は光に興味があるのだろうか、手の動き方あるいは出ている音に興味があるのだろうか。子どもとの会話は、やり取りを重ねるごとにその子のユニークさをより深く知ることができる発見の旅となるのです。

　話題の幅を拡げる：子どもとの会話の話題の幅を拡げるためには、興味深い素材を提供することが大切です。さらに、その子を取り巻く社会的、物質的な世界についての情報を増やすことも重要です。生徒だけに目を向けていると、私たち自身についても伝えることを忘れてしまって、その結果、話題の幅が非常に狭くなってしまいます。子どもは感覚的な制限の影響で、コミュニケーションの輪が限られていると考えられます。そこで、幅広く自然な会話の話題を提供することが大切です。生徒や子どもに、あなた自身の人生をできるだけ自然な形で、あなたにとって負担にならない程度で伝えて共有することはとても大切です。あなたの心配ごと、人生でのできごと、感情、興味のあることなどを話してあげましょう。これは、その子が最も理解しやすい、あなたにとっても共有できるまさに真の意味での会話の話題を作れる方法でやっていきましょう。そうすると、その子は言語的なやり取りと、社会的なやり取りの両方についての貴重なモデルを持つことになります。

　自分と子どもたちには共通の言語が無いと思い込んでしまうと、このように自分の経験や感情を生徒や子どもたちと共有することができないことがよくあります。しかし私たちは、言語以外の方法を使って、盲ろう児たちと物語や経験を共有することができます。いくつか例を挙げてみましょう。

- ・子どもに、あなたの顔の表情を見たり、触ったりしてもらう。これは、毎日のコースの間に頻繁に、とくにあなたが子どもがやったこと、一緒に経験してきたことについて喜んでいるときに行う。あなたが悲しいとき、失望しているときにも行うとよい。
- ・物や人に対するあなたの反応を子どもに伝えるために追加できる、非言語的な方法を探す。ジェスチャーの語彙を拡げる。いろいろな動き——肩をすくめたり、頭を振ったり、手や体を興奮したように動かしたり、頭を掻いたり——これらやその他の動きはすべて、全盲の子どもが感じ、あるいは弱視の子どもが見ることができ、意味をたくさん伝えることができる。最も大切なのは、これが、本物の関係性を築き、子どもの、自分の身体や自分の利益を中心とした考えを超えて、世界を拡げてくれることである。
- ・たびたび、自分の物や着ている服に触らせる。
- ・家や教室で、雑用や会話をするときに、子どもを近くに連れてきたり、あなたに触らせたりする。

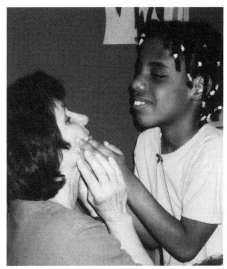
盲ろう児に顔の表情を触らせることで、気持ちを理解してもらうことができる。

・最近経験したことを身振り手振りで話し、それに対してどうしたかを見せる。
・子どもがある程度の視力を持っている場合は、あなたの経験の中に出てくる物を描き、その子の経験の中にある物と比較する（たとえば、あなたが昼食に食べた物を彼の昼食と比較したり、あなたの家を彼の家と比較したりしてみる）。
・家族やペット、その他、生活の中で大切な人の写真を持ってくる（写真ではなく、ペットや家族本人でもよい！）。
・子どもを、戸外や地域のあなたのお気に入りの場所に連れて行く。好きな木や近くの遊び場、好きなレストランなどを見せてあげる。子どもが限られた視力や、手、鼻、運動感覚を使って慣れ親しめるように、ときどきこれらの場所に行くようにする。

　どうしたらポールと私の体験を共有できるでしょうか。ポールが振動するおもちゃを床に落としてしまったとします。私はそれを拾って彼に返すのではなく、次のようにするでしょう。彼の手を私の頬に当てて軽く叩いて私を感じてもらうようにし、「あーあ、落ちちゃった！」と言うのです。そして、床から拾い上げようとする私の手に付いてくるように誘って、おもちゃを探している私が「見える」ように、しばらくの間、手で探す動きをします。見つけたときには、ポールが分かる程度の素早い動きをして興奮した様子で拾い上げ、私の満足そうな笑顔を触らせて感じてもらうようにするのです。
　昼食のときにポールがランチを食べている間、私は決まってポールの横に座って自分のランチを食べるようにしています。私は自分のボウル、スプーン、カップ、自分で選んだ食べ物を持っています。私はときどきポールをこれらのものに触るように誘い、彼がそれがそこにあって誰かが食べていることを分かるようにします（これを盲ろう児が知る方法は、他にないでしょう）。食事中に、私がいろいろな食べ物をいかに楽しんでいるかを非言語的にポールに伝えることもあります。好きではない食べ物を一口食べたときに、私は顔をしかめてしまうことがあります。そのとき、ポールが私の表情を感じ取れるようにします。好きな食べ物を食べたときには、微笑んで（「プリン、おいしい!!」と言ったりして）、私の好みを知っていくようにすることもあります。このような小さな、とるに足らない仕草の一つひとつが、実はポールにとってとても大切なこと

のです。これがなければ、彼は自分が社会の一員であることを理解する機会を得ることができません。そして、感情、意見、食べ物、好みなどについてうまく会話をすることができなくなってしまいます。

　言語をどんどん習得していくにつれ、盲ろう児は、本、新聞、コンピュータソフト、雑誌などの言語資料の中に会話の話題を見つけることができるようになっていきます。点字や大活字が読めるようになってくると、より多くのこの種の資料を、その子が容易にアクセスできる形で利用できるようにしなければなりません。ここでも、教育者、また養護者としての私たちの責任は大きいのです。私たちがこれらのものを提供しなければ、生徒はそれらを利用することができません。私たちは、何を提供するかを慎重に考える必要があります。たとえば、新聞を説明することにした場合、その新聞のどの部分を選んで説明するのか、ニュースだけを解釈するのか。あるいは、社説、漫画、広告、人生相談、死亡記事、スポーツについて知る機会を生徒に与えるのか、などです。

4-3 平等な参加

4-3-1 平等な参加のために

話者交替──必要不可欠な会話のスキル：対等なやり取りを容易にこなせる子どもは、すべての社会的なやり取りの中心となる何かをすでに学んでいる子どもです。このスキルを子どもに教える責任があるのは私たちです。会話のやり取りの中でしばしば間を空けて、盲ろう児が言語でも非言語でも話者交替ができるようにすると、その子の言語環境をより自然なものにし、参加者としてその中に引き込む助けになるでしょう。盲ろう児との会話で間をとるのは、眼が見えるか耳が聴こえる、あるいはその両方である人との会話の場合よりも、かなり長くする必要があることが多いでしょう。間を取ることの必要性については、のちに述べる「快適なペース配分」を参照してください。

　間を取ることに加えて、私たちは、盲ろう児とのやり取りの中で何が話者交替を構成するのか、絶えず考えを広げていかなければなりません。多くの盲ろう児が自信を持って対等に会話に参加できない大きな理由の一つは、子どもと接する大人が、子どもの見落としがちな行動にきちんと合わせることができていないことです。どんなに小さなしぐさや音、動きであっても、その子が参加しようとする最善の試みなのかもしれません。子どもの小さな表出の一つひとつに気づき、応えることができれば、子どもはより完全に参加するように促され、より自信を持って自分の順番に参加するようになるでしょう。頭を掻く、つま先をくねらせる、深い息をする、口を大きく開ける、動きが突然静かになる、手を開いたり閉じたりするなどが、会話での話者交替になり得る仕草や動きです。これらのジェスチャーは、「頭がかゆい」、「落ち着かない」、「リラックスしたい」、「疲れた」、「あの音が聞こえた？」、「すごく興奮している」などのコメントに相当するものと考えられます。私たちがそれらに上手に反応すれば（これは、先に述べたように、触覚的に真似をすることも多いでしょう）、私たちはその反応を会話のコメントとして出し、子どもは自分自身をコミュニケーションできる人として見始めるでしょう。

ポール
私がポールの隣に座ってポールと話をしていると、ポールが車いすの中でときどき体をずらし

ていることに気づきます。彼が最初にそれをしたとき、私は自分の右肩で彼の左肩にそっと押して、彼が今したのと同じような動きを繰り返しながら、「動いたね」と言って、その動きに気がついていることを伝えます。やり取りしているうちに、その後また彼が同じ動きをしたときは、何かの理由で座り心地が悪いのではないかと推測します。私は「あ、また動いたね。何か気になることがあるんじゃないかな」と言って、「痛いから動いたのかもしれないね」とサインをします。それから慎重に彼のシートに気になるものがないかどうかをチェックし、後ろを手で探ります。思った通り、おやつに出たクラッカーを見つけました。そしてそれを彼に見せて会話に取り込みます（彼の手をそっと下から誘って、私の手の中のクラッカーに触れるようにします）。私は「ああ、座り心地が悪かっただろうね。クラッカーがあったんだ」と言って、「ああ、痛かっただろうね。クラッカーだよ」とサインをします。そして彼の番を待つのです。彼はしばらく何もしません。私はじっと待ちます。30秒くらい後に、彼はまた体を動かします。今度はずっとわずかです。私は肩を彼に当てて、彼の動きのエネルギーを真似して返しましたが、今回はより静かにです。彼の顔が今、ずっとリラックスした表情であることに気づきます。私は「良くなったでしょう。クラッカーはどけたよ」とサインをします。そして、クラッカーをゴミ箱に捨てるときには、彼にもそれを感じてもらうようにします。

　ポールが動いたり表情を変えたりするたびに、私はそれを彼の順番での発言だと受け入れることができます。私はその中に意味を見つけて、次の私の順番のときに、彼のしぐさや動きが示していると思われるトピックに関連した話をすることができるのです。

　第5章では、話者交替や平等な参加を促すための具体的な提案をさらに示します。事実上、子どもが参加する活動は何でも、二人が話者交替し合う機会にすることができます。交代することによって、子どもは貴重な会話スキルを練習できるだけでなく、あなたのことをもっと知る機会も持てます。たとえば、子どもが食事をしている間に、あなたが子どもの隣に座って食事をしていて、また、あなたの動きをはっきりと見たり、あるいは触れるようにしておけば、その子は自分と他の人の似ているところについて多くのことを知ることができるようになるでしょう。加えて、二人が話者交替しながら食事をする場合は、その子のためにさまざまなスキルのお手本を見せる機会が持てます。欲しいものを頼んだり、いろいろな食べ物に対する反応をコメントしたり、何かを取るのを手伝ってもらったり、お礼を言ったり、です。これらを口頭で行うか、非言語で行うかは、その子がどの程度の理解レベルにあるかによります。いずれにしても、話者交替をすることが、その子を会話のやり取りに引き込むのです。

　盲ろうの子どもや大人との会話に平等に参加できるようにするためには、話者交替を平等にすることに加えて、いくつかの方法があります。

　質問や指示ではなく、コメントをする：私たちは、友だちとの会話を振り返ると、会話が始まったり、続いたりするのはコメントを通じてであることが多いのに気がつきます。情報を得るためにお互いに質問をすることはあっても、お互いに指示を出し合ったり、次から次へと質問をしたりすることはほとんどありません。「雪が降りそうだね」というようなコメントから、スキーのこと、どこで滑るのが好きなのか、スキーの経験についての会話に発展することもあります。このような会話は、とくに知的障害や感覚障害のある子どもたちが関わっている教室ではあまり起こりません。重度の障害のある子どもは、必然的に日常活動で支援を必要としています。その子を頻繁に支援している先生や親、同級生は、しばしば自分が養護者の役割を果たしていると考え始め、その子と話すときに無意識のうちに指示や質問を多用するようになってしまいます。これは

実際、この現象を繰り返し観察してきた言語学者が、この種の言葉を「教師語」と呼んでいるほどです。大人と子どものやり取りの多くや、このような状況下では、ゆったりとしたコメントのやり取りが特徴的な会話を目にすることはほとんどありません。

　私たちは、コメントよりも指示や質問をする傾向があり、それが会話の自然な流れを阻害していることに気づくことが大切です。盲ろう児とのやり取りの一部をビデオで撮る機会があれば、それを見て、とくに、あなたの言葉がどのような機能を果たしているのかを観察するのは役に立ちます。たくさん質問をしたり、指示を出したりした場合、やり取りにどのような影響があるのか、本物の質問と「教師語」的な質問（「今日は何曜日ですか」のようにすでに答えを知っている質問）の違いはあるのか、あなたのコメントはあるのか、やり取りへの影響は違ってくるか、などです。多くの子どもたちは、質問や指示にしか反応しないように完全に条件付けされてしまうことを覚えておいてください。あなたがコメントをするように変わった場合、子どもたちも自分のコメントを言えることを理解し、それができることを喜ぶようになるまでには、しばらく時間がかかるでしょう。会話へのこのような平等な参加を促すためには、忍耐強く努力する必要があります。

　自分の特定の言語環境の性質に気づくためにもう一つ有効なのは、その日は質問をしたり命令をしたりしないように意識することです（これは、質問や指示をしてはいけないということではなく、これらの発話の割合に気づくということです。この練習は、その気づきを強めるのに役立ちます）。あなたが普段使っている質問や命令の代わりになるコメントを考えてみてください。コメントには会話の上でのいくつかの重要な目的があります。コメントは優れた言語モデルであり、認知モデルとしても機能し、生徒が世界についてのさまざまな考えに触れることができます。定常的に使われれば、生徒に間を取ることと共に話者交替して会話を続ける発話者となる機会を与え、質問や指示ではできない方法で会話のトピックの可能性を広げます。また、通常その中で言語環境が正常化されるのです。

　ここでは、典型的な指示や質問の代わりとしてのコメントの例をいくつか紹介します。これらの例は、あなた自身のコメントを考案したり、盲ろうの生徒に対して使いたいと思う言語の種類の概念を広げたりする励みになるでしょう。

　これらのコメントは、生徒の理解度に合わせることができます。コメントは、口頭だけでなく非言語的にもできることを覚えておいてください。単に何かに注目してほしいというつもりで指

「その瓶を開けるのは難しいよ！」　指示や質問よりも、コメントの方が会話を豊かにする。

典型的な質問・指示		代りとなるコメント
「コートを着て」	言語的	「今日は寒いね」 「コートを取ってくるよ」 「はい、君の赤いコートだ」 「これが私の新しいコート。赤い襟が付いているんだ。ほら、触っていいよ」
	非言語的	自分のコートを着て、触らせたり、見せたりする。
「昼食を食べる準備をしなさい」	言語的	「12時15分だよ」 「お腹すいたなあ」 「今日のお昼は何だろう」 「昨日のお昼はマカロニだったね。私はサラダが好きなんだ。今日はサラダがあるといいな。手を洗ってくるね」
	非言語的	子どもと一緒に、昼食の道具（訳注　オブジェクトキューとしているもの）を取ってくる。
「何がいい？ クラッカーかクッキー？」	言語的	「ほら、今日は二つ選べるよ。 クラッカーとクッキー。 今日はクラッカーがいいな。 （クラッカーに手を伸ばす。） このクラッカーは美味しいんだ！」 「昨日、君はクッキーを食べたんだよね。今日はどっちを選ぶのかなあ」 「見て。メアリー（別の生徒）はクッキーを食べているよ。 彼女はこれが好きなんだ」 「このクッキーにはチョコチップが入っている」
	非言語的	あなたがクラッカーかクッキーを選んで、触らせる。間を取る。
「立ちなさい」	言語的	「1時だよ。 さあ、これからジムに行くよ。 トランポリンを使うのが楽しみだなあ」 「デビッドがジムの準備をしているのが見える」 （生徒の横に座る） 「さて、立って体育館の準備をしよう」
	非言語的	自分が立ち上がる。
「だめ！それに触るな」	言語的	「これ、触ると面白いよ。 一緒に触って探ってみよう」（代替物を提示しながら） 「君はあれに興味を持つと思うよ。一緒に触ってもいいかどうかジョンに聞いてみよう」
	非言語的	代わりになる物を提示する。

差すのも、コメントをしたことになります。生徒に、それを拾ってほしいという意図で指差した場合は、指示をしたことになります。子どもたちは、あなたの表情や身体の動きの特性から、その違いを見分けることができます。あなたの手話や話し言葉がどのように働いているか（質問や指示がかなり多いかどうかなど）だけでなく、非言語コミュニケーションがどのように機能しているかも自覚するようにしてください。非言語コミュニケーションの部分にも、できるだけコメントを入れるようにしましょう。さらに、質問するとき、指示するとき、コメントするときに、あなたは子どもとの関係性をどう感じているかに注意してください。これらの言語のそれぞれが、子どもとのやり取りについてのあなたの感じ方に、どのような影響を与えているでしょうか。コメントをすると、より楽しい時間を過ごすことができますか。それはより多くの尊敬の念を生み出すでしょうか。

　私のポールとのやり取りを振り返ってみてもらうと、事実上、そのほとんどが非言語的なもの

であるにもかかわらず、コメントの形をとっていることが分かるでしょう。私が彼とのやり取り
で行ったジェスチャーは、指示でも質問でもありません。ほとんどの場合、「あなたが何をしてい
るのか分かりました」と言って、実際には彼の話題についてコメントしています。私が彼の行動
を真似したり、彼に従っていくたびに、私はこのようなコメントをしているのです。私の手の位
置に注意を払っているのは、私の手が彼の上ではなく下にあることが、私が手で言っていること
が指示ではなく、コメントなのだということをきちんと示そうとしているのです。

4-3-2 快適なペース配分

　盲ろう児たちとの会話の中では、ペース配分の役割の重要さを認識しなければなりません。「分
速１マイル」でしゃべって、他の人にコメントや質問をするチャンスを与えない人と話をした経
験があるでしょう。相手が使っている言語は分かるにもかかわらず、話についていくのが難しく、
また言葉をはさむ機会も与えてもらえないのがフラストレーションになり、耳を塞いでしまうこ
とが多いでしょう。盲ろう児にとっては、他の人とコミュニケーションをとる機会や、コミュニ
ケーションの相手を選ぶ機会が限られていることから、問題が複雑になっています。

　盲ろう児との対話のペースを調整するには、視覚障害の程度や種類、難聴の程度、子ども一人
ひとりの情報処理速度、運動反応時間などの要因を考慮しなければなりません。これらすべてに
含まれる考えを拡げるために、会話のときの受け答えのプロセスを考えてみましょう。

- ・まず、メッセージを「送って」くる人を意識しなければならない（盲ろう児にアプローチす
　るたびに、丁寧に自己紹介をする大切さについては前に述べた通り）。
- ・物理的にメッセージを受け取らなければならない（例：手話を見たり、触ったりする。相手
　の声を聞く）。
- ・伝わってきたことを、心的に処理しなければならない。
- ・どのように反応したいかを考えなければならない。
- ・メッセージを返すための運動反応を考えなければならない（例：話す、指差す、手話をする）。

　多くの一般の人にとって、これらのことはすべて一瞬のうちに起こることです。しかし、視力
と聴力が著しく低下している人（そして、知的や運動の障害を重複する人も）にとっては、これ
は相当に努力を要する作業になります。通常の会話の基準からみると、非常に長い時間が必要に
なることもあるでしょう。

　私たちがメッセージを伝達するペースを注意深くコントロールしないと、相手がメッセージを
受け取って解釈することができなくなるかもしれません。私たちは、子どもが受け取ったことを
正確に処理できるように、充分にゆっくりと明確に話したり、手話をしたり、ジェスチャーをし
たりしなければなりません。同様に、充分な「待ち時間」を設けないと、子どもの考えやアイデ
ア、反応を受け取る機会を逃してしまうことがあります。盲ろう児は、コミュニケーションに反
応するのに数分かかることもあるのです。

　応答を待つのにこれだけの時間がかかるのは、応答時間が秒単位またはほんの数秒単位で測ら
れるような、テンポの速い文化の中での生活に慣れている人にとっては、永遠に待っているよう
に感じられるかもしれません。今、少し時間をとって、１分ほど黙っていてみるとどうでしょう
か。会話がこの長さほど一時的に止まることは非常に珍しく、多くの人はたいてい不快に感じる
ものです。しかし待たなかった場合、バランスのとれたやり取りをする能力を阻害してしまう可
能性があります。最悪なのは、相手の話にはあまり興味がないという、実際には思ってもいない
メッセージを送ってしまっているかもしれないということです。

アニーは弱視と重度難聴の女の子です。彼女は脳性まひのために車いすに乗っていて、腕の使い方も限られています。昼食のとき、アニーが指導員に食事を食べさせてもらっているのを見ました。アニーに食事を与えている女性は、口いっぱいの食べ物をスプーンでアニーの口に入れていました。そして、話すときにも話者交替せず、アニーが自分の番に話をするのを待たずに、事実上、すべての会話の順番を取ってしまっていたのです。この指導員がやろうと思っているのは食べ物を与えることだけで、会話のペース配分など考えていなかったのです。指導員が誰か他の人に話しかけるために横を向いたことがあります。そのとき、アニーは苦労して腕を上げ（これには明らかにたくさんの精神的、運動的な努力があったでしょう）、ミルクの入ったグラスにゆっくりと手を伸ばしたのです。指導員は振り向いて、それが明らかにアニーの話者交替の順番を示していることに気がつかず、飲み物を飲ませようとして、アニーの手がグラスに届く直前にグラスを持ったのです。このミスコミュニケーションは、主としてアニーのゆっくりとした、しかし意図的な動きに合わせてやり取りのペース配分をしなかったことによるものでした。

4-3-3 状況・文脈へのアクセスの重要性

　見える、聴こえる人にとって、社会的状況や物理的環境は常に会話の背景となり、会話の話題になることも多いのです。盲ろう児も可能な限りその環境にアクセスできるようにすることが重要です。

　盲ろう児の感覚障害を補うには、先生や養護者の感性、意識、努力（楽しい努力！）が必要です。子どもとその身の回りで起こっていることとのつながりを与えれば、子どもが生きている世界の流れの中に足を踏み入れることができるようになるのです。

　子どもが幼いとき、あるいは発達的に幼いうちは、子どもと世界とのつながりは、常に、身体、聴覚、視覚を使っての実際の経験が必要となるのです。多くの場合、手を伸ばして環境を探索するための手助けを必要とします。そのためには、巧みなタッチを使って子どもの手を外に向けさせることが必要となります。優しいタッチに最も良い方法は、先生の手を子どもの手の下に置き、決して支配せず、常になだめるようにすることです。子どもの手を導くためには、子どもの手の上に自分の手を置きたくなるかもしれないのですが、その子の手を自由にすればするほど、その子はよりその自由を使うようになることを忘れないでください。

　言語への自然で適切なアクセスを提供することは、盲ろう児に環境へのアクセスを提供する上で最も重要なことだと思われます。満足感のある心を通わせた会話のやり取りができれば、言語は自然な形でそのやり取りの一部となります。これらの対話の大部分であるコメントは、手話、音声、オブジェクトシンボル、絵、その他の代替言語シンボル（alternative linguistic symbols）など、子ども一人ひとりに適したものを使って、徐々に行うことができます。コミュニケーションの方法についての章（訳注　第7章）では、これらの言語形式について詳しく説明します。真の会話の中で、子どもが適切な方法の言語にアクセスできるようになれば、学習は自然に行われ、子どもにとっても先生や親にとっても楽しいものとなるでしょう。

　状況・文脈にアクセスできれば、言語的にも非言語的にも、より豊かな会話ができるようになり、言語の発達に計り知れないほど助けになります。子どもがより多くの言語を習得し、次の章で説明するようなレベルに達すると、言語は遠感覚として機能するようになります。言語の力を使って、離れたところにある物のことを知り、遠く離れた場所にいる人とコミュニケーションをとることができるようになるのです。私たちは、会話のパートナーとして、子どもの眼と耳、ま

た、環境の中での言語や行動の通訳者としての役割を果たすことができます。周囲のできごとや会話を説明することができます。これが、視覚と聴覚に制限のある人にとって、言語が非常に重要である理由です。盲ろう児に教えることで得られる深い満足感の一つは、この言語や言語構造の習得に参加できることです。彼らの世界が広がって、力が増していくのを目の当たりにし、言語の奇跡を何度も何度も直接に感じることができるのです。

4-3-4 会話の重要性は続く

　伝統的な指導スタイルから脱却し、よりダイナミックな環境を作り始めると、生徒の会話の流暢さと自分自身の喜びが劇的に向上することに気づくでしょう。子どもがどのようなレベルにあっても、また子どもが使えるコミュニケーション手段がなんであれ、会話に焦点を当てることが、その子への教育の全過程を通して、健全なコミュニケーションの発達を確保する最善の方法です。この章では、盲ろう児との基本的な会話の例をいくつか挙げました。しかし、盲ろうの人との会話はすべて、それが単純であっても複雑であっても、良い会話の基本的な要素を意識して進められなければなりません。それによって、これらの会話が、言語を学び、上達させ、世界についての概念を発展させ、より豊かな社会的なやり取りをするための基礎となるのです。

　本書で紹介されている具体的な指導法は、ほとんどすべて、盲ろう児たちと会話をしてきて、その中で少しずつ、こなれた方法で子どもたちとコミュニケーションを取ることに意欲的になってきた人たちによって開発されたものです。タッチ・キュー、オブジェクトによるスケジュール・システム、拡大コミュニケーションの方法、さらには点字や手話など、これらはすべて、眼の見えない人や耳の聴こえない人、あるいはその両方の人たちと、より有意義な会話をしたいと願う人たち（あるいは自らもそのような障害のある人たち）によって発明されてきたものです。

　盲ろうの人に言語やシンボルのシステムを教えるとき、本当の会話の文脈の中で教えることを忘れてはなりません。たとえば、手話の単語は、それを使っている文脈から意味が得られます。これらの文脈がお互いにとって楽しいやり取りで構成されていれば、意味は豊かなものになるでしょう。会話としての下地がなければ、手話や記号が会話から孤立して学習されて（仮にそういうことがあったとして）、それは、本物の言語や真のコミュニケーションではなく、教えられた通りの応答をするだけのものになってしまいます。

　結局のところ、盲ろうの人との会話の真の先生は、盲ろう児や盲ろうの大人です。彼らは、自分たちとの有意義なやり取りの仕方を教えてくれる人たちです。それぞれが自分自身について教えてくれるでしょう。私たちは、注意深く耳を傾け、注意深く見守り、注意深く触れ、一人ひとりの人とその人のジェスチャーの一つひとつを尊重しなければなりません。そうすれば、真のコミュニケーションが生まれ、その結果、私たち全員がより豊かなものになるのです。

［引用文献］

Fraiberg, S. (1977). *Insights from the blind: Comparative studies of blind and sighted infants*. New York, NY: Basic Books. （邦訳：宇佐見芳弘『視覚障害と人間発達の探求——乳幼児研究からの洞察』文理閣, 2014）

van Dijk,J. (1986). An educational curriculum for deaf-blind multi-handicapped persons. In D. Ellis (Ed.), *Sensory impairments in mentally handicapped people*. San Diego, CA: College-Hill Press.

We are indebted to Sara Gaar for her insights regarding the central importance of conversation in the communication development of children who are deafblind.

［参考文献・資料］

Brown, G. (1996). Importance of touch in parent/infant bonding. *Idaho Project for Children and Youth with Deaf-*

Blindness Newsletter. Boise, ID.

Greenspan, S., & Greenspan, N. (1994). *First feelings: Milestones in the emotional development of your baby and child*. New York, NY: Penguin USA.

Hagood, L. (1994). Conversations without language: Building quality interactions with children who are deaf-blind. *P.S.NEWS!!!* Austin, TX: Texas School for the Blind and Visually Impaired Deaf-Blind Outreach.

Lee, M., & Mac William, L. (1996). *Movement, gesture and sign: An interactive approach to sign communication for children who are visually impaired with additional disabilities*. London, England: Royal National Institute for the Blind.

McDonald, J. (1995). Turn-taking. A giant step to communicating. *Exceptional Parent*. Oradell, NJ: Psy-Ed Corp.

Miles, B. (1998). *Talking the language of the hands to the hands: The importance of hands for the person who is deafblind* [topical publication]. Monmouth, OR: Western Oregon University, DB-LINK.

van Dijk, J. (1965). The first steps of the deaf-blind child towards language. *Proceedings of the Conference on the Deaf-Blind*. Watertown, MA: Perkins School for the Blind.

第 5 章

コミュニケーションを
促進する環境

カレン・オルソン、バーバラ・マイルズ、マリアンヌ・リジオ

5-1 会話や言語の中に自然に置かれる機会

5-2 コミュニケーションについての幅広い視野

5-3 コミュニケーションを促す環境の特徴

5-1 会話や言語の中に自然に置かれる機会

　環境について話すとき、私たちは盲ろうの人が生活し、学習し、コミュニケーションする、一般的な環境を対象にしています。コミュニケーションのスキルを上達させようとしたら、その環境は快適で、励みになるもので、また、挑戦的でなければなりません。それは障害の有無にかかわらず、すべての人々にとって、お互いに豊かな環境でなければなりません。

　この目的のために、私たちは、お互いにとって豊かな環境を「開かれた」環境と呼んでいます。つまりコミュニケーション発達のための最大の機会を提供する環境ということです。開かれたコミュニケーション環境を探求する中で、私たちは物理的な環境だけでなく、対話的な、あるいは社会的な環境も考慮しなければなりません。

　良いコミュニケーション環境の特徴は何でしょうか。先生、親、セラピスト、養護者、友人としての私たちは、どのようにしてこのような開かれた環境を作ることができるのでしょうか。またどんなことで、おそらく無意識のうちにですが、閉じた環境を作ってしまうのでしょうか。この章では、これらの疑問を探っていきます。

5-2 コミュニケーションについての幅広い視野

　最初に、コミュニケーションに関する基本的な前提条件と、それが盲ろうの人とのコミュニケーションにどう関係しているかを考えてみましょう。これらの前提は次のようなものです。

・誰もが一人ひとり考えを持ち、コミュニケーションするもの。
・同様に、すべての環境は一人ひとりとコミュニケーションする。

　このようなコミュニケーションへの幅広い視点に立つと、すべての盲ろう児たちの行動が、意図的なコミュニケーション能力が非常に限られているように見えたとしても、それを新しい目で見ることができます。彼らの行動は何を伝えようとしているのでしょうか。それは、手を伸ばしたり、元気よく発声したりするようなはっきりしたものかもしれませんし、ため息やまばたきのようなわずかなものかもしれません。どんな子どももコミュニケーションをとると仮定した場合、私たちはすべてのコミュニケーションの試みを理解し、対応できるようにしなければなりません。もし行動はコミュニケーションではないと考えるならば、一つひとつの行動に対応する理由はないでしょう。そして、もし私たちが何らかの方法で対応しなければ、子どもはもう一度コミュニケーションを取ろうとする理由がなくなってしまいます。

　環境の中で最も重要な要素は「人」であることが明らかになっています。尊敬の念を持って対応してくれる人は、盲ろう児がどんどんコミュニケーションするように促します。一方で、盲ろう児のコミュニケーションの努力に反応しない人は、フラストレーションや無力感を助長してしまいます。

　一人ひとりの個人がコミュニケーションをとるように、あらゆる物理的環境も同様にコミュニケーションをします。場所の細部からは、そこに住む人に一般的な「様子」や「雰囲気」が伝わります。部屋の構造、色、装飾、温度、機能性、大きさ、匂い、そこにある物などの詳細な情報から、そこが楽しいところか、歓迎されているところか、勉強するところか、退屈なところか、怖いところかなどを知ることができるのです。

　盲ろう児には触覚で伝えなければ、これらの情報の多くは伝わりません。部屋がいつでも使えて、興味深い素材があり、活動ができるところならば、そこが探検したり、楽しんだりできる場

子どもが利用しやすい興味深い素材は、探究心を誘う。

所であることが伝わります。飾り付けがまばらで、おもちゃも少ない部屋だと、その反対のことが伝わります。出入り口に分かりやすい触覚シンボルや点字ラベルが付いていると、盲の子どもは自分がそこで歓迎されていることを知ることができます（スペイン語と英語の看板が、スペイン語を話す人と英語を話す人の両方を歓迎するのと同じように）。車いす用のスロープは、障害のある人が歓迎されていることを伝えています。植物や教室で飼われているペットは、そこに入ってきて気がついた人に、心づかいを感じさせます。

　盲ろうの人に環境がどのように伝わっているかを知るために、盲ろうの疑似体験をしてみるのはどうでしょう。目隠しと耳栓をすると、あなたが担当している子どもの視力と聴力の低下をある程度シミュレートすることができます。他の先生や親に、その体験中のガイドをしてもらうこともできます。周囲環境を探検してみるのもよいでしょう。この経験は、その子の同じあるいは似たような活動に対してどのようにアプローチしたらよいか、また、よりアクセスしやすく、歓迎されるような環境をどのように整えるべきかを考えるのに役立つでしょう。

5-3　コミュニケーションを促す環境の特徴

5-3-1 尊敬の念を持つ

　障害のある人に対する私たち自身の価値観や態度を観察することは役に立ちます。盲ろうの人たちを私たちと対等な存在として見ているでしょうか。彼らと個人としてコミュニケーションをとりたいと思っているでしょうか。盲ろうの人とつながるためには、手話だけでなく、その他の簡単には習得できない、標準的ではないコミュニケーション手段も進んで学ぶようにしなければなりません。私たちは、その人がどのように考え、どのようにコミュニケーションをとっているのかを実際に知り、その人が理解できる方法で対応しなければなりません。そのためには、充分な思考、時間、興味が必要です。

　盲ろう児を尊重する環境を作るにはどうしたらよいでしょう。尊重する環境で見られる場面のスナップショットをいくつか紹介しましょう。

・先生は、子どもに会いに来た人には、必ず子どもを名前で呼ぶようにさせている。
・先生は、子どもとのやり取りを始めるときには、いつも自分の名前を名乗る。

- 教室には手の届きやすいおもちゃの棚がある。
- 養護者は、おむつ交換を始める前に乳児に毎回おむつを触らせて、おむつを交換しようとしていることを知らせる。
- 友だちは、部屋を出ていくときに、盲ろう児の腕を触り、さようならの手話をして、そのことを知らせる。
- 介入者（インターヴィナー）は、盲ろう児に、他の人が言っていることを通訳して、部屋の中での会話を「漏れ聞ける」ようにしている。
- 養護者は、穿くズボンを子どもに選ばせる。
- 親は、一緒に散歩に行く仲間を子どもに選ばせる。
- 先生は、子どもに将来の希望を書くように勧める。
- 教員助手が、子どもがどのように見ているかを理解するために、ある一日、ずっと視覚障害疑似体験をして過ごす。
- 親が、盲ろうの我が子とより良いコミュニケーションをとるために、手話教室を受講する。
- 先生が、子どもを自分の計画会議に呼ぶ。そしてその子が理解できるレベルの通訳を手配する。

　これらは、盲ろう児に敬意を示す方法のほんの一例に過ぎません。これはずっと続けなければならないプロセスです。一人ひとりの盲ろうの人の独自性を認める方法は、そのほか大小さまざまなものがあります。

5-3-2 敏感な反応

　母子間のコミュニケーションのごく初期の段階では、母親は乳児がコミュニケーションしようとしているのに対して、敏感に反応する環境を作っています。最初のうちは、乳児のコミュニケーションは意図的なものではありません。しかし、母親が赤ちゃんの泣き声や表情、声、動きなどを意味のあるものとして解釈していくと、子どもはその反応を記憶します。そして、乳児のこれらの行動は、母親の特定の反応を引き出すために、より意図的なものになっていくのです。乳児は自分のニーズや欲求、感情をいろいろな方法で表現してコミュニケーションを始め、母親はそれに対して子どものニーズ（おむつを換えてほしい、哺乳瓶が欲しい、あやしてほしいなど）を満たそうとします。そのうち、母親は子どものシグナルを学習し、適切な対応ができるようになります。母親が応答するときには、母親は自分のコミュニケーションの試みが意味のあるものであること、それが何かを変えられるものであることを子どもに知らせているのです。そして、子どもはまたコミュニケーションするように励まされます。これは、最初は乳児側には何の意図もなく行われます。母親の一貫した対応こそが、最終的に子どもの表現力豊かなコミュニケーションを意図に基づくものにできるのです。

　ヤン・ファン・ダイクは次のように言っています。「盲ろうの子どもに対応する際に、私たちは子どもが、非常に大切な、自分の制御力、有能さについての感覚を発達させることを目的としている。自分は環境のなすままになっているのではなく、環境をコントロールし環境に影響を与えることができる、と子どもが感じなければならない」（van Dijk, 1986, p.375）。

　盲ろう児は、コミュニケーションをとるのに、必ずしも顔や声を使うわけではありません。私たちは彼らを理解し、彼らと意味のあるつながりを持つためには、その代わりに、彼らの身体全体、とくに手に注意を払う必要があります。第2章で述べたように、盲の幼い子どもたちは、笑うための視覚刺激がないので、目の見える子どもたちほどには笑顔を見せません。盲の子どもは、

手の動きで喜びを伝えることがよくあります。そこで、敏感に反応するには、子どもの手が何をしているのかを正確に認識する必要があります。盲ろう児との関係では、身体的な位置関係が重要です。

　良い位置にあると、手や体の動き、筋肉の緊張具合の変化、呼吸、微妙な顔の表情などから、その子が何を伝えようとしているのかが分かります。盲ろうや他の障害も重複する子どもとコミュニケーションするときには、位置設定がとくに大切です。すべての子どもが安全で心地よく感じ、できるだけ自由に動けるようにしなければなりません。

　言うまでもなく、子どもがどのようなコミュニケーション形態（ジェスチャー、ボディランゲージ、手話（視覚手話または触手話）、点字、コミュニケーションボード、オブジェクトカレンダーなど）を使っていても適切な対応ができるように、その子のコミュニケーション手段の使い方に確実に習熟していることが必要です。

　子どもがコミュニケーションを取ろうとしていることに気づいたら、その子が理解できるレベルの手段ですぐに対応することが重要です。

5-3-3 相互対話的、非指示的

　事実上、子どもが参加するすべての活動は、やり取りの機会になっていると言えます。私たちは、その子が活動を始めるたびに、「どうしたらその活動を共有できるだろうか」と考えなければなりません。しかし残念ながら、子どもが踏み台に上るときに手を持たれたり、作業を促されたり、食事を与えられたり、と多くの活動が先生の指示によるものになっています。子どもを引き寄せたり、引っ張ったり、あるいは指示を出すのではなく、一緒に、歩いたり、走ったり、ジャンプしたり、仕事を交代で行ったり、食事をしたりしましょう。このように自然に活動を共有

すると、子どもは多くの学習機会を得ることができます。自分は一人ではないこと、他の人と同じことをしていることを教え、自分の身体感覚を発達させ、世界の新しい見方を示し、コミュニケーションの基本である話者交替を練習する機会を与え、毎日、多くの会話の機会を開くことになるのです。

　生徒と先生、親と子の間だけでなく、友だちとの間でも良い交流を促すことが必要です。障害のあるなしにかかわらず、活動に友だちを引き込むことで、子どものコミュニケーション意欲を高めることができるのです。

　マイケルは、びっくり箱が大好きな5歳児です。マイケルは両側重度難聴、重度の脳性まひ、法的盲（*訳注　両眼で視力20/200以下：正常眼が200フィートで見ることができるものを20フィートで見る能力*）があります。マイケルは、午前中は幼稚園の普通クラスで統合教育を受けていました。彼は先生がやってくれるびっくり箱遊びがとくに好きでした。笑いながら、先生と箱の間で交互に見て、「もっ

仲間との交流はコミュニケーションを促す自然な方法である。

と」と要求しました。取っ手に向かってたどたどしく腕を動かすこともありました。しかし、マイケルが自分の力を発揮したのは、他の子どもたちが集まってきて自分たちでびっくり箱で遊び始めたときのことでした。周りの子どもたちを見て、自分の腕を精いっぱい伸ばして実際にハンドルに触れて動かしたのです。これには他の子どもたちも大喜びで、ごく自然に一緒にやっていました。

4歳のサムは、おもちゃを床に叩きつけるのが好きです。彼が遊んでいる間、他の人はいつもサムを一人にしてしまいます。ある日、父親はサムが大きなレゴセットのピースを持って床を叩いているのに気づいて、息子と一緒にやることにしました。父親は別のピースを見つけて、床でサムの横に座り、サムと同じリズムで床を叩き始めました。サムはいったん叩くのを止めて、また叩き始めました。父親もサムの真似をしました。

このやり取りはしばらく続きました。何回かやったあと、父親にもっと向き合えるように、サムは身体をずらしました。彼は別のパターンをやってみて、父親はそれをまた繰り返しました。今度はサムが笑いました。この父親とのゲームは、彼が夕食後のひとときに楽しみにするものになりました。数ヶ月後、このゲームはより複雑な会話へと発展し、サムは非常にシンプルな新しいリズムで父親の真似をすることができるようになりました。その後、彼らはレゴを使って物を作るようになり、今でも交代で一緒にやっています。

また、物理的な環境を整えてやり取りを促進することもできます。輪になって座ったり、横に並んだり、向かい合って座ったり、他の人が視覚的にも触覚的にもアクセスしやすい位置にすると、お互いのやり取りを促進することができます。盲ろう児は、誰かが近くにいることや、やり取りできる可能性があることを知るのに、私たちの助けを必要とすることがあるのです。

5-3-4 選択の機会とニーズ

盲ろう児は、コミュニケーションを自分から働きかける必要性を感じなければなりません。しかし、盲ろうの人の（あるいは私たち自身の）生活を効率的に、あるいは楽にしようとする私たちの努力が、その必要性を奪ってしまうことがしばしばあります。物、衣服、食べ物は、盲ろう児が頼まなくても選ばなくても、魔法のように現れてきます。子どものことをよく知るようになると、子どもが自分のニーズに気づいていないうちにさえ、ニーズを予測して、それを満たすことができるようになります。しかし、選択肢を提供し、融通性のある日常生活の中で、自然に選択の機会が生まれるようにすることが重要なのです。

選択はすでに起こっている：選択を促すためには、盲ろう児たちはすでに選択をしていること、また選択をする権利があることを認識しなければなりません。たとえば、ほとんどの親や先生は、子どもが好きな食べ物を言うことはできますが、ある特定の食べ物に対する子どもの好みはしばしば無視されています。食事の時間は、子どもが選んだものを伝える方法を学ぶのに適しています。他にも、自由時間、美術の授業、その他の日常的な時間やなにか特定の時間など、子どもが選ぶことを許されるさまざまな状況があります。子どもがすでにしている選択を尊重することは、子どもに選択のスキルを教える最も適した方法です。与えられた食べ物を食べるか食べないかや、いくつか利用可能なものがあるときに、選択が起こります。

機会の豊富さ：毎日の生活の中には、選択の機会がたくさんあります。盲ろうの子どもは、何を着て、何を食べて、誰と何をして遊ぶかを選ぶことができます。年長児は、社会活動やスポーツ、

選択肢は子どもが理解できる形で与えなければならない。

読み物を選ぶことができます。

　コミュニケーションスキルが少ないと思われる子どもに、より多くの選択肢を提供するにはどうしたらよいでしょう。その子が簡単に理解できるような方法で選択肢を示すことが必要です。「桃と梨のどちらがいい？」という話し言葉や手話での質問を理解できる子どももいますが、絵やオブジェクトシンボル、実際の活動や物を示すことが必要な子もいます。自分が選ぶものが何かを理解するのに手助けが必要な子どもも多くいます。たとえば、2種類の飲み物を別々のカップに入れると、子どもに役立つ手がかりを与えることになります。さらに、それぞれのカップの中身の違いを確認するために、匂いをかいだり、味見をしたりする機会を与えることが必要になるかもしれません。また、誰と一緒にいたいかなどの、より質的な選択肢を提供することも必要です。

　指差す、触る、手を伸ばす、視線を向ける、手に持つ、手話をする、話す、微笑む、顔をそむけるなど、子どもはさまざまな方法で自分が選んだものを示します。

　先生ができること：コミュニケーションをとりたいという欲求や必要性を作りだすために、先生にはできることがたくさんあります。

- ・あなた自身の選択、好み、観察したことを子どもに意識させる。頻繁に指差しをしたり（またはお互いに触れ合う、子どもの指の下に優しく手を置く）、顔の表情や言葉を使って、自分のニーズや考えを伝えることに喜びを感じていることを伝える。
- ・何かをするとき、何かが足りない物を渡す。これは遊び心を持って行うことが大切。パズルや積み木のピースが足りないもの、お皿とナイフやフォークはあるがコップがない食卓セット、片方ずつしかない手袋や靴下など、コミュニケーションがはずむ状況を作る。
- ・子どもがもっと欲しいと言い出すように、欲しいもの（たとえば、おやつ、ジュースなど）を少量ずつ与える。
- ・ブランコをする、ジャンプする、音楽を聴くなどの、好きな活動の間にちょっと中断して、子どもがもっと欲しいと要求してくるようにする。最初は、どんな努力も子どもの意図的な要求として受け止める。のちに子どもは、好きな活動を要求するための記号的な方法をどんどん学んでいく。
- ・日常的な活動の間には、ちょっと間をおいて、子どもが自分で続けるのを待つ。教室に向かって歩いたり、冷蔵庫の中の牛乳に手を伸ばしたり、シャツを着たりするなどは、子どもが参加し、コミュニケーションをとる機会になる。

・子どもが分かって、変だなと感じる可能性のあることを、遊び心を持ってやってみる。たとえば、靴下を履く前に靴を履く、コートを後ろ向きに着せる、ジムへの行き方を知っているのに「間違った」道を案内しようとするなど。
・自分では揺らすことができない揺れるボートや、ゼンマイ式のおもちゃ、コンピュータなど、助けが必要な活動を選ぶ。
・定期的にお手伝いをやらせる。食事のときに食器などをとる、コートを着るのを手伝う、手の届かないところにある本を渡すなどを頼む。これは、必要性を他の人に伝えるためのコミュニケーション方法のお手本を示すことになる。

　これらのテクニックはいずれも、盲ろう児がコミュニケーションを始めるのを促すものですが、使いすぎて不自然な状況になるとフラストレーションが溜まってしまうので、慎重に使うことが大切です。目的は、自然なコミュニケーションのニーズを作り出すことと、子どもにコミュニケーションの力を感じさせることです。

　選択することの利点：選択をする機会は、コミュニケーションを促し、子どもの自尊心を高め、自立心と自己啓発感を養うことができます。また、選んだことの自然な結果も教えます。

　選択肢を提供することは、子どもにコミュニケーションをとる機会を与えるだけでなく、先生にとっても、言語をモデル化し、拡張して対話する機会になります。「ああ、赤いボールが欲しいのか。ボール遊びをしたい？　私も赤いボールが好きだよ」。また、先生と養護者は、毎日の生活で子どもたちと一緒に仕事をし、食事し、遊び、環境を移動する中で、自分たちの選択をはっきりと子供たちに示すことができます。

　子どもは選択をすることが何であるかを理解すると、それを言語習得への足がかりとして使うようになります。選択は、絵、触覚シンボル、手話、音声発話、墨字（訳注　以下、通常使われる文字は、点字と対比させて墨字と表記する）、点字などを使って、どんどん抽象的な方法で行えるようになっていきます。

5-3-5 感覚障害の補償

　すべての感覚の中で、最も重要で役に立つ情報を提供してくれるのは、視覚と聴覚の二つの遠感覚です。盲ろうの人は、情報へのアクセスが非常に限られています。したがって、コミュニケーションが行われる文脈へのアクセスを提供することが重要です。文脈とは、物理的・社会的環境やコミュニケーションが行われるすべての場を意味します。文脈は環境と同等のもので、物理的なものと人間の両方を含んでいます（訳注　ここでは context を文脈と訳しているが、前後関係、事情、背景、状況、なども意味に含まれている）。

　物理的環境：盲ろう児のコミュニケーション能力発達を支援するときに見落とされがちなのは、物理的な環境です。安全で、予測可能で、アクセスしやすく、興味深い環境を提供することが重要です。このような環境の具体的な要件については、次に極めて重要な社会的環境を検討した後に述べます。

　社会的環境：子どもが物理的な世界とどのように関わっているかを考えるのに加えて、社会的環境についても考え、子どもの感覚障害をどのように補うことができるかを考えることが必要です。私たちは、子どもが周囲の人々とどれだけうまくつながっているかに関心を持っています。以下の質問は、このつながりについて考えるのに役立つものです。

　子どもの周囲にいる一人ひとりは、その子自身のコミュニケーションの手段で、どれだけうまくコミュニケーションできているでしょうか？　共通のコミュニケーション形態は、社会的なや

り取りの基本的な基盤の一つです。ろう文化についての最近の考え方は、人々が社会的に快適に感じるためには共通の言語が必要であるという認識を反映しています。そして、そのようにしていることで、ろうは他の民族的なサブカルチャーと似ているのです。私たちは教育者として、盲ろうの人の一人ひとりが自分にとって最も自然な形で他の人と快適にやり取りができる、可能な限り多くの機会を提供しなければなりません。最良の状況であれば、盲ろうの人はその人たちと永く個人的関係を築くことができるようになるでしょう。これは、盲ろうの人のために働いたり、頻繁にやり取りしたりする人は、その盲ろうの人が自分を表現し、他の人を理解する最大の機会を得られるコミュニケーション方法に精通していなければならないということを意味しています。具体的には、私たちが、教育プログラムのスタッフにとって盲ろう児とのコミュニケーションを取りやすいのはどのような状況かを検討することが必要です。これは、盲ろう児のどのような教育プログラムを計画する上でも重要な問題です。

　また、盲ろうは社会的には非常に少ない障害であり、眼が見える人、耳の聴こえる人で手話や点字を使って流暢にコミュニケーションできる人は比較的少ないということも認識しておく必要があります。したがって、子どもたちが学校や家庭から離れていても孤立することがないように、見えて聴こえる人たちの世界でできるだけ効果的にコミュニケーションをとるための方策を教えることも、教育者としての私たちの責任です。

　その子は自分の周囲にいる人を、一貫して見分けられる方法を持っているでしょうか？　見えて聴こえる子どもは、視覚と名前で人を確認します。盲ろう児にとって生活の中で大切な人は皆、その子のサインネームを知っていて、自分のサインネームも持っていなければなりません。人と会うときにはいつも、その人の特徴的なところ（眼鏡、宝石アクセサリー、髪、ひげなど）に触れさせてもらえるなど、他の目印が必要な子どももいます。

　同様に、その子に話しかけるときには、サインネームを使わなければなりません。あなたが担当している子どもがサインネームを持っていないときは、その子のサインネームを考案し、話しかけるときにはいつもそのサインネームを使うことが大切です。良いサインネームであるためには、できるだけその子が表しやすいもので、その子の特徴的なところを示すものでなければなりません。たとえば、ジョニーが眼鏡をかけているとしたら、こめかみを手で叩くのがサインネームになります。

　盲ろうの人がグループ活動やディスカッションに参加している場合は、通訳や先生は、まず参加者全員を確認し、それから、一人ひとりが話したり手話をしたりしているときに個々に識別する必要があります。眼が見える人は、誰かがグループに入って来たり出て行ったりしたときには、

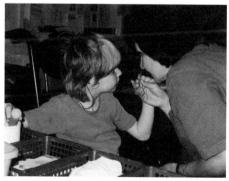

周囲にいる人は、その子が使っている方法で容易に
コミュニケーションできることが大切である。

それを見ることができますが、盲ろうの人が周りの人とのつながりを感じられるようにするためには、この出入りの情報を教えてあげることが必要です。

　その子は、他の人たちが何をしているのか、何を言っているのか、何を感じているのかを知る手段を持っているでしょうか？　また、他の人たちは、その子がしていること、言っていること、感じていることを知る手段を持っているでしょうか？　見える、聴こえる子どもは、他の人が何をしているかを眼で見て確認したり、周りで話されていることを小耳に挟んだりすることができます。これは盲ろう児には起こりません。まだ言語を使わない盲ろう児は、他の人の動きを触ったり、ごく近くで見ることができるようにすることが必要です。これは、教室の中を歩いていて、仲間や先生に出会ったときに気楽にやることができます。グループでの活動があるときには、ちょっと形式的にやるのがいいでしょう。眼の見えない子どもには、活動が始まる前に、車座になっている皆の周りを歩いて参加者全員に触らせたり、活動中に他の人が何をしているかを知ることができるように座る場所を決めたりすることができます。たとえば、他の子どもがスイッチを押しているときに、そのミキサーの容器に手を置いたり、昼食で、先生が食べ物を飲み込んだときに、先生の喉に触ってみたりすることができるでしょう。きちんとした言語を使うことができる年長の盲ろう児は、言語を通して他の人の動きの情報を得ることができます。ろうの人のための通訳者は、多くの場合、話されていることだけを通訳します。個々の盲ろうの人のための先生、通訳者、介入者は、言語だけでなく行動も通訳しなければなりません。この人は、コミュニケーションが起こる文脈全体を通訳することが任務なのです。

　子どもは他の人の行動に対してだけでなく、その人たちの感情も手がかりにしています。視覚と聴覚が、顔の表情、ボディランゲージ、声のトーンなど、感情を伝えるものすべてにアクセスできるようにしているのです。視覚と聴覚を持たない子どもは、周囲の人の感情を知るのに手助けを必要とします。それは、笑ったりしかめっ面をしたりしている人の顔を触らせたり、笑っている人の肩を触らせたりすればできます。充分な言語を持っている子どもには、他の人がどう感じているかを口頭で伝えることができます。盲ろう児の面倒をみている人は、その子が感じていること、言っていること（あるいは言おうとしていること）、していることを周りの人に理解してもらうための手助けをしなければならないことが多いでしょう。たとえば、盲の子どもが手を伸ばして、見えて聴こえる同級生の顔に触れようとすると、先生が説明しなかったら、その同級生は怒ったり怖がったりするかもしれません。このようなとき、盲ろう児の面倒をみている人は、「この子はあなたが笑っているかどうかを知りたいから顔を触ってみたいと思っているのよ。眼が見えないから、そうやってあなたの気持ちを分かろうとしているのよ」と言うでしょう。

　その子は、さまざまなコミュニケーション相手を持ち、永く続く友情を育てる機会を持っているでしょうか？　視力と聴覚のある子どもは、身近な人から知らない人まで、さまざまな人と簡単にコミュニケーションをとることができます。周りの人を見ることができるので、近づきになろうとする相手を選べます。また、他の人のやり取りの中で、興味をそそられるような会話を小耳に挟むことができます。見えて聴こえる子どもは、コミュニケーションの相手が自分のことを理解し、また同様に自分が理解できるような話し方をしてくれると思っています。盲ろう児であることは、多くの点で、旅行中に言葉の分からない外国で目隠しをされているようなものです。このような状況にあると想像してみると、どういう人をコミュニケーションの相手に選ぶかは、他の人の善意に左右されていることが分かります。あなたは、共通の言語で話せる旅行仲間に頼り切ってしまう可能性が高いでしょう。

　盲ろう児の生活に重要な関わりを持つ人たちとって、その子にいろいろな人とのコミュニケー

ションの機会を与えることは、責任と創造力が要求される大きな課題です。この人たちは、他の人が盲ろうの人について興味を持つように手助けをしなければなりません。彼らはまた、盲ろうの人に、さまざまなコミュニケーション相手と結びつく手段を提供する必要があります。

ヴィヴィアンのルームメイトはろうです。家にいるときは、一日のできごとや気持ち、将来の希望などについて、ASL（アメリカ手話）を使って容易に会話をすることができます。しかし、職場では、同僚が手話を知らないので、メモを書いたり、身振り手振りをしたりして、コミュニケーションをとっています。このような状況なので、彼女はコミュニケーションを簡単な要求やコメントに限っています。このどちらのコミュニケーション形態も、彼女にとっては豊かな人生のために大切なのです。

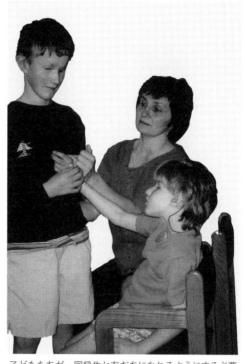

子どもたちが、同級生と友だちになれるようにする必要がある。

このことは、人間関係のレベルの違いについて重要な指摘をしています。基本的なニーズを伝えることはとても大切ですが、考えやアイデアを自然な形で表現できることは、それ以上に重要です。いろいろな人々と接触することは、盲ろう児の個性を広げ、表現する機会をたくさん与えてくれます。いろいろな友達を持つと自分の違う面を引き出すことができるのは、盲ろうの人にとっても同じです。

その場その場で、また1日のいつでも、ちょっと会った人に挨拶ややり取りをさせることも、人との交流を促進することになります。私たちは毎日、他の先生、セラピスト、事務員、管理者、助手、守衛などとやり取りしています。盲ろう児にも、これらの人たちを意識させ、やり取りを促さなければ、彼らにとってはその人たちは存在しないことになるのです。

ジュアンは公立学校の特別教育クラスに通っていました。彼は重度難聴、弱視で、初歩の手話スキルを持っていました。彼は名前の概念を理解し始めたところで、先生のレベッカと、クラスの2、3人の生徒を知っていました。レベッカはジュアンの朝の日課を作りました。毎朝、学校に着くと彼とレベッカは、事務員、校長、看護師、コック、用務員など、学校で働く4、5人の人に挨拶に行くのです。はじめ、挨拶は儀礼的なものでした。レベッカは「おはよう、キャロル。元気？」と手話し、事務員は「ああ、レベッカ。元気よ。ジュアン、元気？」と手話で返します。レベッカはジュアンが返事をするのを手伝います。ジュアンがこの日課に慣れ、出会った人たちのサインネームが分かるようになると、その人たちとレベッカは挨拶の中に他の話題を取り入れ始めました。「今日はいい天気ねえ？」と外を指差したり、「そのシャツ素敵だね、レベッカ」と言われてレベッカが「ありがとう。そう私、赤が好きなのよ」と答えます。1年ほどすると、コックはジュアンのことをもっと知りたいと思うようになり、手話教室に通うようになり、彼とより簡単に会話ができるようになったのです。

感覚障害を補うための物理的環境はどの程度整っているでしょうか？　盲ろう児の社会環境だけでなく、感覚的な障害を最小限にし、コミュニケーションを最大にするために、どのように物理的な環境を整えることができるかも考えなければなりません。

　視覚的環境：盲ろうの人の多くには、残存視力と残存聴力があります。その子が視覚的に情報を獲得する機会を最大限に持てるように、環境を整える方法を考えることが大切です。

　まず、照明が適切であることを確認する必要があります。一人ひとりの子どもに必要な照明の種類は、それぞれの子どもの眼の状態によって異なります。たとえば、明るい光が直接当たるのは、欠損症（coloboma。眼の裂け）のある子どもには適していませんが、近視の子どもにはそのような照明が必要な場合があります。原則として、自然光が望ましいものです。まぶしさを減らすために窓のカーテンを選べるようにし、反射する面は避けなければなりません。

　環境や教材の適応改良を検討する際には、コントラストも配慮する必要があります。これは簡単に、低コストでできます。床材が明るい色だったら、家具は部屋の中で目立つように暗い色のものを選びましょう。机の表面が暗いと、教材が目立つようになります。ドアの装飾材を壁とコントラストがある色にすると、視覚的な手掛かりになります。電気のスイッチの周りにコントラストのある色のテープを貼ると、スイッチを見つけやすくなります。階段の端をコントラストのある色で塗ると、階段がより見やすく安全になります。また、明るい色の紙に、太いカラーマーカーを使って、文字や絵を書くのもいいでしょう。

　手話をするときも声で話すときも、盲ろうの人との距離や位置関係に気を配る必要があります。たとえば、網膜色素変性症（アッシャー症候群に関連の深い病気）の生徒は視野が狭くなるので、ちょっと離れて手話をすると、手話の全体を見ることができます。逆に、強度の近視の子どもには近い距離で手話をする必要があるでしょう。

　あなたが手話をする速度は、子どもがあなたのコミュニケーションを見て、何を言っているのかを処理判断して、答えを考える能力に影響を与えます。多くの生徒にとって、周囲の視覚的に気が散るものを減らすと、より注意を集中させることができるようになるでしょう。

　聴覚的環境：たいていの人たちはテレビを見ながらでも、会話を続けるのに苦労しません。時計の音も外の車の音も無視しています。このように、聞きたい音や聞く必要のある音と余計な音を区別する能力は、学習して身に付くものです。盲ろう児の多くがまだ身に付けていないものです。このような子どもたちにとっては、これらの前景音と背景音の違いはありません。補聴器を使う子どもたちは、すべての音が増幅されてしまうため、背景の音を識別するのがさらに難しくなることが多いのです。

　聴覚障害のある人にとっては、不要な背景音をすべて取り除くことがとくに重要で、そうすることによって残存聴力を最大限に活用し、話やいろいろな重要な音に注意を払うことを学ぶことができます。普通の教室の騒音、他の人が話している声、聴いていないラジオの音などはすべて、盲ろうの人が音声を解読したり、聴覚情報を利用したりする能力を低下させかねないのです。さらに、部屋の音響をコントロールすることで、子どもが戦わなければならない周囲の騒音を大幅に減らすことができます。これは、カーペットを敷く、カーテンをつける、防音タイルを使う、いすの足にフェルトを貼るなどして、非常に簡単にできるでしょう。

　ある環境（たとえば、レストラン、体育館、床にカーペットが敷かれていない部屋）は、難聴の人にとって問題となることがあります。とくに活発な子どもたちが20人以上もいる教室では、

コントロールできない背景騒音があります。しかし、環境中の外部からの音を減らす方法を見つけることは重要です。たとえば、教室でFMシステム（訳注　先生がマイクを使ってFMで流し、生徒がFM受信機能のある補聴器で受信するシステム）を使えば、いすが動く音、ドアが閉まる音、背景のおしゃべりなどで気が散るのを大幅に減らすことができます。また、触ったり、視覚的な合図を出したり、手話を使ったりして生徒の注意を集中させると、このような状況下でのコミュニケーションをより効果的なものにすることができるでしょう。

　触覚的環境：多くの盲ろう児にとって、触覚入力は情報を受け取る主な方法です。そのような子どもと接するときにはいつも、どうすれば触覚的により多くの情報を与えられるかを考える必要があります。

　触覚的環境を評価する際には、順序、一貫性、興味を考慮する必要があります。子どもが周囲の環境を理解して安心感を得られるように、家庭や教室などの身近な環境は、できるだけ整然とした一貫性のあるものでなければなりません。たとえば、毎日同じ場所に自分のコップを置くことができるようになれば、子どもは自信を感じるようになり、また、物の永続性と機能についても学ぶでしょう。

　整然とした環境では、子どもは定位能力と移動能力を身につけ、これは最終的には自立性を高めることにつながります。きちんとした触覚的な目印をつけたり、よく配慮して家具を配置したりすることで、子どもは安心感を持ち、基本的な移動技術を練習できるという自信が生まれるのです。そうなれば、あまり慣れていない環境でも、これらのスキルをより多く使うことができるようになるでしょう。子どもが自由に動けるようになると、好奇心が高まり、世界を意識するようになって、認知的な成長の機会も増えていきます。

　触覚的、視覚的目印によって、環境は子どもにとってより身近なものになります。以下、いくつかの提案を紹介します。

・その子の触覚的能力に合わせて、子どもと先生のコート掛け、いす、机、その他の持ち物に、それを示すラベルとして、それぞれ特徴的な触覚の目印（毛皮やフェルトの端切れ、点字ラベルなど）や点字で名前を付ける。
・特定の活動が行われる部屋の入り口に、子どものオブジェクトカレンダーにある関連するオブジェクトを目印として付ける。
・食器棚の扉に、中に入れてある物の見本のラベルを貼る。
・教室や家の中で、活動する場所を区別するために、特徴的な床材を使う。

眼の見える人は、普通、周囲に何か興味あることがあるかどうかを判断するのに眼を使います。

環境は盲の子どもが使えるように、触覚でアクセスできるものでなければならない。

盲ろうの人のための環境を考えるときには、手に取ったとき面白いかどうか分かるかも考えることが必要です。手触りが違うか、動く部分があるか、いろいろな形があるか、その人にとって意味のあるものか。子どもが自由な時間を楽しんでいるときに、それらが手の届くところにあるか。その子が見つけたいと思ったとき、触覚でそれを見つけられるように周囲が整備されているか。いつでも新しいものを見つけられるようになっているか。などなど。子どもが、構造がきちんとした、予測可能な環境の中で安全に探索ができるようになっていなければなりません。個人的な興味や好奇心を育むことが、ひいては、コミュニケーションへの欲求が深まり、より幅広い話題でコミュニケーションをとれるようになるのです。

　教材と選択の方法：盲ろう児のために個別の活動を選択し、計画する際には、これらの活動がアクセシブルであることを確認する必要があります。以下の質問に答えるのは役に立つでしょう：

　この活動は、特定の感覚障害やその他の障害のある子どもにとって意味があるものでしょうか？　盲ろう児にとって意味のあることは、見えて聴こえる子どもにとって意味のあることとは普通は大きく異なります。意味は少しずつ作られていきます。幼い子どもは、自分の身体での経験から始まり、自分の経験と結びつけながら意味を構築していきます。たとえば、眼が見える子どもは、自分自身の体と他の人の体の間のつながりを見ることを早くから始めることができ、それによって「私」と「あなた」の概念を構成し、体が何をできるのかという知識を得ます。また、他の人が物を使ってなにかしているのを見て、物がどのように使われているかの考えを作り始めることができます（「硬い毛が付いているものは、髪をとかすのに使われる」、「取っ手と注ぎ口が付いているものは、液体を注ぐのに使われる」など）。

　眼が見えない、あるいは弱視や難聴の子どもは、そのような結びつきを作る自然な機会がないので、その機会を与える活動が最も有意義なものとなります。盲ろうの幼児にとっては、食事、着替え、入浴などの日常生活に必要な活動に結びついたことや、遊びのような、実体験できる具体的なことが含まれているものが役に立ちます。選ぶ活動は、子どもが概念を構築し、世界から意味を導き出せる機会を最大限に生かすものでなければなりません。盲ろう児は、いろいろなことが自然に起こる環境の中で、さまざまな実生活の経験を通して言語を学ぶことが重要です。

　それぞれの子どもの状況は個別に考慮しなければなりません。盲ろう児が障害の無い子どものクラスに入った場合、どの活動がその子に適しているか、適していないか、あるいはどの活動を変更する必要があるかを判断する際には、まずその子のニーズから始めることが重要です。単に決められた日課の中に入れるだけでは、盲ろう児にとって意味のある活動にはならないのです。

　また、その子の特定の感覚障害が、特定の授業の理解を妨げていないかどうかを見極める必要があります。たとえば、重度難聴の子どもは、音楽鑑賞の授業を受けたり、物語を視覚的な説明なしに朗読してもらっても何も得られないでしょう。また、重度の知的障害がある盲の子どもは、アジアの地理や物理学の通常の授業を受けても、たぶん役に立つことはないでしょう。

　子どもは活動の流れ全体を見ることができているでしょうか。眼が見える子どもは、活動の全体を追うことができ、いろいろな物にあふれる世界とその秩序についての概念を発達させることができます。たとえば、おやつの時間に先生が冷蔵庫から牛乳を取り出し、コップに注ぐのを見ることができます。盲であっても聴こえる子どもは、聴覚的にこの情報の一部を得ることができますが、盲ろう児がそれを理解するには、その動きをずっと身体で接していなければなりません。もし、活動の全過程（材料を集める、活動の準備をする、活動に参加する、活動を終える、後片付けをするなど）を触覚的にアクセスできるように配慮されていないと、その子は、物がどこから来るのかを「魔法だと思う」ようになってしまうかもしれません。

教材はその子の学習の仕方に合っているでしょうか。情報の受け取り方には人それぞれ好みがあります。情報を知るのには、読むことが一番良いという人もいれば、口頭で読み上げてもらったほうがいい人もいます。盲ろう児は、その子にとって障害が最も少ないモードで学習するのが一番だと思われることが多いのですが、必ずしもそうではありません。適切な教材や指導法を開発するためには、それぞれの子どもの学習スタイルを見極める必要があります（これについては第6章を参照）。盲ろう児は、世の中から意味を作り出すために、複数のモードからの入力が必要だということも覚えておかなければなりません。たとえば、（視覚障害があったとしても）その子の視覚を使って学習するのが一番だとすると、大きくて視覚的に魅力的な教材が必要になるでしょうし、それが触ってみても興味深いものであれば、さらに情報を得ることができるでしょう。

　選んだ教材は、感覚障害を補っていますか。弱視の子どもは、その子の具体的な視覚障害に対応するために、適切なコントラスト、色、大きさの材料を使う必要があります。聴覚障害のある子どもには、具体的な難聴度合に合わせて、その子に聴こえる教材が必要です。全盲の子どもは、聴覚と触覚で使える教材に大きく依存します。ろうの子どもは、視覚的で触覚的な教材に大きく頼っています。重度難聴で全盲の子どもは、ほとんど触覚的な教材と入力のみを頼りにします。したがって、これらの教材は最大の注意を払って選び、また、その子がちゃんと使えるようにしておく必要があります。さらに、子どもの興味を持続させられるように、変化に富んだものであることが必要です。その子に、適切な発達段階の課題を与える教材であれば、子どもを惹きつけ、そのときどきに学ぶ必要のある正確なスキルを練習する自然な機会を与えてくれます。

　子どもは、興味のあるものを自分で探し出して使うことができますか。教材がアクセスしやすいいつも同じ場所に置かれていれば、子どもは自分で物を見つけて使うようになります。教材は安全で、やりがいがあり、興味深いものでなければなりません。そして、飽きないように、いろいろな種類のものを与える必要があります。重度の障害のある子どもがアクセスできるようにするには、子どもが意図的でなく動いても、必ず出くわしてしまうような場所に物を置いておくということも考えられます。そうすると、楽しそうなものには意図的に手を伸ばすようになるのです。

　障害の軽い子どものためには、冷蔵庫の棚の子どもが手の届く高さのところに牛乳パックを置いたり、部屋の中にお気に入りのおもちゃ棚のある安全なコーナーを作ったり、水遊び用のおもちゃの入ったバスケットをバスタブの近くに置いたり、いろいろな面白いものやおもちゃの交換用の部品を入れることができる車いす用のトレイをデザインしたりすることが、アクセシビリティを高めることになります。

他の人とのコミュニケーション能力を上げるための
いろいろな装置を与えることが重要。

装置：子どもの能力や他の人とのコミュニケーションの機会を拡げるのに役立つ装置を子どもたちに与えることはとても大切です。これには、感覚機能を高める補助具や機器（眼鏡、補聴器など）がありますし、その他のいろいろな支援機器（たとえば、スイッチ、コンピュータ）もあるでしょう。

　子どもにとって効果があるようにするのは、機器そのものだけではありません。むしろ、その使い方や目的について、常に丁寧な気配りをすることが、確実にその機器が役に立つもので、有害なものでないようにすることになるのです。たとえば、FM補聴システムの使い方を間違えると、子どもが混乱してしまうことがあります。マイクをつけている先生が他のスタッフと雑談しているときに、電源を切り忘れてしまうことがあります。これは、子どもに不可解な、余計な声を聞かせて、役に立つどころか、逆に混乱させてしまうことになります。したがってスタッフは、装置の使い方だけでなく、手入れ、メンテナンスについても訓練を受けなければなりません。視覚や聴覚の補助具は、子どもが残存感覚をより効率的に利用できるようにするための、全体的な計画の一部でなければなりません。補聴器やFM装置が望ましい場合は、日常的に使えるようにしておく必要があります。補聴器は、快適さを保ち、「ハウリング」を避けるために、きちんと合ったイヤーモールドを使わなければなりません。電池が切れたり、家に置き忘れてきたり、修理に出したりして補聴器が使えない日は、子どもにとっては必要とする音量を得られない日となります。補聴器を修理に出さなければならない場合は、それが返ってくるまでの間、別の補聴器の貸し出しを依頼しなければなりません。補聴器の修理に数週間、数ヶ月待つことはよくあり、子どもの聴覚の発達に弊害をもたらす可能性があります。子どもが必要なメガネをかけずにいることを放っておくことはないでしょうが、補聴器の必要性については同じような注意が払われないことがよくあるのです。

5-3-6 あらゆる状況でのコミュニケーションの一般化の機会

　盲ろう児たちは、自分のコミュニケーション能力が教室の外でも役立つことを理解する必要があります。多くの子どもたちは、孤立した状況で学んだスキルを、日常生活でのより広い文脈に自然に使うことができません。教室でのおやつの時間に「飲み物」という言葉を学んだとしても、水飲み場での飲み物についても一般化して同じ言葉を使うことはできないかもしれません。このため、指導目標は単独のカテゴリーに分けることはできません。これらの目標は、子どもにとって意味のある日常生活の中に統合しなければなりません。

　たとえば、子どもは指差しを学ぶ必要があるでしょう。指差しとは、なにかを指定する、コメントする、要求するといった言語的な機能につながる重要なコミュニケーションスキルです。先生はこのスキルを単に授業として一日に一回やるのではなく、何度もお手本を示すことができます。部屋に入ってきた人、サークルタイムでの仲間、昼食の時に床に落としたスプーン、同級生の新しいドレスの鮮やかな色などを指差します。また、子ども自身が指差すように促す状況を作ることもできます。より高い言語レベルでは、先生が「なぜなら（because）」という単語に意味を与えたいと考えているとしたら、自然にこの単語を使う機会を、毎日たくさん見つけることができます。このように、実際の生活の文脈の中で繰り返し使えば、恣意的な文章が計画的に組み込まれている授業で単に使われる言葉よりも、意味をずっとしっかりと教えることができます。整然と組み立てられた授業は、とくに学習するのにかなり繰り返し説明が必要な生徒には役に立つのですが、意味のある文脈の中での自然なコミュニケーションに取って代わられるものではありません。

盲ろう児が自分のコミュニケーションスキルを汎用的に使えるようにするのを支援するには、家族や教育チームの他のメンバーと効果的に協働することが必要です。そのためには、情報を共有し、子どもと家族の興味、ニーズ、希望に基づいたコミュニケーション目標を設定し、毎日あるいはできるだけ頻繁に、子どもの進歩の状況を共有することが必要です。

盲ろう児に直接関わる人々が、その子のコミュニケーションの必要性、達成状況、目標を認識していれば、その子のスキルを補強して、その上に積み上げていける状態にあります。たとえば、子どもに料理をした経験があって、いろいろ新しい単語を使う機会があった場合は、家族とそれについて話すことで、さらにしっかりしたものになるでしょう。

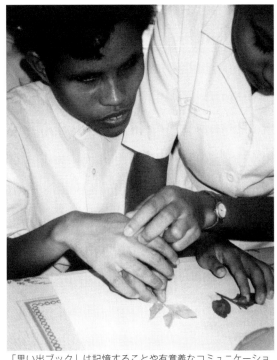

「思い出ブック」は記憶することや有意義なコミュニケーションのスキルを身に付けるのに役立つ。

スティーブとヘンリー

公立学校のクラスでヘンリーの担任教員の助手をしているスティーブは、毎日の授業が終わったあとに数分間ほどとって「思い出ブック」のページを書き、ヘンリーはそれを持って家に帰ります。スティーブとヘンリーは、その日ヘンリーの最も印象に残った学校での経験を一緒に絵に描き、絵の下にそのできごとを説明するちょっとした文章（「ポップコーンを作ったなど」）を書き、手話を使って一緒に読みます。ヘンリーと両親は夕方に家でのできごとについて同じようなページを書き、ヘンリーはその本を学校に持ち帰るのです。ときに、家では両親が、学校ではスティーブがヘンリーと一緒にその本を見ながら、学校や家でのできごとを一緒に思い出し、簡単な会話をします。絵を指差すだけだったり、「ポップコーンを覚えている？」のように、絵についての簡単なフレーズでコミュニケーションします。ヘンリーは自分の本を誇りに思うようになり他の人と一緒に過ごすことを楽しみにしています（眼の見えない子どもも、ページに貼ったポップコーンの実物や、外を散歩したときの葉っぱなど、日常の活動を触覚的に表現するものを使って同じことができます）。

子どもに関わるすべての人が、その子が何に取り組んでいるかを知っていれば、特定のスキルや行動は、さまざまな環境やいろいろな人との間で強化することができます。前述の、指差しのスキルを学んでいた子どもの例のように、教室のスタッフ、友だち、家族、重要な人すべてが、多くの環境の中でこのスキルを使うお手本や機会を与えてくれていることを明確にすることが重要です。

5-3-7 コミュニケーション機能の多様性

私たちは皆、さまざまなコミュニケーション機能を使います。何かが欲しい（要求）、欲しくな

い（抗議／拒否）、注意を引きたい、情報が欲しい（質問）、情報を提供する（回答）、要求をする（命令／指示）、あるいは何かに関してちょっと意見を言いたい（コメント）など、コミュニケーションしたいさまざまな理由があるからです。ごく幼い子どもたちは、注意を引きつけ、抗議し、要求することをまず学びます。障害の無い子どもたちは、他の人の豊かなやり取りを見聞きできるので、いずれは言語の中にさまざまなコミュニケーション機能を取り入れていきます。

　盲ろう児たちの場合、周囲の人々が指示的な方法でコミュニケーションしてくる傾向があるので、これらのコミュニケーション機能の使い方が制限されていることが多いのです。子どもに質問ばかりしたり、命令したりするパターンにどうしても陥りがちなのですが、これは子ども自身の表現力に影響してきます。

　私は、学校ではほとんど話をしない思春期の女の子について会議を開きました。彼女は盲で難聴で、人々は彼女が聴力が低下してきていると思っていました。私は彼女の教室での状況を観察したところ、先生たちは、命令したり、質問（「ジル、今日は何を着ているの？」など、すべて先生が答えを知っているもの）したりすることで彼女に関わっていたのです。ほとんどの場合、彼女は完全に無言でした。

　会議でスタッフは一人ずつ自分たちのフラストレーションや心配ごとを話し合いました。最後に話したのは朝の保育助手で、生徒と同じくらいの年齢の、若くてまだ経験の浅い女性でした。私は彼女に、心配ごとや見解を尋ねました。

　「いいえ、私は何も心配していません。ジルはいつも私に話しかけてきますから」

　「彼女は何を話しているの？」

　「家族のこと、週末にしたこと、服のこと、気になる男の子のことなどです」

　「ああ、それはいいわね。それで、あなたは何を話すの？」

　「私の家族のこと、週末にしたこと、服のこと、ボーイフレンドのことを話しています」

　盲ろう児たちとのコミュニケーションでは、生徒を対等に扱うことで起こる自然な会話をおろそかにしがちです。これは、先の例のような言語による会話だけでなく、非言語的な会話にも言えることです。私たちは子どもたちとの会話の中で自分自身についても話すことを忘れてしまっているのです。これは、私たち自身が、先生であるように、コントロールするように、時間を「本当の学習」にするように、と訓練されてきたためだけではなく、その子は幼すぎて、あるいは障害が重すぎて、言ったことの本当の意味を理解ができないと考えてしまっているせいかもしれません。「新しい私の車は素晴らしいと思っていることを言ったり見せたりしても、彼は決して理解してくれないだろう」あるいは、「私が感じていることを伝えるのは適切ではないし、また彼女にとってはどうでもいいことだ」と私たちは考えてしまいます。盲ろうの子どもたちは、このような思い込みを考え直すように突き付けてきています。私たちがそのようにしない限り、彼らの学習機会は極端に制限されてしまうからです。

　物や活動への注目動作を共有すると、コミュニケーション機能を使うことを拡げるためのさらなる可能性が開けてきます。おもちゃの特徴を話したり（「わあ、これは大きくて黄色いボールだ！」）、物やできごとについて話す（「私の新しいシャツどう？　昨日買ったのよ」、「私はチョコレートチップクッキーが好きなの。家でもたくさん作るのよ」）と、その子のコメントを促すことができます。盲ろう児が興味を持っていることにあなたも注意を向けることで、コメントの仕方のお手本を示したり、意味のある語彙や言葉を教えることができます。

先にも書いたように、指差し（盲の子どもには触覚で）は、ごく幼い、あるいは発達に遅れのある子どもに使えるのと同じように、コメントの最も初期の形として使うことができます。面白そうなものを指差し、興味を持った表情を見せる（または、盲の子どもの手をとって、自分の手と一緒に物を触らせ、それから自分の表情を触らせる）ことで、違ったやり方で盲ろう児とつながり、新しい世界が開けていくのです。

5-3-8 構造と自発性のバランス

盲ろう児のために環境を整えることの重要性はよく知られています。盲ろう児が自分の世界を理解し始めるためには、その子の世界のほとんどすべてが構造化されていることが必要です。規則的で予測可能な日常生活を送ることが、起こるできごとを予測し、結果を予測する助けになります。その子は整理された物理的環境の中で、知っている範囲内にある場所や物の間を安全に渡り歩くことができます。その子に構造化された言語を経験していて、また矛盾がないよう盲ろう児に話しかけて反応を返すコミュニケーションパートナーがいれば、その子は、いろいろなスキルを練習できるようになります。しっかりした構造と一貫性がなければ、盲ろう児にとって環境は混乱と恐怖の場となってしまいます。

しかし、この環境構造すべての中には生活があります。つまり、構造の中でも予測外のできごとや状態がほとんど毎日起こります。これは盲ろう児に貴重な学習機会を与えてくれます。これらのできごとが起こったとき、「そのチャンスを逃さないように」するためにその日のルーチンを中断することを恐れず、素晴らしい学習経験となり得る状況を利用すべきです。盲ろう児にはできごとや動きが進行している間、手を誘導して（下側から誘う）、身の回りで起きていることに具体的に触れさせることができます。あるいは、もしその子に可能なら、言葉を使ってそのできごとに関する情報を受け取ることができます。また、一日の構造化された活動と活動の間を移動している間に、出会った物や人に触れることもできるし、見えるように近寄ることもできます。ペットを連れてきた同級生と出会った、教室のドアの外に咲いている花に触った、消火訓練中に消火栓につないだ消火ホースを触ったなど、これらの経験のどれもが、言葉を発したり会話をしたりする豊かな機会をもたらし、その子にとって特別な思い出となるでしょう。構造に固執しすぎると、これらの機会やそのときできる学習を見落としてしまう可能性があるのです。したがって、常に構造と自発性のバランスをとる必要があります。

エリックは、棚からテンペラ絵の具を取ろうとしていたとき、瓶を落としてしまい、スモックの上に絵の具が全部こぼれてしまいました。先生は、このできごとを、すぐに片付けなければならないといらだつのではなく、クラスの皆を集めて即興のレッスンを行いました。子どもたちは、たくさんの言葉を使う機会を得ることができ、状況が刺激的なものだったので、それらの言葉は記憶に残りました。先生は「こぼす」、「事故」、「気をつける」、「片付ける」という単語や、絵の具瓶の色の名前を重点的に選びました。

また、絵の具をしまうときにはキャップをしっかりと閉めることを教えました。生徒全員が、しっかり閉まっているか確かめるために、絵の具入れを開けたり閉めたりしました。その日の終わりには、授業の中で、生徒たちがこの経験を思い出の本に書く時間を取りました。

先生、保護者、その他の養護者たちは、そのような機会を待ち、学習させる価値があるかどうかを評価する必要があります。できごとの中には、非常にタイムリーで、まさに子どもが学ぶ必

要があることを提供するものもあります。

5-3-9 お互いに楽しむことの大切さ

仕事の対象としている相手とうまくいかなかったり、やっている仕事を楽しめなければ、慎重に考えることや創造性を出すことはまったくなくなってしまうでしょう。楽しむことが重要なのです。もし盲ろうの生徒自身が楽しんでいなければ、あるいは先生や養護者としてのあなた自身が楽しんでいなければ、コミュニケーションや学習はほとんど行われなくなってしまうでしょう。

よく、学校と楽しさは相容れないものだと考える人がいます。とくに、その人自身が学校が楽しくなかったという経験を持っているとそうなります。盲ろうのように、障害が深刻であるということも、その子に対してすべてを生真面目な態度で接する一因になっているかもしれません。しかし、学校は誰にとっても楽しめるところになり得るのです。

多くのスキルは、楽しい活動の文脈で教えることができます。たとえば、生徒が水遊びを楽しむとすれば、コミュニケーション、機敏さ、自助の方法、ものの測定、数学などのスキルを教える機会として利用できます。生徒が学ぶ必要があると感じることは何でも、生徒がとくに好きなことをしながら、あるいはとくに好きなことに結び付けて学べる方法を探してみてください。

また、とくに意図を持たずに、毎日一緒に楽しむだけの時間を持つことで、お互いの楽しみを増やすこともできます。障害のある子どもたちの先生や養護者は、教えなければならないことに追われて、ときに、楽しさの重要性を忘れてしまいます。自然でリラックスした遊びは、自然なコミュニケーションを引き出し、自信をつけさせ、創造的な指導のアイデアを生み出し、クラス全体の雰囲気を良くします。実際、遊びはすべての学習の基礎となるものなのです。

あなた自身の興味のあることに目を向けて、その何を生徒と共有できるかを探すことを忘れないでください。音楽、絵、運動、料理、映画などがとくに好きですか？　どうすれば、そのあなたの興味をちょっと変更して、生徒と一緒に楽しめるでしょうか？　たとえ盲ろうの生徒が部分的にしか参加できなくても、あなた自身が純粋に楽しんでいるという事実が、意思の疎通の可能性を拡げるのに役立つのです。

有意義なコミュニケーションスキルは、お互いに楽しめる活動状況の中で学ぶことができる。

同じ原理は、あなたが計画する盲ろう児への指導活動にも当てはまります。もしあなたがその活動をつまらないと思ったら、その子もつまらなくなる可能性が高いのです。一方、あなたが指導活動にワクワクしていれば、その熱意を生徒に伝えることができます。

　活動中の注意力の質——これは、その活動に対するあなたの個人的な感情に結びついたものですが——もまた、楽しさや退屈さを感じるかどうかに影響します。注意がその瞬間に起こっていることだけに集中していれば、ほとんどどんな活動も面白く楽しいものになります。注意力を磨くのに最も役立つ問は、「そもそも、この人は今この瞬間にどんな経験しているのだろうか？　そして、私はこの経験にどう関わることができるのだろうか」です。この問を常に頭に置いておけば、あなたの盲ろうの人とのやり取りは常に探求的なものになり、その人のユニークな経験について楽しい発見をすることができるでしょう。

　盲ろうの人が生活し、学習する環境の雰囲気は、コミュニケーションスキルを構築するための土台になります。物理的な環境が良ければ、積極的なやり取りや探求心を呼び起こします。しかし、それ以上に重要なのは、人間関係の質です。盲ろうの人と共有する環境について考えるとき、個人的、教育的、コミュニケーション的な成長を促すためには、その環境はいろいろな選択肢を示し、また、非指示的でなければならないことを心に留めておいてください。そして、反応が敏感で、敬意が込められ、かつダイナミックでなければなりません。毎日がいろいろな可能性に満ちていることを知っていれば、子どもの環境をよりインタラクティブな、したがって、より楽しく興味あるものにするために、大小さまざまな経験を共有する機会は数え切れないほどあることが分かるでしょう。

［引用文献］

Brennan, V, Peck, R., & Lolli, D. (1992). *Suggestions for modifying the home and school environment: A handbook for parents and teachers of children with dual sensory impairments*. Watertown, MA: Perkins School for the Blind

Goetz, L., Guess, D., & Stremel-Campbell, K. (Eds.). (1987). *Innovative program design for individuals with dual sensory impairments*. Baltimore, MD: Paul H. Brookes Publishing Co.

van Dijk, J. (1986). An educational curriculum for deaf-blind multi-handicapped persons. In Ellis, D. (Ed.) *Sensory impairments in mentally handicapped people*. San Diego. CA: College-Hill Press, Inc.

［参考文献・資料］

Alsop, L. (Ed.). (1993). *A resource manual for understanding and interacting with infants, toddlers, and preschool age children with deaf-blindness*. Logan, UT: SKI-HI Institute.

Prickett, J. & Welch, T. R. (1995). Adapting environments to support the inclusion of students who are deaf-blind. Haring, N. and Romer, L. *Welcoming students who are deaf-blind into typical classrooms*. Baltimore, MD: Paul H. Brookes Publishing Co.

Rowland, C. & Schweigert, P. (1993). Analyzing the communication environment to increase functional communication. *Journal of the association for persons with severe handicaps*, vol. 18, no.3. Seattle, WA: TASH.

Smith, T. (1994). *Guidelines: Practical tips for working and socializing with deaf-blind people*. Burtonsville, MD: Sign Media, Inc.

第6章

コミュニケーションの
アセスメント

キャロル・クルック、バーバラ・マイルズ、マリアンヌ・リジオ

6-1 アセスメントの必要性

私たちは、コミュニケーションは結びつきであると言ってきました。もし私たちが盲ろうの人、あるいは誰とでもコミュニケーションを取りたいのであれば、その人が今この瞬間に理解しているコミュニケーションの方法とレベルで結びつかなければなりません。また、盲ろうであるこの人に対しての私たちの役割が、「友だち」であるだけでなく、コミュニケーションと言語の「先生」でもある（どのような形でも）としたら、コミュニケーションでさらに進歩する（複雑性、知的好奇心、明瞭性、多様性で）のを助けたいのであれば、その人の現在のコミュニケーションスキルを理解し、共有することから始めることが必要です。私たちは、その人の今の状態に寄り添い、コミュニケーションの成長に向かって一緒に歩まなければなりません。

私たちは、盲ろうと呼ばれる人たちの多様性は非常に大きいとも述べてきました。視力や聴力の低下、学習能力、それに関連した追加的な学習における困難や遅れの程度がさまざまであるということは、どの年代でも、この人たちのコミュニケーションの種類やレベルが多様であることを意味しています。6歳の盲ろう児がすべて1年生のカリキュラムに対応できるだろうとは言えません、学校に入学した盲ろう児が正式な言語教育に対応できるはずだとも言えません。一人ひとりのレベルやコミュニケーションのスタイルを見極めて、そこから指導を始めなければなりません。

ほとんどの人は、教えられなくても自然に言語を学びます。私たちは言語モデル——自分の周囲の人や物から受け取る言語のインプットを通して学びます。その言語モデルが、理解できる能力をはるかに超えたものだと、私たちは注意を向けず、学習しようとしません。モデルが簡単すぎて、自分のコミュニケーションレベルよりも高くなかったら、私たちはそれを受け取るとしてもそこから学ぶことはありません。たとえば、スペイン語を少ししか知らないあなたが母語として早口にスペイン語を話す人たちと一緒にいると、注意力や興味が散漫になり、ほとんど何も理解できないでしょう。自分のレベル以下のスペイン語学習者とスペイン語で話す場合、あなたはより楽になりますが上達はしませんし、間違ったことを覚えてしまうかもしれません。しかし、流暢なスペイン語話者とコミュニケーションするとき、その人が、言語をゆっくりと話し、あなたのレベルよりほんの一段上のレベルになるように単純化し、知っている単語に新しい単語を少し加えて使ってくれると、あなたは学ぶことができて、スキルが上達します。盲ろう児にも同じようにすれば、最も良く学習できます。これらの理由から、コミュニケーションと言語の評価は、盲ろう児の先生としての役割を担う際の第一歩として不可欠です。私たちは、その子のレベルに合わせる方法を知る必要があります。

アセスメントは教育の最初のステップであるだけでなく、ずっと続く終わりのないプロセスでもあります。子どもは成長し、変化していることを常に意識しなければなりません。さらに、私たちの子どもに対する知識は常に不完全なものです。子どもは一人ひとり、世界と数えきれないほどの関わり方を持ち、独自の興味やニーズを持っているからです。

盲ろう児のアセスメントには、特有のスキルが必要です。評価者は、個々の子どもの能力や学習ニーズを正確に把握するために、子ども一人ひとりの感覚、認知、運動能力に関する多くの情報を統合しなければなりません。盲ろう児のアセスメントに使われるアプローチは、他の障害のある子どもの教育的アセスメントとは大きく異なります。たいていの場合、教育的アセスメントは視覚と聴覚をベースとして行われます。テストには、認知機能を評価するための、絵、話し言葉での指示、視覚的な模倣、聴覚的な再現などが使われます。

ほとんどの盲ろう児はこれらの方法に対応できないので、これらをやっても学習能力を判断することはできません。その子の能力を真に理解できるような評価環境をどのようにして提供するか、相当創造的に考えていかなければなりません。

　ここでは、盲ろう児のアセスメントに最も有効だと思われる方法をいくつか紹介します。この本はそもそも先生たちのためのガイドなので、先生自身が教室でできるアセスメントに重点を置いています。お分かりのように、このプロセスには、先生や診断する人が子どもと一緒にいられる限られた時間でできることよりもはるかに多くのことを含んでいます。そこで、多くの専門家や家族からの貴重な情報や意見を取り込まなければなりません。

　アセスメントチームの構成は、個別の子どものニーズに応じて異なります。情報は、いろいろな方法で、いろいろな環境から得られます。教室での診断の手順を詳しく述べる前に、子どもについての有意義な情報を集める方法のいくつかと、いろいろなアセスメント環境をどう使うかをおさらいしておきます。

6-2 アセスメントの方法

6-2-1 いろいろな手段

　アセスメントの手段はたくさんあります。あるものは直接的で、盲ろうの人とやり取りしたり、遊んだり、会話したり、一緒に何かを探索したりしながら、観察やテストをします。報告書を読んだり、その人をよく知っている人と話したりする間接的なものもあります。両親、きょうだい、以前のあるいは現在の先生や主治医は、アセスメントに加える貴重な情報を持っているでしょう。アセスメント方法には、標準化されたテストやチェックリストのような形式に則ったものと、非公式で、遊び、会話、観察、インタビューなどを用いるものがあります。

6-2-2 情報収集

　子どものアセスメントを始める前に、その子についての利用可能なすべての情報を収集することが有益です。この情報があれば、適切なレベルでやり取りを始められ、子どもと評価者の双方のフラストレーションを最小限にすることができます。収集できる情報には、過去の教育記録、医療報告書、その他の特定の診断検査の報告書などがあります。これらの情報を読むことによって、評価者は子どもについてどのような質問をすべきかを知ることができるのです。

　記録の検討：記録を集めて検討することで、私たちは貴重な情報を得ることができます。まず、子どもの感覚障害の状況をいくつか知ることができ、それによって、その子と実りあるやり取りを始める方法が分かるでしょう。感覚障害の発症年齢を知ることで、その子が視覚的、聴覚的情報にどのようにアクセスしてきたか、それによって、その子が自分の世界について知っている可能性が高いのはどのようなことかを知ることができます。また、その他のいろいろな事実も非常に役に立つでしょう。たとえば、生後数年の間に多くの侵襲的な医療処置を受けていたことが分かれば、早期学習の機会を妨げる可能性のある障害を、ある程度理解することができます。

　教育記録からは、学習環境の種類、その子に与えられた機会、そしてその状況下でのその子の進歩の度合いが分かります。たとえば、その子がある教育プログラムに参加して手話に触れ、多くの手話を覚えたことが分かれば、その子が言語を学ぶ能力を持っていることが分かります。一方、重度難聴のある子どもが、手話にほとんど、あるいはまったく触れることのない教育プログラムに参加したことが分かった場合には、その子の言語学習能力について判断することはできま

せん。

　逆に、教育記録に含まれていないことからも、書かれていることと同じように多くのことを学ぶことができます。たとえば、最新の聴力検査や眼科の診断を受けた報告が無い場合、その子は適切な補助具を使っておらず、それを使えば、学習の機会を増やせることに気づくでしょう。統計的、臨床的な情報しかなく、その子に関する逸話的な情報も無い状況だとしたら、その子が受けたサービスがその子特有のニーズに対応していたのかどうか疑問が湧きます。

　保護者との面談：保護者や子どもの生活の中で重要な他の人たちは、子どものコミュニケーションの仕方のあらゆる側面についての主な情報源です。彼らは子どものことを最もよく知っています。専門家であっても、親しみやすくリラックスした威圧的ではない方法で質問をすれば、親に自分の子どものさまざまなコミュニケーション方法について考える機会を与えることができます。保護者は自分の子どもについて知っていることを共有させてくれるでしょう。

　保護者と面談するにはいろいろな方法を選ぶことができます。子どもと接するのとは別に、面談をしたいとはっきり言って家庭訪問を行うこともできますし、親が子どもと接している間に行うこともできます。子どもと接するのとは別に面談を行えば、親と先生が情報共有に集中できる時間を確保することができます。子どもと接しているときに質問ができると、これまでとは違った、より自然な形で情報を共有することができます。たとえば、子どもに二つのおもちゃのどっちかを選ぶようにさせているけれど、その子の選択がはっきりしない場合、その子は普段どのように選択をしているのか、どのような状況のときに選択をしているのかを親に聞くことができます。

　面談の際に、保護者に質問を促したり、気になっていることを共有したりするように促すのも役に立ちます。役に立つ質問としては、「メアリーが普段していることで、今日は見ることができなかったけれど、私がこの子について知るうえで分かっていた方がいいことはありますか？」このような形の質問をすると、家族は子どものコミュニケーションの可能性に対する期待を明確に語ることができます。それが、保護者への指導を計画する出発点となります。

　家庭でのアセスメント：子どもの家庭で、一定期間にわたってより詳細なアセスメントを行うと、さらなる価値のある情報が得られます。これはとくに乳児や幼い子どもの場合に当てはまりますが、どの年齢の子どもにも価値のある方法です。教育者にとって家庭を何度か訪問してアセスメントすることには、多くの利点があります。まず第一に、子どもは慣れ親しんだ環境にいます。見慣れた光景、音、匂い、人に囲まれていると、子どもはより安心して、作られた状況ではみせないコミュニケーションをすることがよくあります。

　家庭でのアセスメントを拡げていくと、その子のことをよく知っている人たちや関係を築いてきた人と一緒にいる様子を、慣れ親しんだ日常生活の中で観察することができます。日常生活の中には、コミュニケーションのスタイルや様式を観察する機会が最も多くあります。

　家庭でのアセスメントは、一日のさまざまな時間帯（朝、夕方、食事中、食後、昼寝のあとなど）に行うことができ、子どもがいつ、どのように、どのような状況でコミュニケーションする可能性が高いかについて、重要情報を得ることができます。私たちには誰にでも一日の「山と谷」があります。程度の差はありますが、警戒心が強いとき、活発にコミュニケーションするとき、幸せなとき、不機嫌なときなどです。これらの異なる状態は、一つひとつ別なものとして見て判断するのではなく、全体の一部として捉えるようにしなければなりません。

　家庭での観察はまた、快適で安全な環境でのみ起こるかもしれない自然なコミュニケーションを見る機会も与えてくれます。保護者から学校では見られない行動についての報告があると、教

育者はそれを疑うことがしばしばあります。言葉が出ない小さな女の子の親からの報告によると、その子は歌をたくさん知っていて、一人でいるとき、「なーなー」と声を出して曲に合わせて「歌う」ことがあるということでした。先生が何度努力してもその子に歌わせることはできませんでしたが、ある日家庭訪問した際、その子が一人で部屋にいるときに大きな声ではっきりと歌うのを、キッチンからモニターで聴いたのです。

　このような話は、自分たちの態度への視点を持つことや、親たちから得られる貴重な情報を敬意をもって考えることが指導者にとって必要であることを物語っています。形式的な教育は、子どもの学習体験のほんの一部に過ぎません。私たちは、子どものより全体的な像を得るために、一歩下がって観察する機会を得なければなりません。また、学習はさまざまな場面で起こることを認識しなければなりません。私たちが学ぶことのほとんどは、学校で教えてもらったものではなく、自然なところから学んだものです。家庭訪問から、このような学習を観察し、親たちから話を聞く機会が得られるのです。

　時間をかえて（または違う日）に訪問すると、教育者はまた、母親、父親、兄弟、看護師、その他、セラピストなどいろいろな人々とやり取りしている子どもを見ることができるでしょう。子どもがパパと一緒に大騒ぎしたり、パパにくすぐられたりして楽しんでいる様子を観察することで、彼らがどのようにやり取りしているのかを知ることができます。これは、ご飯を食べさせているときのママとのやり取りとはまったく異なるかもしれません。一見無反応な子どもでも、親しい人とさまざまな方法でやり取りできている様子を見ることができるでしょう。

　いろいろな人、いろいろな時間帯にいる子どもを観察すると、その子がコミュニケーションを一般化できているかどうかを見ることができます。たとえば、ある行動や活動を続けたいときに「もっと」と手話をした場合、食べ物に対しても「もっと」と手話をするでしょうか。同様に、親とのコミュニケーションを始めた場合、きょうだいにもそれをするでしょうか。このように観察したり、やり取りしたり、質問したりする機会があれば、教室や設定された臨床の場で観察するよりも、その子の正確な姿を知ることができるのです。

　アリーナアセスメント：一部のプログラムには、センターベース（訳注　家庭ではなく学校や施設で行うもの）のアリーナアセスメントがあります。このアセスメントでは、一人のチームメンバーが子どもとやり取りし、他のチームメンバーはそれぞれの分野（作業療法、理学療法など）での発達の観点から、子どもの反応や行動を観察、評価します。アリーナアセスメントの前にチームミーティングを行い、現在の発達状況、チームメンバーが持っている特別な配慮事項、そのアセスメントに関連するその他の情報についてディスカッションをします。親または養護者も同席し、チームメンバー全員が同時に子どもを観察する機会を持てるようにします。行動を記録するのに、正式な発達状況リストやチェックリストを使うこともあります。セッションの後、各チームメンバーは観察したことや推奨することがらを共有することができ、親や教育者にすぐにフィードバックを提供することができます。

　アリーナアセスメントは、盲ろう児にはとくに有効です。現在の子どもたちは、いろいろな専門家からの情報を必要としています。アリーナアセスメントは、生徒の混乱を最小限に抑えてこれを行うことができます。さらに、慣れ親しんだ環境以外での子どもを見ることで、比較情報を収集することができるでしょう。慣れ親しんだ環境では、子どもは感覚の低下を補うことを学んでいるかもしれませんし、実際よりも多くのものを見たり聴いたりしているように見えるかもしれません。アリーナでは、子どもをより客観的に見る機会を持てます。以前は見落としていたかもしれない、ある特定の感覚的な制限に気づくことができます。

教室での評価では、先生がうまく教えるために必要な具体的な質問をすることができる。

　学級の担任の先生は、心理テストで子どもを観察することによってアリーナアセスメントの概念を活用することができます。そこでは、新しい活動の指示や、やるべきことの実演指導に対する生徒の反応を見ることができます。生徒がどのように考えているか、どのように注意を向けているか、整理された方法で資料を扱う能力はどうか、問題をどのように解決しているかなどを見抜くことができます。生徒の思考や学習を観察することは（レポートで読むだけでなく）、コミュニケーション評価活動にどんなことを含めるべきかを考えたり、結果を解釈したりする際に大変役立ちます。

　どんなアセスメントでもそうであるように、アリーナ型には限界があります。一つには、子どもは慣れない環境で慣れない人とやり取りすることになるため、その子の最高の能力を発揮できない可能性があります。また、アリーナアセスメントは狭い時間帯で行われるので、その日の子どもの気分や状態にとくに左右されます。このような評価から結論を出す前に、これらの変化要素を考慮しなければなりません。アリーナアセスメントは全体の評価の一部でしかないのです。

　教室アセスメント：盲ろう児で、すでに学校に通っている子どもでは、多くの場合、教室での評価が最適です。このような環境では、多くの豊かな観察ややり取りができるだけでなく、教える側も評価する側の一人であるという利点があります。先生は、うまく教えられるようにするために知りたいことを、具体的に質問することができます。

　教室アセスメントは長く続けるプロセスです。盲ろう児の能力の信頼性のある全体像を短期間で把握することは非常に困難です。担任の先生は、臨床評価から得た情報をもとに、その子の学習スタイルや能力を自分自身で観察し、それを組み合わせて有意義な教育プログラムを策定します。先生はまた、親との関係を築くことができ、その貴重な意見をこのプロセスに取り入れることができます。

6-3 何を評価するのか？

　コミュニケーション能力や言語能力の良いアセスメントには、単に「どのような言語（手話やジェスチャー）を使っているのか、どのように使っているのか」を問う以上のことが必要です。これらは確かに主要な問いですが、子どものコミュニケーションに影響を与えるあらゆる種類の要因にも目を向ける必要があります。これらを五つのカテゴリーに分けて考えてみましょう。

・その生徒のコミュニケーションのインプットとアウトプットに利用可能な手段
・その生徒の現在の、受け取れる、また表現できるコミュニケーションと言語
・コミュニケーションが起こる環境

・その子とコミュニケーションをとる人たち

・その生徒の、新しいスキルを身につけることができる能力

　まず、コミュニケーションや言語のアセスメントの際のガイドとなる問を出します。そして、次の節ではその答えを得るための方法を説明します。

6-3-1 コミュニケーションのインプットとアウトプットに利用可能な手段

　生徒がコミュニケーションを受け取り、表現するために利用可能な手段について何を問う必要があるのでしょうか？　私たちは、生徒の残存感覚能力とその実用的な使い方に関心があります。もちろん、これらの情報の多くは、医師、眼科医、聴覚専門医（audiologist）、理学療法士などの専門家から得られるものです。これらの人たちの報告書がこのアセスメントの基礎になります。しかし、多くの場合、これらの報告書には残存能力の実用的な使い方については書いてありません。盲ろう児には検査が非常に困難なことが多く、とくに子どもが知らない医師にちょっと診てもらうようなときは検査が困難です。その子をよく知っている人からの報告、非公式なアセスメント、医療場面以外での観察やいろいろ試してみることなどから得られる情報が必要なのです。

　ここでは、いくつかの重要な問いを挙げますが、中には自分だけでは答えられないものもあるでしょう。経験豊富な、作業療法、弱視、理学療法、教育オーディオロジー（訳注　聴覚障害児の聴こえを補償する分野）などの専門家の助けが必要です。

　視覚：視覚は情報源の主たるものです。ほとんどの人が脳で受け取る情報の 75% は視覚です（Smith & Cote, 1982）。そこで、子どもが何を見ているのか、見たものをどのように解釈しているのかについて、できる限りたくさんのことを知ることが非常に重要です。

　現在では、多くの眼疾患が医学的または外科的に治療できるようになっているため、すべての子どもが眼科的な診断を受けることが大変重要です。弱視の子どもの診断を専門とする検眼医もまた、視力を大きく改善できる弱視補助具や機器を処方するときに非常に重要です。以下、眼の専門家への質問の例を紹介します。

　・この子の視覚障害の原因は何ですか？

　・この状態に対する治療法はありますか？

　・眼の状態は安定していますか、進行していますか？

　・眼鏡やその他の補助具は視力改善に役立ちますか？

　・視力はどのくらいですか？

　・視野はどのくらいですか？

　・視力は照明の影響を受けていますか？

　眼科や検眼報告書から得られる情報に加えて、他にもいくつかの観察を行うと、コミュニケーションを目的とした子どもの視力の有効性を判断することができます。

　・どのくらいの距離でコミュニケーションをはっきりと受け取ることができるか？

　・最も実用的に使える視野はどこか？

　・照明は視力にどのような影響を与えるか？

　・どのくらい細部まで見ることができるか？

　・どのくらいのペースで動きを追うことができるか？

　・ピント合わせに問題があるか？

　・眼鏡を持っている場合、その眼鏡をきちんと使っているか？

・人や顔を見ているか？
・周りにいる人が動くと、それを視覚的に追跡しているか？
・人を認識する兆候を示しているか？
・視覚の使い方は、その子の学習の助けになっているか、妨げになっているか？
・彼の視覚的注意を引くのは簡単か、難しいか？
・よく見ているか？
・ある活動に対して視覚的注意を維持することができるか、あるいは見ているものからよく目をそらすか？
・学習の妨げになるような視覚的な遊びの習慣（たとえば、光凝視など）があるか？（訳注　光凝視（light gazing）は、中枢性視覚障害（CVI: Cerebral／Cortical Visual Impairment）のいくつかの特徴の一つ）

　　触覚、味覚、嗅覚：その子が手でコミュニケーションを受けるときに、どの程度注意深く、識別力があるかを知るのには、世界について学習する際の、子どもの手のなんらかの能力を知る必要があります。盲ろう児は、周囲の状況を知るために、手を使って収集した情報に加えて、味覚や嗅覚だけでなく、幅広い触運動知覚情報（tactual-kinesthetic information）も使います。
　　また、その子は他人の体の動きに注目すると情報が得られることを理解しているのか、触覚的な方法で他人の支援が得られることを理解しているのかどうかも知りたいことです。あるいは、まだ理解していないとすると、コミュニケーションを深めていく前にこの概念を定着させるのを支援することが必要です。言い換えれば、触覚がその子にとって社会的な機能を持っているかどうかを知りたいのです。ここでは、これらの能力のアセスメントをする際に、私たちが質問することをいくつか紹介します。
・手をどの程度うまく使えるか？
・振動や触覚に敏感か？
・その発生源を探して手を伸ばしているか？
・物を慎重に扱っているか？
・質感や細部の違いに興味を持っているか？
・好奇心を持って探索しているか？
・触って物を認識できるか？
・人を見分ける触覚的手段を持っているか？
・あなたと身体的動作でのやり取りをしているか？
・あなたの体が何をしているかを確認したり、あなたの手を追いかけたりしているか？
・あなたに触れるとき、単に物として触っているか？　それとも助け、楽しみ、愛着を得られるものとしているように見えるか？
・あなたが物を見せるためにその子の身体に触ったり動かしたりすることを許しているか？

　　まだ子どもが情報を得るために意図的に手を使っていない場合、その子は嗅覚や味覚を使っているでしょうか。
・その子は物を口に入れるか？　口に入れることはその子にとって情報源になっているか、あるいは自己刺激行動（self-stimulatory behavior）なのか？　それともその両方か？
・匂いで人を認識するか？

子どもの手の使い方に気づくことが大切。

・物の匂いを嗅いでその機能を認識する助けにしているか？
・全身から運動感覚的な情報を得ているか？
・触られるとどのように反応するか？　軽いタッチと強いタッチのどちらを好むか？
・揺さぶられるのが好きか？　くすぐられるのが好きか？　振りまわされるのが好きか？
・どのような刺激を求めたり、喜んで受けたりするように見えるか？
・どんな刺激を拒否するか？
・どのような体勢が好きか？
・コミュニケーションの手段や方法に影響を与えるような異常な反射パターンを示すか？

　聴く：機能的聴覚のアセスメントに欠かせないのは、聴覚専門医による聴覚障害の程度や種類のドキュメントです。この情報と非公式なアセスメントを組み合わせることで、その子のコミュニケーションの手段としての聴覚の有用性を判断することができます。以下は、聴覚専門医や耳鼻咽喉の専門家に聞いておきたいことです。
・その子に聴こえるにはどのくらいの大きさの音が必要か？
・どのような音が聴こえ、どのような音が聴こえないのか？
・普通のレベルの音声を聴き取ることができるか？　聴き取れない音声はあるか？　それは高音か低音か？
・慢性中耳炎（中耳の液体が聴力に影響を与える）か？
・補聴器やFM補聴システムはどのような助けになるか（認知機能が低いという理由で、補聴器を使っても効果がないと決めつけないこと）。
・その子あるいは家族は、聴覚補助具の使い方や手入れについての訓練を受けているか？
・その子の難聴は手術や投薬で治療できるか？
・その子の難聴は進行性か？

　子どもの聴力がどのようなものであっても、役に立つ情報を得るためにその聴力を使うことができるかどうかを知ることが重要です。正常な聴力を持つ子どもたちの場合、音に対する反応はいくつかのレベルを順次発達していきます。また、ほとんどの難聴の子どもは、それらのスキルを認知能力や聴覚障害の種類や程度に応じて、順次発達させていきます。ここで、子どもの聴覚

がコミュニケーションの発達にどの程度役立つかを見極めるための質問をいくつかご紹介します。

・音を認識しているか？　音に反応して、びっくりしたり、静かになったり、まばたきをしたり、泣いたり、緊張したり、呼吸パターンを変えたりするか？　どんな種類の音がこれらの反応を誘発するか？（聴こえる子どもの場合、これらの反応は生まれたときからありますが、音が脅威ではないことを学ぶにつれて徐々に抑制されていきます。これらの反応が発生している音に実際に関連しているかどうかは、子どものことを充分よく知らないと分からないことが多いのです）

・音に敏感だったり、音に注意を払ったりしているか？　これは音にただ気づくというのではなく、より意図的な反応です。音を探したり、表出反応を変えたり、笑ったり、泣いたり、聴くためにやっていることを止めたりするか？

・音の発生源の方を向くか？　どのような方向を向いているか？（その子の両耳の聴力レベルが異なる場合は難しいでしょう）

・音を区別することができるか？　音の違いを認識し、異なる音に対して異なる反応をするか？

・音を認識できるか？　音とそれに付随する意味を識別できるか？

・話し言葉を理解できるか？　自分の名前や「いいえ」などの一単語を理解し、それに反応することができるか？　他の単語や簡単なフレーズに反応するか？　聴き慣れた、頻繁に繰り返されるセンテンス（一つ以上の既知の単語を含む簡単なセンテンス、たとえば、乗りたい？　乗ろうよ。乗るのは好きかな？）にはどうか？

・話し言葉での会話を理解しているか？

音に対する反応のレベルについての質問に加えて、聴力についての一般的な質問もあります。

・聴き取れるのはどのような種類、大きさ、距離の音か？
・どのような反応をするか？
・音を楽しんでいるか？
・聴いたことがない音を怖がらないか？
・その子にはあなたの声が聴こえるか？
・その子はあなたの声をどのくらいの距離、大きさなら聴こえるか？
・あなたは声でその子の注意を引くことができるか？
・背景の環境音に気が散りやすいか？
・補聴器を付けているか？　どの程度続けて付けるか？　使っていない場合、その子に補聴器は有効だろうか？

発声：その子の発声は本当にあなたにメッセージを伝えようとしているのか、それとも身体のどこかを動かして遊んでいるのと同じように声で遊んでいるだけの自己刺激なのかを判断するのは難しいでしょう。しかし、注意深く観察していれば、それが明らかになることがよくあります。笑ったり泣いたりすることは、もちろん、主に状況に対する反応ですが、子どもはそれが他の人からの反応につながることを学び、その反応を期待するようになるかもしれません。あなたが介入するときには、その子の反応を観察してください。何か他のことをしているときや、何もしていないときに、何度もランダムに発声するのは、おそらく意味を持っていないでしょう。しかし、その子があなたに何かを求めていることが分かっている状況で、頻繁に発声したときには、それ

はその子がコミュニケーションのために声を意図的に使うことの始まりである可能性があります。

　同様に、言葉に似た音をだしたとしても、必ずしも言葉を言おうとしているわけではありません。子どもが「リル、リル、リル」と言ったとしたら、それを「リトル」と言いたいのだと解釈することもできます。しかし、その子が他の話し言葉を持っておらず、意味のある文脈で「言葉」が出てこない場合は、それはでたらめな発音である可能性が高いでしょう。一方、手話に言葉のような発声を付ける生徒がいました。それ自体は明らかに単語として認識できるものではありませんが、単語に合った母音と音節のパターンを持っていることがよくありました。その子は、手話に声をつけて話をしてきた人の話し言葉をできる限り繰り返していたのです。

- ・その子は音声を使っているのだろうか？
- ・どんな種類の声を出しているのだろうか？
- ・それは会話的なものなのか、そうでないのか？
- ・彼の発声は自己刺激的な遊びにすぎないのか、コミュニケーションのためなのか？
- ・あなたの注意を引くために声を使っているか？

　運動スキル：運動スキルと力量の評価は、盲ろう児のアセスメントで非常に重要な要素となります。主なコミュニケーション方法として使われる音声の代替手段の多くは、いろいろな運動能力を必要とします。これら重度の運動障害や運動機能における深刻な困難さのために、可能なコミュニケーション方法については創造的な思慮深さが必要となります。効率的なコミュニケーション方法を得るためには、たくさんの実験とチームとしての検討が必要です。また、多くの場合、重度の運動障害のある子どもたちは、他の盲ろう児たちに比べて、コミュニケーションを受けたときに自分自身を表現する機会も少ないのです。このような場合には、コミュニケーションの欠如を学習能力が欠けているからだ、としてしまわないようにとくに注意しなければなりません。運動能力のアセスメントでは、次のようなことを問うとよいでしょう。

- ・その子は、頭、眼、手、体が安定していて、コミュニケーションを受け取るのに適切な姿勢をとることができるか？
- ・身体的に弱いところはないか？
- ・身体のどの部分が最も自発的にコントロールできるか？
- ・よだれがよく出る、口腔運動反射があるなど、音声学習に影響を与える口腔運動の障害はあるか？
- ・手話をするのに影響を与えるような微細運動、または粗大運動障害があるか？
- ・手指の感度が低下していて、指文字や点字の読み取りに影響を与えることがあるか？

　知覚：視覚と聴覚に障害があると診断された子どもについて考えるとき、その子が感覚的な情報の知覚にも障害がある可能性を見落としがちです。子どもが何かを見ることができても、必ずしもその情報を解釈できると考えることはできません。たとえば生徒が視覚的に提示された手話を学習するためには、その手話を見ることができて、それに意味を持たせることができる必要があります。それから、その手話を表現するためには、見たものを自分の手の動きに変換しなければなりません。これには、見た手話の鏡像を作ることも必要です。

　知覚能力の評価では、全体的な発達アセスメントの範囲内に留まることが重要です。たとえば、絵を認識することがまだできない幼児は、必ずしも治すことのできない困難を抱えているわけではありません。この子は単にまだこのスキルレベルに達していないのかもしれないのです（助け

生徒が絵と意味を結びつけることができるかどうか、評価することが重要。

を借りれば認識できるかもしれません）。

ここでは、子どもの知覚能力について考え始めるのに役立つ問いをいくつか紹介します。これらの能力の総合的なアセスメントをするためには、作業療法士や児童心理学者の助けを借りることをお勧めします。

・その子は体の動きを真似できるか？　手の動きは？　音は？　絵は？
・真似をするとき、体の動きが対称なものと非対称のもので違うか？　手の動き？　絵は？
・絵を象徴的な表現だと認識している証拠はあるか？
・利き手はあるか？
・文字を反転させるか？　手話ではどうか？
・簡単な物を組み合わせることができるか？デザインはどうか？
・あるパターンをを繰り返すことができるか？聴覚的にはどうか？　視覚的にはどうか？

感覚統合：子どもがコミュニケーションを受け取るのにどのような手段を持っているかを問う際には、子どもが受け取った感覚的な情報をどのように統合しているかに注目する必要があります。子どもは見たもの、音、匂い、触感を知覚しているでしょうが、これらの知覚は、入力が整理されていて、その子にとって意味のあるものであって初めて役に立つものになるのです。

感覚統合とは、中枢神経系が感覚受容器（眼、耳、鼻、舌、皮膚）が受け取った情報を整理し、その情報を過去の経験と関連づけて、反応を作り出すプロセスです。身体は五感に加えて、運動や重力の情報も受けています（固有受容感覚系、運動感覚系、前庭系）。

子どもが環境から感覚的な情報を受け取ると（毎日の生活ややり取りでいつもしているように）、その情報は脳に送られ、そこで情報として整理され、知覚されます。そして、脳はこの新しい情報を、保存されている以前の情報や経験と統合することで解釈するのです。それから、運動反応が計画され、実行されます。これを図示すると右ページの図のようになります。

このプロセスが適切に機能するためには、子どもが受け取るインプットは多すぎても少なすぎてもいけません。入力が少なすぎると、子どもは無反応に見えたり、自己刺激的な行動をしたりすることがあります。インプットが多すぎると、すべてを整理することができず、「シャットダウン」したり、でたらめな反応をしたりすることがあります。どちらの場合も子どもは、受け取った情報を使いこなすことができないのです。

たとえ私たちが子どもに過剰な刺激を直接与えていないと思っていても、子どもは環境（たとえば、窓からの光、部屋の温度、隣の部屋の子どもの声、抱いている大人からの触覚情報など）や自分の状態（相対的な警戒心や疲労、オムツが濡れているかいないか、お腹が空いているかいっぱいか、良い姿勢で快適かなど）から多くの情報を受け取っているでしょう。セラピストが提示する情報に加えて、その情報を処理しようとしていると考えられます。

子どもの感覚統合機能のアセスメントの際には、私たちがコントロールできる要素がいくつか

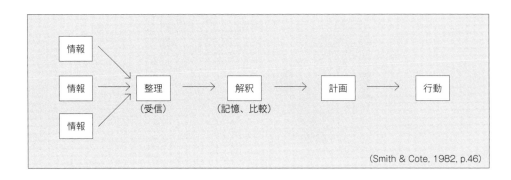

(Smith & Cote, 1982, p.46)

あります。

- 子どもが反応したり、やり取りしたりできるような快適で最適な位置調整をする。子どもが自分の体に対して何が起こっているのか、自分が空間のどこにいるのかを気にしていると、おもちゃや活動にうまく反応できなくなる。
- 子どもが自分でできることを見せられるように、時間をたっぷり確保する。すぐに反応しない場合も、できないのだと決めつけないこと。その子が反応できるようにするために、時間を与え、必要な調整をする（例　位置を変える、視覚的なコントラストをつける）。
- 自分が働いている環境を評価する。多くの騒音や視覚的刺激に子どもは気を取られていないか？
- 前庭刺激の活動（ブランコ、回転、揺れるなど）の後に何かに集中する行動に変化がないかを確認する。さらに以下の質問にも答えてみてください。
- ある感覚系を使うとき、他の感覚系を使うと助けになるか、あるいは、気を散らすか？　かなりの視力を持っていたある子どもは、聴覚入力がないときだけ眼を使う傾向があり、聴覚刺激があると頭を下げて、見ることをしません。別の子どもは、視覚をそこそこよく使うことができていましたが、聴覚的なキューをつけたところ、集中し始める助けになりました。
- その子にとって最も使いやすい方法は何か？　その子がより反応しやすいのは、視覚的、聴覚的、あるいは触覚的のいずれだろうか？

6-3-2 現在のコミュニケーションスキル

　また、生徒の現在のコミュニケーションスキルも評価する必要があります。何をどのように理解し、表現しているのでしょうか。これが、その子について知る必要がある中心的なことです。先にも述べたように、その子のコミュニケーションする能力を伸ばすのを支援するには、その子の今の状態に寄り添う必要があります。

　ここでは、受け取りと表現のコミュニケーション能力を評価する上で重要な四つの側面を具体的に見ていくことにします。コミュニケーションの四つの側面について考えることに加えて、子どもの視覚、聴覚、運動能力、知覚についてこれまで学んだことを利用して、その子が周囲の人々や環境とどのようにつながっているか、つまり、どのようにコミュニケーションをとっているかを正しく理解することができるでしょう。

　コミュニケーションの方法：子どもはさまざまな方法でコミュニケーションを受け取り、自分自身を表現します。視覚的、聴覚的な情報をあまり得られない子どもも、他の人を理解し、コミュニケーションするために、使える限りの手段を用います。それには、微妙な体の動きや音から高

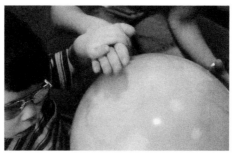

遊びの中で、子どもがとっているコミュニケーション
戦略について学ぶことができる。子どもは大人の手を
誘って行動を求めることがある。

度な言語システムまで、あらゆるものがあります。第7章では、盲ろうの人が使うたくさんのコ
ミュニケーション方法について詳しく述べます。ここでは、個々の子どもが使う方法を評価する
やり方を見ていきます。以下、いくつかの質問を挙げます。

- ・その子はどうやってニーズを表現しているのか？　要求は？　感情は？　注目していること
  は？
- ・その子は、コミュニケーションをとろうとする試みを理解してもらえなかったときのための
  修復戦略を持っているか？
- ・その子に情報をうまく伝えられるのはどのような方法か？
- ・その子の主なコミュニケーションの方法はなにか？
- ・さまざまな状況でそれに合ったさまざまな方法を使っているか？

　生徒の一般的な機能レベルと過去の経験や訓練について知ると、どのような状態を評価すれば
よいかを判断する助けになります。心理学者、学校関係者、臨床医、家族からの、生徒の認知レ
ベルやコミュニケーション行動に関するレポートがガイドとして使えます。

- ・その子は泣いたり、笑ったり、緊張したりするなどの行動を通して、象徴的表現以前（プレ
  シンボリック）のレベルでコミュニケーションをとっているか？　それとも、あなたを抱き
  しめたり、物を押しのけたり、あなたの手の上に物を置いたりして自分が欲しいものに誘導
  するなど、より意図的なコミュニケーションを示しているか？

　象徴的表現以前のタイプの詳細な説明については、コミュニケーション方法の章（訳注　第7
章）を参照してください。幼い盲ろうの生徒の多くは、アセスメントを受けるために最初に学校
に来たときには、このレベルのコミュニケーションになっていると思われます。

- ・その子は自然なジェスチャー（指差し、手招き、表出行動、実演デモ）をどの程度理解して
  いるか？
- ・自然なジェスチャーを使っているか？
- ・アイデアを表現する方法を工夫しているか？
- ・物を手に入れるために指差しをしているか？　何かにコメントするときには？　質問をする
  ときには？
- ・ボディランゲージや表情を使っているか？　それはどのようにするのか？

　使われている語彙やコミュニケーションのスタイルに不慣れなために、生徒が話し言葉や手話
での指示に従おうとしないことがあります。そのようなときは、同じ内容を実演や自然なジェス
チャーで説明し、理解できるかどうかを確認することが大切になってきます。また、デモンスト
レーションを視覚的に見て真似できるかどうか、あるいは自分でできるようになるには、あなた

の手を触らせて動きを通して優しくうまく促す必要があるのかを見ることもできます。

フォーマルな言語を使う：以下のようなことを問うのもよいでしょう。
・その子が受けられる語彙はどのようなものか？
・自分から表現できる語彙は？
・伝えられる自分の考えの範囲はどのくらいか？
　もちろん、コミュニケーションの受け取りと表現の両方を見る必要があります。しかし、その子の理解のレベルを最もよく測ることができるのは、まさに自発的に何を表現しているかです。次の二つの状況で、あなたがその生徒について知っていることの違いを考えてみてください。
・おやつの時間に、テーブルの上にクッキーがいくつか置かれていて、「クッキーが欲しい？」と手話で聞くと、生徒は「クッキーが欲しい」と手話をして一つ取る。
・身体補装具をつけている生徒が、同じものをつけている他の生徒と会い、（指差し、手話、ジェスチャーで）コミュニケーションする。「僕、支持具。彼、支持具同じ。君、支持具違わない。僕、彼同じ」。
　2番目の状況では、言語は自然発生的なもので、一つ目のはあなたによって誘発されたものです。2番目の状況では、生徒が内在化して自分自身のために使うことができる考えや言語構造が分かります。最初の状況では、その反応がオウム返しなのか、何度も繰り返して覚えた決まりきったパターンなのか、あるいは動詞と目的語の構造を実際に理解できている結果なのか分かりません。このように、アセスメントでは自発的なコミュニケーションと喚起されたコミュニケーションの両方を見たいのですが、喚起された発話からレベルを評価するのはより難しい場合があるということは意識しておきましょう。
・その子の発話には文法的な構造があるか？　そして、それらはどのようなものか？　文法的構造が英語の場合もあれば、視覚がベースであるASLの構造に近い場合もある（この違いについては第7章参照）。子どもが手話をしている場合は、チームの中にASLの文法に精通している人がいるようにして、子どもの言語構造を適切に評価できるようにする。
・一つの単語（手話）だけを使っているのか、二つの単語を組み合わせているか、文法なしで手話をつなぎ合わせているのか、あるいはいくつかの統語的接続関係を使っているのか？
・その子のコミュニケーションにはどのような抽象度があるか？　未来や過去への言及はあるか？　自分の考えは？
・あなたのどのような考えを理解できるか？
・所有、時制、質問、ある条件付きのアイデア、理由などの概念を理解し、表現できるか？

コミュニケーションの明瞭度：次のような質問をしてみましょう。
・その子のコミュニケーションはどの程度分かりやすいか？　合図や言語を使っている場合、正確に表現されているか、あるいはそれに似たものか。その子が象徴的表現以前にある場合、コミュニケーションしようとしていることはその子が望んでいることをしっかり表しているか、あるいは大まかだったり、曖昧だったりするか。
・どの程度の推測や解釈をしなければならないか？　その子が「私的言語」を使っていて、その子のことをよく知っていて、言うことを分かっている人だけが理解できるのか？
　ときには、初歩の言語レベルにあるが、ものごとを非常に具体的に考えている生徒の場合、その生徒をよく知らないあなたには、コミュニケーションの文脈についてほとんど手掛かりが得ら

受け取りと表現の両方について、生徒の読解力と手話能力を評価することが重要。

れないことがあります。たとえば、「黒い、猫、エレベータ、好き、幸せ」という手話発話があったとき、子どもの過去の経験を知らなければ、これが実際の経験なのか、それとも空想なのか、何かをしたいという願望なのかを解釈することはできません。その子の先生だったら、その子のために書いてあげた、大好きだった面白い話についてのことだとすぐに分かるかもしれません。

コミュニケーションの機能的側面と社会的側面：子どもがコミュニケーションの社会的利用について、どのくらい知っているかを知ることは大切です。子どもは、コミュニケーションをする相手との関係性や、自分のコミュニケーションが果たす機能にあまり注意を払わずに、機械的に言葉を使ってしまうことがあります。次のような問いをしてみましょう。

- その子はコミュニケーションに直接反応するか（質問に答える、頼まれたことをする、コメントをする）、それとも反響言語（訳注　echolalia　他の人の言葉をそのまま繰り返す）的に（音声や手話で）か？　その子は最初は真似するが、その後は適切に対応しているか？

私たちは真似を通して多くのことを教えなければならないので、学習制限のある子どもたちは、ときに真似することだけが期待されていると思ってしまうことがあります。意味を考えることなく真似してしまうのです。しかし、受けたものを処理するのが遅れると、それを補うために真似の習慣を身につけてしまう生徒もときどきいます。時間をかけて繰り返し行うことが、意味を考えるのに役立っているのかもしれません。このような生徒は、ほとんどすべて（非常に単純で、聴き慣れた言葉を除いて）の言葉にオウム返しして、その後に適切に反応することがあります。

- その子のコミュニケーションはどのような機能を果たしているのか？　抗議、要望、コメント、質問などを表現しているだろうか？
- 問題解決のためにコミュニケーションを使っているのだろうか？　あるいは助けを求めているのか？
- その子はコミュニケーションにどの程度注意を払っているだろうか？　それはその子にとって興味深く、やる気を起こさせているのか？
- どのくらいの頻度でコミュニケーションをとっているか？
- 他の人からのコミュニケーションを期待したり、予期したりしているように見えるか？
- 環境はその子の注意力にどのような影響を与えているか？　「騒がしい」環境と「静かな」環境のどちらでも注意を向けることができるか？　ある刺激から別の刺激に注意を切り替えることができるか（物から先生へ、そしてまた戻る）？　どのくらいの時間、その子の注意を維持することができるか？

・コミュニケーションを人に向けて行うのか、それとも人の存在にかかわらず、状況に反応して自分を表現したりするのか？　自分を表現する相手を探しているのか？　その子のコミュニケーションは本当に社会的なものなのか？

　ろうで、弱視の少年がいました。彼はおもちゃの４輪車に乗るときの合図を覚えていました。ある日、彼が４輪車があるのに気づいて、そこへ行って中に座り、乗る合図をしたのですが、部屋には他の人はいませんでした。彼は希望する結果を得るための一種の魔法のように合図を覚えていたのですが、自分の望むことをやってくれる人とコミュニケーションしなければならないことをまだ理解していなかったのです。

会話の話題：
・その子のコミュニケーションにはどんな範囲の話題が含まれているか？　お気に入りの話題や何度も出てくる話題があるか？　フォーマルな言語を持っていない子どもでも、好きな会話の話題を持っているでしょう。指差しや視線は、自分の興味のあることについての話に他の人を巻き込もうとしているのかもしれません。
　呼吸パターンの変化などでさえ、特定の人や活動に対する興奮や、好きなものに対してリラックスしている状態を示すことがあります。
　活動、人、物、場所などでも子どもの好きな話題を知ると、その子の注意を引きつける方法について、先生として貴重な情報が得られます。

6-3-3 コミュニケーション環境
　コミュニケーションが起こる環境について考える必要があります。これには二つあります。生徒が慣れ親しんだ環境（家庭、学校など）と、アセスメントする環境（その生徒にとって、新しくて馴染みのない環境である場合）です。良いコミュニケーション環境とは何かについては、第5章に詳しい説明があります。
・その子にとってコミュニケーションするきっかけにはどんな刺激があったのか？　その子のニーズは、コミュニケーションをとる必要がないほど、迅速かつ徹底的に満たされていたか？　選択の機会はあったか？　他の人の助けが必要な解決したい問題があったか？
・その子が利用可能だったのはどのようなコミュニケーション方法か？　コミュニケーションはその子にとってアクセスしやすい方法で行われていたか？（どのくらいのコミュニケーションが利用可能だったかを判断する際には、視覚や聴覚の障害を考慮することを忘れないこと）。コミュニケーションの頻度やその内容の程度はどうだったか？　コミュニケーション方法はその子のレベルに合っていたか？
・周りの人たちはどのような目的でその子とコミュニケーションをしているのか？　単に指示をしたり、何かにコメントするためか？　楽しみでコミュニケーションをとるのか？　遊びの中で声で話をしたり、手話をしたりするのか？
・その子がコミュニケーションをとろうとしたとき、相手の反応はどうだったのか？　これらの努力は認識され、理解されたのか、それとも無視されたのか？　その子はコミュニケーションが効果的であることを学ぶ機会があったか？　相手の反応は、それと自分がしようとしたコミュニケーションとの関係を学ぶことができるような、充分に明確なものだったか？　コミュニケーションはその子にとって楽しい経験になったか？

・これらの質問は、アセスメントの場面そのものとどのように関連しているか？　保護者、先生、その他の人々は、アセスメントを観察して、生徒の行動は典型的なものだと言っているか、あるいはその子のコミュニケーションは新しい場面でいつもより多いまたは少ないと感じているか？　評価者のコミュニケーション方法、活動、対応は、生徒が慣れ親しんでいるものと比較してどうか？

6-3-4 コミュニケーションパートナー

　私たちは、その子の慣れ親しんだ生活や学習場面と現在のアセスメント場面の両方で、その子といつもコミュニケーションしている人々にも注目することが必要です。コミュニケーションを喜んでする相手やスキルの高い相手がほとんどいない子どもは、その子が持つ能力をかなり下回った動きしかできていない可能性があります。

・この生徒とやり取りする人々のコミュニケーションスキルのレベルはどの程度か？　彼らは使っているコミュニケーション方法に流暢か？　彼らは生徒のレベルを理解し、適切なコミュニケーション方法を提供できていたか？　さまざまな環境で生徒とコミュニケーションをとる人それぞれは、いつも同じ入力モードを使っていたか？　生徒からのアウトプットとして期待していたことはどの環境でも同じだったか？　評価者自身は生徒のコミュニケーション方法を流暢に使えたか？

・その子は主に一人の人だけとコミュニケーションをとっているのか、何人かとコミュニケーションしているのか？　その子のコミュニケーションは、親しい人がその子に対して使うコミュニケーションの形そのものに依存しているのか、あるいは他の人のコミュニケーションを一般化して理解することができるのか？

・コミュニケーションの頻度や多様性は、相手が新しい人だと減るか？

　アセスメントを行う人が、アセスメント結果に大きな影響を与える可能性があります。コミュニケーションはつながりであり、お互いにやり取りするもの、私的なものであり、やり取りする人の双方に依存しています。状況の中での自分自身と、生徒に何を与えるのかを意識してください。これについて、以下に二つの例を示します。

　私は、外国人の盲ろうのティーンエイジャーの評価に参加したことがあります。その人の主なコミュニケーション方法は手話で、文字は補助的に使っていました。英語は少し話せましたが、主な言語ではありません。アセスメントチームの誰もその人の国の言語を数語以上は知らず、その国の手話を知っている人はいませんでした。さまざまな手段を使って、この少女のコミュニケーション能力や思考能力についてかなりのことを知ることができたのですが、彼女の母国語で流暢に会話ができない状態で、彼女についての確固たる結論を出したり、具体的な提案をしたりすることは適切ではありませんでした。

　別の例ですが、ろうで重度の脳性まひのある少女が、運動反応を必要とする標準化されたテストのみで評価されていました。指示や質問は口頭のみで、彼女は聴くことができませんでした。その結果、重度の知的障害と診断されたのです。このケースでは、アセスメント環境ややり取りをする人には何の注意も払われていませんでした。この少女には、自分の能力は何も発揮する手段がありませんでした。彼女にはまず最初に、言語、使える受信方法と応答システムを与える必要がありました。適切な評価を行うことができたのは、彼女がこれらを学ぶ機会を得てからでした。

反応が非常に捉え難い、あるいは不明瞭な生徒もいます。その生徒の周囲にいる人たちはこれを解釈する方法を知っていて、生徒に会ったばかりの評価者よりも多くのことを理解しているでしょう。しかし、関係が深いので、客観性が低くなる傾向があります。評価者は、与えられた情報を慎重に評価し、生徒が何を理解し表現しているのか、明確な場面がないかを観察する必要があります。

6-3-5 新しいコミュニケーションスキルを身につける力

評価者は、新しいコミュニケーションスキルを教えようとしたときに生徒の反応がどうかをいくらか知っていると便利です。生徒のレベルとコミュニケーション方法がいくらか分かれば、ちょっとした新しいコミュニケーション方法を教える計画を立てることができます。この計画は通常、生徒の現在のレベルでの語彙や考えを広げるため、あるいは次のレベルでのスキルに対する生徒の反応を見るためのものです。ここでは、新しいコミュニケーションスキルを学ぶ生徒の能力について質問してみましょう。

・その生徒の学習状況での注意力と協調性はどうか？
・学んでいる状況での反応は、どのような発達レベルのものか？　どんな学習がされているか？
・その生徒はどのように学習しているのか？　視覚的に？　触覚的に？　聴覚的に？
・手を重ねて手話をやってみせること（触手話）は必要か？
・自発的に真似することができるか？
・その生徒のために学習環境を慎重に構成しなければならないか？
・どのくらいの速さで学習しているか？　繰り返しはどのくらい必要か？　どのレベルのキューを出すことが必要か？
・その生徒は、ある特定の学習状況から他の状況へ一般化できるか？　他の状況の中での新しいコミュニケーションを認識しているか？
・その子は新しいコミュニケーションスキルを自発的に使っているか？

コミュニケーションのアセスメントに含まれているこの要素は、かなり大変なものに思えるかもしれません。しかし、私たちはいろいろなタイプの生徒を対象としているので、すべての質問がそれぞれの生徒の場合に当てはまるものではありません。質問の中の多くのものは、一般的な観察や他の人からの報告で答えが得られます。そして、多くは同じアセスメント活動で答えられるものですが、その他の質問は、その生徒からの答えを引き出すために、より特別な計画と検討が必要となります。

普通は、1日だけの評価ではすべての答えを得ることはできません。生徒が学校にいるときや、自宅で何度も見ることができれば、ほとんどの分野をカバーする時間が取れます。時間があれば、繰り返したり、効果のない評価活動を変えたり、生徒の成長と変化を観察したりする機会を持つことができます。

良いアセスメントにはもう一つ要素があります。可能な限り、生徒が「テスト」のプレッシャーを感じることなく、リラックスして、楽しく受けられる必要があるということです。生徒が緊張したり怖がったりすると、自発的にコミュニケーションをとることが少なくなります。このような生徒とのやり取りは、あまり計画的に進めず、遊びの中で、自由で自然発生的にいろい

ろな遊びの材料を探しながら始めることができます。

コミュニケーションをとれる状態でその場にしばらくいると、ときにアイデアや遊び方のお手本を示し、自然にコミュニケーションをとることができます。その生徒がリラックスして、あなたに対して快く思い、怖い状況ではなく楽しいのだと気づいたら、より構造化された活動を導入することができます。その生徒がより高いレベルにある場合は、最初にさりげない会話をする時間をとると、生徒がリラックスする助けになります。

ここでは、コミュニケーション能力のアセスメントの複雑さと、それに関する方法論をいくつか説明するのに、対象として小学校の生徒を選びました。後ほど、年齢や能力の異なる子どもたちを評価する場合に考慮する必要がある特定の事項について、教室でのアセスメントの説明を補足します。

6-4 先生による学校でのアセスメント：生徒ファティマ

ファティマは、コミュニケーションや認知発達レベル、授業中の行動や反応、将来のプログラムの必要性などを評価するために、8日間教室にいてくれた生徒です。私は彼女と会って親しくなりました。ちょっと一緒に考えてみてください。ファティマはこの評価のために、養護者であるレオノアと一緒に学校に来てくれたのです。レオノアは教室で私の補助をしてくれ、学校外ではファティマの世話をしていました。

6-4-1 レビュー

ファティマについては、報告書や彼女の以前の先生との話から、会う前からよく知っていました。彼女は15歳で全盲で、母親の風疹が原因の、重度から最重度にあたる難聴でした。彼女は3年間ほど、盲ろう児のためのプログラムに参加していました。彼女に対しては簡単な合図や手話が使われていて、20個ほどを理解し、5個を使うことができたと報告されていました。現在、彼女はプログラムを変更しているところで、親は新しいプログラムに進んでいくための、再評価と推奨事項の指導を望んでいました。

6-4-2 親しんでいく

ファティマに初めて会ったのは、彼女が家でレオノアとおやつを食べていたときでした。私はしばらく彼女を観察してからやり取りを始めました。ファティマは年の割に小柄で、受け身な感じで、ずっと頭を下げていました。レオノアはファティマの後ろに立って、ファティマの手で手話をしていました。「食べなさい」、「終わった」、「立って」というような、状況に関連した一語の手話単語をファティマの手で作っていました。ファティマはこの操作を黙って受けていますが、手話の真似はしませんでした。彼女は立つように言われると立ち上がりました。私たちは彼女と親しくなるために、遊び場に連れて行くことにしました。

ファティマには私のサインネームと、体に触らせることで紹介してもらいました。彼女は初めての人に触るのにほんのちょっと興味を示したのですが、その後は触らずにいました。外で一緒に歩いているとき、私はファティマの片手を握ろうとしました。彼女のもう片方の手はレオノアの腕を握っていました。ファティマは離れて私の手を押しのけました。私はときどき軽く触れる程度に近づいていて、私の存在に気づくようにしていました。彼女は私に触れるたびに離れ、レオノアに近づきました。それは私が見た初めての自然発生的なコミュニケーションで、言語習得

前のレベルでした。「私、レオノアがいい。あなたじゃない！」

　遊園地ではファティマを遊具のところに連れていきました。触っているのが私ではなく遊具だと彼女はそれを素直に受け入れました。彼女が遊びに興味を持ってきたとき、一度、レオノアと離れてしまったことがありました。彼女は一緒にいるのが私だけだと気づくと、突然私を押しのけて動き始めました。明らかにレオノアを探していたのです。レオノアを見つけると、彼女はさらに強く私に抵抗しました。ファティマは自分が触った遊具には少しだけ興味を持っただけでした。そのままにしていると、彼女はしゃがんで、受動的に待っていました。

　第一印象：彼女のコミュニケーションについて、私が学んだのは何でしょうか。彼女は人に関する自分の好みをはっきりと言語習得前レベルで表現していました。彼女はいつもは受動的ですが、レオノアを失うことを恐れたときのように、強い動機があると積極的になりました。彼女は一単語のレベルで触手話を受け取っていて、「立って」などの一つの手話に適切に反応していました。食卓で食事をする、外を歩く、遊ぶなどの日常的な場面で意味を理解していました。こちらが触ったことにも敏感に反応し、人の区別もできました。また、何かを強く望んでいるとき、たとえばレオノアを探したいという場面では、報告では彼女はレオノアのサインネームを知っているということだったのですが、レオノアのサインネームをしなかったことも観察されました。

　アセスメント活動の計画：これらの情報をもとに、次の日の学校での私の活動を計画しました。私は、遊びに対する彼女の自発的なアイデアと、物を使って何をするかという私が持っているモデルに対する反応を観察したいと思っていました。彼女が、レオノアに対するのと同じように私のことを理解できるかどうか確認するために、手話をしてみたいと思いました。彼女が何かを欲しがっていて、それを手に入れるには私に頼まなければならないという、動機のある状況を作りたかったのです。彼女はどうやって要求してくるのでしょうか。それを知ってから、身振りや非言語的なコミュニケーションに従いながら、新しい方法を教えてみようと思いました。また、彼女の聴覚が学習のために充分に機能するのではないかとも考えました。

6-4-3 教室でのアセスメント

　ファティマの教室への参加：翌日、ファティマがレオノアと一緒に教室に来たとき、私はファティマに会って、上着を脱いで掛けるようにガイドし、作業の場所に連れて行き、途中で自由にいろいろな物を探索できるようにしてあげました。彼女は棚の上のものをたくさん触っていました。私は彼女の好奇心に気づいたのですが、彼女は見つけたものには実質的に興味を示しませんでした。私は床に座り、彼女の手を強く引っ張りました。彼女は理解して、一緒に座りました。レオノアは彼女のそばにいましたが、彼女とやり取りしているのは私だけでした。彼女は教室の中では外のときよりも私を受け入れてくれたのです。

　私はファティマにさまざまなおもちゃや物が入った箱を渡し、その中の一つ、ゴム製の人形を取り出すように彼女の手を誘導しました。彼女はそれをちょっと持って、軽く噛んで捨てました。私は彼女がもう一つ、プラスチック製の櫛を手に取るのを手伝いました。彼女はすぐにそれを箱の上で叩き始めました。ちょっと経ってから、私は彼女の手をとって髪を梳かしました。彼女は受身的にされるままにしていましたが、梳かし終わるとまた櫛を叩き始めました。私がその櫛で私の髪の毛を梳かせることを見せると、彼女は興味を失って止めてしまいました。私は彼女が他のものを取るのを助けたときも、彼女の反応はすべて同じでした。それを投げる、噛む、またはそれを叩く。彼女は私の行動を容認してはいましたが、真似はしませんでした。私がしつこくやると彼女は私を押しのけました。

そこで、私は彼女の前で手話で「立って」と言いました。反応はありませんでした。レオノアがいつものスタイルで手話をしたところ、ファティマは立ちあがりました。私たちはテーブルのところに行き、私は彼女の手に「座って」と手話をしましたが、彼女があまり協力的ではなかったのでこれはちょっと難しかったのです。彼女の反応が無かったので、いすのシートの上で彼女の手を軽く叩いたところ、彼女は座りました。

　私は何を学んだのでしょうか？　ファティマは、手話が慣れた形で表現されていた場合にのみ理解していたか、あるいは、もしかしたら私に反応することを拒否していたかのどちらかでした（後の経験から分かったのですが、彼女は理解してなかったのです）。彼女は手話よりも簡単なレベルのジェスチャーでの指示に従っていたのです。彼女は私や物を押しのけることで抗議の意思表示をしていたのです。自発的に真似はしませんでした。彼女は、物の中から叩くのに適したものを触って選び、他のものはどけるなど、物を識別することができたのです。次に、いくつかの構造化された活動を紹介しようと思います。

　構造化された活動：テーブルの上で、彼女が授業でどのように振る舞うかを見るために、簡単な組み立て活動を試してみました。彼女にすべての色のリングを外した円錐形のおもちゃを渡し、最初のリングを付けて見せました。次のリングを与えると、彼女は左耳を机に近づけて机の上でそれを叩きました。しばらくして、私は彼女の手を円錐の方に戻すと、彼女はリングを付けたのです。私が円錐の方に彼女を向けるまですべてのリングで叩くという動作を続けました。彼女がリングを置く位置を認識していることは明らかでした。私があまり頻繁に叩くのを止めさせると、彼女はイライラして私を押しのけてしまいました。

　試しに、人形で遊んでみました。ファティマは興味を示しませんでしたが、私が彼女の手に手を重ねて、人形の着せ替え、髪の毛をとかし、食べさせるなどするのは許してくれました。彼女は自発的に私を見ることはしなかったのですが、彼女にそうやって見せることは許してくれたのです。私が彼女の手を動かすときに彼女はいくらか注目し、協力してくれたので、彼女が私がやっていたことについての簡単な概念を持ったように思えました。それについて彼女はほとんど興味を持っていませんでしたが。

　ファティマに手話を教える：それはおやつの時間でした。私はファティマが好きだと教えられたケーキを持ってきていました。レオノアが「終わり」（ファティマは作業台を離れる準備ができているようでした）、「立って」、そしてスナックエリアで「座って食べる」と手話をしたのを（彼女は手を伸ばして、テーブルの上で何かを探しました）、彼女は理解しているようでした。私はファティマと一緒にいる間、彼女の前で最初に私の手で手話をし、それから彼女の手で同じ手話をしてみようと決めていました。

　私は彼女が初めて会う人に対してもこのシステムに変えられるかどうか見てみたいと思いました。後ろから手話をすることは身体的にもやりにくいし、会話のやり取りが進展しません。生徒の手をとって手話を作るのでは、その生徒の手が受動的になることが条件になってしまい、情報を得るために手を伸ばしたり、会話のやり取りをしたりすることを教えられません。

　私はファティマの手をケーキの上に置いて、一口食べさせました。彼女がもっと欲しいと手を伸ばしたとき、私は彼女の手を軽く叩きましたが、彼女は手話をしませんでした。私は彼女が形作っている「ケーキ」という手話をしました。それでも反応が無かったので、彼女の手で手話を作ってもう一かけら食べさせました。彼女は明らかにそれがとても好きで、毎回、もっと、と手を伸ばしました。私は彼女が手話をするのを手伝って、ケーキを与えるというパターンを続けました。だんだん、私が彼女の手を適切なところに置くだけでよくなってきて、彼女はあいまいな

がら手話を形作るようになると思われました。そこで私はキューを少なくしてみたのですが、彼女は自分で手話をしません。毎回、私のほうから動きを始めなければなりませんでした。

　私は毎日これをやれると、彼女がどれだけ学べるかを見る良い機会になるのではないかとワクワクしていました。しかし、私の計画は完全に失敗しました。ファティマは翌日もその後もケーキに興味を示さなかったのです。それでも私は、彼女についてより多くのことを学びました。ファティマの自然なコミュニケーションのモードは象徴的表現以前（プレシンボリック）なものでした。彼女は手を伸ばし、押しのけます。手話は教えられていて、いくつかは覚えていましたが、自分の意思でそれを使うことはまだありませんでした。それは彼女にとってまだ本当の言語ではなく、条件付きの反応の一種だったのです。あるとき、後半の授業の活動中に、彼女が作業から抜け出すのに、「終わり」という手話をしたのではないかと思ったことがありました。でもそれは曖昧で、はっきりそうだとは言えませんし、二度と起こりませんでした。欲しいものを手に入れるのに手話が必要になったとき、彼女は、繰り返し起こる状況の中で、いくつかのキューと一緒にそれを信号として使うことを学ぶことができました。私はまた、ファティマが物を並べたり、ある順序で置いたりするなど、物を使った簡単な規則的作業を学習できることも知っていました。

　私はファティマに新しい手話を教えようとして粘り強く努力しました。ファティマはもともと受け身な性格なので、何かを得たいと強く思うようなことはめったにありませんでした。スナック、ソーダ、動きのある遊び、振動するおもちゃ、風船など、たくさんの物を試してみましたが、どれも彼女に充分に長くアピールするものはありませんでした。しかし、私は彼女がテーブルの上の物でコツコツと音を立てるのに非常に執着していることを観察しました。そこで、この興味を利用する方法を見つけることができないだろうかと考えました。また、彼女は叩くものに好みがあって、はっきり選んでいることを見ました。彼女はとくに、持ちやすくて強い音がするもので、長くて少し重いものが好きでした。そこで私はそのうちの一つ、木製のおもちゃのハンマーを選んで、それを要求することを教えようとしました。私はしばらくの間遊ばせてから、ハンマーを取り上げ、彼女の手でできるごく簡単な手話合図を作って（叩くのと同じ動きで）、またハンマーを渡しました。これを数日間、何度も何度も繰り返したのです。彼女は最初は手話を無視して、私からハンマーを取り返そうとしました。だんだん彼女は、それが欲しいものを手に入れる方法の一部であることに気づき、手話に協力的になりました。私からの多くのキューとサポートを受けると、彼女は漠然と手話を真似するようになりました（これは生後約18ヶ月のレベルです）。しかし、彼女が自発的に手話を真似したり、私の促しなしに手話をしたりすることはありませんでした。

6-4-4 ファティマのコミュニケーションを観察する

　ファティマは自発的には手話を使わずに自分の思うことを表現していたので、私はとくに彼女のコミュニケーションの非言語的な方法を観察しました。ドアを開けられなかったとき、私の手をドアの上に置き、食べ物の入れ物を開けられなかったときは、私にそれを渡して助けを求めてきました。おもちゃを落としてしまったときは、自分でかがんで探そうとせず、私の手をそれに向かって押しました。彼女のはっきりとしたコミュニケーションが起こったのは、ある晩、ファティマとレオノアを夕食に私の家に招待したときのことです（これは新しい環境での彼女の行動を観察する機会となりました）。

　デザートを楽しんだ後、彼女は突然、空になった器を私の方に押してきて、私がそれを取るの

を確かめたのです。彼女がじっと待っている態度からは、それが「終わった」ではなく、「もっと」を意味しているように感じられました。そして、もう一つアイスクリームのカップをあげたときの彼女の喜びようから、それが正しかったことが分かりました。

　アセスメントでは、生徒についての役に立つ情報が得られることを期待して、さまざまな活動を試してみることがよくあります。ときには完全に失敗に終わることもありますが、生徒のとても思慮深い行動に、予想外につながることもあります。ファティマの場合は、あるおやつの時間に一緒にプリンを作ったとき、これが現れました。彼女は私たちが何をしているかにとても興味を持って、キビキビとしていて、私のやっていることをいつもよりずっと自発的に「見守って」いました。玉子の泡だて器を使うのを手伝ったり、自発的にボウルに手を入れて何が起こっているのかを見ていたのです。プリンをみんなに配るカップに入れるのも手伝ってくれましたが、意外にも自分からは食べようとしませんでした。しかし、彼女は自発的にボウルに残っていないかどうかを確認していたのです。

　この章で提起したさまざまな問いに答えるために、私はファティマと一緒に他にもいろいろな活動をしました。彼女のこれまでのコミュニケーションの状態については、先生やレオノアから情報を得ました。そして、いろいろな臨床医との評価セッションでファティマを観察しました。私は彼女が八つの手話を明確に理解しているのを見ました。彼女は大人が手話をするように指示したときには、五つの手話を表現していました。彼女と一緒にいた8日間では、ファティマにいくつかの変化があったのを見ることができました。

　彼女は私や他のスタッフに慣れてきて、もはやレオノアがいなくても怖れることもなくなっていました。彼女は自分の前で出される私の手話を認識できるようになることに向かって、いくつかの進歩をしていました。彼女はやがてはこの変化をすることができるだろうと感じました。新しい概念を教えることはできませんでしたが、新しい日常動作を教えることはできました。新しい活動への最初の抵抗感は、寛大な粘り強さで克服できることが多いことが分かりました。

6-4-5 観察のまとめ
　以下は、私が書いた報告書の要約と、指導上の推奨事項の一部です。

　ファティマは15歳の盲ろうの少女で、視力はなく、残存聴力を明確に機能的に使うことはほとんどありません。また、母体の風疹による重度の知的障害があります。ファティマは主に非言語的な手段でコミュニケーションをとっていますが、初歩的な手話の語彙は発達してきています。彼女はまだ手を伸ばしてきて触覚的に手話を読むことはないのですが、これは間違いなく、人々が彼女の手に手話をするのではなく、彼女の手を操作していたからです。

　活動に対する好奇心や興味はありますが、それはおおまかなものです。概念的なことよりもルーチン的なことの方を容易に学習できます。新しいものを拒絶する傾向にあり、慣れ親しんだ状況や人に依存しています。学習場面に参加し、組織的に振舞うことを保つのに多くの助けが必要です。

　ファティマにとって、コミュニケーション、セルフケアスキル、簡単な作業能力、変化や新しい人や経験の受容をさらに発展させる教育プログラムへ継続的に参加することが有益です。

6-5 ファティマについての提案

6-5-1 コミュニケーション

1. 第一の目標は、より多くの手話の語彙を発達させることです。ファティマには、日常生活のすべての活動や意味のあるものについて、できるだけ頻繁に手話をしてあげることが必要です。彼女の手話への関心は、それが自分の成長にとって役に立つことを理解するにつれて向上していくでしょう。聴こえる子どもが話すことを学ぶ前に何度も言葉を聴く必要があるのとまさに同じく、ファティマが手話をすることを期待する前に、何度も何度も手話に触れさせる必要があります。

2. ファティマの手話の受け取り方を変え、手話をより明確に表せるようにし、会話ができるようにすることが重要です。手話をする人は彼女の前（テーブルを使っているときは横）にいて、自分の手で手話を表し、ファティマは手話をする人の手の上に自分の手を置いて手話を受け取るようにします。ファティマが手話を表そうとしているときには、手話をする人の手の上で手話を触った後に、自分の手で手話を作ってもらうようにして強化することが必要になるかもしれません。

3. 手話はできるだけ明確に表して、ファティマが模倣するための良いお手本となるようにしなければなりません。

4. 新しい手話のカテゴリーは次のようになるでしょう。彼女が頻繁に使う物の名前、頻繁にやり取りする人のサインネーム、行く場所や活動の名称、簡単な指示のためのより多くの動詞、お気に入りの物や活動のための手話（手話はできるだけ標準的なものを使うべきですが、手話が抽象的すぎたり、表したいことの手話がない場合には、手話を考案したり、彼女に合うように修正したりすることができます）。

5. 手話だけでなく、非言語的なコミュニケーションもすべて受け入れて対応し続けることが重要です。手話が存在するものを彼女が非言語的にコミュニケーションしたときは（たとえば、ドアのノブに大人の手を置く）、彼女に「開く」という手話を示してあげることができます。大人はまた、手話とともに非言語的なジェスチャーを使うことができます。（大人の手を彼女の下に置いて）彼女が行くべき方向を指差したり、何かを置く場所を叩いたり、脱がなければならない服を引っ張ったりです。ファティマはこれを手話よりもよく理解しているので、新しい手話を説明するのに役立ちます。

6. 身近なものを使った実用的で定常的な動作をもとに構成された日常の授業はファティマに適しています。身づくろい、料理、掃除などは、学習の良い機会になります。手話が非常にジェスチャー的であるか、すでにファティマが手話を知っているような物を選んでください。それらを慣れた場所に置いておき、手話で示されたときにそれぞれを取り出すように指示するのです。交替して先生が彼女に物を取ってもいいでしょう。何を選ぶかは示された手話に依るものだということを学ぶのを助けましょう（いまは、最初に触ったものを選んでいるだけです）。もしファティマが「私が頼んでいるものをください」のような構造を学ぶことができれば、それは実践し、語彙を増やしていく方法になります。

　また一方、物を変えたり実際に使ったりして、興味深く、意味のある活動にしていくことが大切です。ヘアブラシのようなものを代わる代わる使って、まず大人の髪の毛を梳かしてから（ファティマに触らせながら）、ファティマの髪の毛を梳かすというようにすると、活動に意味を持たせ、また自分と同じことを他の人もやっているのだということを学ぶ機会にも

なります。さらに、彼女がいくつかの物の名前をしっかり覚えたら、授業からそれらの物を外して新しい物に置き換えましょう。

7. 真似は彼女が発達するのに重要なスキルです。大人が物に対してやっていることを真似する、体の動きや体位を真似するの両方のスキルです。真似の練習のための具体的な授業をすることができます。真似をすることを教えるには、彼女が知覚できる方法で彼女の行動の一部を真似ることから始めることができます（注意：ファティマが表現されたすべての手話を真似るということを学んでしまわないようにするのは非常に重要です。これはその子が、手話で表されたことをするのではなく、真似をするのが目的であるという考えを持つことにつながる場合が多いのです）。

8. 簡単な触覚的なシンボルを使って彼女の名前を表し、いす、机、コート掛け、コップなど、彼女の持ち物の上に付けることができます。

9. ファティマが最もよく学習するのは、本当に興味のあることでしょう。彼女のプログラムを計画するときには、彼女が最も楽しんでいることに注目し、彼女の興味を実り多い学習に生かす方法を見つけるようにしなければなりません。

6-5-2 行動

1. ファティマは自己刺激に非常に左右されていて、長年の習慣で気が散りやすいのです。彼女にとってあまり意味や価値のないタスクには注意を向け続けられません。機能的な活動は彼女にとってとくに重要です。タスクをしている間はそれに集中し、休みの間はいつもの遊びに戻る能力を養うことが重要です。注意力と粘り強さを必要とするのがほんの少しの間でいいようにするために、活動は短時間にし、その後は自由にできるようにしておくとよいでしょう。一人で何もしないでいたり、体を動かすいつもの遊びをしても構いません。彼女はやるべき活動をしているときだけは、それを制御し、制限することを学ぶ必要があります。

2. ファティマには、新しい活動をちょっとやっただけで拒否する傾向があります。これでは、遊びへの興味やアイデアを拡げることができません。大人と一緒に新しい活動、とくに探索的なことや遊びをやってみることを促し、それを彼女が楽しめるかどうかを確認するために、長くその活動を行うようにするのがよいでしょう。そして、彼女がある程度興味を示したら、その活動をより頻繁に行うことができます。

3. ファティマが受け入れられる範囲で、物を運ぶ、大人がコートを着るのを見る、物を取りに行く、物を片付けるなど、先生や他の大人がやっていることにできる限り参加させるのは彼女にとって良いことです。ファティマは盲ろうであることや興味を持つものが少ないことから、周りのたくさんのことを見逃してしまうので、大人がそれをできるだけ補う必要があります。先生が手をファティマの手の下にそっと置いて、強制的でなく優しく誘導して、活動に参加させたり、観察させたりすることができます。

6-5-3 社会的なやり取り

1. ファティマと頻繁にやり取りする人は、自分を見分けさせるのに、サインネームだけでなく、指輪やブレスレットのようにいつも身につけているものや、頬に触るというような軽い接触など、もっと簡単なシグナルを使うのがよいでしょう。彼女はおそらく名前で人を見分けることを簡単には学べないでしょうから、他のシグナルがサインネームをサポートすることができます。

2. 折に触れて、ファティマに他の人（生徒やスタッフ）も自分と同じことをしていることを見せてあげてください。彼女は、他の生徒に物を渡したり、物を用意してあげたり（テーブルの上のおやつやコップ）、グループ活動でときどきやり取りさせることによって、他の生徒のことを意識させることができます。ファティマは、自分が触れていない人の存在を忘れたり、気づかなかったりしやすいので、定期的に接触させることで、その活動に参加しているのは自分だけではないことを思い出させることができます。ここでも同じように下に手を重ねることで（ファティマの手の下に先生の手を置く）、ファティマの周りで起こっていることを触らせることができます。

6-5-4 ルーチンの重要性

1. ファティマの思考レベルでは、最もよく学習するのは、日常的な決まった活動、あるいは同じ状況の中で繰り返される経験からです。したがって、物の置き場所、一緒に活動をする人、何かをするときの順序に、決まりごとを確立することが重要です。しかし、生活はいつも完全に同じということはありえないので、計画的であろうと無計画であろうと、その決まりごとに変更への対応を組み込み、変更を受け入れることを学ばせることが大切です。一般に、ファティマのレベルの生徒にとって変更への対応は難しいものです。できる限り簡単な方法で変更についての説明を何度も何度も繰り返すと、新しいアイデアに対する彼女の最初の拒絶を乗り越えるのに役立つことがあります。

2. ファティマのために、触覚的シンボルによる日々の活動を表すスケジュール表が使われています。これは非常に良いもので、彼女の新しいプログラムでも継続するべきです。場合によっては同じシステムを使うことができます。シンボルは実際の活動とできるだけ密接に関連している必要があります。ファティマにはまだ一日の全体について一度に話すことはできませんので、次にやるべきことだけを伝えるようにします。ただし、全体のスケジュールを用意しておくとよいでしょう。あとで好きな活動がある場合は、朝に「待つ」の手話と一緒にそのシンボルを見せると、その日のルーティンを先取りする能力を養うことができます。

6-6 アセスメント活動

ファティマの話に先立ってこの章で提示された問いは、コミュニケーションのアセスメントの際に起こる重要なものです。以下は、答えなければならない問いのさまざまなカテゴリーに関連して、可能性のある活動のリストです。これらは、あなた自身の評価を計画する際に役立つはずです。

6-6-1 視覚

私たちは、生徒が言語の受け取りと表出のために利用できる手段について考えることから問い始めました。機能的視力は、主として活動全体での生徒の視覚の使い方を観察することで評価することができます。普通、このために特別な活動を計画する必要はありません。視覚の使い方が明確に分からない場合には、次の提案が役立つでしょう。

おもちゃの位置：その生徒がとても好きなおもちゃがいくつか分かったら、それを異なる距離に置いて、生徒が気づいて認識できるかどうかを確認します。散らかっているところと整理されているところに置いてみましょう。何かを落としてしまったときに、目で簡単に見つけられるか

どうかを確認します。その物の大きさを確認しておいてください。

　視覚による追跡：あなたが生徒と一緒にいるときに、他の人に彼の視線を横切って移動してもらい、その生徒が気づいて視覚的に追うかどうかを観察します。また、あなたがその生徒が欲しがっているものを別の場所に置いたときに、その生徒があなたの腕の動きを追跡しているかどうかを観察することもできます。

　機能的な視覚：ある評価者は、ちょっと離れたところにあるテーブルの上にM&M（訳注　アメリカのチョコレートキャンディー）を置いて、生徒の優れた機能的な視覚を実証することができました。黄色のテーブルの向こう側に黄色のM&Mがあることに簡単に気づくことができたときには、その生徒の視覚が学習に非常に機能的であることが明らかです。

　マッチング（対応付け）：子どもが物のマッチングができるとしたら、より構造化された活動を試してみることができます。小さな（2インチくらいの）おもちゃを5種類、それぞれ二つずつ集めてきます。1セットを生徒の前のテーブルに置いて、あなたのところのもう1セットの中から一つを取り上げて、生徒がテーブルから同じものを手に取ることができるかどうかを確認します。簡単に取れるようだったら、おもちゃを持つ距離を離していって、その生徒が識別できる最大の距離を見つけます。このレッスンが成功すれば、正式な視力検査を受けるための良い準備として、太い線で描いた線画も使えるようになるでしょう。

　照明：照明を変えて、生徒の反応にどのように影響があるかを観察することができます。生徒に光覚しかないかもしれないと考えられる場合は、暗い部屋の中で光るおもちゃで遊んでみてください。部屋の照明をつけたり消したりして、その子の反応を観察しましょう。また、あなたの手や、大きなおもちゃを眼の近くに置いて、手を伸ばしてくるかどうか確認します。

6-6-2 触覚能力、運動感覚能力とそれらの好み

　触覚能力の確認は、その大部分は視力アセスメントと同様に、他の目的のために計画された活動をする中で行うことができます。しかし、触覚利用に特定したいくつかの提案があります。

　振動：子どもに近づいたら、足を踏み鳴らす、いすを叩くなどの振動を出して、その子がそちらを振り向いたり、手を伸ばしたりするかどうかを確認します。振動するおもちゃで遊びましょう。その子があるおもちゃを気に入ったとすると、それを感じるとすぐに待ち構えるようになるでしょうか。

　触覚的な興味：いくつか触って面白いおもちゃで遊べるようにして、その子が細かい部分をどう探っているかを見てみましょう。

　マッチングと弁別：生徒が物のマッチングができる場合は、ペーパークリップ、ボタン、プラスチック片、1セント硬貨などのようないくつかの小さな物を弁別する授業を設定します。触って細かい部分を識別する能力を観察しましょう。

盲ろうの男児と遊ぶ女性。楽しい運動遊びは、しばしば
子どもがコミュニケーション能力を発揮するのを促す。

全身活動：セラピーボール、ブランコ、揺り木馬や揺りいす、トランポリン、タンブルマット（訳注　体操用マット）などの大きな遊具で一緒に遊びましょう。その子がどのような遊具を好むか、どのような体の動きを好むかに注目してください。また、全身での活動の間、その子がどのようにあなたとやりとりしているかを、あなたと子どもが手と声や眼だけを使っているときのやりとりと比較してみて下さい。

音楽に合わせて、あるいは音楽なしで、生徒と一緒に踊ってみてください。その子の動きを真似することから始めて、その子が気づくかどうかを見てみましょう。その生徒はあなたの動きに反応して自分の動きを変えるでしょうか。全身を使ってそのような対話をできますか。

6-6-3 聴く

聴覚反応は視覚反応ほどはっきり分からない場合が多く、子どもは私たちが気づかないうちに聴いていることもあるので、その子の聴覚の使い方を評価するには、特別な聴覚活動を行う必要があります。

音を出すもの：音の出るおもちゃや物で遊びましょう。生徒の横や後ろで音を出してください。警戒、音の定位、認識などの反応があるかどうかを観察しましょう。おもちゃで遊ばせて、音の出し方を教えてあげて、興味のレベルを観察してください。

音を出すいろいろなおもちゃを聴くその子の能力を観察するために、簡単な構造化された指導をすることができます。あなたはおもちゃをいくつか持って、その子の後ろまたは横に座ってください。聴こえるだろうと思うおもちゃを鳴らします。おもちゃを探したり手を伸ばしたりしたら、そのおもちゃを渡して遊んでもらいます。探したりしなかった場合は、あなたの手の中にあるおもちゃを探すのを助けてください。数分遊んだら、おもちゃをどけて、別の音を鳴らしましょう（その子は、次の音が出るまでそのおもちゃを持っていなければならないでしょうが、その子があまりにもそれに固執しないようにだけはしてください。そうすれば彼は次の音を聴くでしょう）。その子の近くで別のおもちゃの音を続けて鳴らし、手を伸ばしたときには反応し、あるいは手を伸ばすように教えましょう。その子が「聴く―手を伸ばす―また遊ぶ」というゲームを覚えたら、どの音をどのくらいの距離で聴いているかをチェックする仕組みを得られたのです。その子が頼りにしているのは、視覚やあなたの体の動きではなく、さらにはおもちゃから吹き出る空気でさえもなく、音そのものであるように注意してください。

音の出るおもちゃで遊ぶことは、聴覚活用の評価に役立つ。

発声：その子に近づくとき名前を呼んでください。抱いて声を出してあげてください。『こげ、こげ、小舟（Row, Row, Row Your Boat）』のような簡単なアクションソングを歌ってあげて、一

緒に動きましょう。

簡単な条件付け動作：「待つ、聴く、音が聴こえたら何かをする」という簡単な条件付け動作を教えることができます。立ち上がってジャンプする、いすの周りを歩いて音が止まったら座る、お手玉を投げる、拍手する、輪を棒に入れる、レンガの山を積むなどです。その子に確実に聞こえる音を使って教えましょう。反応の仕方がよく分かるようになったら、音の刺激や大きさを変えるといいでしょう。

私が教えていた生徒の一人は、チリンチリンという音が大好きでした。彼女はどんな活動でもじっとしていることはほとんどありませんでしたが、チリンチリンと鳴るおもちゃで遊ぶのはとても意欲的で、じっとしていて、耳を澄ませ、そして合図を聞いたら手を伸ばしてそのおもちゃを取ることをすぐに覚えてしまいました。最初はチリンチリンという音自体にしか反応しませんでしたが、だんだん、どんな音でも信号として一般化することを学ぶようになりました。このゲームをすることで、正確なオージオグラム（聴覚図）を取ることができました。

私はこの活動をファティマにも行いました。大きなドラムを左耳の近くで叩くと、彼女はいつも手を伸ばすことが分かったので、私は彼女が良い「叩き物」と考えそうな物を集めました。私がドラムを叩くたびにファティマがそれに手を伸ばしてくると、彼女に叩く物を渡すのです。結果は一貫していませんでしたが、私は、彼女がときにはその関係性を覚えていて、おもちゃを期待しているのだと感じました。

真似：ときには、生徒の発声を真似すると、生徒のあなたの声に対する興味を観察することができます。

簡単な指示：いくらか言語を理解しているのではないかと思われる場合は、「ダメ」、「バイバイ」、「ごはんよ」など、幼児によく使われる簡単な指示や言葉を使ってみてください。その子が状況に即した合図やジェスチャー的な合図なしに、話し言葉に反応するのをひたすら見守ってください。

関連付け：「跳ねる」と 膝の上で跳ねさせてもらう動作、「振り回す」とくるくる回してもらう動作のように、簡単な言葉や発声と楽しい活動に関連づけてみるのもよいでしょう。活動を始める前にその言葉を言うと、生徒が笑顔を見せたり、体の準備をしたりしているかどうかを観察してください。

6-6-4 運動スキル

運動能力の評価は主として、生徒のすべての活動での身体の使い方を観察したり、理学療法士や作業療法士とのディスカッションで行われます。動きのぎこちなさや制限が、特定の運動障害によるものなのか、あるいは一般的な発達の遅れや経験不足によるものなのかを判断するのには時間がかかります。これらの遅れは、視覚が子どもが動くことを学ぶ基本的な動機を与えるものなので、しばしば重度視覚障害と直接結びついています。生徒に、微細運動と粗大運動の両方の、体を使う機会を多く与えると、その子が経験から進歩し、改善してきているのか、治療を必要とするより深刻な問題を抱えているのかどうかを見ることができるようになります。

6-6-5 現在のコミュニケーションスキル

さて、生徒の現在の知識やコミュニケーションでの能力を観察、評価するのに役立つ、さまざまな活動を見ていきましょう。

おもちゃと材料の詰め合わせ：評価用の活動の導入に向いているのは、幼児が一人で探索できるように、おもちゃを詰め合わせた大きな入れ物を与えることです。評価者は常に活動の中に居て、

どんなコミュニケーションにも対応できるようにし、生徒自身の遊びのアイデアを観察し、ときどきはコミュニケーションや遊びのアイデアを提供して、できれば生徒がそれに対応できるようにしましょう。活動に特別な要件はありません。評価者がどれだけ対話するかは、生徒の行動に依存します。これは、自発的にコミュニケーションする、人へ注意を向ける、助けを求める、真似をする、指差しや指示に従う、アイデアを共有する、などを評価する良い機会になります。

　ここでは、いくつかおもちゃを提案します。具体的なおもちゃが何であるかよりも、それを使ってどのような活動ができるかのほうが重要です。

　・着せ替えができる、髪の毛のある人形
　・小さなブラシ
　・ドアつきで、開けると中に小さな人形が入っている車
　・押すとキーキー鳴るおもちゃ
　・カラフルなガラガラ
　・おもちゃの聴診器
　・ネックレス
　・いくつかバラバラに分解できる簡単なおもちゃ
　・大きなコマ
　・「スリンキー」（訳注　階段を降りていく動きをするらせん状のおもちゃ）
　・絵本
　・車が付いた引っ張るおもちゃ
　・お手玉
　・動く絵付きのオルゴール
　・大きいボール
　・色や形を分けて遊ぶおもちゃ

　生徒が年長の場合は、このリストにある子ども用のおもちゃを、年齢に合った操作性の高いおもちゃや素材に置き換えても構いません。ただし、幼児用のおもちゃと同じ機能を持つものであることを確認してください。物の象徴的な関連性を理解しているかどうかを判断するためには、生徒の年齢にかかわらず、何かの人形を入れておくことが大切です。人形はまた、非言語的なコミュニケーションの機会をたくさん作ってくれるのです（以下を参照）。

　日常的な物：日常的な物の意味と機能についての生徒の知識は、象徴的な言語をどのくらい使えるかに関連しています。スプーン、くし、帽子、コップ、時計、サングラス、人形、おもちゃのいすなどの一般的なものを箱に入れておいて、一度に一つずつ物を見せます。その子が、それぞれの物で自発的に何をしているかを観察するのです。もしその子が何もしないようだったら、あなたがやって、真似をするように指示することもできます。真似をしてくれない場合は、その子の手を動かしてそれをやって見せて、一人でできるかどうかを確認します。可能な限り、教室での日常から離れた状況ではなく、一日の規則的な生活の中で日常的な物を使っているようすを評価してください。ときにはその場の状況には関係のない物を与えてみると、役に立つ情報が得られるかもしれません。

　身体を使った活動：発達レベルの初期にある子どもの多くは、振り回される、回される、くすぐられる、膝の上で飛び跳ねさせられるなどの身体的な遊びを喜びます。この種の遊びは、生徒がどのレベルまでそれができるかにかかわらず、もっとしてほしいと要求するための刺激になる

ことがよくあります。楽しんでいる様子を見守りながら、一緒に遊んであげてください。その子が楽しんでいるところは、それを繰り返しましょう。それから、しばらく待って、生徒がもっと欲しいと何らかの形で示す時間を与えます。そうしてきたら、それがどのようなレベルのものであっても、その生徒のコミュニケーションに反応してください。その子が好きなゲームを二つ以上探しましょう。その子のコミュニケーションがその活動に特有のものなのか、それとも「もっと」という一般的な希望なのかが分かります。

　もし生徒が年長でも発達レベルが初期段階である場合は、これらと似ているけれど、より年齢に合った活動をすることができます。二つのロッキングチェアで並んで揺れたり、音楽に合わせて踊ったり、ジョギングやウォーキングを一緒にしたり、隣り合って簡単な運動をしたりなどです。これらは皆、授業というよりはゲーム感覚で遊びながらできるので、生徒は楽しめるし、もっと、と要求するようになります。

　粗大運動遊びの道具も非常に役立ちます。その子がいろいろな遊具を使って自分で探求し、理解している様子を観察することができます。そして、あなたの助けがあると、もっと楽しく遊べることを教えることもできます。非常に意欲的になる活動を見つけたら、それを、コミュニケーションを観察したり、新しい合図、手話、単語を教えたりするのに使うことができます。レベルのより高い生徒に対しては、教えている、その子が好きな道具のジェスチャーを作ったり、道具の名前を覚えたりする能力を観察することができます。とくに役立つと思われる道具には、小さなトランポリン、ロッキングチェアや揺れ馬、ブランコ、ワゴンやカート、大きなジムボール、クライミング用具などがあります。

　組み立ておもちゃは、とくに真似をしたり、指示を出したりするのに便利です。まず生徒の組み立てのアイデアを見てから、あなたがやっていることを模倣させたり、あなたの指示に従って物を作らせたりすることができます。これはその生徒に合ったものであれば、簡単なものでも複雑なものでも構いません。いす、ベッド、ブランコの模型を作って、それが実物の模型だということをその子が考えられるかどうかを観察しましょう。

　手伝いが必要なアクション玩具は、非常にやる気を起こさせ、その上、生徒と評価者の間のやり取りが必要になるので、多くは貴重なものです。そのようなおもちゃには、風船、コマ、電池式またはリモコン式のおもちゃ、ゼンマイ式のおもちゃなどがあります。これらは皆、助けを求める、欲しいものの名前を挙げる、指示に従う、原因と結果を理解する、などの能力を評価するのに使うことができます。

　いくらか視力のある年長の生徒に対しては、これらのスキルを確かめた上で魅力的な視覚刺激を与えて動機付ける、簡単なコンピュータプログラムがあります。

　構造化された活動：認知能力や知覚能力を評価したり、発達させたりするために使う、より構造化された指導には、コミュニケーション、とくに、真似したり、指示に従ったりする能力を調べるのにも役立つものもあります。生徒のレベルに応じて、以下のような訓練があります。

・いくつかの部品があるおもちゃや物を、簡単に分解する。たとえば、スタッキングリング（訳注　幼児用の輪を積み上げるおもちゃ）、懐中電灯、蓋付きの瓶など。
・同じ種類のおもちゃをまとめる（色や形などでは分けないでよい）。
・おもちゃや物を、色や形、大きさで識別・マッチングをしてして分ける。たとえば、洗濯物あるいはフォークやナイフ、皿、コップなど。
・ステッカー、色紙、テクスチャのある形など、紙の素材を使って同様の活動をする。

　これらすべてにおいて、指差し、実行、修正、名前付けなどの機会があり、したがって、コ

ミュニケーションの受け取り能力と表現能力の両方を評価する機会になります。

　会話の話題：人形や家具のあるドールハウスは、豊かな会話の源になります。生徒が人形を使って身近な日常を演じる中に、その子の象徴的に考える能力を見ることができます。また、子どもが言語で自分自身の考えを表わせない場合に、人形は簡単なシナリオを演じたり、非言語的に感情を表現したり、家族のことや社会的な関心事について「話す」ために使うことができます。もし生徒がいくらかでも言葉を話すことができるなら、人形で遊びながらいろいろなことを言葉で交わすことができます。

　人形遊びは、象徴的なことの理解度を評価するのに適していることや、非言語的なコミュニケーションの機会が得られるので、年長の生徒にとっても大切です。これはとくに全盲の生徒や、きちんとした言語をほとんどあるいはまったく持たない生徒にいえます。彼らにとって、人形は感情的なこと、社会的なことを表現する唯一の方法であるかもしれないのです。評価者にとっては、人形は生徒の象徴的な理解を評価する唯一の方法となるかもしれません。きちんと証明されていない、年齢に応じた行動などの相応しさのルールによって、アセスメントと教育で人形を使うのを妨げてしまわないようにすることが大切です。

　多くの場合、おもちゃのお医者さんごっこのキットは、言語をいくらか持っている生徒との会話のための良い題材になります。

　絵：絵を理解することは、生徒の象徴的理解能力にも関連しています。絵を合わせたり、絵に名前をつけたり、絵物語りや絵本について一緒に話すレッスンをできます。絵は、とくに生徒の語彙力やその子の持つ文法的な構造の程度を評価するのに役立ちます。

6-6-6 新しいコミュニケーションスキルを学ぶ能力

　新しいコミュニケーションの指導に反応する生徒の能力も評価する必要があると述べてきました。もちろん、すでに述べた活動の多くには、生徒が自発的に行うことを観察した上で、何か新しいことを教えることを組み込むことができます。ファティマに新しい手話を教えようとした経験についてはすでに述べました。これは生徒に言語を学ぶ準備ができているかどうかの良い診断テストです。以下、このプロセスと他のいくつかの活動を見て、考えられる反応のレベルについて検討してみます。

1. 生徒がコマ回しを見るのが大好きだと想像してみてください。まずコマを回転させて楽しませてあげましょう。コマが止まったら、その子がもう一度回してほしいということを何らかの方法で伝えてくるのを待ちます。それを叩く、回そうとする、あなたの手をその上に置く、あなたにそれを渡す、あなたを見てからそれを指す、などをしてくるでしょう。その子が何かをしたら、すぐに（回すという）返事を、その子が見えるなら眼の前で簡単な手話（動作的に簡単なもの）でするか、その子の手で簡単な手話を形作りましょう。そしてすぐに、もう一度コマを回します。止まったら、またその子の行動を待ちます。たぶんさっきと同じことをするでしょう。また手話をして、コマを回転させます。これを続けてください。何度かやった後に、もしその子が自分のコミュニケーションの方法からあなたがやっている手話に変えることができそうなら、少しゆっくりやってその時間を与えてみましょう。手話を繰り返して真似をするように促します。しかし、その子がやる気をなくさない程度に、遅れは短くしてください。何回かやっても真似を始めなければ、その子の手を動かして手伝って、すぐにコマを回転させてください。これをやっているうちにその子がコマに興味を失ったときは片付けて、またいつかやりましょう。

反応のレベルとしてはどのようなものが考えられるかを見てみましょう。発達年齢1
〜4ヶ月では、その活動を楽しんでいるかもしれませんが、それを繰り返してもらおう
とはしません。止まっても、またそれをしてもらおうとは考えないのです。4〜8ヶ月で
は、あなたの手を押しのけて、コマの方を見つめて、普通は叩くでしょう。手話にちょっ
と気づくかもしれませんが、自分とは何の関連もないと思っています。8〜12ヶ月になる
と、おもちゃの上にあなたの手を置くことで要求を伝えるようになります。手話が繰り返
し使われていると、それを見たときに、コマがまた回転することを期待して笑顔を見せ始
めます。おもちゃを回してもらうためにあなたの手を取るでしょう。あなたの手も、手話
も、コマもすべてその子の楽しみを作る一部なのです。

　　発達年齢12〜18ヶ月では、手話は明らかに活動のためのシグナルとなります。子ども
はそれを真似しようとします。18ヶ月までには真似ができるようになりますが、忘れてあ
なたの手を取ろうとして手を伸ばすことに戻ってしまうこともあります。18〜24ヶ月の
範囲になると、自発的に真似をするようになり、注意を促す必要はなくなります。コマが
そこに無くても手話を認識し始め、最終的に2歳のレベルでは、コマが見えないときにそ
れを手話を使って自発的に求めることができるようになります。

　　このレッスンでは、コミュニケーションにおけるその子の発達レベルを評価し、どのよ
うに最良の学習をしているのか、学習に対する注意力、真似る能力、学習率がどうかを見
ることができます。

2．その他の診断的学習活動には、物に名前をつけることがあります。日常的な物のグループ
　　を選んでください。何を選ぶかは、生徒の機能的能力やその活動が行われている環境につ
　　いての、あなたの全体的な観察に依ります。たとえば、水泳の後に子どもの着替えを手
　　伝っている場合は、衣類や身だしなみ用品を選ぶのもいいでしょう。

　　生徒が言語をほとんどまたはまったく話さない場合は、くし、シャツ、ズボン、帽子、
　　ネックレス、タオルなど、それを使うときの動きによく似たジェスチャーや手話で示すこ
　　とができるような、簡単なものを選びましょう。あまりジェスチャー的でない手話（たと
　　えば靴）を1つ入れるのもいいでしょう。生徒にいくつかの物が入った箱やトレイを渡し
　　ます。ジェスチャーや手話をして、手を差し出して「ちょうだい」を示します。要求され
　　た物を生徒がつかんでいない場合は、正しいものを選ぶことや、それを身に着けたり使っ
　　たりするのを手伝いましょう。これを続け、必要に応じて手伝ったり教えたりして、その
　　子の学習能力を観察します。

3．同じ物を使って、名前を言ってもらうことができます。物を取り出して、その子にジェス
　　チャーか手話をしてもらいたいということを示します。

4．生徒がある程度の言語を持っていて、これらの物が簡単すぎる場合は、聴診器、ライオン、
　　懐中電灯、おもちゃのオートバイ、ラッパなど、その子が認識することができるけれどそ
　　の物の手話を知らないと思われるいくつかを選ぶことができます。これらの手話を教えて、
　　学習度合いと手話表出の明瞭さを観察してみましょう。

5．フォーマルな言語が使えるレベルの生徒では、アセスメントや授業の際に初めて会う人の
　　サインネームの指導を利用することもできます。

これらのどの場合でも、子どもの課題達成への意欲を考慮することが重要です。活動中に使っ
た物で引続いて遊べるようにするなど、動機づけをする必要があるでしょう。

6-6-7 自然な日常活動を利用する

生徒のコミュニケーションを観察、テストすることができるもう一つの活動は、自然な日常生活での動作です。食事、着替え、トイレ、洗面、睡眠の時間に生徒と一緒にいられると、ジェスチャーか言語による指示に対する反応、必要なものや欲しいものを求める能力などを観察する機会が多く持てます。

選択肢を示す：食べ物を選べる状況を設定して、その子がその概念を理解し、欲しい食べ物を何らかの形で示せるかどうかを確認することができます。これは、次のレベルでのコミュニケーションスキルを教える良い機会にもなります。

予測を教える：一人の生徒を長期間にわたって担当する場合は、物、絵、手話、言語で日常の決まりごとを示し、その子が次に起こることの予測を学べるかどうかを見てみましょう。ときには、その子が合図を認識しているかどうかを知るのが難しいこともあります。たとえば、トイレに行くことを示すためにオムツを与えた場合、どのような反応が期待できるでしょうか。トイレに行くのが嫌で怒るかもしれませんし、立ち上がってトイレに向かって歩き出すかもしれません。あるいは、オムツを認識できても、行くか行かないかにはとくに関心を持たず、何も反応しないこともあります。何を理解したかを正確に判断するには、何度も繰り返し、反応を注意深く観察する必要があるでしょう。

6-6-8 読み書きのスキル

生徒がすでにある程度の読み書きを学習している場合は、言語のアセスメントにこれを含めるといいでしょう。正式なテストでも多くのことをできますが、読み書きの教材を用意して、生徒に何ができるかを見せてもらって、非公式に行うこともできます。お互いの名前や情報、お互いについての質問を読んだり書いたりし、絵の中の物に名前をつける、物語の絵を説明する文章を書くなどです（医療言語聴覚士（speech and language pathologist）によるアセスメントについては以下の考察を参照）。

6-7 乳幼児のアセスメント

6-7-1 特別な配慮

とても幼い子どものコミュニケーション能力の評価は何が違うのでしょうか？　同じ質問は相応しいでしょうか？　方法は似ているでしょうか？　このセクションでは、乳幼児のコミュニケーション能力を評価する際の特別な配慮と方法について見ていきます。

盲ろう児のコミュニケーションを評価する際には、しばしば多くの未知のことに取り組むことになります。しかし年長児の場合はかなり発達してきているので、結論を導き出して評価を開始することができる何らかの履歴記録（医学的、教育的、行動的）を一応は得ることができます。乳児の場合は未知の部分が多くなります。正常な視力と聴力を持つ乳児でも、数ヶ月から数年は感覚システムが完全に整っているわけではありません。盲ろうの乳児の場合は、感覚系が未熟であるだけでなく、障害があるのでアセスメントが難しくなります。視力や聴力に障害があることは分かっていても、その視力や聴力の低下の程度について明確な情報が得られるほどには成熟していないかもしれません。

盲ろうの乳児の多くは医学的に脆弱であり、頻繁な、あるいは長期の入院が必要です。これは、発達をさらに遅らせたり、子どもが得てきたものをだめにしてしまったりすることがあります。

慣れない環境、異なる養護者、医療介入による療養の必要性などが発育の遅れの要因となり、感覚機能の評価の難しさに拍車をかけることにもなり得るのです。

本章の冒頭で概説したコミュニケーション評価の五つのカテゴリーは、年長児の場合と同じです。しかし、乳児にとくに適用されるいくつかの追加すべき考慮事項があります。

6-7-2 感覚と運動機能

機能的視覚：視覚技能は順次発達していきます。子どもは成熟の過程でこのスキルを身につけます。そこで、視覚はその子の全体的な発達レベルの中で評価しなければなりません。

機能的視覚の発達には、首のすわりも重要な要素となります。子どもの首の筋肉が強化されると、一般に視覚機能の改善が見られます。また、初期の反射パターンが神経学的に統合されると（例えば、非対称性緊張性頸反射［ATNR］。訳注 Asymmetrical Tonic Neck Reflex. 新生児にみられる原始姿勢反射の一つ）、子どもの視覚能力が向上することがよくあります。

そのため、乳幼児が視覚的にどう機能しているかを知ることは重要ですが、この情報を用いて将来のコミュニケーションの方法を明確に提案することはできないことを理解しておくことは重要です。乳幼児期から就学前の発達期には、子どもの視覚機能の利用の継続的なアセスメントを行うことがとくに重要です。

触覚：盲ろう児は、動かされたり触られたりすることで多くの情報を得ています。以下のような問いをしてみましょう。

・抱っこしたとき、身体がリラックスするか？　どのように抱かれるのが好きか？
・いろいろな人に抱かれたとき、どのように反応するか？　たとえば、親が動かしたり、触ったりしているのを、あまり馴染みのない人がやっているのと対比して、違うと認識しているように見えるか？
・日常の行動の場所を、その状況での手がかりから認識しているように見えるか（たとえば、着替え台の上で足を蹴る、ベビーベッドに座らせると落ち着く、チャイルドシートに座らせると泣くなど）？　もしそうだとしたら、その子はどのようにしてこれを認識していると思うか（触覚的な入力、他の感覚の利用、養護者からの直接のコミュニケーション）？　どのようなタイプの触覚入力を好むように思えるか？　とくに嫌いなものはあるか？　体の特定の部位の感触に対して寛容か（たとえば、腕や脚には触られるのは好きだが、手や足には触られたくない）？　新しい、あるいは異なる質感や温度にはどのように反応するか？
・自分自身で触って探索しているのか？　どのような方法で（手、足、口、脚を使って）？　手を使って探索する場合、どうやって？　手を伸ばす、つかむ、打つ、口に入れる、手遊びをする？　どのような種類のものを探索するだろうか？　たとえば、おもちゃの操作には限られた興味しか示さないかもしれませんが（口に入れて、すぐに横に押しやってしまう）、大人の膝の上に座っているときに、顔やシャツのボタン、アクセサリーなどを探ることに興味があるかもしれません。

盲ろうの乳児を評価する際には、いくつかの注意を守る必要があります。早産の結果で盲ろうになった乳幼児が増えています。このような子どもたちに与える触覚刺激の種類や量は、慎重に見極める必要があります。このような子どもたちは過敏になりやすく、睡眠障害や、かなり有害な神経反応を引き起こす可能性があるのです。

また、複数の障害のある幼児の多くは、発作性疾患を伴う可能性があります。これらはすでに診断がついていたとしても、良い治療法がまだ決められていないかもしれません。子どもを抱っ

こしてはいけないという意味ではありませんが、発作を引き起こす可能性があるので、揺らしたりや回したりなどの動作のときには注意が必要です。

機能的聴覚：聴覚障害の無い子どもの聴力が完全に発達するのは、2歳になったころです。このため、難聴、とくに軽度の難聴は評価が困難です。軽度の難聴のように見えても、ある特定の発達段階を反映しているだけかもしれません。たとえば、生後4ヶ月の健聴の子どもは40dB以下の音声にはすぐには反応しません。その子が2歳児になると、30dBの音声に反応するでしょう。2歳の障害児が4ヶ月の発達レベルにある場合には、40dB以下の音声には反応しないかもしれません。その子は実年齢では2歳児なので、聴覚障害があるように見えますが、実際には発達年齢に応じて適切に反応しているのです。

　ごく幼少の子どもによく起こる耳の感染症は、何回も罹ると聴力が不規則に変動することがあります。中耳炎は、永続的な難聴にならないように治療しなければなりません。

運動能力：成熟期の変化を考慮して、時間をかけて評価しなければならないもう一つの分野は、運動能力です。理学療法士や作業療法士は、このような問いに答えるのに助けになり、彼らからその子のコミュニケーションに関する貴重な情報を得ることができます。

・さまざまな体勢を受け入れるか？　どのような位置を好むか？　この子が情報を受け取り、自分の世界とやり取りするにはどのような位置が最適か（例：タンブルフォームのいす（訳注　特殊な素材のクッションが付いた障害児用のいす）に座る、仰向けに寝る、横向きに寝る、幼児用の立ち上がり用具で立つ、など）？

・子どもの動きで、どれが反射的で、どれが目的を持っているか？　目的を持った動きでは、どのような動きが対象物（知育玩具のスイッチも含めて）とのやり取りを最もよくコントロールできるか？　たとえば、その子が左側に横になっているときは、右手でスイッチを作動させることができるでしょう。その同じ動きでも、頭を回しやすいように支えられて座っているときには難しいかもしれません。

・その子が好きな特定の動き（たとえば、揺らす、穏やかに振る）はあるか？

6-7-3 現在のコミュニケーションスキル

　乳幼児期、ときにはそれ以降も、コミュニケーションは象徴的表現以前の段階にあります。どの子どもも何らかのレベルでコミュニケーションをとるので、親が自分の子どものコミュニケーションスタイルや能力を理解することが大切です。私たちは、親が自分の子どもが自分の希望やニーズをどのように伝えているのかを見極める手助けをしたいと思います。では、親はどのようにして子どもとコミュニケーションをとっているのでしょう。私たちは、次のような子ども特有の質問をすることができます。

・お腹が空いた、注意を引きたい、居心地が悪い、具合が悪いなどで泣き方を変えるか？

・発声はするか？　声にはどのような違いがあるか？　どのような状況で発声する可能性が高いか？　発声や体の動きの真似をするか？

・コミュニケーションするために体の動きを使うか（腕の中で寄り添ってきて満足感を表す、蹴ったり動いたりなどで興奮を示す、抱き上げられることを期待して腕を上げる）？

・何かを欲しい、欲しくない、をどのように示すか？　たとえば、昼食のとき、その子は一口食べるごとにしきりに口を開けるが、その後、顔を横に向けたり、口を開けるのを拒んだり、最後の一口を吐き出したりして、もういい、ということを示すか？

・「視線で示し」たり、欲しいものを見たりするか？

・手で指差したり、大人の手を物の上に置いたりするか（全盲の場合）？
・体の動きを繰り返して、楽しんだり、何かをしようとするか？
・その子がやっていた楽しい活動を止めた場合、どのようにしてまたやってほしいという意思表示をするか？　たとえばその子を前後に揺すってやっていてそれを止めたとき、泣いたり、頭を後ろに動かして「もっと」を示したりするか？　そういうとき、自然なジェスチャー（指差したり、あなたを引っ張ったり）を使うか？
・声のトーンの違いに反応するか？　何か言語を理解しているか？
・毎日やること（入浴、食、外出など）を状況のキューから予測しているか？　たとえば、昼食後に外に出ることが習慣の場合、養護者がコートを着せ始めると、期待でワクワクして笑顔を見せたり、蹴ったりするか？

　その子が、生活の中で重要な人からどんな情報を得ているのかを聞くことが大切です。
・養護者はどのように本人とコミュニケーションをとっているのか？　たとえばその人たちは、どのように自分をその子に分からせているのか？　おそらく父親は、やり取りする前にいつもひげを触らせているのでしょう。兄は自分を区別させるために、決まったパターンで足を叩いているかもしれません。
・彼らは、抱きかかえる、オムツを替える、食事の時間などを子どもにどう伝えているのか？何の前触れもなく急に抱きかかえたり、食事を与えたりすると盲ろう児はびっくりしてしまうでしょう。穏やかに近づく、子どもの視野内で一度止まる、身体の上での触覚的キューをだす、簡単に直接声をかけるなどのやり方は、子どもの驚きを減らし、これから何が起こるかを予測するのに役立ちます。
・養護者は子どもがコミュニケーションしようとしているのに反応しているか（発声を真似る、不機嫌だったり泣いたり人の関心を引こうとしたりすることに反応する）？
・養護者は可能な限り、周囲の人、物、できごとに、触覚、聴覚、視覚、嗅覚でアクセスできるようにしているか？
・養護者は、最大限の理解を促進するために、一貫性のある整理された方法でコミュニケーションしているか（一貫した言語を使う、イベントや人について伝えるために触覚キューやオブジェクトキューを使う）？

6-8 コミュニケーションの臨床アセスメント：これらは適切か？

　盲ろうの生徒の評価は、他の障害のある生徒の評価とはまったく異なるアプローチをしなければなりません。たとえば、構音や需要言語のテストをとりあげてみても、臨床専門家にとっては時間の無駄になるだけで、生徒にも非常にフラストレーションがたまります。

　標準化されたテストを受けるために必要なスキルのいくつかを考えてみましょう。いくつかの違いはありますが、多くは、机やテーブルに寄せられたいすに静かに座ること、何らかのテスト刺激（書きものでも臨床専門家の声でも）に注意を払うこと、絵を見るのに必要な視覚能力があること、指示やテストで使われる質問刺激を受けるのに適切な聴力があること、見たり聞いたりしたことを解釈するのに充分な知覚能力と言語能力を持つこと、そして応答するための運動能力と言語能力を持つこと、などが必要です。このことを念頭に置いて、盲ろうの生徒に標準化テス

トを実施することの難しさを理解していくのです。

　臨床専門家として二重感覚障害のある生徒にこのようなテストを使用する場合、生徒の感覚やそれによる障害が、そのタスクを容易に行う妨げにならないようにする必要があります。これは、提示されたすべてのテスト項目がその生徒にとって簡単でなければならないということではありません。生徒の、見る、聴く、動く、注意を向ける力ではなく、本当に生徒のスキルをテストしているかどうかを確認する必要があるということです。

　非公式な方法で生徒の情報を得ることは、盲ろうの生徒が正式なテストを受けるのに必要なスキルを持っているかどうかを判断するための最も効率的な方法です。臨床専門家は、テストの目的を決め、その情報を得るためには、形式的な方法がよいのか、非公式な方法がよいのかを、生徒の能力や障害に基づいて判断しなければなりません。

　私は臨床専門家として、このような手段を自信を持って使用できることはほとんどなく、検査結果を唯一の報告内容として使うこともありません。臨床専門家にとっては形式的な検査を使うのは安心感があるかもしれませんが、そのような手段を使う前に重要なことを問わなければなりません。

- ・自分がテストしようとしていることを本当にテストしているのか、それとももっと良い情報収集方法があるのか？
- ・テスト中、生徒はどのように感じるだろうか？　この種の作業を経験したことがあるのか、それともこれが最初だと考えるべきなのか？　それがテストの結果にどのような意味を持つのか？
- ・このようなテストの目的が、年齢に見合った得点を得ることだとしたら、私はこの盲ろうの生徒を誰と比較しているのだろうか？　視力、聴力があり、障害の無い子どもたちか？　知的障害、ろう、全盲のある子どもたちか？　これは公平な比較だろうか？　その情報は、その生徒の現在または将来の役に立つだろうか？
- ・生徒が潜在能力を最大限に発揮できるようにするには、どのような戦略を使えばよいか？　生徒の視覚的なニーズに合うように、テスト教材を調整する必要があるか？　生徒が期待されていることを確実に理解できるようにするには、指示をどのように提示するべきか？

　標準化されたテストは、初期段階の正式な言語システムを習得し、白黒の線画を識別できる充分な視力があり、テスト結果が経時的な変化を見ていく目的のみに使われる生徒に使うのが最も役に立ちます。したがってテストは、生徒の、語彙の受け取りと表現力のレベル、話す言葉の構造と複雑さ、単純な文と複雑な文の理解力、使っている構文、構音スキルなどについての情報を収集するのに役立ちます。これらの知見は、日々子どもと交流し、子どもの現在の機能に基づいて授業を計画する教育者を支援するものです。生徒が次のステップに進むための支援は、その生徒の現在のスキルに関する非常に具体的な知識がなければ達成できません。

6-9 アセスメント：継続的なプロセス

　私たちは、短期間の1回のセッションで行われるか、あるいはより長い診断期間にわたるかにかかわらず、初期のアセスメントについて主に議論してきました。しかしアセスメントは、その人の学習期間（成人期も含めて）を通して、進捗状況、変化するニーズ、問題の状況、その他の考慮事項を評価するために続ける必要がある継続的なプロセスでもあります。このプロセスには、盲ろうの人を知っていてやり取りする人が、程度の差はあれ、それぞれの役割に応じて参加しま

す。教えること自体には、どの分野でも、次に行うことを適切に計画するために、学習状況ややり取りの結果をアセスメントすることが含まれています。盲ろうの人と接する私たちは、その人の学習を励まし、より効果的なコミュニケーションに向けて進歩するのを促進するために何ができるかを、常にその人から学んでいくことになるのです。

　本書の後の章では、コミュニケーションや言語を発達させるための具体的な内容や方法を紹介します。アセスメントを通して収集した情報は、生徒の現在のコミュニケーションのレベルを確認するのに役立ちます。これを終えれば、あなたがやっていることに向けて必要なスキルを明らかにすることができるのです。

［引用文献］

Brennan, V., Peck, E., & Lolli, D. (1992). *Suggestions for modifying the home and school environment: A handbook for parents and teachers of children with dual sensory impairments*. Watertown, MA: Perkins School for the Blind.

Gleason, D. (1984). Auditory assessment of visually impaired preschoolers: A team effort. *Education of the visually handicapped*, vol. XVI, no. 3, pp. 102-113. Washington, DC; Heldref Publications.

Smith, A.J., & Cote, K.S. (1982) *Look at me: A resource manual for the development of residual vision in multiply impaired children*. Philadelphia, PA:Pennsylvania College of Optometry Press.

［参考文献・資料］

Anderson, S., Boigon, S., & Davis, K. (1991). *The Oregon project for visually impaired and blind preschool children*. Medford, OR: Jackson County Education Service District.

Chen, D. (1997). *What can baby hear? Auditory tests and interventions for infants with multiple disabilities*. New York, NY: AFB Press.

Chen, D. (1997). *What can baby see? Vision tests and interventions for infants with multiple disabilities*. New York, NY: AFB Press.

Downing, J. (1992). *Assessing the school-age student with dual sensory and multiple impairments (ages 6-15)*. Northridge, CA: California State University.

Erhardt, R. (1990). *Erhardt Developmental Vision Assessment* (EDVA). San Antonio, TX: Therapy Skill Builders.

Gleason, D., & Connolly, T.T. (1978). *Assessment of auditory functioning of deaf-blind multihandicapped children*. Dallas, TX: South Central Regional Center for Services to Deaf-Blind Children.

Jose, R.T. (Ed.). (1983). *Understanding low vision*. Houston; TX: University of Houston College of Optometry.

Linder, T. (1990). *Transdisciplinary play-based assessment: A functional approach to working with young children*. Baltimore, MD: Paul H. Brookes.

Meisels, S., & Fenichel, E. (Eds.). (1996). *New visions for the developmental assessment of infants and young children*. Washington, DC: Zero to Three.

Ray, S., O'Neill, M., & Morris, N. (Eds.) (1986). *Low-incidence children: A guide to psychoeducational assessment*. Sulphur, OK: Steven Ray Publishing.

Rowland, C. (1988). Perspectives on communication assessment. In M. Bullis, & G. Fielding, (Eds.), *Communication development in young children with deaf-blindness: Literature review* III (pp. 1-22). Monmouth, OR: Western Oregon University, Teaching Research Division.

Stillman, R. (Ed.). (1985). *The Callier-Azusa Scale (H)*. Dallas, TX: Callier Center for Communication Disorders.

University of California School of Optometry. (1984). *U.C. Berkeley Preferential Looking Test*. Berkeley, CA: Bailey, I.L., & Hall, A

第 7 章

コミュニケーションの方法を選ぶ

キャロル・クルック、バーバラ・マイルズ、マリアンヌ・リジオ

7-1 盲ろう児の自然な表現手段

　私たちは何をどのように教えるかを判断するために、盲ろうの生徒のコミュニケーションと言語を評価する必要があるのと同様に、それぞれの生徒について、使うコミュニケーションの最も効果的な方法を判断する必要があります。視覚と聴覚の両方の低下は、通常のコミュニケーション方法を介して言語に自然に触れることがないか、あるいは極端に制限されていることを意味します。盲ろうの生徒は、自分のコミュニケーション能力を最大限に発達させることができるような方法で、コミュニケーションと言語の中に置かれることが好ましいのです。言語に適切に触れることと非言語コミュニケーションのレパートリーは、意識的で慎重な配慮なしには増やしていくことはできません。

　障害の無い大人のほとんどは、音声を主なコミュニケーション方法として使います。さらに、ボディランゲージ、顔の表情、ジェスチャー、絵、文字（読み書き）などを使ってコミュニケーションします。盲ろうの生徒も同様に、複数のコミュニケーション方法を使います。それぞれの生徒のニーズに合わせて、どのコミュニケーション方法を組み合わせて使うかを決める必要があります。ボディランゲージ、動き、ジェスチャー、顔の表情、音は、一般にすべての盲ろう児の自然なコミュニケーションのレパートリーの一部になっています。これらの自然な表現方法は、第4章で説明した会話の方法を使うことで促され、拡大できますし、またそうするべきです。これらの非公式な表現方法は、生徒の一生を通じてのコミュニケーションの中心的な部分となる可能性が高いのです（私たちは皆、話すこと、読むこと、書くことを学んだ後、長い間これらの方法を使い続けています）。音声、手話、指文字、絵、オブジェクトシンボル、墨字、読み書き用の点字など、これらの従来の方法はすべて、視覚と聴覚の両方に障害のある人に対して使うためのさらなる選択肢となります。これらの方法のいずれでも、その子に適しているものを充分考慮した上で触れられるようにすれば、子どもは、考えを豊かに表現し、コミュニケーションの相手や状況の多様性を拡げる機会を得ることができます。

7-2 自然なコミュニケーション方法と実用的な方法の選択

　すべての盲ろうの人に対して適切だという、ある特定の方法の組み合わせはありません。視覚能力、聴覚能力、認知能力、運動能力、総合的な学習スタイルなどが異種混交しているため、個々のコミュニケーションのニーズに対応することが必要です。また、コミュニケーションを受けるときと表現するときのニーズについて明確に考え、それぞれが異なる対応が必要であることを理解しなければなりません。たとえば、ある程度の聴力がある生徒は、受ける方法として音声会話が向いているかもしれませんが、自分から話すことは、知的発達の遅れや身体的あるいは学習的な困難さから、学習できないかもしれません。したがって、その子は手話、物、絵など、表現するときに役に立つ方法にもっと触れることが必要でしょう。

　「すべての盲ろうの生徒が、使えると思われるすべての方法にアクセスできるようにし、どの方法が最も簡単にアクセスでき、利用できるかを見るべきではないか？」という疑問を持たれるかもしれません。それは理想的な状況で、その子に最も多くの機会を与えるものでしょう。しかし、すべての方法へのアクセスが必ずしも可能ではない、あるいは望ましいとはいえない理由もあります。たとえば、全盲は、情報にアクセスするのに従来の絵や文字を使うことができないことを意味するのは明らかです。重度難聴は、子どもが聴覚で音声を理解することができないことを意

コミュニケーションの方法は、個々の生徒のニーズと
能力に基づいて選択されなければならない。

味し、したがって、言語を学ぶための主要な方法として音声を使うことができないことを意味し
ています。子どもにとってある方法が有効であるためには、それがアクセス可能でなければなり
ません。

　さらに盲ろう児にとっては、情報を受け取るチャネルが限られていてそれが重度の場合も多い
ため、教育者である私たちは、残されているチャネルをとくにうまく利用しなければなりません。
私たちは、子どもができるだけ多くの意味のある情報を受け取ることができるようにしたいと考
えています。また同時に、子どもの興味とは関係ない情報があったり情報にアクセスする能力に
過度の負担がかかったりして、途方に暮れることがないようにしたいのです。私たちが、よりア
クセスしやすく、より興味深いモードではなく、不適切なモードを選択した場合は、子どもは、
私たちのコミュニケーションを完全に無視するか、手がかりを得ることができないようになって
しまう危険を冒すことになります。真摯なお互いの会話のやり取りに配慮することは、それぞれ
の子どもに適切なコミュニケーション方法を選択するのに役立ちます。

　難しいように見えるかもしれませんが、コミュニケーション方法の選択を盲ろうの幼児や、ま
だその適切な機会を得られていない年長の子どものために行うことは可能です。私たちは、一人
ひとりの生徒が周囲と、またそこにいる人々とできるだけ有意義につながることができるように
したいと考えています。目標は、盲ろうの生徒が、使える最も自然で実用的な方法によって情報
を受け取ったり、関与したりすることができるようなコミュニケーション方法を提供することで
す。自然なコミュニケーションシステムでは、誰がコミュニケーションを受けているのかにか
かわらず、生徒が自由に自分の考えを表現することができます。たとえば、手話、ジェスチャー、
ボディランゲージ、顔の表情などは、ろうの人にとって自然なモードです。手話は、より高度な
思考の展開と表現ができるので、とくに重要です。しかし残念ながら、一般の人には広く理解
されていません。これは、その人が地域社会の中で可能な限り自立して生きていけるようにするた
めに、別の手段の追加についても考える必要があることを意味しています。コミュニケーション
のシステムは、いつでも利用できてさまざまなコミュニケーションの相手に理解されるものが実
用的といえます。そのようなコミュニケーションシステムは、盲ろうの人にとっては最も自然な
ものではないかもしれませんが、彼らが、見える、聴こえる人たちの世界で活躍できるように拡
張することができるでしょう。自然な方法として手話を使う人は、手話を知らない地域の人々と
コミュニケーションをとるために、たとえば絵や文字を使うことがあります。

　盲ろうの生徒には、その子の感覚、認知、運動能力に最も適したコミュニケーション方法を提
供しなければなりません。選んだ手段が何であっても、私たちは柔軟性を持って、意欲的であり、

必要な場合にはいつでも変更できることが非常に大切です。その子の方法が自然さと実用性の必要条件を常にきちんと満たしているようにするために、生徒のコミュニケーションの進歩状況を継続的にモニタリングする必要があります。方法を変更したり追加する必要性があるかもしれません。意思決定のプロセスには、生徒とその学習スタイルについて知っていることをすべて考慮すること、生徒に関わる人々の意見を考慮に入れること、コミュニケーション受取りや表現の考えうる方法で生徒が利用可能なものすべてについての知識を持つことが伴います。児童生徒や幼児の近くにいる人たちは、使われている方法が、その子のコミュニケーションのニーズに対して適切であるかどうかを、毎日確認できるように、丁寧な会話のやり取りをする必要があります。

　この章では、多くの盲ろうの生徒を見て、それぞれのケースでコミュニケーション方法を選択するための要因を考えてみましょう。その前に、盲ろうの人が利用できるコミュニケーション方法の範囲を知っておく必要があります。

7-3 最も流暢になることを目指して

　盲ろう児の言語学習の支援を考えるとき、流暢さを第一の目標とすることを念頭に置いておくのは非常に大切です。流暢さとは、表現、（考えや感情を言葉に表す流れ）のしやすさです。盲ろう児が母語を流暢に話せるようになる機会を与えることに重点を置く必要があります。快適に使える母語や表現手段がなければ、コミュニケーションシステムの訓練をたくさんしても、その子に真に役立つものにはなりません。快適な表現手段があれば、盲ろう児は、学校生活やその後の生活の中で、意欲的に、さらに多くの語彙やコミュニケーション方法を学ぶことができるようになるのです。

　盲ろう児に流暢さを発達する機会を与えるにはどうしたらよいかを考えるとき、その子にとって最も簡単な表現方法は、個々の子どもによって異なることを認識しておく必要があります。そこで、それぞれの子どもにとって最も快適なコミュニケーション方法を明らかにした上で使うことが必要です。これは、理解のしやすさと表現のしやすさの両方を実現するために、いくつかの手段を組み合わせて使うことになるでしょう。たとえば、肢体不自由のある子どもで、ボディランゲージと手話を通すのが一番理解できるという場合があるかもしれませんが、自分の考えを流暢に表現するには、絵などの別のシステムが必要になるでしょう。もしそのような子どもからこれらの手段のどちらかを取り上げてしまうと、その子の流暢さを大きく制限してしまうことになります。

　多くの盲ろう児にとって、手話は情報を受け取るための最も簡単な手段となります（多くの場合、手話をする人の手の上側に生徒の手を置いて、触覚的に手話を受け取らなければなりません）。しかし、手話を使うとしても、さらに特定の子どもに使う手話の種類を決めなければなりません。言語的な流暢さの助けになる環境を作るには、ASL（アメリカ手話）を使うのか、英語対応手話（Signed English　訳注　ASLの手話単語を使い、語順などは口語英語に従う。日本の「日本語対応手話」にほぼ相当。日本の「中間手話」に相当するものも含む）のある種のバージョンを使うのかを検討することが重要です。理想的には、その選択は子ども自身の素質と、将来の社会的・教育的つながりの見通しによって決められるものです。

7-4 非言語的コミュニケーション方法

　非言語的コミュニケーションとは、言葉を使わないコミュニケーションのことです。盲ろう児たちは、すでにこれらのモードを使っています。盲ろうの生徒や幼児と交流する人々は、彼らのすべてのやり取りの中で、非言語的コミュニケーションがどのように使われているかをこれからますます意識するようにしていかなければなりません（第4章参照）。優れた非言語的会話は言語の基礎となるものです。非言語コミュニケーションには次のようなものがあります。

7-4-1 ボディランゲージとシグナル

　身体のいろいろな動きは、感情、考え、反応、要求を伝えています。この動きは、意図的であったり意図しないものであったりします。特定の人に向けられている場合もあれば、状況への反応であることもあります。動きには体のどの部分でも使うことができます。非常に具体的で明確であったり、またはとてもわずかな反応であったりするかもしれません。多くの場合、このタイプのコミュニケーションの理解は、受ける人の解釈に依存しています。子どもが何に反応しているのかが明らかではないこともありますし、要求の表現が曖昧かもしれません。普通、この種のコミュニケーションの意味を最もよく解釈することができるのは、その特定の発信者と最も多くの時間を過ごしている人です。

　正式な言語へのアクセスが限られているか、あるいはまったくない盲ろう児は、周囲の人のボディランゲージを敏感に感じ取る可能性があります。次の例は、個々の子どもがどのようにボディランゲージを使ってコミュニケーションをとるか、また、周囲の人がどのように身体を使ってその子とコミュニケーションをとるかを示しているものです。

・微笑む
・不快感や不満を表すために筋肉を緊張させたり、顔をゆがめたりする
・抱かれているときに心地よさと喜びを示すために、リラックスし、身体をゆだねる
・体を動かす
・体の動きや音を真似して認識していることを示す
・目的の物に目を向ける（見つめる）
・何かに向かって手を伸ばす
・表情を使って、驚き、喜び、困惑、「知らない」などの反応を伝える
・触ることで触覚的な興味があることを示す
・嫌いや拒否を示すために、物や人を押しのける
・手放すことを拒むために、硬く握りしめる
・好きな活動への要求を示すために、身体の位置を変える（たとえば、他の人の膝に上がってきて、揺らしてもらえる位置に座る）
・身体の位置を変えてもらうために、触覚的キューを使う（例：腕をそっと持ち上げる）
・ある活動への要求を示すために他の人の体を操作する
・物を動かして活動の繰り返しをしてもらう（例：回転の止まったコマを振ること）
・他人の手を、過去にその人に手伝ってもらったことのある物の上に乗せる
・助けが必要なときに、誰かに物を渡す
・ある目的や活動のために、人を目的の場所に連れていく

私たちは、意識しているかどうかにかかわらず、コミュニケーションの手段として、常にボディランゲージを使っています。盲ろう児と接するときには、自分がどうボディランゲージを使っているかをより意識するようにすれば、コミュニケーションはずっとうまくいくようになるでしょう。また、その子の現在のボディランゲージの使い方に、アクセスしやすい方法で反応してあげると、その子がますます洗練されたボディランゲージを使うのを促進することができます。

7-4-2 自然なジェスチャーと身振り

　自然なジェスチャーや身ぶり手ぶりは、私たちが自分の考えを表現するための従来の方法です。これは、そうでない他の動きに比べて認識しやすく、受け手側の解釈をあまり必要としません。また、他の人がどのようにコミュニケーションをとるかを真似したり、動きを模倣する能力にもより多く頼っています。以下はいくつかの例です。

- 「ノー」のとき頭を振り、「イエス」のときうなずく
- 指差す
- さようならと手を振る
- 「来て」と手招きする
- 「知らない」とき肩をすくめる
- 物や活動に関連する動作を真似して、それを「指定」する（例：ボールのことを考えているのを伝えるために、手で、バウンドさせたり投げたりする動作をする）
- 自然なジェスチャーと一緒に指差す（例：冷蔵庫を指差してから飲む身ぶりをする）
- 他の人を見つめることと対象物を指差すことを組み合わせて、それを渡してもらったり、手伝ってもらったりする
- 物や身体の一部に注意を引くために（見つめることや指差す代わりに）お互いに触れる

　ジェスチャーはコミュニケーションの自然な部分です。盲ろう児に対しては、その子がすでに使っているジェスチャーに反応したり、お手本を見せたりして勧めるべきです。

7-4-3 発声

　発声には、言葉や正式な言語を使わずに、コミュニケーションのために声を使うことも含まれています。発声の中には、泣く、笑う、叫ぶなど、意図的ではないものもありますが、反応や感情を伝えるものです。また、このような発声は、意図的に相手に向けて出して、これらの反応を表現することもできます（ここでは、一種の自己刺激的な遊びとしての発声のことを言っているのではありません。これは意図的なコミュニケーションではなく、他の身体的な遊びに近いものです）。以下、コミュニケーションに使われる発声の例をいくつか挙げます。

- すすり泣きが続くような、苦痛を示す、救いや助けを求める声
- 子どもが一人でいて、注意を引きたいときに使う呼び声
- 大人に加わって真似をしてもらいたいことをはっきり意図した、喃語遊び
- おもちゃを欲しいときに、それが出す音の真似
- 好きな歌を大人に歌ってもらいたいときの、歌詞やリズムパターンの真似

7-4-4 オブジェクトコミュニケーション

　やり取りの中で物を使うのは、多くの子ども、親、友達にとって自然なことです。たとえば子

どもは、母親がタオルを持ってくるのを見て、もうじきお風呂だということを知ります。あるいは、のどが渇いたときにコップを母親のところに持っていきます。父親は車の鍵を振って、幼い息子に車に乗ることを知らせるでしょう。盲ろう児はコミュニケーションのために物を自然に使うこともあります。たとえば、おもちゃを親に手渡して、動かすのを手伝ってほしいということを示します。周りの大人が一緒に物に触りながら、それで一緒に遊んだり、楽しんだり、次にやる活動の自然な合図として使ったり、一緒に楽しんだことの思い出として取っておいたりして、お互いの会話の話題にしている場合には、その子はとくに、このような行動をとる可能性が高いでしょう。合図や会話の話題として物を使うのは、盲ろう児にとっては明らかにメリットがあります。物は触ったり動かしたりできるので、大人と子どもが共有できる実際の体験をベースにやり取りができるようになるのです。

　物は、日常活動のルーチンのスケジュールを示すオブジェクトとしても使えます。物を箱やポーチに入れたり壁に吊るしたりすると、子どもと大人がこれからの活動の流れを一緒に「読む」機会になります。オブジェクトは、活動で使われる実際の物（たとえば水着）から活動を象徴的に表現したもの（たとえば、段ボールに付けた小さな四角のタオルの切れ端）まで、さまざまな種類があります。ミニチュアのオブジェクトは、本物と同じような触感が無いので、一般的に象徴的な表現には適していません。たとえば、ミニチュアのプラスチックカーは、本物の車のようにはまったく感じられません。

　オブジェクトスケジュールは、これからの活動や終わった活動について、非常に多くの会話の機会を与えてくれ、また、生徒が特定の好きな活動を要求するための方法になることもあります。多くの場合、これは盲ろう児が表現に使う象徴的なコミュニケーションの最初のフォームです。

　オブジェクトは、ジェスチャー、手話、発話などの他のコミュニケーション形態と組み合わせて、進められている会話の中で常に使用されるべきです。オブジェクトカレンダーシステムは、生徒の象徴的な理解が深まれば、絵や点字のシステムへと発展することができ、したがって、文字使用以前のシンボルだということができます。

7-4-5 ピクチャーコミュニケーション

　描いたり、印刷したり、写真に撮った絵は、コミュニケーションのもう一つの方法となります。絵は、子どもが自分の考えを伝えるために描いたり、いくつかある中から選びたいものを示すなどできる、表現力のあるものです。絵は、日常的なやり取りの中で頻繁に、また定常的に描かれることがあります。絵は、大人が子どもに伝えるために使う、子どもにとっては受け取るものにもなります。絵には、実際の物や人のシンプ

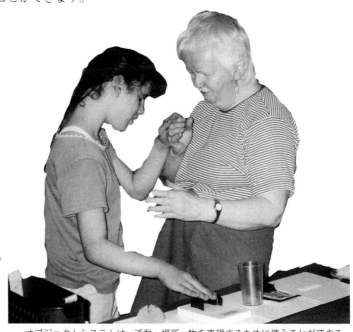

オブジェクトシステムは、活動、場所、物を表現するために使うことができる。

ルで鮮明な写真、描かれたり印刷された絵、場所やできごとを象徴的に示す概略の絵、複雑な物語の絵などがあります。そして絵は、自然発生的なコミュニケーション方法として、一日のスケジュール表示用として、選択肢を提案したり示したりする方法として、人や場所の識別用として、できごとについてコメントする方法として、重要な活動を記録しておく方法としてなど、さまざまな方法で使うことができます。

上記の非言語的なコミュニケーションの方法はすべて、主な方法が言語的なもの（口頭での言葉かどうかにかかわらず、言葉を使う）である人たちが使い続けていることを覚えておくことが重要です。これらは、人が言語的なコミュニケーションに移ったときに捨てられるものではありません。私たちは皆、ボディランゲージ、自然なジェスチャー、発声、物、絵などをコミュニケーションに取り入れています。同様に、言語システムに移行した盲ろうの生徒は、言語的コミュニケーションを補完し、サポートするために非言語表現を使い続けるでしょう。

さらに、大人が盲ろう児とコミュニケーションをとる際には、このような非言語的表現を使うことも忘れてはなりません。大人は、子どもを抱いたときの体の感じ方で受容や拒絶を子どもに伝えたり、タッチキューを使って特定の活動に参加する時間であることを伝えたり、顔の表情や手を伸ばすことで興味を伝えたり、なだめるように触れることで心地よさを伝えたりします。また、人や物、活動への興味を、絵を描いて伝えたり、自分と子どもが共有した経験を思い出させるような物を取っておいて、特別なできごとについて話したりすることもあります。大人が言葉も使っているときでさえも、このようなボディランゲージや非言語コミュニケーションは、盲ろう児とのコミュニケーションの大部分を占めます。したがって、子どもとの関わりの中で、非言語コミュニケーションをどのように使っているのかを強く意識することが大切なのです。

7-5 言語的コミュニケーション方法

言語的コミュニケーションとは、標準的な語彙と文の構造を用いて、言葉を使って（口頭での言葉かどうかにかかわらず）考えを伝えることです。

7-5-1 口頭言語

これは、音声によるコミュニケーションの表現と、それを聴覚または口話読み取りによって理解することです。難聴には多くの種類と程度があり、それぞれの難聴に固有の状況が、音声の理解に影響を与えています。たとえば、子どもによっては、発話のリズムを聞き取ることができ、よく耳にする単語（自分の名前など）は理解できても、子音をはっきりと聞き分けることができず、大部分の発話を聞き取ることができない場合があります。また、音声を理解する能力はあっても、知的、身体的、または学習障害などから、発話ができない子どももいます。

口話読み取りは視覚的なものもあり、また、タドマ法として知られる、話者の顔に受話者の手を置く触覚的なものもあります。しかし、タドマ法では正確な情報を受け取ることが非常に難しいので、これを主なコミュニケーション手段として使う人はほとんどいません。むしろ、盲ろうの人に話し方を教えるためのテクニックとして使われています。

視覚的な口話読み取りは、機能的視覚と聴覚が充分にあり、認知能力も高い人によく使われます。口話読み取りは、音声を聴くときのギャップを埋めるためによく使われます。口話読み取り自体は、それだけでは障害が聴覚だけの人に対しても、言語情報のごく一部しか伝わりません。最も優れた口話読み取り技術のある人が理想的な視覚的条件の下で読み取っても、発話の約40%

しか理解できないと推定されています。これだけを使うのは、進行性の視覚障害のある人（例：アッシャー症候群の生徒）にはとくに勧められません。

　コミュニケーション方法としての音声は、まさに広く、「自然に」使われているものなので、盲ろう児の家族や先生にとっては自然な情緒的魅力があるものです。しかし、多くの盲ろう児にとっては（受け取りにも表現にも）非常に困難なコミュニケーション方法です。したがって、盲ろう児に対して、音声を主なコミュニケーション方法として使うかどうかは、慎重に検討する必要があります。

7-5-2 手話

　手話には、考えや概念を表わすために、特定の手の形、体の動き、顔の表情を使うことが含まれています。手話は、視覚的にも触覚的にも受け取ることができます。手話の触覚的な受信では、受信者の両手または片手を、通常と同じように手話をする手話者の手の上に軽く置きます。手話の主な構成要素は、手の形、手話の配置（例：胸の上や近く）、手の形の向き、手の動き、顔の表情などです。手話言語は国によって異なり、国の中でも地域によって方言があります。

　アメリカ手話（ASL: American Sign Language）：ASLは手話の言語であり、文法・構文規則の独自のセットで、英語の構造とは完全に異なるものです。そのルーツはヨーロッパにありますが、米国のろう者文化に固有の言語です。ASLの文法規則の多くは視覚に基づいていて、顔の表情、空間、方向性、語順などが使われます。それぞれの概念は、異なる手話で表現されます。「その年配の男の人は店に向かっている」のような文はASLでは、「男の人」、「年配」、「店」の手話単語で表現され、手話をする人の前方の空間に、「店」と「男の人」を示して、「男の人」の手話単語を「店」の方に移動させることで表現されます。

　聴覚障害の人の多くにとって、また盲ろうの人の何人かにとっては、英語の構造よりもASLの構造の方が簡単に学べて使うことができます。このような人たちは、ASLに堪能になれば、自信を持つことができ、またいろいろな表現がしやすくなり、これは英語を第二言語として学習する助けになります。英語よりも簡単にASLを学ぶことができ、したがってできるだけ早い時期からASLに触れていることが望ましい人は、主として時間的（聴覚的）よりも空間的（視覚的）に情報を処理しています。

　ASLは視覚に依存しているため、盲ろうの生徒が主な方法としてASLを使うかどうかは、正常な視力のあるろうの生徒とは異なる要素に基づいて決定しなければなりません。比較的良い残存視力があり、ろうの人と関わりを持ちたいと思うような社会的スキルを持っている生徒は、早期にASLに触れることが有益です。全盲で方向性の概念がなく、また顔の表情が読めない生徒は、手指英語（Manual English）の形の方が役に立ちます。これは、全盲の生徒がASLを学べないと言っているのではなく、ただ、彼らにASLを第一言語として使用するかどうかは、慎重に検討する必要があるということです。

　手指英語（Manual English）：これは、標準的なASLの手話単語を英語の語順で使うものです。英語の構文の量には個人差があり、ときにはASLと英語の要素を組み合わせたピジン言語（訳注　お互いに通じにくい異なる言語を使う人々の間で、意思疎通のために自然に作られた混合言語）になることもあります。複数の意味を持つ英単語は、ASLの「一概念一手話（one-concept-equals-one-sign）」のルールを維持して、概念的に手話化されます。

　手指化英語（Manually Coded English）：これには、英語教育用基本英語対応手話（Signing

Essential English: SEE I）や英語教育用厳密英語対応手話（Signing Exact English: SEE II）のようなシステムもがあります（訳注　現在は SEE I は使われておらず、SEE II が単に SEE と呼ばれています）。これらのシステムは英文法を表現するために作られたもので、英語の屈折、接頭辞、接尾辞を表現するために、いくつかの ASL の手話、新たに作られたり修正された手話、文法標識が使われます。これらのシステムでは、一般的に文脈上の意味に関係なく、一つの単語を表すのに一つの手話を使います。

　第 1 章で会った生徒の一人ヴィヴィアンは、年齢が上がるにつれて自然に ASL を使うことが多くなりました。また以前会った生徒の一人のジュリアは、英語の語順に頼る傾向があります。これは、彼女がほぼ全盲であることが理由と言えるかもしれません。以下の例は、いろいろ異なる学習スタイルの重要性を示しています。

ヴィヴィアン

　ヴィヴィアンは幼いころから、情報を受け取ったり伝えたりするのに、残存視力と世界の空間概念を頼りにしてきました。小さいときでも、何かを説明しようとするには、手を使って空中に絵を描いていました。それでもうまく伝えられなかったときには、手が届くところにあるクレヨンや鉛筆をつかんで、言おうとしていることを絵にしていました。ヴィヴィアンは主に英語対応手話に触れていたにもかかわらず、彼女の手話は多くの、ASL に似た構造を持っていました。たとえば、彼女は代名詞標識（人や物を表す手の形）を使って行動や関係性について話していました。彼女はタスクを順次に処理することが苦手でした。たとえば、彼女は物語の筋書きよりも、登場人物（とくに登場人物の外見）に非常に多くの関心を示しました。また、彼女は単語の形や、その単語の始まりの文字と終わりの文字を覚えることはできたのですが、その間にある文字の順番を覚えるのは難しかったのです。これは、スペルのスキルでさえも単語に対するアプローチが聴覚的ではなく、視覚的なアプローチであることを示していました。これらすべての要因から、ヴィヴィアンが最も快適で流暢に感じられる言語として ASL を選択したことは、理にかなったことでした。

ジュリア

　ジュリアは重度難聴で、視力もほとんどありませんが、常に自分の世界を順序よく整理してきました。文字の順番を問題なく覚えていたので、幼いときでも指文字は簡単に覚えられました。自分にとって重要な情報を伝えるとき、彼女は慎重に言葉を選び、それまでに触れてきた英語対応手話から覚えた語順に並べるのです。彼女はまた物語にとても興味を持っていて、身振りや手話を使って、できごとを起こった順に繰り返していました。大人になって、ろう文化社会（Deaf community）の中で社会的に成熟してきた結果として ASL にたくさん触れるようになった後にも、英語の語順で手話をすることを好んでいました。ジュリアにとって、ピジン英語対応手話（PSE: Pidgin Signed English）を使うことは彼女の学習スタイルと一貫しています。

　この二人の生徒は、自分の世界を非常に異なった形で整理しています。そのため、流暢になるために、また、自分が学習できる最大のことを学ぶために、異なる種類の言語入力を必要としていることは明らかです。もし生徒が全盲の場合、英語対応手話のバージョンがその生徒にとって最も役に立つ可能性が高いでしょう（もちろん、その生徒が後天的に盲になり、視力を失う前にすでに ASL に慣れ親しんでいた場合はちがいます）。

7-5-3 指文字

指文字は、アルファベットの各文字を表すのに、それぞれ異なる手指の形を使います。指文字では各単語の文字を綴ることが必要で、したがって、読み書きに直接関連しています。指文字は視覚的に、または発信者の手の上に受信者の手を置いて、触覚的に受信します。盲ろうの人の主なコミュニケーション方法として使われることはめったにありませんが、しばしば手話単語がない名前や用語の綴りに手話と組み合わせて使われます。

文字と絵は、対人コミュニケーションが確立された後に使用される二次的なモードであることがほとんどである。

国によって指文字のシステムは異なります。片手で文字を形作る国もあれば、両手を使う国もあります。

7-5-4 リテラシー：言葉の読み書き

読み書きはコミュニケーションの方法であり、多くは対人コミュニケーションが確立された後に学習される二次的な手段ですが、ときには第一の手段としても使われます。読み書きは、単語だけの最も単純なものから、相当複雑な文章までさまざまです。

墨字を読む際には、通常の大きさの文字や弱視の人のための拡大文字を使うことができます。また、いろいろな拡大機器技術を使うこともできます。

点字は、盲の人のための、浮き上がった点を使う読み書きシステムです。アメリカ手話とは違って、点字は言語というよりは記号です。グレード1の点字は、アルファベットの各文字に一つの点字セルが対応して構成されています。グレード2の点字には、文字の組み合わせに対応するいくつかの縮約が含まれています。「ch」、「st」、「-tion」、「ea」など、頻繁に出てくる単語の一部分が、スペースを節約するために短縮されます。単語全体を表す短縮形もあります。ほとんどの点字書籍は、グレード2のすべての短縮形を使った点字がエンボス加工されています。

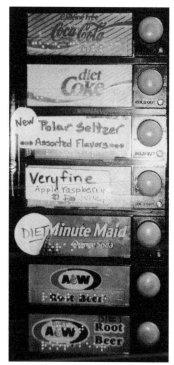

点字が打ってある、飲みもの自動販売機の表示とボタン。他の子どもたちが活字に触れるのと同じように、目の見えない子どもたちが環境の中で点字に常に触れるようにすることは重要。

点字コードは世界共通ではありません。たとえば、盲の人がフランス語を読むのを学習する場合、その言語で最も頻繁に使用される文字の組み合わせに対応する特定の短縮形を学ぶ必要があります。独自の文字体系を持つ言語では、独自の点字コードを使います。対応する点字コードがない言語もあります。

7-5-5 手のひら書き

これは人差し指をペンとして使って、受け手の手のひらに、ブロック文字（訳注　ゴシック体のような飾りのない文字）を書くやり方です。識字能力があって、手話を主に使っている盲ろうの人が、手話をしない人とコミュニケーションをとるときによく使われています。

また、手のひらの上で点を打って点字を書くこともできます。このシステムは、たとえば、盲の人でのちに聴覚を失った人が、より効率的な方法を習得するまでの暫定的な方法として使用されるかもしれません（訳注　現在は日本で発案された「指点字」が使われ始めています。これは左右の人差し指、中指、薬指の計6点を点字の1マスと見做して、指の上から打つものです）。

7-5-6 拡大・代替コミュニケーションシステム

これらには、より自然でより伝統的なモードを補完するさまざまなシステムがあり、多くの場合、非常に個別化されています。拡大システムは、人々が、手話や独特の発話やジェスチャー、あるいは盲ろうの生徒が使う別のコミュニケーション形態に慣れていないところ（公共の場所や職場環境など）でとくに役に立ちます。このようなシステムは、手話ができない肢体不自由のある生徒にとっても非常に有用です。これらのシステムには以下のようなものです。

オブジェクトシステム：活動や場所、ものを表すために物（オブジェクト）を象徴的に使います。これらは、全盲で言語習得前の人や、非常に具体的なシンボルシステムが必要な生徒にとってとくに役立ちます。

ピクチャーシステム：コミュニケーションのために体系化されたシステムとして絵を使います（これは、触って認識できるさまざまな異なるテクスチャ材料で作られた、触覚的な絵もあるでしょう）。ピクチャーシステムに使う絵は、使う人のニーズやスキルに応じて、ピクチャーボード、小冊子、またはカード集にまとめることができます。ピクチャーシステムは、写真や太い線画を使った「具体的」なものから、任意のシンボルを使った「抽象的」なものまであります。また、文字ラベルを有効に組み込むこともできます。

電子通信システム：情報を受信、表現するための技術的な装置です。現在、多種多様な装置が利用可能で、さらに多くの装置が常に開発されています。盲ろうの専門家は、一人ひとりのコミュニケーションニーズに合った機器を選ぶのに拡大コミュニケーション評価センターに相談することができます。以下、そのいくつかの例です。

・絵や文章、その他の記号を表示できる、合成音声とグラフィックディスプレイを持ついろいろな装置。ユーザーが表現したい絵や記号を指示すると、装置がそれを合成音声で出すのです。ディスプレイは、非常に単純な絵から複雑な記号まで、また、ほんの少数の記号から多数の記号までを表示できます。また、肢体不自由のあるユーザーのニーズに対応するために、装置を操作する方法もいろいろあります。方法としては、タッチパネル、ジョイスティック、スイッチスキャナ（訳注　装置に表示されている文字やシンボルを装置が自動的にスキャンしていき、所望の文字やシンボルにきたところでスイッチを押すとそれが入力される装置）、ヘッドポインタなどが考えられます。また、視覚障害のある人のニーズに対応して、表示されるものの大きさを変えられる機器もあります。

・少数の絵が表示されていて、スイッチで選ぶ装置。スイッチでそれぞれの絵の下にあるライトを順番に点灯させたり、絵のところにポインタを移動させたりすることができます。ユーザーは欲しい絵のところに行くまでスイッチを押し続けます。このような装置は、認知能力やコミュニケーション能力に制限のある人、肢体不自由のある人、あるいはシステムの導入

絵を自然に使うと、会話を豊かにすることができる。

TDD によって、盲ろうの人が他の人と電話でコミュニケーションがとれるようになった。

用としてとくに役に立ちます。

・コンピュータ技術は、盲ろうの人のために幅広く応用することができます。タッチスクリーンのようなものは、基本的な因果関係を教えるのに役立ちますが、より高度なハードウェアやソフトウェアは、きちんとした言語能力を持つ人が、他の人とつながったり、情報にアクセスしたりする能力に大きな影響を与えることができます。これには、点字変換ソフト、点字プリンタ、スキャナ、モデム（訳注　コンピュータと通信回線を結ぶ装置）などの機器があります。

・TDD（Telecommunication Device for the Deaf）、聴覚障害や盲ろうの人が電話で他人とコミュニケーションをとるための電気通信装置。コミュニケーション方法は、話すのではなく文字を打つもので、その文字が受信者のディスプレイに表示されます。拡大文字も使えますし、墨字を点字に変換する装置も追加できます。

・全盲の人でも利用できる他の装置の例は、この章の後に述べるヴィージェイのケースを参照してください。

　このリストにあるような多種多様なものは素晴らしいでしょう。普段私たちが気づいている以上の可能性があるのです。盲ろうの人のために可能なコミュニケーションの選択肢の幅がこのように広いことは、個々の人に対して何を使うべきか、賢明な選択をすることがいかに大切かということを認識させてくれます。

　会話の中で、物、絵、写真などを随時、自然に使うことによって、型にはまったやり方のコミュニケーションシステムを補完し、またそのシステムの発達を促進することができます。

7-6 ケーススタディ

　以下のケーススタディは、それぞれの生徒がどのようにコミュニケーション方法を選択したかを示しています。そこでは、この選択をする際にどのような要素が考慮されたかを見ることができます。

7-6-1 リン

　リンは5歳で入学しましたが、人と大騒ぎするのが大好きな金髪の可愛い女の子でした。彼女は28週で早産で生まれ、3ヶ月間入院していました。彼女は未熟児網膜症のために全盲で、中等

度の両側性感音難聴でした。難聴は3歳の時に診断されました。学校に通い始めてすぐに受けた心理テストでは、約18ヶ月のレベルにあって、発達の遅れが顕著であることが分かりました。リンは話し言葉を少し理解しているようで、明らかに、歌ってもらうのが大好きでした。彼女の表現力豊かなコミュニケーションは、プログラムに参加して約3ヶ月後の先生の報告書に書かれています。

『リンは手話、ジェスチャー、音声、カレンダーボックス（訳注　時間割に関するオブジェクトキューを時間割の順番に入れていく箱）のオブジェクトを使って言語に触れています。リンは「立つ」、「座る」、「もっと」、「食べる」などの基本的な手話を理解しています。また、声での合図にも反応します（声を聞くと手を伸ばしてきます）。自分の名前、「座る」、「立つ」の声や、いくつかの歌を認識しているようです。リンは大人の手と自分の手を合わせて「もっと」の手話の形にすることで、もっと欲しい、と要求してきます。

リンは提示された手話をすべて受け入れます。リンは音楽が大好きです！　私たちはたくさんの新しい歌を教えました。新しいお気に入りは「あたま、かた、ひざ、あし（Head, Shoulders, Knees and Toes）」（訳注　英語圏で、身体の名称を覚える歌として親しまれている遊び歌）です。私が最初の一語を歌っただけで、彼女は笑顔になります。リンは歩くことができず、適切な場所まで行けないので、カレンダーボックスの中でどれだけ理解しているかは分かりません。でも、トイレに行くことを示すトイレットペーパーロールや、おやつを伝える赤い器は理解していると思います。』

『リンは共同的な運動プログラムに参加しています。これには、ロッキングゲーム、ベンチスライディング、スクーターボードなど（訳注　いずれも子どもと大人が一緒に身体を動かしながら遊ぶゲーム）があります。リンは動きを予測して、与えられた声や手での合図に適切に反応します。』

リンの最初のコミュニケーション方法を選ぶ際に関与した要因を見てみましょう。

1．彼女は視力が無かった。

2．中等度難聴であったため、理論的には口頭での言語の受信が可能だった。声（歌）に興味を持っていて、簡単な話し言葉を理解していることから、彼女の聴覚はコミュニケーションのために働いている可能性が高いことが分かった。彼女のコミュニケーションシステムの一部として、受信のときに口頭言語を含めることは妥当であった。リンの行動は言語に役立つ聴覚的注意力を示していたが、この方法で新しい言語を学ぶ能力があるかを判断するには時間がかかると思われる。

3．リンは声をほとんど使わなかった。ときどき発声していたが、その音声はあまり話のようなものではなかった。リンは声をコミュニケーション方法としては使っていなかったと思われる。表現のための発話は彼女にとって使える手段だったのだろうか？

4．心理学的検査の結果と、リンの行動やスキルのレベルの観察から、彼女にはかなりの学習課題があることが分かった。このことは、彼女のコミュニケーション方法が、複雑な学習を要するものではなく、かなり単純なものでなければならないことを意味していた。この要因と発声の限界を合わせて考えると、リンは明瞭な発話ができないかもしれない、少なくともしばらくの間はないと思われた。彼女にはよりシンプルな表現方法が必要である。

5．リンは主に言語習得前のレベルでコミュニケーションをとっており、なにか起こるとそれに対して身体的に反応したり、ときには他人を動かしたりしていた。このレベルでの彼女のコミュニケーション能力は、オブジェクトコミュニケーション、簡単な合図、自然な

ジェスチャー、体勢の利用などで広げていくのがよいだろう。

6．リンはとても社交的だった。彼女は人とやり取りしたり、他の人の近くにいることが好き
　だった。したがって、彼女にとって多くの接触を必要とするコミュニケーションシステム
　は問題ではないだろうと思われる。

7．運動障害は、粗大運動も微細運動も、身体の動きも発声にも、コミュニケーションの発達
　に支障をきたすようなものはなかった。手を使うスキルでは同年齢のレベルよりも遅れて
　いたが、これは明らかに彼女の全体的な発達レベルに関係するものでした。彼女は自分の
　世界について学ぶのに、手をそれなりにうまく使っていた。

8．リンの行動には、言語障害や自閉症的な行動は見られなかった。このような行動は、盲ろ
　うの人たちでとくに発達の遅れを伴う場合には、盲ろうであることの全般的な影響から切
　り離すことは困難である。しかし後に別のケースで見るように、これらは実際、起こるも
　のである。これらは、時間の経過とともに、言語教育に対する生徒の反応を観察している
　うちに明らかになってくるだろう。

リンのコミュニケーション方法の選択は、これらの要因に基づいて以下のようになりました。
・ジェスチャー、体の位置、手を伸ばしてこちらの手をつかむ、などの自然な非言語的コミュ
　ニケーションを奨励し、それに対応し、適切な場合には指導する。
・学校での一日のイベントについてリンとコミュニケーションをとる方法として、日課活動に
　密接に関連したオブジェクトを使ったスケジュールシステムを使い始める。
・何か望んでいることを伝える方法を学習するのを助けるために、できる限り選択の機会を
　作って与えるようにする。たとえば、二つの異なるものに手を触れさせて、どちらが好きか
　を示すかどうかを確認する、など。
・リンがはっきりと受け取れるように、簡単な言葉を彼女の近くで話す。発話は自然だが簡潔
　に、いくつかの単語だけか、簡単なフレーズまたはごく短い文を使い、重要な単語を強調す
　る。
・少なくとも40個の初歩的な手話の語彙を、音声に合わせて使う。大人はリンが手話を感じ取
　れるように、彼女の手の下にそっと手を置いて普通に手話をする。手話は単独で使うが、音
　声では「食事の時間よ」のような文になっていても、手話は「食べる」だけの場合もある。
　手話が表しているものをリンが欲しがっている場合は、手話を見せた後、リンがその手話の
　形を作るのを手伝って、要求することを教える。
・リンは歌う声が好きだったので、これは聴覚的な注意力と識別力を養い、先生との親密で楽
　しい交流を育むために使う。また、体を使った遊びは、自分のやりたいことを表現できるよ
　うになるためにも有効である。
・リンの母親が学校の手話教室に通うことができるようにする。

　以下は、4年間の学校生活でのリンのコミュニケーションの変化を記した報告書から、この計
画がどのような形で実現したのかが分かるように抜粋したものです。
　「リンが明確に理解している話し言葉やフレーズは50以上ある（そのいくつかは特定の状況に
関連している）。リンはこれらの単語の約半分の手話を知っている。彼女は音声での指示を聞いた
後、たいていは何らかの触覚的な促しを待っているが、それはその指示で動くべき方向へちょっ
と「押して」あげるだけでよい。これは彼女が話し言葉を認識していることを示している。とき

には話しただけでも反応することもある。最近では、移動する前に触覚的なキューをより長く待っていることが多い」。

「リンは引き続き自発的にいくつかの手話を使っている。彼女は新しいものをいくつか使っているようではあるが、はっきりとしたものではなく、彼女の意図を確認するのは難しい。リンは先生の手を動かして多くの合図をしている。どう抱きしめてもらいたいか、腕のどこを揉んでほしいか、ローションを塗ってほしいところはどこか、などは大変執拗に示す。手話の修正については前とほぼ同じで、自発的に手話をするときは以前のやり方で手話をするが、先生が手話を正しく形作ってあげると、よりはっきりとした手話ができるようになる」。

「カレンダーにあるシンボルと昔好きだったものを除いて、物の名前はまだ覚えていない。身体の全体的な動きを真似ることが上手にできるようになっている。リンは先生の動きを観察するのには協力的で、少し触るだけで真似して動き出すことが多い」。

「リンは、先生がちょっと離れなければならないときには『待つ』ことを理解していると思われる。彼女はまだ選択することは戸惑っている。彼女に何かを選ばせることはまだ成功していない。彼女はそれぞれの可能性に片手ずつ置いて待っているが、ときに、どれが『正しい』のか分からず、何かの助言を待っているかのように、イライラし始める」。

「彼女のカレンダーには、まだ約20のシンボルが使われている。彼女の日課は少し変わった。現在は、朝に彼女の箱はすべて空にしてあって、それぞれの箱に何の予定が入るのかを教えてもらい、その日に関連するすべてのシンボルが入ったトレイからそのシンボルを選ぶのを手伝ってもらう。彼女はまた、手話を真似るように促されたり、手伝ってもらったりしている。彼女はまだ物をはっきり自分で選ぶことはしていない。物を指で触ったり、いじったりはするが、身体的な促し合図を受けるまでは物を取り上げることはない。また、数歩離れたところにある箱の方を向いて、物を持っていくには、それを促す合図が必要である。手を伸ばして物を探して、カレンダーの箱に入れることが少しずつできるようになった（「明日」の箱はまだ取り入れていない）」。

現在のところ、リンのコミュニケーション指導計画は、彼女の発達にしたがって自然に拡げられてきています。ときには手話の形を作るのを手伝ってもらうこともありますが、自分で手話を作るようになって、触覚的キューは徐々に減ってきています。声で話しかけられた言葉の中に、たとえば「プリンを食べていいよ」、「お昼ご飯食べに食堂へ行こう」など、いくつかの主要な単語がある場合には、2、3の手話を順番にするようになってきました。リンはまだ音声発話で表現することを学べる兆候を示していませんが、もし学べるようになれば、これが追加されるでしょう。話し言葉、日課カレンダーにある声での話や手話に関連したオブジェクトへの理解が進んでいること、そして手話を自発的に使用していることから、これらのコミュニケーション手段が彼女にとって有効であることが分かります。

リンのケースは、生徒のコミュニケーション方法を選ぶ際に考慮しなければならない多くの要因を示しています。しかし、他の生徒たちを見てみると、他の要因もあります。

7-6-2 テリー

テリーが学校に来たのは7歳の時でした。彼女は母親の風疹の影響によって重度難聴で、視力は20/200（訳注　正常眼が200フィートで見ることができるものを20フィートで見る能力）でした。彼女は中等度の発達の遅れがありましたが、とても活発でした。リンと同様に、彼女のコミュニケーション能力を発達させる上で重要な要因となったものを見ていきましょう。

1．テリーは音に対してほとんど反応しなかった。これが学習のための重要な手段にはならないことは明らかであった。

2．彼女の視力は限られていたが、非常に機能的だった。彼女は非常に視覚指向で、ごく近い距離ならば、伝えられたことを見て正しく受けることができた。

3．テリーの発達の遅れは、リンよりは大きくなかったが、言語を学ぶ能力における大きな要因となっていた。少なくともスタートにあたっては、ある程度簡単な手段が必要だと思われた。

4．彼女は自然なジェスチャーと指差しは理解でき、指差したり他の人や物を使って、たくさんコミュニケーションしていた。彼女はこの前言語レベルのコミュニケーションではうまくいっており、より正式な言語の準備ができていた。

5．テリーの活動レベルは、彼女の学習スタイルの主な要因であった。評価中にテリーが視覚的な注意を向けてきたとき、ただ一つの手話をすることがやっとできたが、それもほんの一瞬であった。彼女は視覚的に気が散りやすく、手話に気づくのに充分な時間、見続けることができなかった。

6．テリーの家族は、テリーに提供される言語手段がなんであれ、そのスキルを得るためには何らかの支援を必要とするだろう。

これらの要因により、コミュニケーションを教えるために以下のような計画が立てられました。
・テリーの主な方法は手話とし、自然なジェスチャー、ボディランゲージ、指差しなどで補足される。
・手話は、まずテリーの注意をより多く引くために手を触るように誘って提示する。これは、テリーが充分に注意して見られるようになると、徐々に手話の視覚的受け取りへと移行していくだろう。
・手話は初めは一単語によるものを示し、それから二つの単語の組み合わせ、簡単なフレーズ、そして文章へと拡大していく。これは、一部はテリーの注意集中の難しさ、また一部は彼女の発達レベルに合わせるものである。
・手話は、彼女の日常環境の中では自然に、いつも使われているものであり、彼女に対してだけでなく、ときには大人同士や彼女のスクールメイトにも手話をしている。
・音声利用はとくに奨励しない。将来的にテリーが音声を使うことはないと思われる。しかし、彼女とコミュニケーションする人たちは、彼女が音声でのコミュニケーションを意識するように、また彼女のコミュニケーションの相手がより自然になるように、手話をしながら話すだろう。
・絵もコミュニケーションの補助的な手段となるだろう。先生は会話の中で自然に絵を描き、テリーにもときどき絵を描く機会を提供し、テリーと一緒にピクチャー・スケジュールを使う。テリーの視覚はこれに充分で、簡単な知覚活動に対する彼女の反応は、絵を理解し、使用できる充分な可能性を示していた。
・テリーの家族には、地元で手話教室を探すのを手伝い、また、テリーが家に帰ったときにコミュニケーションがとれるように、彼女の発達した語彙についても情報を提供する。手話がより家庭環境の一部になるように、家族の間でもできるだけ手話を使うように勧める。

何年かのち、テリーの言語の進歩に伴って、読み書きがプログラムに追加されました。卒業後、

盲ろうの人が他の人とより自由にコミュニケーション
できるような、いろいろな電子機器がある。

テリーは複雑な英文法は使わないけれど、手話で会話ができるようになり、簡単で実用的な文章を読んだり、友だちに手紙を書いたりできるようになりました。

7-6-3 ジェド

ジェドの話は、コミュニケーション方法の選択に影響を与えるもう一つの要因を説明しています。これは、過去の経験と、それが個人的好みにどのように影響するかという要因です。ジェドは知能に遅れはなく、重度難聴ですが部分的な視力がありました。彼は 9 歳のとき転校し、ろうの生徒のための音声学習プログラムから、盲ろう児のためのプログラムへ移りました。音声学習プログラムでは、彼は発声をうまく学ぶことができず、自分を失敗者だと思っていました。また、教室から飛び出したり、授業中に注意集中しなかったり、いろいろ反社会的な行動をとるようになっていました。

コミュニケーション方法の選択には、次のような要因が関係していました。
1. ジェドは重度難聴と弱視だった。
2. 知能に遅れはなかった。
3. 発話を教えられていたが、彼にとってはうまくいかなかった。
4. 彼は自己肯定感が低かった。

ジェドには、成功感を与え、できるだけ早く彼の思考レベルに応じて言語を使う能力を伸ばすことが重要でした。そのために次のような手段が選ばれました。
・彼がすでに知っていた読み方に関連して、彼に指文字を教えることが決められた。
・のちに、手指英語（Manual English）とアメリカ手話（ASL）の組み合わせが使われた。
・教材には拡大文字と絵が使われた。数年後、ジェドは網膜剥離により視力を失った。彼は、もっと発話を学びたいと願っていたので、次のような変更が行われた。
・視覚的に提示される手話から触覚的なコミュニケーションに移行することが必要だった。
・点字を学び始めた。
・社会的交流のために必要な量の発話を学べるように、言語療法が行われた。
・遠隔点字（TeleBraille　訳注　電話リレーサービスで、盲ろうの人のために TDD に追加され

る点字入出力装置）の使い方を勉強した。
・バーサ点字（Versa Braille　訳注　アメリカで作られた点字ディスプレイ。現在は使われていない）とモデムを使って、いろいろなコンピュータの電子掲示板（bulletin board）を使って他の人とコミュニケーションをとることを学んだ。

　青年になったジェドは、高校卒業資格を取得し、カレッジに進学しました。そのときまでに彼は、英語対応手話、ASLの読み書きに優れた言語スキルを持っていました。また、手話を補うための音声も使え、手話を使わない人たちとの会話にも役立ちました。

7-6-4　ユバ
　言語の手段を選択する際には、文化的な配慮が必要な場合があります。全盲ろうの5歳の少年ユバは、アメリカで一時的に生活していますが、国に戻ることになっています。彼の国ではろう教育が音声で行われています。手話はろうの人には使われているのですが、教育者にはあまり知られていません。ユバは発達レベルが概ね18〜24ヶ月で、非言語コミュニケーションを少し使っていますが、より高いレベルのコミュニケーションの学習に進む段階でした。しかし、触覚による読唇で音声言語コミュニケーションだけを教えるのは時間がかかり、これを優先させるのは彼の発達年齢の段階の子どもにとって適切ではないと思われます。音声発語がまだ発達途上にある間は、機能的で役に立つコミュニケーション方法がない状態が長く続くことになってしまいます。

　以下は、ユバのコミュニケーション方法の選択に影響を与えた要因です。
　1．英語が彼の第一言語ではなかった。
　2．機能的な視覚や聴覚がなかった。
　3．自分自身を表現する能力は知的レベルをはるかに下回っていた。
　4．音声言語の習得が難しいと思われた。
　5．比較的簡単に習得できる、帰国後に役立つコミュニケーション方法が必要だった。

これらに基づいて、次のような戦略を策定しました。
・ユバがコミュニケーションについての考えや、欲しいものを表現することができるという成功感を拡げていくための、より直接的な方法を、いくつかの自然なジェスチャーと考案した手話を使って与えることにした。
・これらの方法でスキルを身につけていくうちに、より一般的な手話が使えるようになり、また、彼の国の手話を使うようにより努力する。
・発話や読唇を促す活動は、遊びの中で行う。

7-6-5　ジェーン
　ジェーンは、幼児期からさまざまな教育プログラムに参加していて、8歳のとき入学しました。彼女は痙性四肢まひを伴う脳性まひと診断されています。より聞こえる方の耳は中等度感音性難聴で、また、機能的な視力があります。ジェーンの初期評価には次のようなコメントがありました。
・言語の受け取りと表現のスキルに著しい障害がある。

・優れた視覚的注意力、顔や表情への注意力がある。
・名前を呼ばれても、一貫した反応がない、あるいは反応がない。
・3語の手話を理解できる。
・2、3の変形手話（訳注　自分で作ったり変えたりしたオリジナルサイン）、顔の表情、身体と手の動きによる自己表現ができる。
・よく見る手話でも真似をするのが上手ではない。
・重度の運動障害のために、コミュニケーション能力が制限されている。
・歩行ができず、車いす使用。1歳半〜3歳のレベルで活動。

　ジェーンとのコミュニケーションには絵が使われているという報告がありましたが、絵の意味を理解しているという明確な証拠はありませんでした。
　ジェーンとどのようなコミュニケーション方法を使うべきかを考える際の重要な要素は、以下の通りでした。
　1．重度の運動制限があるため、非常に簡単な変形手話（オリジナルサイン）以上の手話表現はできない。
　2．使える視力と優れた視覚的注意力があり、情報を受け取るのに手話や絵を使うことができた。
　3．知的発達の遅れのために、かなり簡単なシステムが必要だった。
　4．頭を支え、姿勢を良くするために適切な座位保持装置が必要で、これは、絵の置き方や指差しのときの手の使い方に影響した。

　これらのことを考慮して、ジェーンの初期のコミュニケーションプログラムのために、次のような計画が立てられました。
・ジェーンの周りのすべての大人や他の子どもたちが、彼女と一緒にいるとき、簡単な手話、自然なジェスチャー、顔の表情を使うことによって、コミュニケーション受信能力を発達させる。
・すでに覚えている三つの変形手話（オリジナルサイン）を使うように促し、ジェーンが好きな活動に使う新しい単語を追加する。
・のちにピクチャー・コミュニケーションボードを使うための準備として、いつも同じ手で指差しをするようにさせる。
・ジェーンがコミュニケーションのシンボルとしてのオブジェクトの理解を深めるのを助け、オブジェクトと絵、さらにはオブジェクトと手話を組み合わせることで、最終的には彼女がピクチャーシステムを使ってコミュニケーションの表出ができるようにする。

　彼女は、1年目の終わりごろには指差しを覚え、いくつかの実物のオブジェクトや親しい人の写真が貼られたコミュニケーションボードを使い始めていました。さらに1年経つと、28枚の絵や写真が貼られたコミュニケーションボードを持っていて、自分の欲しいものを示すために改良した指示方法を使っていました。手話の理解も進んでいました。さらに彼女は、自分の身に起こったことの受容や拒否を、表情やボディランゲージで明確に表現していました。
　年が経つにつれて、ジェーンのコミュニケーションシステムは、より複雑なピクチャーボードや、ある特定の状況で使われる数枚のいろいろな絵にまで拡大されました。彼女は自分の考えを

表現したり、簡単な質問をしたりするのに、2～3枚の絵を順番に指差したりするようになりました。また、自分の要求を表現するのに加えて、コメントをしたり、体験を話したりもしはじめました。簡単な文字を読むこともプログラムに追加されました。彼女のコミュニケーションボードには、いくつかの単語や数字の他に、絵やメイヤージョンソン社のピクチャー・コミュニケーション・シンボル（PCS）があります。コミュニケーションボードは、彼女のニーズ変化に合わせて、生涯を通して逐次変更されていくだろうと期待されています。

7-6-6 考慮すべき重要な要素

言語の入力に利用できる残存視力・聴力と、視覚情報や聴覚情報を解釈する能力：ここでは、主として視覚活用に注目します。私たちは、生徒がどのくらいの距離で、どのくらいの明るさで、何を見ることができるかについて、充分な知識を持つ必要があります。また、見たものをどのくらい解釈できるかも知る必要があります。たとえば、子どもにピクチャーシステムを使うかどうかは、絵を見る能力と、その絵を表現として認識する能力の両方によって決まります。このような認識は学習されたスキルであり、それを教える必要がある生徒もいます。また、写真は認識できるけれども、線画は認識できない生徒もいるでしょう。線画の方がはっきり分かる生徒もいるかもしれません。それぞれの生徒の特定のニーズに合わせて評価する必要があります。

　同様に、補助があれば音声を聴くのに充分な聴力のある生徒もいれば、最善の補助があっても音声を聞くことができないほどの難聴の生徒もいます。さらに、音声を聴き取るのに充分な聴力のある生徒でも、聴いたことを充分に処理して意味のあるものにできるとは限りません。

　視覚と聴覚の処理の問題を見出して評価することは、この両方が同時に、感覚の喪失と併せて存在する場合には、とくに難しいかもしれません。多くの場合、選択されたコミュニケーション方法がその生徒に適切であり、また今後も適切であり続けるようにするのに必要なのは、クラス担任が、聴覚専門医や視覚専門家と連携して観察と評価を続けることです。

　重度の視覚障害のある人は、聴覚からいろいろ学ぶ人だと思われがちですが、必ずしもそうとは言えません。医学的な視力検査や聴力検査の結果だけで判断しないように注意する必要があります。見える人、聴こえる人に好みの学習スタイルがあるのと同じように、盲ろうの人にも感覚障害にかかわらず、好みの学習スタイルがあります。重度の難聴でごく軽度の視覚障害のある人でも聴覚に頼ったり、聴覚的（逐次的）に情報を整理したりすることがあります。一人ひとりの人を個別に知るように注意を払わなければなりません（そのような知識を得るための具体的な方法については、アセスメントについての第6章を参照してください）。

　認知能力：使う言語システムの複雑さは、生徒の生来の学習能力と合っていなければなりません（この能力を評価する方法については、アセスメントについての第6章を参照してください）。

　口腔運動、微細運動・粗大運動の両方の運動能力と筋力：これらの能力を評価するには、適切なセラピーサービスとの連携が重要です。盲ろう児の場合は、この評価で一般的に対象とされている領域を超えて留意することが必要です。顔面まひや指の感度の低下も考慮しなければなりません。

　克服できない身体的な障害があるように見えるから、コミュニケーションシステムを利用させないということがないようにすることは非常に重要です。乗り越えられない身体的な障壁はないという前提から始めるのが最善です。たとえば、手足や頭を実質的に使わない生徒でも、眼を使ってシステムにアクセスできます（以下のアレックスのケースを参照）。このようなケースでは、理学療法士、作業療法士、コミュニケーションの専門家、そしてクラス担任の先生が密接にチームワークをとることが、生徒が自分の考えを表現する最も良い機会を得られるようにするための

子どもは何を見ることができているのか、見ているものをどれだけうまく解釈できるのかを知ることは重要である。

最良の方法です。

変則的行動、注意欠陥障害・多動性を示す行動：注意力や集中力の障害は、効果的に使える手段に影響します。自閉症のように見える行動は、感覚喪失に起因する行動と区別するために、非常に慎重に評価しなければなりません。

生徒の個人的な学習スタイルと好み：生徒の社交性、困難な課題への忍耐力、粘り強さ、興味のある話題、コミュニケーション手段の個人的な好み、過去の成功と失敗の経験、などの特色を考慮に入れる必要があります。そして、これらを判断する際には、生徒を一人の人間として尊重しなければなりません。

生徒の生活に密接に関わっている他の人々の個人的な好み：私たちは、生徒の家族がその子に何を望んでいるかを知る必要があります。その子は多くの時間を家族と一緒に過ごすので、家族でいろいろな判断を共有する必要があります。どのようなコミュニケーション方法を選んだとしても、家族が関わることによって、生徒はそれを一所懸命学び、使うことができます。教育者は、子どもにとって利用できるいろいろな可能性と、それぞれの可能性の長所と短所について、家族が充分な情報を得られるようにすることが大切です。

生徒に教える人のスキル、その人の言語の流暢さ、学校と外部の両方でより多くのスキルを取得するための可能性。これは、手話が明らかに適切な手段にもかかわらず誰も手話を知らない場合、それを放棄すべきだということではありません。生徒のニーズに合わせてすべての努力をしていかなければなりません。

他分野（とくにろう教育）での新しい方法の開発や研究成果の利用、新技術の開発など。職員は可能な限り、新しい技術や開発に遅れずに付いていくようにしなければなりません。

7-6-7 変更の可能性がある場合のモニタリング

生徒のための言語プログラムに柔軟性を持たせることや、変えることが必要であると気づくために、生徒の進歩や機能的なスキルをモニタリングすることの必要性についてはこれまでも述べてきました。先の事例の中には、時間の経過とともに変化したものもありました。ここでは、変更の必要性につながると思われるいくつかの要因を紹介します。

・新しいコミュニケーションスキルが必要になる成長、または学習の成功
・コミュニケーション方法への生徒の興味や好みの変化
・視力や聴力の低下などの残存感覚能力の変化や、治療や支援技術利用による改善
・身体的・心的能力や生活習慣に影響を与える医療の変化
・力が強くなったり弱くなったりなど、コミュニケーションを受ける、表現する能力に影響を与える、身体的能力や運動能力の変化
・より難しいコミュニケーション方法に集中できるようになる、注意力の向上
・異なるコミュニケーション方法が必要になる、家族の変化や住所の移転
・コミュニケーション学習の進展が非常に遅く、選んでいるコミュニケーション方法が不適切かもしれず、別のものを試す必要性の発生

以下の事例では、これらの要因のいくつかを説明します。

アルヴィン

アルヴィンは数年ほど、聴覚障害児のためのサービスのある学校のプログラムでうまくやっていたのですが、視力が低下してきていました。今では手話（彼の主要言語手段）を見ることも、視覚を重視した授業に対応することも難しくなってきました。評価したところ、手話を視覚的なものから触覚的なものに代える必要があることが明らかになりました。彼はこれを簡単にできて、すぐに触覚的な手話に付いていけるようになりました。彼の残存視力は、移動、人の認識（顔よりも服で認識する）、非常に大きく濃く書かれた文字の読み取りができる程度でした。

彼の読書システムについて、墨字がいいか点字がいいか、大きな疑問が生じました。墨字を読むには、太いマーカーで書いた非常に大きな文字を読むか、または拡大文字の本を拡大読書器（CCTV）で見る必要がありましたが、どちらもアルヴィンにとっては時間がかかり、退屈な作業になっていました。このような入力モードでは読書能力が妨げられ、彼の知的能力に合った学業プログラムよりも遅くなってしまうのではないかと懸念されていました。彼はマーカーを使って字を書くことはまだできても、自分の書いた文字を読むことはできませんでした。点字の方が効率的な選択だと思われました。

しかし、アルヴィンは自分のことを視覚障害者だと思っていなかったので、点字を習いたいとは思っていませんでした。先生との信頼関係が築かれるまでには長い時間がかかりましたが、全盲の同級生のスキルに気づいて興味を持つと、進んでゲーム感覚で点字を習い始めたのです。彼は徐々に点字への挑戦を受け入れ、点字を使いこなすことに成功しました。後に彼は実用的な場面（たとえば、メモをとるときなど）には墨字を使い続けましたが、学習の主なシステムとしては点字と触手話に頼っていました。点字に習熟すると、彼は流暢に読むことができるようになり、その新しく手にした読みやすさによって、多くの喜びと学習時の便利さが得られたのです。

ハリー

ハリーは、聴力、視力、筋力に進行性の変性疾患がある生徒でした。最初は音声を使っていて、数年の間は、聴力で言葉を理解し、はっきりと話すことができていました。聴覚が低下すると、彼は口話読み取りに頼らなければなりませんでしたが、視力があるうちは唇がよく見えたので、充分にできました。しかし、視力も網膜色素変性症のために、さらに低下したのです。

コンピュータシステムは、学習や、他の人とのコミュニケーションの機会を幅広く提供している。

10代後半になっても、ハリーははっきりとした、表現力のある音声会話をしていました。手話や話し言葉は視覚的に受け取ることに頼っていましたが、視野が狭くなってきて、それも難しくなってきました。彼に対しては触手話をすることが徐々に現実的になってきました。しかしこれには新しい問題が起こりました。筋力が弱く、触手話を受けるのに腕を上げ続けることが困難になり、さらに、触覚の感度が低下しているために、動き、とくに指文字を識別する速度に影響が出てきたのです。彼ははっきり話せたので、コミュニケーションで自分が表わすときは聴こえる人には問題がなかったのですが、手の力が弱かったため手話の表現力が弱く、聴覚障害のある仲間には読み取りづらいものでした。

　ハリーは、コンピュータをうまく利用し、コンピュータのスキルを持っている人たちとの間の補完システムとして使っていました。これは、ハリーが平均以上の知能と優れた言語能力を持っていたので、効率的に進めることができました。彼はトンネルヴィジョン（視野狭窄）でしたが、画面はよく読むことができました。

　青年になったハリーは、身体能力が変わってきたために、何年もの間に多くの変更がありましたが、現在ではいくつかのコミュニケーション方法を組み合わせて使っています。今も音声発話は続け、指文字を手で受け取り（今はあまり手話をしなくなりました）、コンピュータでの点字、ベルサ点字（訳注　以前開発された点字ピンディスプレイ装置）、モデムなどのテクノロジーを使っています。

アレックス

　アレックスは、重度難聴、近視（至近距離でしか見えない）、四肢と頭部に影響のある脳性まひで生まれました。両親は、彼が聴覚障害だという診断を受けると（1歳のとき）、すぐに手話コースに入学することを決めて、自分たちで手話をコミュニケーション方法として選択しました。アレックスが2歳になるころには、いくつかの単語や簡単なフレーズを使って、彼に日常的に手話をするようになりました。また、アレックスに補聴器をつけさせて、声で話しかけることも続けました。

　3歳の時、アレックスは幼稚部に入りました。そこでは手話のスキルに長けたクラスの補助員がつき、手話をずっと使い続けて、先生や他の子どもたちが言うことを簡単なフレーズで通訳してくれました。手話のインプットを受けるようになって数年後、アレックスはたくさんの内的言語（訳注　音声や書字を伴わない、思考のための内なる言語活動）を身につけたように見えました（彼は手話のすべてに視覚的に注意を払い、自分の考えは多くを目や顔の表情で表していましたが、正式な表現用の言語システムは持っていませんでした）。4歳のころから、先生、教室の補助員、コミュニケーションの専門家は、アレックスの表現手段の構築を試みることにしました。彼らは、視線が最も彼がコントロールできる動作であることに気づき、そのスキルに基づいてシステムを構築することにしました。

　まず、イエス・ノーの質問に答えるために目を使うことを教えることから始めました。「イエス」と「ノー」のサインを透明なプラスチックに描き、先生が自分の顔の前に持つようにしました（それによって、アレックスの目の動きをはっきりと見ることができるようにしたのです）。アレックスの視点から見ると、「はい」と「いいえ」のどちらか一方に先生の顔があります。アレックスはすぐに目を使って質問に答えることを覚えました。先生は、透明なプラスチックシートに、「食べる」、「飲む」、「トイレ」（アレックスに必須の単語）、と「本」、「泡」、「人形」（アレックスの好きなもの）のメイヤー・ジョンソン社（訳注　Picture Communication Symbols（PCS）を開

発した、アメリカの会社）の絵を追加することにしました。これらは、アレックスの視線がはっきり分かるように、プラスチックシートの端の周りに配置されました。やがてアレックスは、自分の欲しいものや必要なものをはっきりと示すことを学習しました。

　数ヶ月経った後、先生たちはアレックスの表現の可能性を拡げる必要があることに気づきました。彼らはいくつかのピクチャーボード（すべて透明なプラスチックの上に）をそれぞれに色分けをして作り、さらに「メニュー」シートを作りました。その上にあり得るすべてのカテゴリーの色を表示しました。たとえばアレックスがメニューの赤色を見ると、食べ物の写真が載っている赤でコード化されたピクチャーボードを得ることができます。青を見ると、人の写真を手に入れることができました。

　アレックスのコミュニケーションシステムは、彼のニーズに合うように進化し続けています。彼は今でも視線を使って、どんどん複雑になっていく要求や考えを表現しています。最近では、右足でスイッチを操作して、コンピュータゲームで遊べるようになりました。また、コンピュータ上で文字を選択するためのスキャンライトを動作させるスイッチ操作を学習中で、簡単な単語を綴ることができるようになってきています。

　また、右足で電動車いすが使えるようになり、ある程度自分で操作できるようになったことをとても誇りに思っています。さらにその上、先生たちは彼に話しかけ、声を出すように励まし続けてくれているのです。彼は音を区別して（一般の人には分からないのですが）出すことができ、親しい人には「はい」か「いいえ」かが分かります。幼稚園で世話をしていたクラスの補助員は今も一緒にいるので、多くのことに継続性が保たれ、アレックスの表現方法の発達が着実に、体系化されて進んでいます。

ヴィージェイ

　盲ろうの人の多くは、コミュニケーションの相手によっていろいろなコミュニケーションモードを使い分けています。外国で生まれ、教育のためにアメリカに来た、高校を卒業したばかりの全盲ろうの青年、ヴィージェイを紹介しましょう。

　13歳で学校に来たとき、ヴィージェイのコミュニケーション方法は、母国語を手のひらに書くものでした。彼は生まれつき耳が聞こえず、9歳で眼が見えなくなりましたが、それ以前は、母国語での発話と口話の読み取り能力は非常に優れていました。家族は、視覚的に読み取る代わりに、ヴィージェイの指を鉛筆のように使って手のひらに「書く」という方法を考えました。彼は一般の公立学校で1年ほど読み書きを少し勉強していたので、この方法は非常に効率的でした。その後も彼は発話を続けていましたが、自分ではそれを聴けなかったので、発話の質が低下していました。

　アメリカの学校では、非常に優れた学習能力のあるヴィージェイは、英語、点字、手話をすぐに習得しました。家族とのコミュニケーションは、母国語での音声会話と手のひら書きで続けました。彼は英語の音声会話も

盲ろうの人が複数のコミュニケーション手段を使うのは実用的なことが多い。

勉強したのですが、他のスキルに集中していたため、進歩は限られていました。数年経つと、彼はだんだん関わりが深まってきた社会的、学問的な状況への幅広い関わりに合うように、言語スキルとコミュニケーション方法を拡大していきました。カレッジ入学を控えた現在の彼（22歳）のコミュニケーション方法は次のようなものです。

- ピジン ASL と英語対応手話の両方の触手話。他の手話パートナーと、彼らの手話の好みに応じて使う。
- 限定的な音声での英語。手話をしない一般の人たちや、家族との簡単な会話に、手話の補足として使う。
- 母国語の音声会話。家族と話すときに使う。
- 英語と母国語の両方の、手のひら書き文字。手話をしない人たちとの間で使う。
- 公共場面での日常的なコミュニケーションのために事前に準備したカード。たとえば、タクシー運転手、飛行機の客室乗務員に使う。
- 公共場面での、予期せぬコミュニケーションのときに書くメモ。
- フランス語の手のひら書き文字、手話、点字。フランス語を話す友人に対して使う。
- 点字の読み書き。
- VB-Bit ソフトウェアを搭載した 386 IBM 互換パソコンと接続したベルサ点字 II（Versa Braille II）+。コンピュータ上のテキストベースのファイルやプログラムへアクセスするために使う。このシステムはワープロとしても使え、点字と墨字の間の翻訳ができる。
- パーソナルタッチ（Personal Touch）。点字ディスプレイ付きポータブルコンピュータで、授業中のメモを取るために使う。
- OsCaR 3.0。点字で読むために、墨字印刷をコンピュータに転送するときに使う。
- コンピュータに接続されたモデム。友人との通話、コンピュータの掲示板システムとのインタフェース、電子メール送受信に使う。
- TDD 用点字入出力装置テレブレイル（TeleBraille）。TDD を持っている他の人や会社に電話をかけるために使う。TDD を持っていない人に電話をかけるための電話リレーサービス（マサチューセッツ州）にも使われる。
- ブレイルブレーザー（Braille Blazer）点字プリンタ。ベルサ点字 II やパーソナルタッチで点字を印刷するために使う。

ヴィージェイの物語から言えるのは、幅広いモードを利用できる盲ろうの人は、およそどんな状況であってもコミュニケーションができるようになるということです。このコミュニケーションは、場合によっては遅いかもしれませんし、コミュニケーション相手の忍耐力にも左右されるかもしれませんが、これはあり得ることでしょう。

7-7 誰がコミュニケーション方法を選ぶのか？

盲ろうの生徒のコミュニケーション方法の選択は、チームで決定すべきです。一人に全責任が追わせられるのは避けなければなりません。状況によって人は異なるでしょうが、おそらく次のような人が含まれるでしょう。

- 生徒自身（もし生徒がこれに貢献できるならば直接に、あるいはその生徒のことを知っている他の生徒が間接的に）

・生徒の家族

・盲ろうについての専門家

・言語・コミュニケーションの専門家

・クラス担任と補助員

・教育プログラムスーパーバイザー

・聴覚専門医

・理学療法士や作業療法士、その他の臨床家

・初期評価に関わるその他の人

・拡大システムの専門家

　かなり単純なケースでは、グループが小さく、全員の合意のもとで簡単に決定が下されることがあるでしょう。これは評価の一部として、あるいは診断指導の結果として行われるかもしれません。より複雑な状況では、さまざまな意見があり、より専門的な意見が必要となり、どの意見を判断に取り入れるべきかに、より多くの考察が必要となるかもしれません。

　同様に、数年にわたる生徒の教育で、どのような選択がされているかをモニタリングすることもまた、チームとしてやるべきことです。変化が必要であるという兆しは、いろいろ異なる形で盲ろうの人と関係を持っているさまざまな人からの示唆から得られるでしょう。

　コミュニケーション方法の選択は、盲ろうの生徒一人ひとりの教育プログラムを計画する上で重要な役割を果たします。ここで述べたすべての要因に注意を払う必要があります。意思決定は家族も含めた教育計画チームで行う必要があります。また、生徒の成長や進歩に応じて必要になる変更については、継続的に注意を払っていなければなりません。

　コミュニケーションのニーズについて検討し、計画し、提供するときの柔軟性は、盲ろうの人にサービスを提供するいかなるプログラムでも重要な側面です。これは結果的に、その人に提供できる最大の利点の一つをもたらします。

［参考文献・資料］

Cooley,E. (1987). *Getting in touch: Communicating with a child who is deaf-blind*. Champaign, IL: Research Press.

Franklin, B. (1992). *Application of Tactaid 7 tactile sensory aid to children with deafblindness*. San Francisco, CA: San Francisco State University.

Musselwhite, C.R., & St. Louis, K.W. (1988). *Communication programming for persons with severe handicaps*. Boston, MA: College-Hill Press.

Rowland, Q, Schwiegert, P.D., & Prickett,J.G. (1995). Communication systems, devices, and modes. In K.M. Huebner, J.G. Prickett,T.R. Welch, E.Joffee, (Eds.), *Hand in hand: Essentials of communication and orientation and mobility for your students who are deafblind: Volume II*, (pp. 219-260). New York, NY: AFB Press.

Rowland, Q, & Schwiegert, P.D. (1990). *Tangible symbol systems: Symbolic communication for individuals with multisensory impairments* [Video]. Tucson, AZ: Communication Skill Builders.

van Dijk,J. (1986). Educational curriculum for deafblind multi-handicapped persons. In D. Ellis. (Ed.), *Sensory impairments in mentally handicapped people* (pp. 374-382). San Diego, CA: College-Hill Press.

Raistrick, K.L. (Ed.). (1992). *Aids and devices for persons who are deafblind* (Rehab Brief, Vol. XII). Washington, DC: National Institute on Disability and Rehabilitation Research.

Sauerburger, D. (1993). *Independence without sight or sound: Suggestions for practitioners working with deafblind adults*. New York, NY: American Foundation for the Blind.

第 **8** 章

初期のコミュニケーションと言語を作り出す

キャロル・クルック、バーバラ・マイルズ、マリアンヌ・リジオ

8-1 障害の無い子どものコミュニケーション能力発達の初期段階

コミュニケーションの始まりを考えるとき、私たちは普通、乳幼児のことを考えます。しかし、コミュニケーションの発達は、子どもが持っていたコミュニケーション機会や重複する他の障害の程度によって、どの年代からでも始まるものです。したがって、この章にある情報は、ふれあいの機会が少なかった子どもや青少年にとって役に立つでしょう。

この章ではまず、障害の無い子どもの初期の認知やコミュニケーションの発達について概観します。これによって、盲ろう児のコミュニケーション発達について考えるための枠組みを得ることができるでしょう。盲ろう児は、その感覚障害によってときには発達がゆっくりとしている場合もありますが、それでも同じような段階をほとんど同じ順序で進んでいくのです。

認知的な制限が大きいために発達が遅れ、コミュニケーションにおいてより高度な象徴的な段階に到達するのは無理だろうと思われる盲ろう児も何人かいます。たとえば、障害の無い2、3歳の子どもが扱える程度の正確さで言語を使えるように学習することはできないかもしれません。しかしこのことは、彼らが生活の質を高めることがらを学習できないということを意味しているのではありません。たとえば、その子が文章で自分の意思を表現できなくても、ジェスチャーやボディーランゲージ、あるいはオブジェクトシンボルで大切な要望、感情、考えを伝えることができるでしょう。食べ物の好み、外に出ることの喜び、できごと、物、特定の人への興味、好きな活動への関心を表現するでしょう。その子はまた、コミュニケーションに対して反応があり、尊重されていることで、幸福感が増していくことを全体的に感じるでしょう（機能的コミュニケーションについての、より深いディスカッションは第11章を参照）。

障害が視覚と聴覚だけの盲ろうの人の中には、その感覚障害の影響で言語獲得の速度は遅くなるだろうとはいえ、聴覚・視覚に障害の無い人、あるいは、ろう単独障害の人と同じ程度のコミュニケーション能力を獲得する人もいます。さらに、その能力の間にはさまざまな段階があります。このバリエーションの多さは、先生が個々の盲ろう児の独自性に尊重することが必要だということを物語っています。

今、子どもが認知やコミュニケーションのどの段階にあるにしても、またはその子の最終的な能力がどうであれ、盲ろう児の先生にとって、コミュニケーションと認知の発達の一般的な進行についてしっかりとした感覚を持つことはとても役に立つことです。そうすれば、盲ろう児が今ある状態で接し、そのときに一ステップ先に導くことができるのです。

多くの子どもの場合、コミュニケーションは生まれてから2歳までの間に自然に始まります。この発達は、お母さん、お父さん、きょうだい、ヘルパーとの普通の楽しい毎日のやり取りの中で、比較的速く進みます。この段階の標準的な子どもの発達はとても速いので、実際、今日赤ちゃん言葉だったのが翌週には話をするようになっても、当たり前のように思うことがよくあります。私たちはこの間に起こっているステップに注意を払うことはほとんどありません。しかし、この年齢の子どもを持つ親は、たった1週間でも留守にして、子どもの成長の大きな節目を見損なったとすると、帰ってきたとき、子どもがまるで違う子のように見えるでしょう。

コミュニケーションの発達は生まれるとすぐ始まります。第1章で見たように、人生の最初の1週間のうちに、双方向の対話の初期の形が確立します。母親と乳児はお乳のときのアイコンタクト、音、リズミカルな体の動きでやり取りをします。この非言語的会話は、生まれて1週間の間に、どんどん複雑な対話に発展していきます。

さて、次の表はコミュニケーションの最初の段階の主なステップの概要です。表を見るときに、どの年齢の子どもも、これらの初期発達段階に該当することを覚えておくことは大切です。子どもへの支援を計画するときには、彼らの発達年齢と暦年齢の両方を考慮に入れておかなければなりません。

　表中の達成成果のいくつかは「運動機能的」、いくつかは「社会的」、あるいは「認知能力的」や「言語的」と考えることができます。これらの領域はどれも分けて考えることはできません。コミュニケーションとしての世界とのつながりを達成するのは、その子ども全体の取り組みであり、単に目や耳、腕、足の働きではありません。もしあなたが、ある子どもの発達について詳しく知っていたら、その子が、いくつかの段階でのスキルを同時に身に付けていること、また、どの子もある段階でのスキルすべてを見せるというわけでもないことに気がついているでしょう。たとえば、はじめにハイハイすることなく歩く子もいます。喃語なしに話す子もいます。しかし、ほとんどの子どもでは、スキルは相互の積み重ねで作られるのです。

　一般的に、子どもたちはこれらのスキルを明白に教えられることがなくても、段階から段階へと、このような幼いときに見られる連続性をもって進歩していきます。子どもは、一人遊びや人や周囲にある物との遊びから、周りの人の動きやコミュニケーションのお手本を観察することから、そして、自分の日課をやっていくなかから、いろいろなスキルを習得していくのです。これが、私たちが先生として、ごく自然に学習することができない盲ろう児に対してこれらの基本的なコミュニケーションのステップを教える方法を理解するのが難しいことが多い理由なのです。これらのスキルの発達を促進する環境を提供するのが先生にとっての課題です。これには、従来の教育実践からスタートすることが要求されるでしょうし、遊びごころに満ちた、子ども主体のアプローチが必要となります。

　これらの段階を通じての子どもの発達を助ける大人の役割——基本的に子どもと遊ぶことで果たすもの——には二面性があります。第一に、子どもの発達段階にあわせなければなりません。つまり、子どもがいまコミュニケーションのためにやろうとしていることが何であろうとも、大人はそれに応えなければなりません。そうすることで子どもがコミュニケータとしての自信を持つ助けになります。第二に、大人は次の段階のお手本にならなければなりません。片言をしゃべったり、キャッキャッと喜んだり、「せっせっせ」などの手遊びをする幼児と楽しく、親密に関わっている大人はこれを自然にやっています。子どもがやることができる一つ上の段階のお手本を見せると、発達を促進します。高度すぎるお手本では子どもはフラストレーションを起こします。低すぎると子どもには課題になりません。

　この表を見るだけでは、私たちが盲ろう障害がある子ども、そうでない子ども、また私たち自身を注意深く観察する経験の置き換えにはならないことを忘れてはなりません。実際のところ、この表で学ぶことの主な価値は、好奇心を駆り立て、観察スキルを研ぎ澄ますことによって、次に子どもと会うとき（あるいは子どもとやり取りしている自分を観察するとき）、より好奇心が強く、思慮深く、やり取りに目覚めているようにすることです。注意を怠らないでいれば、私たちはいつもこの表を充実させていくことができるようになり、またこの魅力的なプロセスについてもっともっと学ぶことができるでしょう。

　ごく最近、フィルムやビデオテープ技術の出現によって、研究者がこの初期の発達をスローモーションで（実際はフレームごと）観察できるようになり、この研究は盲ろう児や他のいろいろな障害のある子どもの先生に大きな恩恵をもたらしました。これによって私たちは、障害の無い子どもの身体行動、発声行動を非常に注意深く観察することができるようになりました。私た

第Ⅰ段階 *		
感覚―運動機能／認知	**音声言語の発達**	**ジェスチャー、非音声言語の発達**
頭、体、手足の本能的な動きを示す（ランダムで、指示されずに） 音に対して敏感（中断する、あるいは変える） 本能的な顔の表情を作る 物を口に入れる 本能的に指示されない握り動作を示す （哺乳瓶や乳房の）視覚的刺激があると、授乳を期待する 光を見つめる 指を動かすと見る 同じ動作を繰り返す：頭を回す、体を揺らす、蹴る 動いたものがもと見えていたところを見つめる：探さない うつぶせにしているとき頭を持ち上げる 反り返る 支えてもらって座る 特定の人を好むようになる	泣く、のどを鳴らす、クークー言う 誰かが声を出すと、それが伝染したように声を出す（出る音は違っても） 聞きなれた声に注意を払う：警告、制止、活動変更 抱き上げられると静かにしている 音の方に頭を向ける 注意を引くために泣き始める	起こったことに対する喜びを示す：できごとを繰り返させようという明白な狙いはない 楽しい自分自身のジェスチャーや動きを繰り返す（たとえば蹴る、手足をバタバタする） 社会的刺激にジェスチャーで反応する
第Ⅱ段階 *		
感覚―運動機能／認知	**音声言語の発達**	**ジェスチャー、非音声言語の発達**
抱き上げてもらうことを期待する 刺激（たとえば、指くすぐり、体操ゲーム）の繰り返しに反応して期待を表す おもちゃを振る、叩く、遊ぶ 身体の真ん中に両手を持っていく 一方の手からもう片方の手へ物を渡す 明るいところで物を揺らす 物を口に入れたり噛んだりする 身体を探る（たとえば、足を口に入れる、髪の毛で遊ぶ） 物を引っ張る、握る ときどき起こる真似――自分ですでにできる行動のコピーなど 物を落とす 物が落ちる行先を予測する 無くなった物をちょっと探す 中断した動きを、元に戻ってちょっと再開する 一部しか見えていなくても物が何か分かる 持ったり回したりして視覚的に物を調べる 面白い表情や動きを見て笑う おもちゃを取り上げられると怒る 手で支えなくても一人で座れる	ぐずる、クスクス笑いする、声を出して笑う、喃語を話す、キャッキャッと喜ぶ、金切り声を出す 満足、認知、期待、不機嫌を声に出す 抑止する言葉（たとえば、「やめて」、「ダメ」）を理解する いくつかの音を真似る 唸り、咳を真似することもある いくつかの聞きなれた言葉（たとえば、自分の名前、「バイバイ」、「ダダ（パパ）」、「ママ」）に関心を向け始める 声の調子に反応する 独りのとき、声を出して遊ぶ リズムやイントネーションをつけて声を出し始める	見慣れた顔、物、動きへの反応として微笑む 見慣れた簡単なジェスチャーや動き（たとえば、せっせっせ（pat-a-cake）遊び、バイバイ）を、初めて見たり感じたりしたとき真似する 何かを期待して身をくねらせる 抱っこされるとき、腕を伸ばす 合図をちょっとは見るだろうが、焦点は物にある 抑止するジェスチャー（たとえば、「ダメ」、「やめて」）を理解する 大人の手を押しのけて抵抗することを始める 独りのときジェスチャーをして遊ぶ

第Ⅲ段階 *		
感覚─運動機能／認知	音声言語の発達	ジェスチャー、非音声言語の発達
手をおもちゃの上に置くと嬉しそうに待つ 新しい動作（たとえば、バイバイの手を振る、手をたたく）を試行錯誤して真似る いま見ていたものが覆い隠されると、それを探す（物の永続性） 大人におもちゃを手渡すが手を離さない 耳、鼻、髪の毛を指し示そうとする 四つ這いではいはいする、座った姿勢のままおしりを浮かせて前進する 体を引っ張り上げて立ち上がる、しっかりつかまって歩き回る 物を適切に使い始める（たとえば、ボールを転がす、スプーンで食べる） 物を箱に入れ、また取り出す 安心毛布（訳注　安心感を得るために手元に置く毛布など）を心地よさを感じるために使うこともある 鏡の中の自分に微笑んだり、叩いたり、キスをする ふれあい遊び（たとえば、いないいないばあっ）を楽しむ 落としたり投げたりするゲームで遊ぶ より複雑なおもちゃを好むようになる	イントネーションをつけて単語を発する 音声言葉を初めて話す（普通は「ママ」、「ダダ」などの重複音節） おしゃべりしているかのように、意味不明な言葉を羅列する（2〜6語で、言葉の最初と最後を抜かして話す） 「イヤ」をきちんと答える 簡単な、他と区別して反応しなければならないような求めに従う（たとえば、「私見て」、「ボールはどこ？」） 物の音や動物の鳴き声を真似る 会話に耳を傾ける 言葉に伴うジェスチャーをする（たとえば、「バイバイ」、「イヤ」） 他の子が泣くのを真似することもある	人や物を指し示すことを始める 初めて手話に近いサインを表出する 嫌なものに対する反応として、大人の手を押しのける 何かが欲しいとき、かすかに引っ張る 物の上に大人の手を持っていき、押す なじみのある物や儀式的な行動に関する一連のしぐさを始めるために、大人の手を取る 欲しい物に手を伸ばして、大人の方を見る（要求する） 独りでジェスチャーゲームを始める 手で「A」、「S」、「L」、「赤ちゃんO（ろうの乳児が出す、親指と人差し指を付ける、Oに似た指文字の喃語サイン）」、「G」、「5」、「C」の形を作れる

第Ⅳ段階 *		
感覚─運動機能／認知	音声言語の発達	ジェスチャー、非音声言語の発達
新しい動きをより正確に真似る 物で何をできるか知るために能動的に探索する 多くの場所の中の一ヶ所に隠された物を見つける 箱の中で、あちらからこちらへと物を動かす 物を、何となくはっきりはしないが、ある形に並べ始める とぼける（前に叱られた動作を取り消す） 物を互いにはめ合わせようとする 要求を行動で表す（たとえば、哺乳瓶を大人に渡す） 怒ったとき物を投げたりする 親指と人差し指で物をつかむ 一つの行動をするのに両手を使う 多くの物を適切に使う 新しいおもちゃや物を探ることに興味を持つ	多くの物や動きの名前を挙げる 一語文法で話す（たいていは名詞、ときには形容詞や動詞） 20から200語の話し言葉を理解する 「それを頂戴」などの簡単な要求に応える 見慣れた物について聞かれると指差す（たとえば「ボールはどこ？」） 言葉遊びや簡単な歌、リズムを楽しむ 要求を言葉で表し始める 多くの新しい言葉を覚え始める 人を名前で呼ぶ（まだ代名詞は使わない）	意見を言うとき、指差しする 欲しい物の手話を出すために大人の手を押す 手話、ジェスチャーをできることに気づき、儀式的に何度も繰り返す 大人に物を渡して、何かを期待して待つ 知覚‐運動系列の一部として、促されて手話を出す 多くの簡単なジェスチャーを理解する（「待って」、「座って」、「おいで」、「バイバイ」、「キスして」、「どこ？」など） 特定の人とのゲームに加わり、自分の遊ぶ立場を定める 物に向かってジェスチャーをし、その視野内にはいない大人を見るために向きを変える（あるいは、物に触り、それからもう一方の手で大人を探る） 大人の動作を真似る 見慣れた物や人の名前の手話を理解する ジェスチャーよりも手話をより多く使う

第Ⅴ段階 *		
感覚―運動機能／認知	**音声言語の発達**	**ジェスチャー、非音声言語の発達**
時間が経った後に真似する：以前見た行動を真似る	文章を作るアイデアの中で知的な言葉二つと、意味不明な言葉を使う	促さなくても、その場の状況下で何かを起こす手話を表出する
人形を見分ける―抱きしめる、叩く	喃語を話さなくなる	隣の部屋にある欲しいものの所へ大人を連れていく
象徴的に遊ぶ（訳注 模倣遊びともいう。つもり・見立て遊び（積み木を電車に見立てるなど）、ごっこ遊び、ままごと遊びなど）	物の名前を言われると指差す	しがみついたり、部屋から出たりして抵抗する
	すべての物には名前があることに気づく	楽しいできごと（意見）を共用しようと、大人に微笑みかける
目的を達するための新しい手段を知的に考え出す	電文体発話（訳注 電報文のように、機能語が脱落し、内容語を羅列した発話）の中で二つの言葉をつなぐ（「パパ、車」）	頭を振って「イヤ」を主張する
儀式的な、実用的には意味のない、感覚―運動機能動作を精緻に行う（たとえば、リズミカルに歩くとき手すりを叩く）	いつまでも確かめ続ける	手話や活動の意味をはっきり理解していることを示す
	言葉の意味やフレーズを実際に使ってみて「尋ねる」ことを始める	自分のことを言うときに指差す（指差しは形式的機能を持つようになる）初めは「私」の意味のときに「あなた」の手話をするような逆の間違いをすることもあるだろうが
おもちゃを特定の場所に運ぶ	言葉を何度も繰り返す	
おもちゃを引っ張る	よく使われる言葉を使う	
砂を好む	自分の行動について話す	
寝るとき用のお気に入りのおもちゃがある	食事、トイレ、ジャンプ、ハグなどの要求を話す	質問への返事で、手話を繰り返す（たとえば、「クッキー欲しい？」と聞かれて、「クッキー」の手話を出す）
ある物が似たような物を連想させ、それに対して同じことをしようとする	自分のことを名前で示す	
	「それ何？」と言い、物には名前があることを理解する	多くの手話を思い通りに使う
いくつかの物で遊んでいるとき、一つを取ってしまうと悲しむ	一人称「私は」、「私を」を使う	手話をつなげる（たとえば、「私行く」、「私 イヤ」）
隠されて見えない物を探せる	二人称、三人称代名詞の、「あなた」、「彼女」、「彼」を使い始める	
並行遊びをする：他の子どもを見る、ちょっと抱きつく、なでる一方、一人での遊びを好む		
所有権を主張し始める		
知らない人を疑う		
因果関係学習おもちゃの実演を見た後、動かしてみようとする		

＊見えて聴こえる子どもの場合、これらの各段階に相当する発達を示すのは概ね次のようになる。第Ⅰ段階：0〜4ヶ月、第Ⅱ段階：4〜8ヶ月、第Ⅲ段階：8〜12ヶ月、第Ⅳ段階：12〜18ヶ月、第Ⅴ段階：18〜24ヶ月
この表は、ピアジェ（Enright, 1977中）、ロビンス（前掲 Robbins, 1983）、モーガン（Morgan, 1989）、ローランド、ストレンメル-キャンベル（Rowland & Stremel-Campbell, 1987）など多くの文献から編纂しました。これは、人の開花期に達成されることを総括的に示すためのもので、絶対的な評価尺度として使われることを意図するものではありません。

　ちはそれを詳細に図示し、その順序と「足場かけ（scaffolding あるスキルが以前にマスターしたスキルにどう依存しているか）」の状態を把握することができます。ビデオカメラを使って初期の発達のイメージをすべて描き出し、またスキルの発達の足場かけに注目することで、盲ろう児との体験にはっきりと対応する行動とやり取りを理解することができるのです。4歳の盲ろう児の、一風変わった行動は、発達面での同等の行動という点から比較して見れば、3ヶ月の乳児の、たとえば物の形や肌触りを確かめるために物を口に入れるという行動よりもずっと普通に見えるでしょう。発達学の観点から、また私たちの足場かけについての知識を基にすれば、4歳の盲ろう児が単に口に物を入れる行動を少なくさせるのではなく、少なくさせながら、物を探索する他のやり方を形作っていくのを助けることができるでしょう。このようにその子を助けていくことで、最終的には要望をより細かく表す能力を高めることにつながります。
　同様に、母親と幼児のごく一般的なやり取りのビデオテープのスローモーションを見ると、

初期のコミュニケーション発達を後押しする大人の役割

	何を？	なぜ？	どのように？
子どもの動きに敏感になる	子どもの見落としがちな自己表現方法を観察することを学ぶ。子どもがそれに気づいてもらっていると分かるように反応する。	子どもの動きの意図性を高めるから。	子どもの注意が何に向いているかを知るために、注意深く観察し、触れる。息づかい、筋肉の緊張、体の動き、手の小さな動きに注目する。動作の真似、動きを邪魔しないような優しい接触、声で反応する。子どもが繰り返すジェスチャーを何かを伝達するものと捉え、それに対応する。
タッチキューを使う	身体や手に優しく触れる。次に何が起こるかを示すために優しく操る。	子どもを驚かせたりギョッとさせたりする場面を減らせるから。世界をより予測可能にするから。	抱え上げる前にいつも子どもの腕をもち上げる。おむつを替えるとき、その直前におむつを軽く叩く。こんにちは、さようならを示すために、子どもや大人の肩を軽く叩く。
触覚でのアクセスを促す	子どもが物や人を探索するのに手を使うことを許し、促す。	人や物へのアクセスができるようにするから。情報を与えるから。	いつも子どもを連れ歩く。表情を読み取るのに顔を触ることを許す。道具がはっきりした触覚的特性を持つように改造する。触覚での探索を促すような、安全な環境を作る。
話者交替を円滑にする	やり取りのときの対等なパートナーシップを持てる機会を作る。	自然なやり取りについて学ぶ機会を与えるから。パートナーの間の平等を意味するから、双方にとってバランスの取れた、面白く楽しいやり取りになるから。	子どもの動作を真似る。いないいないばあっ、せっせっせなどの赤ちゃんのゲームをする。好きなものを選ぶ機会を与える。子どもとの活動に加わる。
言語を使えるようにする	会話（音声や手話での）、ジェスチャー、言葉、絵、シンボルとして使えるオブジェクトにアクセスできるようにする。	言語学習を可能にするために。	簡潔で意味が分かりやすい言葉、文章を使う（手話や音声で）。「ほーら、ミルクよ。飲みたい？」。形作った手話を盲の子どもに触らせる（手を子どもの手の下に優しく置く）。適切なときにはオブジェクトシンボルや絵を与える。

　ちょっと見ただけでは分からない話者交替や返答のタイミングの微妙なところが明らかになります。これらを観察することで、盲ろう児の先生は、上記のようなやり取りの可能性をイメージする新しい方法を得ることができるでしょう。たとえば、ビデオテープを使った研究によって、何がコミュニケーションのやり取りで「順番」を決めるのかという知識が拡がるでしょう。いまや、養護者と幼児はやり取りの際の話者交替を、声だけでなく眼や手も使い、また体や呼吸の際のリズミカルな動きも使ってやっていることは明らかです。

　これらの表に広く示されているような典型的な発達過程をよく理解すれば、盲ろう児の発達を促進するための具体的な方法を考えることができます。それには、視覚的入力と聴覚的入力の欠

損を補償しながら、表にあるのと同じ経験を与えるような方法を考えなければなりません。普通は視覚や聴覚のチャネルを通じて受け取られる情報や経験に注目し、これと同等の経験を触覚的に、残存視力、聴力の助けも使って与える方法を考えなければなりません。理想的には、子どもが盲ろうであると診断されたらすぐにこの支援を始めるべきです。子どもへの介入が早ければ早いほど、より良い個々の能力達成の機会が得られるのです。

8-2 やり取りを促すためのガイドライン

　視覚、聴覚が失われていても、盲ろう児は周囲で起こっていることの情報をやり取りしたり、受け取ったりすることが充分にできます。以下のガイドラインはコミュニケーションを最大限に発展させるのに役立つでしょう。

　私たちが乳幼児への支援を考えるとき、目標には二面性があります。私たちは家族が子どもの障害を理解するのを助けたい、また子どもとの前向きな養育関係を築くことを支援したいと望みます。家族の日常生活が混乱したり、多くの特別な取り組みの提案が負担になったりすることは望みません。そうではなく、私たちは、家族が子どもの将来にたいする前向きな見通しを発展させられるように支援を提供したいと思います。ひいては、私たちは盲ろうの子どもが家族の日々の暮らしに溶け込めるようにする方法を見つけられるように支援できるのです。

　盲ろうの幼児の家庭環境における上記のガイドラインに適用できる具体的な方法について考えてみましょう。

　子どもがコミュニケーションしようとすることへの反応は、コミュニケーションを始められるのだということをその子が理解するのを助けるために極めて重要です。母親は本能的に自分の子どもの泣き声に敏感で、痛くて泣いているのか、気を引くためなのかの違いが分かります。先に書いたように、盲ろう児の母親や養護者は、これとは違う種類の反応を学ばなければなりません。

　静かにしている間で、子どもが気持ち良くしていて自由に動けるとき、子どもの一つひとつのちょっとした動きに対応できるような態勢をとることができます（この種の反応に関するより詳細な議論は第4、5章を参照のこと）。子ども自身の動きに反応すれば、子どもがさらに多くの動きを始め、その動きがコミュニケーションになるのだと考えるようになります。子どもが相手の注意を引き、会話に導こうとする自分の能力に自信を感じるようにしていくことが目標です。こ

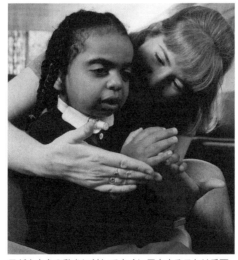

子ども自身の動きに対してすぐに反応することは重要。

の自信が、コミュニケーションパートナーとしての子どもの発達の第一歩となるのです。

　盲ろう児にとって大切な人々（両親、祖父母、きょうだい、養護者）がお互いに連絡しあって、それぞれが、盲ろう児が一日中つながっているためにやる試みすべてに、より同調していけるようにするのは役に立ちます。子どもに重度の身体的障害があるときには、その子の最も自発的な動きをメモしておくことがとくに大切です。これらの動きは、子どもがコミュニケーションのために最もよく使うと考えられるものなのです。

　家族にも子どものためにタッチキューを使うように促しましょう。これによって子どもを落ち着かせ、毎日の日課を予期して待つようにさせることができます。次のものは幼児や小さい子どもに向いたタッチキューの例です。

　・子どもを抱き上げる前に、優しく腕を持ち上げて少し待つ。
　・おむつを替える前に、優しくお尻を叩く。
　・顔をタオルで拭く前に、顔をなでる。

　何かの動き、人、物に触れるようにしてあげると、子どもが周囲環境を知るのに役立ちます。抱っこひもで幼児を抱くことは、養護者が盲ろう児に対してしてあげられる簡単で最も大切なことでしょう。幼児がいつも母親に抱っこされている文化社会では、そのようなことが少ない文化に比べて「ブラインディズム（たとえば、揺れ動く、頭を振る、ぐるぐる回るなど視覚障害児にみられる常同行動）」が大きく減ることが広く指摘されています（Webster, 1977, pp.54-55）。これはおそらく、盲の子どもを抱っこすることで、姿勢の動きと変化によって生ずる不可欠な前庭器官刺激（内耳への刺激）が与えられ、それによって感覚の欠如が補われるからだと思われます。それに加えて、幼児を抱っこすると、母親の動作を触覚的に知ることができるという利点があります。母親はたとえば、洗ったりたたんだりしている衣類に幼児の手を導いて（幼児の手を下から支えて）そっと触らせたり、作っている料理を触らせたり、会っている人に触れるようにしたりできます。もし子どもに残存視力があれば、それらのものを見る機会を確保することができます。その間幼児は母親、父親、あるいは他の養護者と身体的接触を持ち続けています。これらの人々の雰囲気、動き、体の緊張とリラックス、息づかいを子どもは感じています。つながりは日常生活の中で発展し強められていくのです。

　このつながりは、将来のコミュニケーションスキルの基礎となります。最後に、子どもを抱っこしている間、両親は子どもの雰囲気、動き、体の緊張とリラックス、息づかいに敏感になる機会を持つのです。この感受性がより発達するに従って、養護者は子どもの変化によりよく反応するようになり、お互いにより自然にコミュニケーションできるようになります。また、子どもの方もコミュニケーションのために体を意図的に使うことを覚えるのです。

　盲ろう児を抱っこできないとき（大きすぎる、抱っこができない活動をしているとき、子どもが重要な医療を受けているとき）でも、子どもが周囲とできるだけ触覚でアクセスできるようにする方法があります。ベビーカー、乳母車などの移動できるようにするものを使えば、周囲でやっていることの近くに子どもを連れて行って、身体的にそれに接触していられるようにできるのです。幼児をそこに連れていけないときには、やっていることをその子の近くに持ってくることができるかもしれません。衣服をたたんだり、サンドイッチを作るのは子どものそばででき、合間合間に幼児に触らせて参加させることもできるでしょう。

　子どもが寝ていたり座っていたりするとき、その子の指先が届く周囲を、どうやって安全で、物に触れるようにして、興味あるものにするかを考えることは大切です。その子どもの個人空間

内（腕や足の届く範囲）の小さな具体的に決めた場所で、物を子どもが容易に見つけられるように置いておけるところを選びましょう。考えている特定の幼児の好みにあった物を注意深く選べば、その子はそれが楽しいことが分かり、その物との触覚での出会いに触発されて、手を伸ばし、自分の周りの空間を探索するでしょう。最初は、幼児や小さい子どもは、でたらめに手を動かして物に出合うのですが、そのでたらめな動きを繰り返すうちに、楽しいことが引き出されてきて、だんだん意図的に動かすようになるのです。

　幼児や幼い子どもとの身体的接触を保つことは、どのような社会的なやり取りの場でも必要不可欠です。それには子どもに、にっこりしたり笑ったりしている顔を触らせ、また同じようににっこり笑っている自分の顔を触らせるように誘ったり許したりすることもあるでしょう。そうすることで、子どもが他の人やその人の感情に触れられるだけでなく、自分自身の身体イメージの発達を促すことになるのです。重度の視覚障害と聴覚障害のある子どもにとって、触るということは最も信頼できる情報源であること、また社会的なやり取りの多くはボディランゲージに依存していることを覚えておいてください。

　この本で何度か書いたように、話者交替はすべての社会的なやり取りで重要な部分を占めます。通常は話者交替は幼児と親あるいは養護者の間でまったく自然に起こります。それは、子どもの発声や動きを母親が幸せそうに真似るときによく見られます。この交流は、ラップゲーム（訳注「ロー、ロー、ロー　ユア　ボート」のように、大人の膝の上で揺らされて遊ぶゲーム）やハンドゲーム（訳注　せっせっせのように、両手を叩き合う遊び）をやるうちにだんだん形作られていきます。盲ろうの幼児の場合、話者交替のあるやり取りに参加するには特別なやり方が必要です。

・養護者は子どもの動きのパターンの一つ、たとえばテーブルをコツコツ叩いたり拍手したりすることに着目して、それを真似し、そして子どもがその動きを繰り返すのを待つ。養護者は、子どもの反応への細心の注意を保ちながら、これをパターンを変えつつ繰り返し、拡げていく。
・子どもの発声の真似は、聴くか触れるかできるように、ごく近づいてやらなければならない。子どもが声を出しているとき、養護者は子どもに自分の喉を触らせ、次に養護者が発話を真似しながら喉を触らせて、子どもが振動が似ていることを感じとれるようにする。
・「ロー、ロー、ロー　ユア　ボート（こげ、こげ小舟）」のようなラップゲームは、盲ろう児の遊びに向いていると言える。このようなゲームは、相互の粗大運動の動きでのやり取りを促進する。残存聴力のある子どもにとって、歌はこれらの動きを予測する助けになる。
・養護者は自分の顔に布を置いて、子どもがそれを取るのを手伝う。次に布を子どもの顔にか

盲の乳幼児が寝転んでいるときに動きを誘う「小さな部屋」。

け、それを取る。これをその子の興奮が続いているかどうかを見てふざけながら何回か繰り返す。

・話者交替のあるやり取りは、食事や身づくろいなど、日課活動の中でも起こる。盲ろう児は身体的接触がない限り、他の人のこのような活動に気づくことができない。こういう活動に子どもの手を導きながら、髪を梳かしたり一緒に食事をしたりしてやり取りをすることは難しくない。

　盲ろうの乳幼児が言語に触れられるようにすることは、すべての子どもと同じように大切です。言語に触れることがなければ、言語は獲得できません。盲ろうの子どもたちがどうやって言語を使えるようにするかを考えるとき、単なる音声言語を超えて考えなければなりません。重度の視覚、聴覚障害のある子どもとコミュニケーションするには幅広い方策が使えます。これには、オブジェクトシンボル、絵、指差し、ジェスチャー、手話などがあり、すべて個々の子どもの感覚、認知能力に合わせて調整されます。

　盲ろう児がどうやって言語に触れられるようにするかを真剣に考えなければなりません。一日に与える言語の量、種類、複雑さについて考える助けになるのは、その子をよく観察することです。幼児に対しては、その子に最も意味のあるオブジェクトキューや手話をいくつか注意深く選び、その子がそれを活動と対応づけられるように一貫して繰り返し使うようにしなければなりません。

　重度の聴覚障害があり、音声会話の理解が困難な子どもは、手話の世界に触れる必要があります。これは、最初は子どもがいま関わっている物、活動、人々を指す触覚的あるいは視覚的な手話単語でしょう。その後に、手話は簡単な順序にまとめられます。幼児の認知的能力を知ることはできませんが、それでも、その子を言語に触れさせ、この重要な発達時期に学ぶ機会を逃さないようにすることは大切です。

8-3 低学年時の経験

　さて、このような初期発達の段階にある盲ろうの子どもとのコミュニケーションをどう発展させていくかを考えるとき、私たちはまず、第Ⅰ～Ⅴ段階に対応する基本的な事項に目を向けます。

8-3-1 自然に学べる環境
　発達面から見て2歳以下の状態にある子どもは、年齢としては年長の場合もあり得るでしょう。一般的には2歳以下の子どもはほとんどの時間を家で過ごし、主として両親から教育されます。盲ろうで、発達面では2歳以下でも実際の年齢は数歳上の子どもにとって、理想的な状況は家庭的な環境にあることです。しかし、これは理想であって、このような子どもたちが家庭から離れた状況である学校やデイケアにいるのをよく目にします。学校をできる限り、その子の認知段階年齢で通常学ぶような自然な環境に近い、家庭的な状況にすることが大切です。それには、その子が学校にいる時間帯での先生と学校外での「先生」としての養護者の密接な協力体制が不可欠です。子どもの学習は一日中続けなければなりません。その子はまだ小さすぎて、学校にいるときとそれ以外の生活行動の区別がつきません。この段階で活動している子どもにとって、安全と秩序の感覚を発達させるためには経験と人との交流に一貫性があることが重要です。

8-3-2 日課活動を通して学ぶ

　この最初の段階で、子どもは安心感を持っている必要があります。比較的規則的な日常生活を送ることで、子どもは信頼できる何かをもつことができます。それはまた、その子の発達に必要なスキルである、次に起こることがらを予想することを学習する助けにもなります。そこで、その子が期待するようになり、待ち望むようになる基本的な活動を少しだけ選び、毎日（または毎週）繰り返すことが大切なのです。その子にとって最も意味のある活動はその子の基本的なニーズに結びついたものであると思われます。食事をする、着替える、外出する、手を洗う、トイレに行く、おむつを替えてもらうなどの日常生活活動は、一人の人間としての子どもに大変密接なものです。これらは、コミュニケーションのための最も重要な機会となるので、その子の日課の大部分を形作るものにしなければなりません。

　一日の教え方についてはこれまでとは違った方法で考えなければなりません。子どもがたくさんのタスクを仕上げることに重点を置くのではありません。毎日のスケジュールを子どもにとっての最も基本的なニーズに沿って組み上げられているように作ることと、これらの活動をバラバラなタスクではなく、それら全体の中で意味のあるものとみなすことを重視するのです。そのタスクは子どもとの関係の基盤となるものであり、その子がコミュニケーションスキルを学ぶ手段なのです。食事をする、着替える、手を洗う、歩き回る、遊ぶという活動の一つひとつは丁寧に進めることができ、その子と一緒にそれをやっている間に、どうやって実際に関わりあえばいいかを考えることができます。子ども（あるいは年齢の上の生徒）をその活動のすべての場面で一緒に加えてやったり、子どもが自分でやっている遊びに加わることもできます。たとえば、おむつは魔法のように現れるのでしょうか（とくに盲児にとっては、他のものでもそういうことがよくありますが）、それとも、子どもと一緒におむつを置き場に取りに行って、いつも子どもにおむつが置いてあるところを教えるようにできますか（そこを触らせたり、指差したりして）。あるいは、おやつのときのジュースは――どこからともなくテーブルの上に「現れる」のでしょうか、それとも冷蔵庫のところに行って持ってくるのを子どもも一緒にやらせるでしょうか。その子が、ジュースを冷蔵庫からコップに、そして口に運ぶというまさにその動きを何度も何度も身体的に触ってやっていると、ジュースそのものがより豊かな意味を持つようになり、一つのタスクに関わっている人同士としてお互いに意識するような機会を持つようになっているでしょう。いつかある日、その子どもは自分からジュースの紙パックに手を伸ばすようになることが期待できます。そうしたとき、それは子どもがコミュニケーションをより意図的に使っていることを示しているのです――その子に要求したのではなく、何回もそれをやっているのを見たり一緒にその過程を楽しんだりして、その子がそうしたいと思うから、また手を伸ばすという意味を知っているからなのです。見えて聴こえる幼児は日常生活でのこういう活動を眼や耳を使って、人から離れていてもできます。盲ろう児は、大人のごく近くにいるか、多くの場合は常に身体的に接触していないと、同じような体験ができません。

　盲ろう児が日常生活の活動プロセスを観察し、習得する機会は非常に限られています。したがって私たちは、環境や環境との個人的な関わりはどうか、どうすれば最大限の安心感を持って動けるかを子どもが学べるように、これらのプロセスに参加する機会を提供しなければなりません。

8-3-3 遊びを通しての学習

　普通、2歳以下の子どもは、教室での授業中に、先生に注意を向けて、机の前に座っているこ

遊びは子どもが学ぶ手段です。先生も遊ぶことが必要です！

とはありません。子どもは、遊びを通じて、環境の探索を通じて、家族が一緒にやってくれた特別なイベント、起こったいろいろなことについて話してくれている周りの人々の行動の観察や模倣を通じて学ぶのです。できるだけこの自然な学習の雰囲気を再現することが必要です。遊びは面白いことであると同時に学びでもあります。先生たちは遊びについて学ぶ必要があります。遊ぶことが教えていることだと意識するのは容易ではありませんが、この段階では必須なことなのです。

　これは簡単なことのように思うかもしれませんが、いつもそうとは限りません。障害が盲ろうだけの子どもの場合、おもちゃ、環境、新しい遊びのアイデアのモデル、体験を与えれば、簡単に学習するでしょう。しかし、学習にさらなる困難さを持つ子どもの場合には、反復的な遊びの習慣に「かじりついて」しまうようになり、その子の学習の助けになる遊びのために出したアイデアにはなかなか興味を持たないかもしれません。先生は、全身全霊を傾けて、子どもからの見落としがちな反応に対する感知力を養わなければなりません。そのためには、それができるような教室環境を作ることが必要です。先生は、その遊びがあまり興味あるように見えない、あるいは盲ろう児の遊びのニーズがプログラムの中の他の子どもたちのカリキュラムと合わないために、かなり進んだスキルを使いたい誘惑にかられるかもしれません。しかしその先生には、盲ろう児のその段階での代わりの遊びの活動を考えることと、その子が参加できることの中で、少しだけ内容を増やすことをより注意深く合わせていくようにすることをアドバイスしたいと思います。これをするためには、ときとして先生は教室の環境全体を変えなければなりません。

　子どもが成長し、日課を理解するようになり、物を扱うスキルが発達し、注意の範囲が広がり、概してより"学ぶ習慣がついてきた"ことが分かるに従って、おもちゃを使用したとしても、その子にとってはより体系的なことをして、短時間テーブルや机に付いていることを始められます。これは「私がこれでやることを見て、あなたも同じことをやるのよ」というような短いレッスンでいいでしょう。変化は、計画に「学習」がゆっくりと加えられていくに従って徐々に起こってきます。日課や遊びはプログラムの一部として長期間残りますが、「学習」と「遊び」に費やす時間バランスは徐々にシフトしていきます。年長の子どもは、実用的な活動をする時間が圧倒的に

多いでしょうが、先生とのやり取りの中にはおふざけ的なものを持ち続けることは有益です。おふざけは十中八九、自発的なコミュニケーションを呼び起こすからです。

8-3-4 少数のごく近い関係を通しての学習

盲ろう児が発達の初期段階にある場合、密接な身体的接触による関係を作ることは、その子の成長にとても大切です（同じ発達段階にあるどんな子どもでもそうであるように）。一人か二人の大人が生徒と長い時間、1対1のやり取りをすることができるのが学習の理想的状況です。この段階では、もしあまりにもたくさんのいろいろな大人たちが関わると、その子は安定した関係の中での信頼も自分自身の身体の安定した感覚も発達させる機会を失ってしまうことになるのです。これらは、その子特有の緊張とリラックスのパターン、動作や物の扱い方への特有の好みに対しての感性を鋭くしてきた大人との身体的接触を繰り返すことで得られるものです。反応が速く、感性が鋭い先生は——感性が鋭い母親のように——子どもが自分の動作が反応を呼び出す、また世界に影響を与えることができることを学ぶのを助けます。この基盤の上にこそ、これから他の人やもっと広い物理的環境と関わってみようという子どもの気持ちが育っていくのです。

この身体的接触は、重度の弱視あるいは全盲の、また視覚的に人に対して注意を向けることができない子どもたちにとってとくに重要です。これらの子どもたちは、相手の彼らに対する気持ちのこもった反応を学習します。子どもたちが身体的にごく近くにいるとき、彼らは、相手が自分たちをどう思っているかについて、多くの手がかりを引き出しています。自分たちを愛しているか、受け容れているか、自分たちに期待することをしっかり持っているか、自分たちがやったことにがっかりしていないか、一緒にいることを真から楽しんでいるかを彼らは判断できるのです。子どもたちが触れたとき、彼らに対する気配りの多くが伝わります。子どもに対処しているとき、「今、私はこの子に対して身体的に表しているのは何だろうか。私がこの動作でこの子に真に寄り添っているということが分かっているだろうか、それとも距離を感じているのだろうか」と折に触れて考えるのは大切です。

発達初期の盲ろう児に関与する人数を少なくすることのもう一つの利点は、養護者のあいだのコミュニケーションをより日常的で、かつ豊かなものにできることです。これによって、子どもが、自分の周囲環境や他との関わり合いから意図を構築する良い機会となる、一貫してはっきりした経験を確実に持てるようになります。

8-3-5 標準的な日常のスケジュール

発達初期や学齢期（未就学児を含む）の標準的な日常スケジュールを二つ示します。最初のものは、初期段階にある子どもにあてはまる行動です。二つ目は、より高い段階にある子どもに適切な行動です。変化は穏やかなもので、一つひとつの段階に限定されたスケジュールを作ることはできません。似たような行動カテゴリーが、発達段階Ⅰ（1〜4ヶ月）からⅤ（18〜24ヶ月）のそれぞれ妥当なところに残っていますが、子どもが対応できるような新しいものがいくつか追加されています。スケジュールを見ると分かるように、子どもたちは遊びや体を使った行動に必要なことを超えて成長することはありませんが、徐々に、より落ち着いた、より構造的な行動に多くの時間が使われるようになります。このスケジュールは担当する生徒たちのための計画を作る際のガイドとなる例として使えると思います。しかし、盲ろう児の教育の基本となることの一つは個別対応であることを忘れてはなりません。可能な限り、特定の生徒のニーズそれぞれに合

うようにスケジュールを作ってください。

　スケジュールは子どもが毎日「家」から「学校」環境に移動するとして書かれていますが、これは家あるいは住んでいるところの環境で使えるように簡単に修正して合わせることができます。教育活動のカテゴリーは「教育活動」の節での示唆を参照できるように強調されています。また、すべての活動が毎日起こることはできません（とくにⅣ、Ⅴ段階にある子どもにとっては）。いくつかは週に2、3回であるように計画することができます。これは一つの時間帯に複数のカテゴリーを並べて書いて示されています。

　個々の活動が日常的に起こるような教室や家庭の特定の場所を指定することを考えてみましょう。これは子どもが整理したり予測したりする助けになります。またある特定の物理的場所に向かうということは、そこで普段起こる活動と関連づけることになります。もし子どもが全盲だったら、その子がそこを他の場所と区別できるように、それぞれの場所（たとえば特殊な敷物のような）が分かるような触覚的手がかりを付けてあげるといいでしょう。

　盲ろう児の両親は日常の家事をしている間、子どもをいつも近くに居させるにはどうしたらい

スケジュール順序 1

通常の日課：　（早朝の日課）、起床、トイレ、洗顔、着替え、朝食、歯磨き、登校準備、登校

日常生活の活動：　（学校到着）、あいさつ（先生方や友達の認識）、上着やカバンの整頓、トイレ

身体の動き：　（身体でのやり取り）

日常生活の活動：　（おやつ）、準備、おやつを食べる、片づけ

日常生活の活動：　トイレ

おもちゃ遊び

身体の動き：　（粗大運動器具）

日常生活の活動：　（昼食）、食堂への移動、座る場所を見つけてエプロンする、昼食をとる、片づけの手伝い

日常生活の活動：　洗顔、歯磨き、トイレ

自由遊びまたは休憩

音の遊び／屋外遊び／創造的な遊び

日常生活の活動：　トイレと帰宅準備

帰宅：　両親、きょうだい、養護者との身体動作活動とおもちゃ遊び、屋外遊び、家族とのグループ活動、自由遊び時間、夕食、トイレ、入浴、就寝準備

スケジュール順序 2

通常の日課：　（早朝の日課）、スケジュール1のものと同じだが、子どもの参加と手伝いがより多い

日常生活の活動：　（学校到着）、あいさつ、上着やカバンの整頓、トイレ

仲間との遊びと身体の動き（ボディイメージ）：　子どもたちの友達同士やスタッフへの認識、身体部分や動きの認識につながる身体活動に焦点をあてた朝のサークル

おもちゃ遊び：　机の上でおもちゃを使っての体系的な授業

日常生活の活動：　おやつ時間の食べ物用意、おやつ、片づけ、トイレ

音の遊び

粗大運動器具による身体の動きの遊び

日常生活の活動：　（昼食）、食堂への移動、昼食、片づけ、手洗い、歯磨き、トイレ

自由遊びまたは休憩

創造的遊び／屋外遊び

おもちゃ遊び：　具象的な遊び、友達との遊び

日常生活の活動：　トイレ、帰宅準備。　スケジュール1と同様だが、この段階に合ったものである。

いか考えるでしょう。その場合、日常作業を自分と子どものニーズに合わせて形作らなければなりません。ごく小さい子どもには抱っこひも、おんぶひもが役に立つでしょう。子どもの年齢が上がり（そして重くなる！）と、子どもができるだけ動けて日常作業を一緒にやれるような別の方法（ベビーカー、改造した歩行器など）を工夫することができます。

コミュニケーションというのは、一連の行動と離れて学習されるものではないことを頭に入れておくことが大切です。コミュニケーションは1日を通してのそれぞれのやり取り、活動の中に埋め込まれていなければならないのです。

スケジュール順序の中で、日常生活活動が一日を通して何度も行われることが分かります。これが子どもにとって最も意味があり、動機付けになる学習経験のカテゴリーだからです。前にも述べたように、これは「学習」に戻るためにできるだけ速くやり終えるものではなく、これを通して子どもとの関係、期待、コミュニケーションの発端を築くものです。

子どもたちが授業で学習しているときは、セラピストや校医、専門教員からのサービスを受けているでしょう。これらの専門家たちが、子どもを教室から引っ張り出すのではなく、日課の中で見ることができて助言できることが通常は最も良いのです。このモデルは子どもと先生の両方にとって最も意義のあるものになるでしょう。たとえば、この段階での動きの状況は、1日を通してのすべての活動の中での動作の一部を見ると最も良く分かるでしょう（カレンダーボックスは、たくさんの活動をやっていくために1日を通して使われるので、別の活動としてはリストアップされていません）。

8-4 非言語、ジェスチャーコミュニケーションを発達させる方策

コミュニケーション活動を全体のプログラムから分離することはできません。コミュニケーションは遊びや日常生活のあらゆる活動の中で起こります。以下では、これらの子どもたちに適切な種々の学習活動を示し、その活動の中でのコミュニケーションを発達させる具体的な方法についてディスカッションします。活動はスケジュールの中のカテゴリーに基づいてグループにまとめてあります。これらは発達段階に基づいてはリストされていません。多くの活動はいくつかの段階にわたって連続的に有効なものですし、書かれているスキルやアイデアの難しいところを変更すればいくつかの段階で使えるからです。それぞれのカテゴリーの下の全般的な順序は最も初期からより発達したものへとなっています。

ここで提案されている学習活動は、特定のスキルを教えることではなく、遊びに注目したものです。そこで、微細運動スキルを発達させ、視覚活用できるように作られた特定の課題は含めていません。これらについては子どもとの遊びに自然に取り込めるような多くの提案が入っている別のプログラムがあります。この段階での焦点が、コミュニケーションしている大人（ただし、子どもが発達するのに必要としているスキルなどを知っている）と一緒に探求したり遊んだりすることに置かれるなら、その子は通常の学習の中でスキルを発達、増大させていくだろうと思います。

これらの提案は読者の思考を刺激することを意図しています。でも、すべてがそれぞれの子どもに適しているということはありません。これらの提案を子どもそれぞれの好き嫌いや能力に合わせて変えなければならないことを忘れないでください。

8-4-1 身体の動き

　先生と子どもの粗大運動器具を使う遊びを示します。盲ろう児にはいろいろな年齢の子どもがいて、この発達段階の中で異なった身体的スキルを持っているでしょう。彼らはスキルの発達を遅らせている特定の運動機能の問題を持っていることもあるでしょう。以下の活動を進めるときには、これらの要素を考慮に入れてください。一つひとつの活動は子どもとのコミュニケーションだと考え、徐々にそのコミュニケーションを拡げ、豊かにしていってください。常にその子の動き、リズム、話題などに同調するようにしてください。

- ・その子に見える、あるいは触れるように、子どもの動きを真似る。その子自身の動きを、楽しいやり取りゲームとして仕立て上げる。
- ・子どもがいろいろ楽しく足や腕を動かすように仕向ける。足や腕でできることに子どもが気づくのを助ける。
- ・子どもが楽しめるラップゲームをする。その子が次に起こってほしいことを表すまで待つ。
- ・子どもを振り回す。たかいたかいをする。転がったり、でんぐり返しするのを助ける。
- ・その子が床に寝転がることが多い場合は、座った姿勢で一緒に遊ぶ。ちょっと這ったり歩いたりして好きなものを取りに行くことを誘う。
- ・ピエロ人形（blow-up clown　訳注　空気で膨らます等身大のピエロ人形）で遊ぶ。人形を押し倒す、上に座る、跳ね返す。
- ・洗濯物かごや大きな箱の中に入ったり出たり、放り込んだり、逆さまにひっくり返したりして遊ぶ。
- ・トランポリン、小さな滑り台、シーソーで遊ぶ。必要に応じて助ける、自分のやり方を探すようにさせる、その子がやりたいことをいつも尊重しつつ、新しくできそうなことを見せる。
- ・これらをしているとき、身体も動いている様子をたびたび見せる。その子が盲あるいは視覚的注意が乏しい場合には、動くときに手で身体に触らせる。
- ・ほとんどの子どもにとってブランコ遊びは楽しく、良い活動ではあるが、受動的で双方向性がない。揺らすとき子どもを膝に載せたり、揺らし方をいろいろ変えてみたり、揺らしを止めて子どもがもっとやってほしいとこちらを見るようにしたり、ブランコの横に立って動かしてどんなことができるかを確かめたりして、より学習的な活動にする方法を探す。
- ・子どもが遊具でいろいろやってみたり新しいアイデアを試したりする中で創造性を出せるようにする。一方でその普通の使い方も見せる。
- ・子どもが身体的に使えるようになったら、滑り台、布のトンネル、ウォーキングボード、段ボールのレンガ、三輪車など新しい遊びを加える。
- ・その子がそれぞれの遊具の使い方を理解したら、それで障害物コースを作る。一緒にそのコースを順番に動いていく。
- ・テーブルの上に毛布を置いて、一緒に下にもぐる。そのテーブルの下、上、後から、他の家具を探索する。
- ・物を運んだり押したりするために動かす練習をする。物をカートやワゴンの中に入れて他の場所へ持っていく。
- ・マッサージ、ローションを付けて擦る、身体のいろいろな部分をおかしな肌触りのもので擦る、靴を脱いでいろいろな質感のところを歩くなどして、身体やいろいろな部分にどんなことが起こるか興味を持たせる。

身体の動きを使う以下の例では、遊びたっぷりの、ものごとを伝える相互のやり取りに注目してください。

　全盲の3歳児のフランは、両腕を大きく上げ下げするのが好きです。先生はマットの上でフランのうしろに座り、手を優しくフランの両手の下に置きます。フランが両手で大きな動きをすると、先生はいつも軽く触りながら真似をします。フランはにっこりして、腕をさらに速く動かそうとします。先生はフランのリズムにずっと付いていきます。この遊びを5分くらいしていると、フランは先生の方に向き直って、先生の手を取り、持ち上げたり下げたりして動かし始めます。先生はフランのするままにさせています。二人とも嬉しそうにしています。ゲームは10分ほど続き、また他の日に形を変えて繰り返されます。

　トニーは、全盲で段階Ⅰの発達にあります。ママはトニーを抱いていて、トニーがくすぐられるのが好きなことを知っています。指を彼の腕につけて、上の方へゆっくり動かしていって、首のところで広くくすぐります。トニーはクスクス笑います。ママはちょっと待ってからまた腕で指を動かします。これを何回か繰り返すとトニーは、ママの指が腕で動き始めたことを感じたときにくすくす笑いだすようになります。彼はもっとやってほしいということを意図的にはまだ何も表せませんが、簡単なシグナルを出して待つことを学習しつつあり、くすくす笑いが活動を続けてほしいということを伝える彼なりの方法になっているのです。

　先生はカーメンを膝に抱え、手を握っておいて足を拡げて落っことします。カーメンは驚きを楽しんで笑います。あと2回やって先生はちょっと間を置き、彼女がまたやってほしいということを示す時間を与えます。彼女は身体を揺らして、先生の手から身体を離します。先生はまた彼女を落とします。何回かやると彼女は飽きてきます。次の日、先生は同じことをやりますが、1回落とすとカーメンは先生の手をぐっと引いて、もっとやって、とせがみます。彼女は段階Ⅱにあるので、この単純なシグナルがもっとやってほしいと頼むやり方なのです。先生はカーメンが繰り返しを要求するいくつかのシグナルを学習できるような、他の身体的な遊びを工夫します。

　パパは、ボビーを大きな段ボール箱の中に入れ、その中でボビーを引き回します。パパが止めると、ボビーの表情が楽しみからムッとしたように変わり、箱に体をぶつけ始めます。パパは彼が聴こえて、感じ取ることができることを知っているので、手で箱の側面を叩いてシグナルを出し、またボビーを引っ張ります。ボビーは、箱が叩かれるともう一度引っ張ってもらえるのだと

子どもがおもちゃでいろいろやってみたり試す中で創造性を出せるようにする。

いうことを学ぶのです。彼はまだ自分ではそのシグナルを出しませんが、パパは彼がゲームに積極的に加わるパートナーになれるのだと思ったときに使えるような簡単なシグナルを選んだのです。

　シンディは好きな活動の一つであるブランコに乗っています。ブランコが止まるたびに先生は彼女の前に行って、手話と音声で「揺れる」と言ってから押します。シンディは、先生が前にくると、押してくれることを期待し、また手話にも気づきます。これは経験全体の一部になっていくのです。

　段階ⅣとⅤまでに、身体の動きを伴う活動では友達とのやり取り（他の子どもの動きを見たり触ったり、道具を代わりばんこに使う）や、具象的な遊び（人形の身体で同じようなことをする）をできるようになります。
　同様に、段階Ⅴまでに真似っこゲームができます。子ども自身の動きの真似をしていると、その子はあなたの真似をすることに興味を持ち始めます。それから少しずつ、その子が見たり触ったりしていることを確認しながら、あなた自身の身体の動きを出していきます。そして、その子がそれを真似することができるように動きを止め、もし助けを欲しそうにしていて必要なときには、優しく助けてあげましょう。大きな動き（ジャンプする、身体をひねる、頭を下げる、行進する、など）から始め、可能なときには腕や手でより細かい動きを出しましょう。この活動は遊びの中で一緒に動く楽しみとして始まります。真似しあいっこするのが遊びの目的です。こういう真似をできる力と、やり取りを開始する力は、有効なコミュニケーションをできる人になっていくために必須のものです。しばらくすると、「かくれんぼ」、「鬼ごっこ」、「大将ごっこ」などの簡単な形のよりポピュラーなやり取りゲームを始めることができるでしょう。

8-4-2 おもちゃで遊ぶ
　あなたの遊び行動は子どもの学習へのモデルになることを忘れないようにしてください。あなたにとっておもちゃ遊びが面白かったら、その子も楽しみ、学習します。あなた用と子ども用の2セットのおもちゃがあれば一緒に遊ぶことができます。
　おもちゃを子どもに最初に与える時には、そのやり方が大切です。最も良いのは、子どもがやり取りしたりいろいろ探ったりしている中で見つけられるようにおもちゃを持っていることです。盲の子どもの場合は、いつも遊んでいるところの近くに整理された棚を置いておくとおもちゃを見つけるチャンスを作れます。子どもにおもちゃを取ってあげる必要があるときは、取るときに子どもに見せたり触らせたりすることができます。先にも述べたように、そのときには子どもの手を上から持って動かして触らせるようにしてはなりません。手を動かしたりせず、下から優しく支えておいて、おもちゃに触れるようにするのです。
　そして、その子が望むままに自分自身で探究する時間を充分にとってあげるのです。この時間はとても大切です。大人が急ぎすぎると、子どもは自然な好奇心や探索する自分自身の力についての自信を発達させることはないでしょう。子どもがおもちゃに興味を持たなかったとしたら、それはおもちゃが良くないか、タイミングがわるいのです。別のおもちゃならもっと興味を持つか、同じおもちゃを別のときに与えるといいでしょう。あなた自身がそのおもちゃで楽しめれば、子どものちに楽しむようになるでしょう。
　おもちゃで遊んでいる間、子どもの手の上に手を置いて動かすことはやめましょう。目的はや

り取りと遊びであって、子どもがおもちゃで何かをすることを求めるものではないことに注意してください。

- 風船、コマ、ゼンマイ式のおもちゃ、シャボン玉で遊ぶ。子どもに自分のやり方で遊ばせ、それを真似して、遊びを相互的なものにする。子どもに、そのおもちゃを動かせること、それを何度もできることを見せる（盲児だったらその子の手を誘って）こともできる。
- 重ねコップ、カラーコーン、ポップビーズなどで遊ぶ。まだちゃんとしたやり方でなくても、子どもの興味に任せておく。一方、そのおもちゃはくっつけたり、離したり、積み重ねたりできることをちょっとやって見せる。
- ポップビーズをバラバラにして缶に入れ、缶をひっくり返して出してまた繋げる。重ねコップを積み上げて倒す。これらを繰り返しやって遊ぶ。
- ひもでおもちゃを手元に引っ張る、ボタンを押す、レバーを引くなど、子どもが何らかの方法で動かせるおもちゃを使う。
- 段階ⅢとⅣでは、同じ種類のおもちゃを使っても、子どもがより組織的により期待を持って、自分自身でよりたくさんできるような遊びをする。子どもに手伝って、とたびたび頼んだり、やることを真似するようにいたずらっぽく言う。
- 知育玩具で遊びながら、その概念を少し見せる。この遊びは子どもにとって探索である。まだ何ら「学習」ではない。部品を色ごとに集め、大きさ順に揃える、あるいは形の似たものをまとめる。これらの特性に子どもの興味を引かせるような遊び方を、いろいろな大きさの箱とおもちゃをいくつか組み合わせれば工夫できる。子どもがおもちゃを箱に入れるのを手伝い、子どもが小さすぎる箱や、たくさん入れられそうな箱があることに気づくように仕向ける。いろいろなおもちゃの中から同じ色のものを一つの箱に、他の色のものを別の箱に入れる。いろいろなブロック、ビーズ、指輪がそれぞれ入った箱を集める。それらには穴があいているものと無いものがあり、どれにビーズひもを付けられるか探す。
- トラックにブロックをこぼれないようにいくつ載せられるか、手がいっぱいのときどうやればドアを開けられるか。どうやって人形用のベビーカーを階段で下せるか、などの簡単な問題を解決する機会を待つ。
- ボールやお手玉で遊ぶ。投げる、転がす、弾ませる、バスケットに投げ入れる、頭にお手玉を載せて歩く。

　子どもが頻繁に光を見続けたり、自己刺激行為を繰り返すようだったら、その行為から注意をそらせるのに最も良いのは、止めさせたりたびたび制限したりするよりも、その子の興味を誘いそうなちょっとした活動を何度もやることです。興味を誘おうとする動作を選ぶ基準として、その子自身の光や動きに対する興味を使うこともできます。きっかけとしてその子自身のジェスチャーをちょっと変えて使うのもいいでしょう。たとえば光を凝視する子どもには懐中電灯が楽しいでしょうし、頭を叩く子どもは太鼓を喜ぶかもしれません。別の動作への興味と理解が進むと、元の癖が出る時間は減っていくでしょう。

　初期の段階では、おもちゃを使った活動にちょっとした注目をすることを待ちましょう。ちょっとの時間遊んだら次のものへと移るようにしましょう。この段階では、子どもが落としたり投げたりしたものをいつも拾い上げることを期待してはいけません。子どもは手から離れたものはそれがあったことも忘れてしまうのです。その子がそれをまだ欲しがっていたり、とても楽しんでいたときだけ、助けてあげましょう。

子どもが、口にくわえるなど、何に対してでも同じことをする傾向があったら、それを何回かはやらせても、他のやり方もあることをやって見せて教えましょう。たとえばシンディと先生がポップビーズで遊んでいるときに、シンディはビーズのひもを目の前で振るのがとても好きです。ちょっとの間、先生はそれを許していますが、そのうち、ビーズを一つ引っ張って外して、ふざけてシンディの手を取ってそれが分かるようにします。シンディはちょっとビーズ玉を見て落とします。先生は残り一つだけになるまでこれを続けるのです。シンディはやはりこれを嫌い、不満そうにします。先生はまず指差して、次に床にばらまかれたビーズのところへシンディの手を誘導してビーズをひもに入れ直し、シンディに注意を向けさせます。シンディはそれでまた遊ぼうと手を伸ばし、ゲームを続けます。

　よく使うおもちゃは子どもが自分で選ぶことを学習できるように、あるいはそれが欲しい時に要求できるように、決まった場所に置きましょう。段階ⅣとⅤでは、おもちゃ遊びには徐々により具象的なものが含まれてきます。

・櫛、コップ、歯ブラシ、手拭きタオル、枕、毛布などの日用品で、身近な活動を実演する。
・人形の着せ替えをする、人形の髪を梳かす、食べさせる真似をする、抱っこする、ベッドに寝かせる。
・着せ替え衣装で遊ぶ。いろいろな種類の帽子、靴、ネックレスでやってみる。
・車、トラックのおもちゃで遊ぶ。
・ドールハウスの家具、人形で、身近な簡単なことを実演する。
・おもちゃの道具を使って、お医者さん、看護師さんや病院ごっこをする（子どもの経験に合わせる）。

　遊び道具はおもちゃだけとは限りません。幼児は家庭内でありふれたいろいろな物でも面白がり、学びます。これは全盲児、あるいは大脳性視覚障害の子ども（訳注　大脳皮質での視覚情報の処理における視覚障害）の子どもでとくにその傾向があります。その子たちは市販のカラフルなおもちゃはむしろ退屈に感じるのです。箱、袋、テープ、フライパン、スプーン、布切れ、洗濯ばさみ、雑誌、ひも、古毛布、ストロー、マヨネーズやケチャップの絞り出し容器、スポンジ、懐中電灯、計量カップ、調理器具などを考えましょう。たとえば、パパとボビーが毛布で遊んでいます。パパがボビーに毛布を掛けるとボビーは笑い、抜け出そうともがきます。パパも毛布の下に入って、ボビーはパパが入ってきたことを知って背中に乗ります。パパは這い出して、またボビーに毛布を掛けます。ボビーは遊びのやり取りを学習しているのです。ボビーはパパに毛布を掛けようとするのです。

　この段階の子どもと遊ぶ──コミュニケーション、思考、スキルを教えようと意図しながら──ときは、良い大局観を持ち続ける必要があります。子どもが「正しくやれる」ことを学べるように特定のおもちゃや遊び動作を使うのではありません。子どもが、新しい概念、選択、問題解決、お互いのやり取りについての思考を発達させる機会として遊びを使っているのです。学習スキルは大切です。しかし、子どもが考えることを学ぶ必要性の視点を失ってはなりません。これは以下の例からよく分かります。

　カーメンと先生は、彼女が見るのが好きなコマで遊んでいます。止まると、カーメンはそれをバタンと叩いてまた動かそうとします。先生はカーメンの手の下に手を置き、コマを回すもう一方の手の方に動かし、一緒にコマをつかみます。それによって彼女は、こんなにも楽しいことを作っているのは、コマとつながっている先生の手だという関連性を学ぶことができるのです。こ

れはカーメンが実際に手を先生の手に向けて伸ばす、その少し前でもできるかもしれません。しかし、このようなやり取りが起きる多くの活動はたくさんあるので、最終的には彼女が先生の手を取って助けを求めることになるでしょう。

8-4-3 屋外での遊び
　段階Ⅰ、Ⅱでの屋外での遊びには、主として室内とは場面が異なるものと、似たような種類のものがあります。しかし、段階Ⅲ、Ⅳ、Ⅴでの子どもは実にさまざまな行動ができ、屋外環境の中で新しい可能性を探求することから多くを得ることができます。
　・草むらを歩く、座る、寝っ転がる。道との違いを感じとる。
　・岩、塀、階段、木の枝に座る。
　・坂道や平たんでないところを上り下りする。
　・深い草むらや木の間を歩く。
　・砂の湿ったところや乾いたところを歩く。
　・木の葉の山の中に座る、葉っぱを投げる。
　・雪の上に座る、寝る。雪を投げ、雪を掘る。
　・草の生えた丘を転がって降りる。
　・壁やベンチに沿って歩く。
　・広い場所に駆け出す。
　・屋外プールや海岸で遊ぶ。
　・遊ぶために使い慣れたベビーカーやカートを外に持ち出す。
　・遊び場のあらゆる種類の道具、とくに登ったり、もぐったり上に乗ったりできるものを使う。
　・石、棒、松ぼっくりを集め、教室でいろいろなやりかたで使う。
　・棒で壁や木を叩いて遊ぶ。棒を折る。池に捨てる。
　・雨を体験する。水たまりを歩く。濡れた手すりやブランコを触る。
　・ピクニックに行く。お弁当の準備を経験し、持って行っていつもとは違う場所で食べる。
　・木に少し登る。
　・小川の中やそばで、小石、棒、泥で遊ぶ。

　先生として私たちは子どもたちのために自分が学ぶ活動の計画を作ることが必要ですが、遊びをしている間に予想外に多くの良い機会が出てきます。常にこれをうまく利用できるようにしておかなければなりません。以下は屋外での素晴らしい機会の例です。
　パパとボビーが公園を散歩していて、出合ういろいろなものを探索しています。ボビーの視力はかなり弱く、通りすがりの物を触れるようにサポートしてもらわなければ見逃してしまいます。低い塀の近くを歩くとき、パパはボビーの手を塀の上に置いて、それに沿って歩けるようにします。あるところで、塀の上を歩けるように持ち上げるよ、というシグナルとしてボビーの手で塀を叩き、腕をちょっと引っ張ります。太くて低い木の枝のところに来たのです。パパはボビーが木の幹に触って、その周りを回って幹を感じ取れるようにします。それからまたボビーの手で幹を叩かせ、ちょっと引っ張ります。「幹の上に乗せるよ」という意味です。ボビーがもう降りてもよさそうに見えると、パパはちょっと下向きに腕を引っ張ります。坂のところに来ました。パパはまた「上がる」というシグナルを出し、一緒に上るのを助けます。そして「下りる」と伝えてから二人で反対側に駆け下りるのです。

シンディは先生と一緒にピクニックに出かけようとしています。ピクニックは何回も行っているので、いつものピクニックバッグでシンディはこれから起こることが分かります。いつもお好みの食べ物をバッグに詰めることも覚えています。外に出たとき、先生が行く方向を指し示します。目的地に着くと先生はシンディに毛布を見せて地面を指差します。座った後、先生はシンディが食べ物を欲しいということを表してくるまで待ちます。ちょっと経つとシンディはバッグに手を伸ばしてきます。自分で開けられないとき、彼女はバッグを押して、それから先生を見ます。先生はシンディの手をとってバッグの上に置いてやります。

8-4-4 音で遊ぶ

　ここで起こることは子どもの残存聴力と音への興味によります。以下ではいくつかの活動案です。

・音の出るおもちゃで遊ぶ。音を出して見せ、子どもが音を出せるように助ける。その子が音の出る元を、見る、聴く、感じるのを助ける。
・手を叩く、踏む、物を叩くなど、体で出せる音で遊ぶ。
・子どもが環境音に気づいていることが分かったときには、できればその発生元に連れていく。可能なら、その音を出しているものに気づくようにそれを繰り返す。
・音があたりを震わせるほど大きかったら、子どもがそれを感じられるようにする。必要ならば、手でだけではなく、身体でも（音を出しているものに寄りかかる。その上に座る）感じさせる。音楽などの音の始まりと終わりのときの反応を待つ。子どもの注意をそれに向けさせる。
・その子が音楽を聴いたときに楽しそうだったら、抱っこして、音楽に合わせていろいろ揺らす。
・耳のそばで歌う。歌に合わせて何かをする。
・面白い声を、耳のそばで出す、あるいは手であなたの唇に触らせたり、顔をその子に近づけたりして、その子が聴くだけでなく手で感じたり見たりできるようにし、あなたの声に注意を向けさせる。
・触覚や視覚で子どもの注意を引く直前に、その子の名前を呼ぶ。
・段階ⅡあるいはⅢまでに、その子に聴こえる音の出る物を使って、次のような簡単な期待遊びを作ってみることができる。音の出る物の一つをその子のすぐ後で鳴らす、それに手を伸ばすのを手伝う、手に取ってそれで遊ぶ、そして、それぞれの音に注意深くなって、見えなくても手を伸ばすようになるその子の能力を高めることに取り組む。

　トニーは大きな音が好きです。でもなにか音の出るものを与えられても彼はそれを口に入れて、それからポイと投げるだけなのです。ママは音の出るいろいろな物で彼の近くで音を出して遊びます。彼が微笑むとママはそのおもちゃを手に持たせ、すぐに彼が感じられるように音を出します。それから彼が自由に扱うのに任せます。徐々にママは、トニーがおもちゃをすぐに口に入れたがるのが減ってくるのに気がつきます。彼は音がまた出ることを期待するようになってきたのです。ママとトニーのコミュニケーションのやり取りはとても単純で、何度もやることで期待するようになることなのです。しかしトニーは、他の人とやり取りの中にいくつかの新しい可能性に気づき始めています。

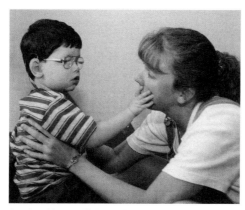

音の出るゲームで遊んで、あなたの声に子どもの注意
を向けさせる。

・子どもが音が出るお好みのおもちゃがあったら、音に気づいてそちらを向くかどうかを確か
　めるために、その子が見る前にうしろで音を出す。もしその子がそうしなかったら、自分で
　そちらを向くようになるまで手伝う。
・子どもに音楽が好きなら、曲が終わったときにもっと聴きたいということを知らせるために
　何かすることを教える。

　先生とカーメンが音楽を聴いています。そこにはカーメンがそばに座ってスイッチを入れられ
る大音量のスピーカーで聴ける音楽テープがあります。先生は、音楽に合わせて簡単な身体動作
をしているカーメンとともに動きます。歌が一つ終わるたびに動きも止まります。先生はちょっ
と待っていて、カーメンがもっと聴きたくてだんだん落ち着かなくなってきたのを見ると、カー
メンの手を自分の手に触らせてスピーカーを叩き、それから音楽を再び鳴らします。カーメンは
自分からはスピーカーを叩きませんが、先生が叩いているのが分かるようにカーメンの手を持っ
ていくと、音楽がまた始まることを予期して微笑みます。これを何回か繰り返すと、カーメンは
スピーカーのことが分かるようになり、そのそばに連れて行ってもらうと、その上に座って待つ
様子を見せて微笑むのです。

・段階Ⅳまでに、子どもが音に対して一定の安定した反応をはっきり示し、それで自由な遊び
　をできるようなら、その子が聴くことのできる音を使った聴力検査の受け方を教え始める。
　一緒に音を待ち、それから音が起こるたびにある簡単な動作をする。その反応動作はその子
　がより興味を持つものに変え、その子が楽しむものを選ぶことができる。
・いくつかの種類の異なる音楽を、身体を揺り動かす、手を叩く、飛び跳ねる、行進するなど、
　いろいろな体の動きと結びつけることを教える。
・（かなり聴こえる子どもに対しては）声色と身体的な遊び動作を関係づけ、その子が音を聴い
　たときに何か起こることを期待するのを学習していくようにする。
・太鼓や鈴を教室での活動のシグナルとして使う。

　難聴児が受け入れられる音声言語を発達させることについてはのちに述べます。

8-4-5 創造的な、"種々雑多な"、触覚的素材
ある種のよく使われる遊びの素材の中には、その使い方が分かるようなちょっとしたヒントが

入っています。素材は創造的なもので、子どもが自分のアイデアを表現するのに役に立つものです。それは他の物の動きにくっつけてちょっと使うことができ、あるいは肌触りや感じを確かめたり、何かを表現するときにその形を作ることができます。子どもは、その成長段階なりに思いついたやり方で何とか使うことができます。先生は、他の遊びのときと同じように、子どもが自己表現することと真似することの両方をできることを目指して、自分が何をできるか探し、遊び方の新しいアイデアを形作るように仕向けるのです。

素材の例：
　水・紙やすり・砂・乾燥豆・粘土・小鳥のエサ・フィンガーペイント（訳注　指で描くためのゼリー状絵具）・パスタ・液状せっけんの泡・梱包材・クレヨン・毛糸・積木・綿・紙・ガラスビーズあるいはビー玉・毛皮

　最初の二つの段階では、このような類の遊びはかなり限られています。子どもたちは何でもすぐ口に入れてしまいます。そのときにこれらの物で危ないことがないように子どもがやることを制限しようとすると、その行動をかなり欲求不満なものにしてしまいます。また子どもたちは、おとなしく考えているより身体を動かす遊びにずっと興味を持つものです。
　水遊びなどは適しています。以下の例は、期待を学習させるのに、好きな行動と結びつけるにはどうするかを示しています。

　ボビーは庭の子ども用プールで遊ぼうとしています。パパは、ボビーがこれからやることを予測できるように水着と好きな水遊びおもちゃを見せます。着ているものを脱がせるとき、パパはその前に着ているもの一つひとつをちょっと引っ張ったり、トントンと叩いたりします。プールへ歩き出すとき、パパはボビーの手を好きなパシャパシャ遊びのように動かし、ボビーがプールに触るとまたそれをやります。ボビーが遊んでいるとき、パパはときどきボビーの遊びの真似をします。またおもちゃを使った新しい遊びをやってみせます。パパは自由に自分のやり方で遊ぶようにさせますが、ときどきちょっとだけ割り込みます。そうするとボビーはパパがずっとそこにいることが分かり、楽しくなります。遊びをお終いにするときはタオルを見せます。

　常に、活動は子どもたち一人ひとりの行動と興味に基づいています。以下、お勧めの活動を示します。
・小鳥のエサ、綿のボール、豆など異なった触れる素材を入れた鍋をいくつか用意する。それぞれをいすの前に置き、子どもたちに靴や靴下を脱いで足を入れさせ、それを感じながら、中に足を突っ込んだり、足の上に振りかけたりする（これはとくに盲児が面白がる）。
・いろいろな色のガラス玉を入れた鍋（金属かプラスチック）を用意する。子どもたちにそれを触らせ、つまみ上げ、いくつかまとめてあるいは一つずつ落とさせる。子どもたちはその音と色が大好き。
・水に石鹸を入れ、浅い鍋やウォーターテーブル（訳注　水遊び用のおもちゃ）の中で、絞る、かき混ぜる、注ぐ、満たすなどをする道具を使って遊ぶ。
・粘土を、こねる、転がす、ちぎる、引っ張る、球や長いひもを作る、指に巻き付けるなどして遊ぶ。
・紙にクレヨンで、線、丸、色のついた斑点、点を書く。

シンディは色が好きです。彼女はまだ自分ではクレヨンを使うことができないのですが、先生が色を付けるのを見ています。一緒にキャンバスのところへ行って、大きな紙を乗せ、クレヨン箱を開けるのがお決まりです。シンディにはシグナルとしてクレヨン箱を見せます。先生はこの活動の間、シンディと、たとえば次のようにコミュニケーションします。まず、シンディが色を付ける部分を指差し、実際に紙に書く前に、彼女の手を走り書きするときのように動かし、そしてシンディの手を軽く叩いて、これからクレヨンを持てること、色を塗るのを手伝ってもらえることを知らせます。

・積み木やティンカートイ（訳注　組み立ておもちゃの一種）、あるいは小さなプラスチックれんがなどの組み立て素材で組みあげる。積み上げて叩き落とす、まとめたり分けたりする。子どもが遊べるようにいろいろな形のおもちゃを作る。
・段階が高次になると、いろいろな素材で作るコラージュ、お絵描き、色塗り、カラー紙や光沢紙の壁紙作りなどのために、よりたくさんの紙を使うことができる（お絵描き、色塗りは全盲児には適切ではない。自分がどんなものを作っているのかフィードバックが得られる触覚材料が必要である）。
・段階が進むと、遊びのアイデアの真似が増え、それらの物を使うときのスキルと、まとめる力をより多く期待することができます。筆で描く、糊の使い方を覚える、大きなスプーンで砂を掘る、容れ物を水で満たす、小麦粉で粘土を作る、いろいろなカッターで形を切り出す、などです。
・段階Vに至る前の子どもたちは、普通は、でき上がったものにはそれほど興味を持たない。彼らが楽しむのは遊ぶこと自体と素材である。そのうち、先生はまず活動のお手本を示し、それから子どもが同じ物を作るのを助ける、そしてできた作品を展示したり、家庭に送ってあげる、という一連の計画を作ることができるようになる。これはこの「作品」の概念の構築のスタートとなると考えられる。
・段階Vでは、具象的な作品を作らせるのを開始できる。クレヨンで絵を描く、積み木でいすやベッドを作る、段ボール人形のための服の形に素材を切る、粘土で「クッキー」を作る、など。
・段階Vを超えると、遊び活動の領域は自然に、より一般的な美術や工芸品制作活動に移っていく。

　初期のいくつかの段階では、先生には、安全のために子どもの素材の扱い方を完全に、また素材の雑多さをある程度コントロールする責任があります。あまりにも多くのコントロールが必要な場合は、素材がその子には適していないのです。その活動が学習経験のためのものだとしたら、その子が素材を自分自身で扱うための自主性が大切だからです。その子が何でも口に入れようとするということが分かっていたら、先生は、ある程度の自由性を与えながらも食べてしまわないようにコントロールしながら、安全な素材を使い、注意深く見守る必要があります。徐々に子どもが自分自身をコントロールできるようになると、より多くの自由度を持たせられるようになります。私たちは、プリンや食べられる粘土のようなものを使う「混乱する」活動については懐疑的です。それは小さな子どもにとって、あるときには食べ物で遊んでよくても別のときにはだめ、あるときには遊びの素材を食べてもいいけれど別なときにはだめ、というのは混乱してしまうと

考えるからです。子どもがその違いを理解できる場合にはそれでもいいでしょう。しかし適切な行動を学ぼうとしている盲ろう児に必要なのは一貫性です。食べ物は食べる、遊ぶものは食べてはいけないのです。

　常に変化することが大切であること、頻繁に新しいことをしたり作ったりする必要があることにも気がつくでしょう。さらに、これら初期の段階にある子どもは、定常的な繰り返しからより良く学んでそこから活動を予測することができ、素材の使い方に慣れ、自分のスキルを向上するようになるのです。理想は、子どもが予期し、認識し、その中から学ぶことを助けるのに充分な程度の活動を与えることです。しかし、興味や新しいアイデアが減ってしまうほどにこれを頻繁に繰り返してはなりません。

8-4-6 友だちと遊ぶ

　盲ろう児の多くは、社会的やり取りの領域での成長が、他の行動領域に比べてとくにゆっくりしたものになります。感覚が隔絶されているために、他の子どもが何をしているのかを自然に観察することができず、自分自身により集中してしまうのです。彼らのコミュニケーションは遅く、そのやり方も他の友達を遮断するものになります。親あるいは先生として私たちはそれを気にしがちで、社会的スキルを発達させる状況を作ろうと試みます。しかし、盲ろう児が発達の過程でその準備ができるまでは、現実的で意味のあるやり取りが起こるようにするのは不可能です。これらの初期の発達段階では、私たちは主として、子どもが他人を認識し、存在を受け入れ、いくつか簡単なやり取りを始めることを支援します。以下は推奨する活動で、主に段階Ⅳと段階Ⅴの子どもたちにとって適切で可能なものです。

・二人の子どもが身体的な遊びをする。先生がそれぞれに指導し、仲介するが、子どもたちはお互いに気づき合えるように充分接近している。
・子どもたちを一緒に、二人乗りブランコ、ワゴン、シーソーに乗せる（攻撃的なやり取りの癖が一切出ないように気をつける）。
・子どもたちをウォーターテーブルや砂箱にお互いに接近して座らせ、お互いを見たり触ったりがときどき起こるようにする。
・一人がもう一人にローションを塗るのを助ける。
・おもちゃを順番に渡して行ったり、帽子を他の子の頭にかぶせる円陣ゲームをする。
・子どもたちが、乗っているものの順番を交代したり、引っ張ってあげるのを助ける。
・二人の子どもたちに、組み立ておもちゃ、大きな紙とクレヨンのセット、「泥んこ遊び」を一緒にやらせる。
・子どもが何かを他の子にあげるのを助ける。
・子どもたちにお互いにボールを転がしっこさせる。
・歩くとき二人の子どもに手をつなぐことを教える。
・子どもに、他の子のためにおやつを用意させる。
・真似っこゲームでリードする役を交代させる。
・ごっこ遊びを二人の子どもと一緒にやる。
・1日のはじまりとして、クラスで一緒に短時間の「朝のサークル」をやるのは良いが、この時間帯の意味を考えて、子どもにとって意味があり、学習の可能性がある活動をすることが大切である。

朝のサークル時間は子どもたちがお互いに関わり合う機会になる。

　ボビーとトニーの日課活動の「朝のサークル」を見てみましょう。トニーはベルが聴こえ、それを鳴らす手伝いをするのが好きなので、この活動の始まりを知らせるのはベルです。ボビーも、音は分かりませんが、ベルをオブジェクトやシグナルとしては分かっています。二人はこの活動のために、それぞれはっきり異なるいすを持っていて、そのいすを見つけるのを助けてもらいます。活動には、触って面白い物を使った簡単な動作があります。先生は、二人がお互いについての認識を高めるために、その物を渡し合うのを助けるのです。

　たとえば、先生は自分の独特な帽子をかぶり、みんなが見て触ることができるようにぐるっと回って、子どもたちに触らせます。そして、トニーがお気に入りのプラスチックのレインハットをかぶって、立ち上がって回り歩き、ボビーに触らせてから自分の席に戻るのを手伝うのです。次に、ボビーが自分の毛皮の帽子をかぶって立ち上がり、回ります。子どもたちが面白がって帽子を取り換えっこすることもありますが、最後には自分の帽子をかぶって終わります。

　同じような活動は、(a) トニーの好きなビーズのひも、(b) 他の子や先生の手に塗れるローションでもすることができます。あるいは、(c) そこで起こっていることを感じるのを助けてもらっている子どもが近くにいて、代わりばんこに先生の膝に座って抱きついたり、跳ねたり揺らしたりすることでもできます。終わりのベルが鳴ると子どもたちはそれぞれいすを片付けます。

　別の例では、カーメンとシンディが交代でワゴンに乗って外に出ます。先生は、二人が外に出ることを示すために上着を見せてから、ワゴンが保管されているいつもの場所に二人を連れて行きます。カーメンとシンディは交代でワゴンに乗ったり、先生が引っぱるのを手伝ったりします。交代することを伝えるために、先生が一人の胸を軽く叩いて、ワゴンの中か外かを指差します。カーメンはあまり見えないので、指差すときには先生の手を触るようにさせます。先生はまた、引っ張るのを手伝っている方の子に、行く方向を指差します。

　仲間との交流も大切ですが、コミュニケーションを始めようとしているこの初期の段階では、コミュニケーションの仕方を知っている大人とのやり取りが最も役に立つことを心に留めておく必要があります。

8-4-7 自然な日課活動
　以下のリストは、最も一般的な自立スキルを超えて私たちの思考の幅を拡げられるようにするためのものです。各カテゴリーの下にはいくつかの例を挙げてあります。これらはパーキンス盲

学校発行の「日常生活カリキュラム」から引用しています。

食生活——食べられるもののタイプ、食べられるものの認識、新しい食べ物を試す意欲。

食事技術——食事道具を使う能力、指でつまんで食べる能力、エプロン、ナプキン、ストローを使う能力。

衣類の着脱スキル——着脱の際の、予期動作、協調性、自立性。

個人的な衛生管理とマナー——手洗い、乾燥、入浴、歯磨き、髪梳かしと、その手伝い、自立性。

排泄——決められたスケジュールに従う、パンツが濡れたら言う、トイレで手伝う、昼間も夜間も乾いた状態で過ごす、トイレへ行かせてもらう、あるいは自分で行く。

食事——食事中に適切に座っている、テーブルに食べ物を置く、不適切な行動をとらないなど、社会化した習慣とマナー。

服装——服を片付ける、洗濯を手伝う、しまうのを手伝うなど、社会化された習慣とマナー。

マナー——店や病院など、外での適切な振る舞い。

家でのお手伝い——インスタントドリンクをかき混ぜる、袋からおやつを出す、サンドイッチを作るのを手伝うなど食事の準備、物を取ってきて運ぶのを手伝う、簡単な掃除のいくつかの動作を真似る、拾って片付ける、簡単な用事を手伝う。買い物袋を運ぶ、カートを押したりカゴを運ぶ、カウンターに商品を置くなど買い物を手伝う。

遊び——おもちゃ、遊具を使って自分で遊ぶ、あたりを動き回る、遊ぶおもちゃを選ぶ、テレビを観る、大人と遊ぶ、簡単なグループゲームで大人や別の子どもと変わりばんこに遊ぶ。

　トニーは学校に行くために服を着ようとしています。ママは服を着せる前に、トニーに服を一つひとつ触ったりつかんだりさせて、それを着る体の部分をちょっと叩きます。トニーに腕や足を上げて欲しいとき、ママはその部分を軽く叩いて、トニーがそれに応えるのを助けます。髪を梳かす前にはブラシを見せます。補聴器をつけるときには、トニーの耳を叩いてから、彼の手を補聴器の箱に持っていき、開けて取り出せるようにします。可能な限りの方法で、彼女は次に何をするかをそれをする前に示したり、可能であればトニーの手も参加させて行うのです。

　カーメンの先生は彼女をしばらく一人で遊ばせておくでしょう。先生は、よく彼女が光の出るおもちゃをじっと見つめていることを知っています。カーメンが一人で遊んでいるときに、より有意義な遊びをさせることはまだできませんが、先生はこの時間をちょっとだけでも学習のために使うことができます。先生は彼女を、一人で遊べるいつもの場所の、ビーンバッグチェア（訳注　豆が入っていて、形を自由に変えられる袋状のいす）のところに連れて行き、豆袋を軽く叩いて「ここに座っていいよ」と言います。そして、カーメンが好きなおもちゃが三つ入った箱を渡し、その中から好きなものを選べるようにします。先生は何度かおもちゃを交換しに戻ってきて、カーメンが持っているおもちゃを叩き、「終わりました」のサインをして、再び箱を差し出します。カーメンは新しいことができると分かったら、いま遊んでいるおもちゃをすぐ手放します。彼女は別のおもちゃを選んで、またまた一人で遊び始めるのです。

　シンディは、家で簡単な方法で「お手伝い」をすることを学んでいます。彼女が寝る準備をするとき、お母さんはシンディにクローゼットに入れる靴を渡します。シンディはクローゼットの

ドアを開けるのを手伝ってもらわなければなりませんが、お母さんはわざとクローゼットのドアを閉めておいて、彼女がお母さんの手をとってドアノブに乗せることを教えます。補聴器は引き出しの中に入れるので、シンディはまたしてもお母さんの手をとって助けてもらわなければなりません。お母さんはシンディに汚れた服を渡し、廊下を指差します。シンディはそれを浴室に運ぶのですが、床に落としてしまいます。お母さんは洗濯かごを指差し、シンディがかごを開けるのを手伝い、それから服を拾うように言います。

　この前言語段階で起こりうるコミュニケーションの種類については、この章にある、発達の5段階を示した表と第7章の非言語的コミュニケーションモードのリストを参照してください。これらの活動は、言葉を使う前に起こるコミュニケーションのようなものを、子どもが言語システムを学べるようになる前に発達させるのに役立つでしょう。

　次節では、言葉の導入について述べます。これは段階IIから始まりますが、段階IV、段階Vまでは子ども自身の主たるコミュニケーション手段にはなりません。

　これらの例は、子どもが言葉を使うことができるようになる前の段階である段階Iと段階IIで、どのように非言語的コミュニケーションが発達するかを知るためのヒントになるでしょう。私たちは、コミュニケーションの受け取りと表現の両方を意識する必要があります。私たちは子どもに自分の考えを表現しようとし、子どもが私たちに伝えようとすることすべてに反応するのです。その子のコミュニケーションはおそらく非常にはっきりしたものということではないでしょう。その子の意図の解釈は、その子に関する私たちの知識と状況に対する認識に依存します。前にも述べたように、その子が私たちに手を伸ばしてくる際により明確にできる方法を学ぶためには、私たちからの多くの情報が必要です。そして、その子はコミュニケーションのパターンを拡げるために、自由に使えて時折は助けになる私たちの手を必要とするのです。

8-5 子どもが言葉に触れる機会を増やす方策

　子どもが言葉への重点を増していく準備ができているかを知るにはどうしたらよいでしょうか（その子にとって適切なものとして選ばれた方法がどのようなものであっても）？　まず第一に、その子があなたとの交流に興味を持ち、それを楽しんでいること、あるいは少なくともあなたの存在が自分自身にもたらす利益に気づいていることが分かります。その子はとくにあなたの手や声が自分に起こることに影響していることに気づいています。その子はあなたのコミュニケーションにある種の注意を払っています。ちょっと見たり、聴いたり、自分の手であなたの手を追ったりしているのです。コミュニケーションをとるとき、その子の行動から予想や期待を感じることができます。あなたが指差した場所を見る、ジェスチャーをしたら来る、好きなものの合図に微笑む、合図の後にする活動の準備をするなどは、あなたのコミュニケーションのいくつかを理解していることを示しています。また、より多くの方法で、より頻繁にコミュニケーションをとるようになっています。コミュニケーションを取ろうとする試みが楽しい結果をもたらすことを学んだのです。

　このコミュニケーション行動は、発達段階の図の段階IIIに書かれているものです。この段階の子どもはより多くの言葉に触れる準備ができています。段階IVでは、いくつかの合図を理解し、身近な状況でいくつかを使い始めています。段階Vまでには合図はより明確な意味を持ち始めており、特定の状況に縛られることは少なくなっています。

この段階の前にその子と何らかの言葉を使うことがダメだと言っているわけではありません。その子があなたの声を聞くことができれば、あなたも非言語的にコミュニケーションしながらも、話しかけることができます。手話がその子のコミュニケーション方法になるのであれば、最も自然な手話や、とても好きな活動、おもちゃ、人についての手話に彼が触れられるようにすることができます。「食べる」、「バイバイ」、「洗う」、「寝る」、「コート」、「終わった」などです。重要なことは、その子が精神的に段階Ⅰと段階Ⅱにある間は、学習することや、協力してくれることを期待しないことです。準備ができていないときにこれが期待されると、親にとっても先生にとっても子どもにとってもイライラすることになります。障害の無い子でも、自分で言葉を使うまでに何百回も何千回も聴いていることを覚えておいてください。

8-5-1 最初の語彙を発達させる

まず、初期の手話語彙の発達に焦点を当てましょう。その後、音声言語を学習している子どもについて考えます。次のような問題を考えてみましょう。どのような語彙から始めるのか？ 使う手話はどのように選ぶのか？ また、初期段階にはいくつくらいの手話を使うのか？

一つや二つ、三つの手話だけを使うのは良くありません。それでは子どもに話しかける機会が少なすぎます。しかし一方、その子にとって意味のないことについてたくさん話して、その子を閉口させたくありません。その子は単に私たちを無視することになるでしょう。その子が非常に知的で、すでにジェスチャーコミュニケーションを多く使っている場合にのみ、完全に自然な言語で話しかけて言語に触れられるようにすることを始められるのです。学習能力がより限られた子どもは、よりシンプルなモデルで始める必要があります。より考慮深い先生は、その子自身がいる段階の一歩上の言語モデルを常に提供するようにするでしょう。

少なくとも 40 ～ 60 の手話語彙からスタートすることをお勧めしますが、子どもがコミュニケーションの発達に苦労している場合はさらに少なくし、よく進歩している場合はより多くします。手話は少なくとも三つの次のカテゴリーで選択することができます。

- その子にとって特別な意味を持つ言葉：その子のサインネーム、「ママ」、「パパ」、とくに好きなおもちゃや動作、とくに好きな食べ物の名前。これらは、その子が最も意欲的に使う言葉であり、受け取る言葉としても、表現する言葉としても、最初に覚える言葉である場合が多いものである。子ども自身が本当に興味を持っていることに対して使う手話をよりうまく仕立て上げることができれば、子どもを言語によるコミュニケーションを使うことにいっそう引き込むことができるようになる。
- 会話的な言葉：「バイバイ」、「いいえ」、「はい」、「待って」、「いいね」、「終わった」、「あげる」、「取って」、「もっと」。
- 日常生活活動：「トイレ」、「おふろ」、「食べる」、「手を洗う」、「ベッド」、「立つ」、「座る」、「行く」、「お手伝い」、「遊ぶ」、「コート」、「髪を梳かす」、「歯磨き」。

初めは物よりも活動の方が重要です。「靴」はそれを履くこと、「揺れる」は物ではなくその経験全体です。したがって、物の名前はいくつか使うとしても、今のその子にとっては活動すべてを表しているのだということを知ってください。名詞よりも動詞のようなものです。

子ども自身の能力と好む動きに対して手話やジェスチャーを適応させることもできます。たとえば、その子が大きなセラピー用のボールに手が届いたとき、腕を興奮したように動かしたとす

ると、あなたは子ども自身のジェスチャーを真似して、それを、その活動を示す最初の「手話」として使いたいと考えるでしょう。子どもは自分で作った動作なのですぐにそれを覚えるでしょう。のちにその子はより会話的な手話を学習することができます。今の目標は子どもがジェスチャーや動きを活動に結び付けることです。

　現時点では、子どもは二つの一般的な概念を学ばなければなりません。(a) あなたがしているこの手話やジェスチャーは、考えを伝えるためのものであること、(b) それぞれの手話には特定の意味があることです。そこで、それぞれの手話が何を指しているのかを明確にして、その子が手話の意味を充分に理解できるように、その手話を頻繁に使う必要があります。本物の会話のやり取りを重視することを忘れずに、またそれぞれの動きごとにその子が何に注意を払っているかについて熟達者になることができれば、この両方を最もうまく行えるでしょう。

　子どもが手話の意味を学ぶのには、その子の心の中にその意味についてのイメージがあるときが一番です。単にあなたが興味を持っていることを伝えるだけでなく、その子の心の中にあるものの専門家にならなければなりません。これは簡単なことではありません。何かについて手話をするときに、考えていることに子どもの注意を引きつけようとすることもよくあります。しかし、その子が何かを考えていると思えるときを見計らって、それに対して名前をつけてあげましょう。

　子どもには一つひとつの手話に繰り返し触れられるようにしてあげたいと思うかもしれません。日課活動は、これができるので有益だというわけです。でも、やりすぎないように自然に繰り返すことが大切です。あなたは模範であることを忘れないように。手話をやりすぎると、子どもはそれと同じことをすればよいと学んでしまいます。手話は1回はっきりと示し、それから、繰り返すのが自然だと思えるとき、また子どもが、活動や名前を付けてあげた対象に注目しているときに、繰り返すようにしましょう。声で話すのも助けになります。話しながらだとよりスムーズに手話をすることができます。

　どうすれば子どもの注意を引くことができるでしょうか。その子が少し見えるときには、その子の前で、眼の高さで、しかし眼に近づけすぎないように手話をしましょう。その子が焦点を合わせやすい距離を考えてください。その子が見てはいても注意を向けてこないときには、最も見やすいように手話をすることが大切です。視力がある子どもに対してでも、手話をしている手を触らせるのが役に立つことがあります。触ることが、注意を集中する助けになるのです。全盲だったら、手話をしているあなたの手を上側から両手で触らせましょう。あなたの手をそっとその子の手の下に置くのを習慣にするのです。その子はすぐにそれに従って、情報を得ることを学習するでしょう。繰り返しになりますが、もしその子が注意を払わなくてもがっかりすることはありません。その子の手にそっと手話をし続けるのです。その子が意識するようになるまでには数ヶ月かかるかもしれませんが、興味を持つようになるためには、このような一貫したインプットが必要です。私たちは、子どもに言語は行ったり来たりの経験であることを学んでもらいたいと思っています。何かを言うと子どもは何かを返してきます。子どもの手を操作して手話をしてしまうと、このやり取りが混乱してしまいます。

　見えて聴こえる子どもが初めて話すのは、1年近くかけて何千もの言葉を聞いた後だということを覚えているでしょう。盲ろうの子どもも同じくらいの手話に触れるまでは、自分で手話をすることを期待してはいけません。この手話に触れさせる段階では、できるだけはっきりと手話をすることを忘れないようにしましょう。その子は初めはうまく真似できないでしょう。それで当然です。その子の手話を受け入れて、少しずつ正確に手話ができるように手助けしてあげましょう。しかし、あなた自身の手話は正確でなければなりません。

真似は学習を助けますが、単なる模倣はそうではありません。子どもは学ぶためには真似をしなければなりません。その子がコミュニケーションしようとしていることが明らかなときには、そっと手話のやり方を見せるのもいいかもしれません。その子は模倣しようとするでしょう。手話をしようかと学習しているこの過程で、その子の手を優しく誘導したり動かしたりするのは役に立つでしょう。その子はまた、自分があなたの手話を受け取り、理解していることを知らせる手段として、手話を真似るでしょう。しかし、あなたがやった手話の全部を模倣するという習慣を発達させるのではないということはとても大切です。

　私たちは、先生が求めているのは手話を繰り返すことだけでそれ以外のことは何もない、ということを学んでしまった子どもたちを見てきました。その場合、手話は言語ではなく、身体の真似のレッスンになってしまいます。そうならないためには、何かをするように言っているときに、子どもに手話の真似をさせてはいけません。もし「立って」と手話をしたら、子どもはあなたの手話を真似るのではなく、立たなければなりません。「食事の時間だよ」と言ったら、その子はテーブルに行くべきで、手話を繰り返すのではいけません。しかし、子どもが何かを言おうとしていて、あなたがそれを表現する方法を見せるというのであれば、その子が真似るのに自然なタイミングです。クッキーが欲しいときには「クッキー」と手話をするのを助けるのです。これはその子の側のコミュニケーションになります。子どもが真似をしすぎる傾向が出てきたときは、本来の対話のやり取りを重視するように戻し、たとえそれが一時的にジェスチャーやボディランゲージを多用するようになっても、しばしば子どもが主導権を握れるようにしてあげることで改善することができます。

　子どもたちはときとして、手話の意味に混乱を示すことがあります。たとえば「もっと」という一つの手話を、欲しいものとは関係なく「欲しい」という一般的な表現として使うことがあります。これは一般的に、自然な状況でさまざまな手話に触れる機会が少ないことが原因です。「もっと」の手話だけを使うのではなく、子どもが実際に欲しがっているものに名前をつけて、適切に手話を続けていく必要があります（たとえば、「もっとジュースが欲しい」、「もっと揺らして欲しい」など）。

　子どもが活動、とくに両手をあれやこれや動かすような活動で忙しくしているとき、手話のためにそれを中断するのは難しいことがあります。でも先生はそうしなければなりません。子どもを怒らせる程ではなく、しかし子どもが自分でやりたがるだろうこと以上にです。

　この間、子どもが初期の言語に触れ始めたばかりのころには、非言語的コミュニケーションを使うことを続け、子どもがそれを使ったときには反応するようにしなければなりません。その子があなたをブランコのところに引き寄せたら、「ブランコ」と手話をするのを助けましょう。でも子どもができることを受け入れてください。その子が「ブランコ」と手話をすることができると確信できたら、待っていて、手を軽く叩いて手話させてからブランコに乗せるようにすることもできるでしょう。

　年長の生徒が学校のプログラムに入ってきたとき、他の分野ではより進んだ段階にあっても、これまでに言語に触れたことがなかった場合はどうなるでしょうか。その生徒は、家族とのコミュニケーションのために自然で実用的なシステムが発達しているかもしれませんが、正式な言語は持っていないかもしれません。そのような場合、先生がその子の現在のシステムを学び、それを使わせることが大切だと考えます。同時に、学ばせたい言語体系を追加することができます。その子がジェスチャーで何かを表しているときには、それに反応することができますが、同じよ

うに、それに対応する標準的な手話を見せるのです。その子はすでにコミュニケーションの概念を持っているので、ボキャブラリを急速に増やす助けになるでしょう。あなたはすぐに手話でフレーズや短い文章を伝えられるようになります。

以下は、手話を始める段階でのコミュニケーション指導の例です。

お気に入りのゼンマイ式のおもちゃを使った遊びの中で、先生は次のような手話や非言語的なコミュニケーションをトムに使っています。コマを指して「おいで」、「コマ」、コマを見て興奮しているときは拍手をして「座って」、コマがテーブルから落ちたら「失敗」、そして、コマを入れる棚を指差して「おしまい」。トムは、顔の表情やボディランゲージ、先生の手を引いてコマに乗せるなどしてワクワクしていることを伝え、(促されたら)「コマ」の手話をし、また、先生の「おしまい」の手話を見たら「コマ」の手話をして、遊びを終えることへの落胆を伝えてきます。

朝食時には、母親はキッチンに向かう途中でサンディに「食べる」と伝え、テーブルでも「エプロン」というジェスチャーをしてサンディがそれを着けるのを手伝ったり、注ぐという身振りをミルクを注ぐ前にしたりします。「ミルク」と「飲む」の手話も使います。また、自分とサンディが食べているものの名前を示します。サンディは、ボウルに手を伸ばし、「食べる」の手話と「ミルク」の模倣で飲み物を求め、ボウルを押しのけて「もっと飲む」の模倣をし、「おしまい」の模倣をして、自分自身の意思を表現します。

ダニーは、兄のジョンと一緒に外を探検しています。ジョンは、「来る」、「見る」、「走る」、「もっと走る」、「落ちる」、「転がる」、「揺れる」、「滑る」、「ダメ」、「登る」などの手話をしてコミュニケーションをとるだけでなく、ダニーと一緒に活動したり、一緒に笑ったり、一緒に動いたり、ダニーが危ないことをしようとしたときに止めたりすることでもコミュニケーションをとります。

子どもがあなたが使っている手話の多くを理解し、いくつかを自分で使いだしているときには、あなたが使う語彙を増やし始めることができます。教える前に考えておくとよい一般的に有用な語彙もあれば、ある状況で必要になったときに自然に出てくる語彙もあるでしょう。子どもが多くの手話を適切に、また一貫して使っている場合は、二つから四つの手話を一緒に使って、複雑なフレーズや簡単な文章を増やしていく必要があります。子どもがあなたの手話に注目している持続時間は、あなたが一度にどれくらいの量の手話を表すことができるかの目安になります。その子が言語を理解する段階は言語を使う段階よりも上にあるので、目標は、その子がいま表出している言語の段階よりも一段上の段階の言語を使うことです。

この時期になると、周囲で出合ったものにごく普通に名前をつけることも始められます。ボールについて話すこと(「これはボールです」)は、「ボールを取ってきて遊ぼう」という意味で手話を使うよりも高い段階にあります。新しい語彙は、これまでに説明したすべての遊びや学習活動を通して導入することができます。概念が新しいものであれば、子どもがその手話の意味を広く発展させ、一つの対象に限定されないように、さまざまな経験を提供することに努力してください。「ホット」はいろいろなホットな物や状況に使いましょう。猫は、単に出会った動物の名前ではなく、絵の中で見た猫やさまざまな場所で出会った猫のことを指します。子どもが必要としている新しい言葉や、好きな発想のための言葉を注意深く見守ってください。語彙を拡げるためのさらなる提案が次の章にあります。

8-5-2 オブジェクト、ピクチャーコミュニケーション

コミュニケーションのやり取りの例では、物が活動のためのシグナルとしてどのように使われるかをすでに見てきました。このコミュニケーションの方法は、言語が発達しているがまだ会話的でない段階で、一日のスケジュールを作ったり、生徒が活動を予想したりするための方法として拡張することができます。この段階にある生徒とのコミュニケーションを発展させるにはどうすればよいのか、順を追って見ていきましょう。常にオブジェクトを、活動を表す手話や、いまやっている子どもとの関係の一部である自然な非言語的会話と組み合わせて使うことを忘れないでください。

1. 子どもは、いくつかの物を日々の日課のシグナルとして認識していることを示す必要があります。たとえば、コートを渡されると、ドアの方に移動する。おむつを与えられると、トイレに行くのが嫌で大騒ぎする。エプロンを着けさせると食卓に向かう。水着は泳ぐのが好きなので笑顔になる。オブジェクトはシステムの一部ではなく、活動の直接的な一部なのです。あなたも、自分が活動の準備をしているのをオブジェクトを使って子どもに示すことが大切です。コートを着るときにはコートを、食事を始めようとするときには自分のスプーンを見せてあげてください。

2. 子どもがそのような理解を示したら、いつもの場所でこれからやる活動に関連したオブジェクトを一つ入れるカレンダーボックスを使うことを始めましょう。できるだけ活動そのものの一部であるものを使ってください。活動の直前にその物があるところに行き、それの手話をし、活動するところに持っていき（運ぶのにウエストパックを使う先生もいます）、終わったら、カレンダーボックスとははっきり違うと分かる別の入れものに戻します。できるなら、あなたの物（たとえば水着など）も持っていって見せてあげると役に立ちます。このようにして、オブジェクトを使って予想したりコミュニケーションすることは、ただの単独の活動ではなく、社会的な経験になります。この時点では、すべての活動にシンボルをつけようとするのではなく、適切だと思うものだけにしましょう。すべてのできごとを網羅しようとするよりも、明確に伝えることの方が重要なのです。

3. 徐々に、活動の実際の一部ではなく、より記号的である音なども含めて、多くのオブジェクトを追加することができます。しかしまだ子どもが関連性を理解できる範囲にとどめておきましょう。思いつくものとしては、水泳を表す小さなタオル、音楽の授業で使う鳴り物、誕生日パーティのための小さな包み箱、または遊び場のブランコのチェーンの一部などがあります。また、活動の多くにはあなたのシンボルとなるものを用意しておきましょう。

4. 子どもの理解が深まってきたら、次のステップとして、いくつかの箱を用意し、その日に対象となるオブジェクトを順番に入れていきます。それぞれの活動の前に箱のところに行ってオブジェクトを見て話し、活動が終わったらまた戻って「終わった」箱に入れるのです。物や活動について会話をするとき、活動をしているのは「私たち」（先生とその子、他の子どもたち）であることを忘れないでください。オブジェクトを使うことを、一人だけのものではなく、みんなでの経験となるようにしましょう。

5. 子どもがこのことをかなり理解してきたら、一日の始まりに、すべての物について順番に話してみるとよいでしょう。これは良い言語学習の機会であり、さらに、子どもが今の瞬間を超えて考え、「後で」という考えを学び、その子が最も好きな特別なイベントを予想す

一連の物はスケジュールの中の活動を示すことができる。また、会話の良い伝達手段になり得る。

るのに役立ちます。

この活動は、機械的な活動ではなく、必ず学習経験として継続してください。子どもがよく知っている場合や、ありきたりになりすぎて興味を持てなくなった場合は手順を変更してください。次のような変更が考えられます。

・朝、トレイにその日のすべてのものを並べてスタートする。それぞれについて話し、活動名を予定順に挙げながら、子どもと交代でオブジェクをとり、カレンダーボックスに入れていく。

・いくつかの選択肢を作る。子どもが箱に入れるものを、たとえば、おやつを選ぶか遊びの時間に使うおもちゃを選ぶかなど、二つの中から一つ選ぶことを理解できるかどうかを確認する。あなたが、自分が選んだものを子どもに見せて、選択の仕方を見せる。たとえば、おやつを食べに行くときに自分のコーヒーカップを見せて、ソフトドリンクを入れているグラスよりもコーヒーカップの方が好きだということを感じさせてもよい。

・朝は、その日の主な予定だけを話す。子どもと一緒に座って、物を見たり、一緒に触ったりする。そしてそれについて、単に名前を言うだけではなく、文章にして手話で伝える（「水泳に行くよ」、「水の中で遊びなさい」、「シャワーを浴びなさい」、「髪を乾かしなさい」、「私の髪を乾かして」）。

・一日の終わりに、一緒に体験した活動について話す。その子と一緒に「終わった」箱に入っているものに目を通し、とくに印象に残っているできごとがあればコメントする。「水泳、水冷たい」、「お昼ご飯を食べた、チーズサンド」など。その子があなたの会話の話題が何であるかを知ることができるように、具体的な参考となる物を使う。

視覚が使える子どもたちが絵を認識できるようになると、物を徐々に絵に変えていき、簡単に作れて使いやすい、絵だけの日程表に移行していくことができます。最初は、活動に関連した物だけの写真であったり、家に帰るなどの大切な活動の写真であったりします。徐々に、絵は物ではなく活動の様子を示すものになっていきます。おそらく棒線画や写真を使ったものになるでしょう。絵の使い方は子どもによって異なります。線画やトレースを好む子どももいれば、写真を好む子どももいます。どのような場合でも、子どもにとって大切なのは、活動を表現するために使う絵を自分で作ることです。

写真は、コミュニケーションのための他の方法で使うことができます。家からのノートには、学校外での活動の写真を添付することができます。教室での写真は、物が保管されている場所や活動のための特定の場所を示すことができます。写真は、食べるもの、おもちゃ、人などの概念を教えるためにグループ化することができます。子どもは、手作りでも市販のものでも、簡単な絵本を教室や家庭で利用することができます。絵に意味を持たせるためには、他のコミュニケー

ションと同じように、子どもが絵にたくさん触れる必要があります。

　全盲の子どもは、紙やすり、フェルト、アイスキャンデーの棒、ボタン、発泡スチロール、モール（訳注　子どもの遊ぶ工作材料で、毛に覆われた針金。英語では pipe cleaner）などの、盛り上がった、手触りのある素材で作られた絵を利用することもできます。しかし、これらは視覚的な絵よりも識別が難しいので、目の見えない子どもがこのような触る絵を使うには、目の見える子どもよりも高度な段階にある必要があります。絵を実物と関連付けながら、子どもと一緒に作ることがベストです。作られた触る絵からその意味を理解するのは、より難しくなります。たとえば、リンにとって最も良い「絵」は、可能な限り実物でした。おやつのプラスチック袋、アップルソースを作った後のリンゴの薄切り、プリンミックスが入っていた箱、モールで作った、紙の上で動かせるブランコなどです。

　表現的コミュニケーションのための手話や音声の学習が進まない生徒、とくに肢体不自由のある生徒にとっては、物や絵を整理された、拡大・代替コミュニケーションシステムとして使用することができます。先に述べたように、これらのシステムは、各個人に合わせて「オーダーメイド」である必要があります。それには、コミュニケーションボード、一連のカードやノートなどがあります。これらは、言葉の学習が現実的な選択肢ではない生徒に、自分が何を表現したいのかを示す方法です。しかし、子どもと一緒にオブジェクトや絵のシステムを使うときには、いくつかの注意点があります。

・オブジェクトや写真が、子どもと今やっている非言語的な会話の代わりになってはいけません。子どもが自分自身を表現しているすべての方法に常に注意を払うことが重要です。そして、「システム」に注目しすぎて、笑顔、しかめっ面、視線、手を伸ばす、発声、筋肉の緊張や弛緩などの極めて重要なコミュニケーションを見落としてはいけません。
・物や絵は、子どもの選択能力を制限するのではなく、むしろ高めるものでなければなりません。おもちゃをいろいろ選べて簡単に手に取れる棚を用意することは、実際のおもちゃを手の届かないところに置いて、たとえばおもちゃの三つの写真から選ばせるよりも好ましいことです。
・先生は、コミュニケーション手段としての物や絵の使い方の規範を作り、それが真に社会的な経験となるようにし、子どもがさらに孤立してしまうような結果にならないようにしなければなりません。たとえば、できごとや物、人々についてコメントする方法として、あなた自身を頻繁に指差したり、あなたの絵を描いたりすることもいいでしょう。あるいは盲児に、あなたがしようとしていることを知らせる物（たとえば、外出の準備をしているときには自分のコート、休憩を取る前にはコーヒーカップなど）に、その子の触覚的な注意を向けさせることもできます。
・オブジェクトや絵と一緒に、常に簡単な手話や言葉を使う必要があります。なぜなら、子どもが今は表現的に手話や言葉のどちらも作れなくても、それを受けるのが役に立っていることが大いにあり得るからです。そして先にも述べたように、このような子どもたちは手話に触れている段階が非常に長いことが多いので、まだ手話をしていないからといって、将来も手話をしないということを示すわけではありません。

8-6 音声言語を発達させる方策

　先天性盲ろう者の多くは、会話の主要な手段として音声を学習することはありません。視力の
ある聴覚障害者であっても、話し言葉を学ぶことはフラストレーションが多く、無駄な作業で
あることが多いのです。しかし、盲ろうの人、とくに実用的なレベルの聴力のある人にとっては、
話すことは可能で、役に立ち得るのです（盲ろうの人にとって可能なコミュニケーションの方法
について、より詳しい解説は第7章を参照してください）。

　ここでの意図は、良い発話の技巧を教える方法を教えることではありません。そういう情報は
ろうの人の教育に関する多くの文献から得ることができます。ここでは、この章で述べた段階に
ある、聴覚障害と視覚障害がある子どもの、音声言語の受け取りの発達にさらに焦点を当てます。
次の節では、音声言語の表現への準備と、最初の音声語彙の指導について述べます。

8-6-1 非言語での表出段階において音声言語を受ける

　この話題は、用語的には矛盾しているように思えるかもしれません。コミュニケーション表現
が非言語または前言語の段階にあるときに、その子は言葉を理解しているということはあり得る
のでしょうか。答えはイエス。これは、コミュニケーション表出が非言語の段階にあっても、音
声で話された言葉が身近な経験や自然なジェスチャー、物、場面に応じたコミュニケーションに
関連していれば聴覚を通じていくらか理解できるようになる難聴児についてはそう語ることがで
きます。聴覚がよく発達していて、発話を認識し、言葉の識別ができるようになっている子ども
は、頻繁に使われる話し言葉に対して反応を示すようになるのが、その子が今いる一般的な発達
段階に基づいて私たちが予想するよりも早くなる可能性があります。

　その子は、声を使ってコミュニケーションをとっている場合と、そうでない場合があります。
その子にとっては、話すことよりも言葉を理解することを学ぶ方がはるかに簡単でしょう。実際、
一部の子どもは、口頭での言葉の理解はかなり進んでも、同じ方法で表現することを学ばないこ
とがあります。彼らは自分自身を表現するための他の方法を必要とします。一般的な認知発達を
している子どもたちは、コミュニケーションのために音声を使うことの価値に気づくと、すぐに
音声の真似を始めます。ただし、たとえ表現的な発話がなくても、音声言語を理解することは、
その子とコミュニケーションをとれる人を増やすことになるので大切です。

　この段階での非言語コミュニケーションの発達について述べたことの多くは、音声言語の使用
にも関連しています。以下、さらにいくつかのアイデアを紹介します。

　音声への反応に注意する：生徒が聴覚を通して音声言語をどの程度受け取っているかを意識する
ことが重要です。前にも述べたように、手話でのコミュニケーションや絵でのコミュニケーショ
ンと同時に声で話すことは、コミュニケーションする人の自然さのためにも、また、その子が何
らかの状況を受け取ることができるとすれば、その子へのインプットのためにも、常に良いこと
です。しかし、実際に子どもの主なコミュニケーションシステムとして音声言語理解を育てよ
うとするのであれば、その子の聴覚信号を受け取る能力について、できるだけ多くのことを知っ
ておく必要があります。その子は声に注意を向けているでしょうか？　聴いているでしょうか？
言葉の区別ができる？　他の非言語コミュニケーションがないときにも、声に対して反応する？
答えのいくつかは、正式な聴力検査から得られますが、それ以上の答えは、子どもの行動や反応
を観察することで得られます。

　話し手の距離と音量を考える：精神的に幼い子どもは、話し手が近くにいないと注意を払えない

かもしれません。その子の「世界」はまだ狭いのです。話し手との距離が近いと、背景の雑音から話がはっきりし、言葉がその子に向けられたものであることを知らせることができます（とくに、全盲の場合や視覚的な注意力が弱い場合）。多くの場合、通常の会話のよりも少し大きめの音量が適切です。重要な配慮は、はっきり、しかし自然に話すことです。子どもが受ける音量は、距離やその子の注意力、補聴器をつけているかどうかなどで異なります。スピーチの質を歪めるような音量レベルを使わないようにしましょう。

音声を明瞭に：手話に良いモデルが不可欠であるのと同様に、音声の良いモデルも重要です。強調しすぎずに、はっきりとした言葉を使うことです。自分の音声を聴き、話し方の質をモニターしてみましょう。生徒と話しているとき、不自然な抑揚をつけたり、終わりの単語を長くしたり、声のピッチを上げたりすることを無意識のうちに繰り返しやる癖がついてしまう人もいます。自分の話し方に不自然な点がないかどうかを確認するために、一度自分で録音テープを聴いてみるのもよいでしょう。自分のお手本を子どもに正確に真似してほしいと思えるかどうか、考えることが必要です。

話はシンプルで具体的に：私たちは何かの初心者に対して「赤ちゃん言葉」を使うでしょうか。普通はそうはしません。コミュニケーション発達の初期にはすべて、話す言葉はシンプルで、子どもが経験している、あるいは経験しようとしていることがら、物、活動、人に直接関連するものでなければなりません。私たちは自分の言葉の具体性や抽象性をモニターすることが必要です。自分の通常のコミュニケーション手段が音声の場合、手話よりも話し言葉の方が抽象的になることもあります。具体的な言葉を使って、子どもがその瞬間に経験していることに関してだけ話すのがベストです。また、子どもにとって役に立つ情報を含む自然な言い回しを使うのが一番です。たとえば、「このテーブルは大きいね。ベティはあなたの向かいに座っているよ」と言うのは、「良い座り方だね、キャロル！」と言うよりも役に立ちます。そして、より自然な表現です。

ホリーについて書いてあったことを覚えていますか？　彼女は、やや「赤ちゃん言葉」的な声の特徴——使う単語ではなく、声の調子——の方が反応が良かった生徒の一人です。少し興奮気味に話すと、彼女は私が言っていることに熱心に反応する傾向がありました。

子どもはそれぞれ異なるので、常に可能な限り自然であることを保つようにしながら、一人ひとりにとって何がベストなのかを判断する必要があります。

短い、自然なフレーズを使う：幼児に話しかけ始めるときは、どの段階の言葉を使うでしょうか？　一語だけで話すのは非常に不自然で、適切な声の調子を維持するのは難しいことが多いのです。私たちはむしろ、子どもに理解してもらいたい単語を強調して、短い自然なフレーズを使うようにしています。たとえば「ご飯の時間よ」、「食事に行きましょう」、「今、食べたいなあ」など。子どもが主な単語を理解していることが確認できたら、その単語をさまざまな状況でのさまざまなフレーズで使うことに焦点を当てていきます。

ホリーはこの方法に反応してきました。彼女が話し言葉を理解できるようになることを最初に意識したのは、「乗る」という言葉でした。ホリーは学校に来たばかりのころ、ほとんどの学校活動に抵抗を示していたのですが、カートに乗せてあげることで喜んでもらえることに気がつきました。私は彼女をカートに乗せるとき「乗って出かけましょう」と言うことから始め、動いてい

る間もそれを繰り返し言いました。いつの間にか、その言葉をかけて近づくと、彼女は満面の笑みを浮かべ、私と一緒に来るのを嫌がらないようになりました。そしてある日、知っている二つの単語を関連付けることができることも、しっかりと見せてくれました。私が「乗るのはおしまい」と言ったとき、がっかりしたようで、「乗る」という単語にいつもの笑顔を見せなかったのです。

　身体を使った遊びの中で発声する：身体を使った遊びを通して、初めて大人の声と意味との関連が分かる子どももいます。膝の上で跳ねさせたり、一緒に揺れたりジャンプしたりしながら遊ぶとき、「フィーー」、「ウーー」、「バン、バン、バン」など、遊びに合わせて楽しい声を出しましょう。その子はあなたが声を出すのを聞いて、身体を使った遊びを期待するようになるかもしれません。

　声の振動を利用する：全盲、重度の視覚障害、あるいは顔に視覚的注意を払わない子どもが、あなたの声と口をあなたと関連付けられるようにすることができます。話したり声を出したりするときに、顔や口に手を触れさせたり、声の振動を感じるように膝の上に抱っこして抱きしめたり、唇をその子の顔や耳に当てて声を出したりするのです。

　発声を真似る：子どもが話すことを学ぶには至っていないことは明らかだとしても、その準備作業をすることができます。子どもの発声を真似たり、あなたの口が自分の口と同じように動いていることに気づかせたり、それを何度もやるように促したり、子どもが興味を持つようなやり方で声遊びをしたりなどです。

　「繰り返し歌」を使う：歌と、歌に合わせて身体を動かしたりすることで、最初の言葉を習得する子どももいます。その動作はシンプルで繰り返しのあるものにする必要があります。言葉が複雑すぎたり速すぎたりする場合には、歌を適切なものに作り替えることがよくあります。私が初めてリンに会ったとき、彼女の歌の中の言葉に対する反応は、たいていは他の話し言葉よりもはっきりしていました。

8-6-2 音声でのコミュニケーションに移行する

　子どもが、話し言葉を理解していることを、顔の表情に出したり、求めに従ったり、手を伸ばしたり、あるいは活動への準備をしたりして示したら、使っている言葉を含むフレーズや聞き慣れた言葉を含む簡単な文章の範囲を徐々に広げていくことができます。手話の表現を教える場合には、主要な言葉を話すときにその手話をすることから始め、またその子が望んでいるようであれば、自分自身を表現する手話をする援助をしていきます。通常は、話すことすべてに手話をする必要はありません。短い自然なフレーズや文で話し続け、手話は単語一つだけにしてください。子どもにとって、連続する手話に付いていくのは音声言語が連続するときよりも大変なのです。

　ホリー

　ホリーはこの移行期にある子どもの興味深い例です。最初、私たちは彼女に話し言葉とさまざまな非言語的な合図を使ってコミュニケーションをとりました。ホリーの手は非常に小さく、手話をするための調整がうまくできていませんでした。しかしホリーが言葉の理解をかなり深めた後は、彼女自身が非言語的なコミュニケーションしようとすることが増えていきました。彼女は強い意思を持っていて、明らかにより具体的に自分自身を表現したいと思うようになりました。ホリーのこの望みは、今や、手話を形作って使うことを学ぶために、より多くの手話と学習支援をするときだということを示していました（彼女はまだ話すことを真似するのは始めていません

でした）。私たちは、簡単に受け取れる手話、とくにかなり容易にできる手話を使うことを増やしました。私たちは、ホリーが好きなもののために（簡単な手話がないときに）いくつかのジェスチャーを考案しました。

さらに、ホリーが楽しんでいることや自分を表現したいと思っていることについて話している場面では、彼女の手を手話ができるように手助けし始めました。ホリーは「指で言ってみましょう」という話し言葉をすぐに覚え、このアイデアに興味を持ち、ますます協力的になっていきました。数週間のうちに、彼女は自分で二つの手話を使うようになり、話し言葉に反応し、そしてコミュニケーションを取りたいという強い欲求があったときには、手話を使うようになりました。

さらに、表現的な発話のための準備状況を探りました。ホリーは、実に多種多様な声を頻繁に発声していますが、まだ自分の声を使ってコミュニケーションをとることはできていません。先生が自分の声を真似しているのを聞いて興味をそそられることもありますが、自分が聞いた音を真似るということはまだ理解できていません。先生が真似してくれるので、発声を続けることもよくありますが、まだそれをしてほしいという要求は理解できません。彼女の場合、最終的にコミュニケーション方法として一部の音声を使えるようになるかどうかはまだ分かりません。現在やっている準備は、ホリーの声を模倣したり、発声を促したり、ときどき先生の顔に手を当てて声がどこから出ているのかを意識させたり、口の動きや呼吸や振動に興味を持たせたりするなどです。

ジェイソン

ジェイソンは一方、一般的なコミュニケーションの段階がまだ非言語的だったときに、すでに表現豊かにいくつかの言葉を話していました。しかし、促されても意図的に音声を真似することはありませんでした。ホリーと同じように、真似してほしいという要求を理解していなかったのです。ジェイソンの話し言葉は、同じ言葉を何度も聞かされて自然に発達したものです（彼の視力——そこで話されている言葉に関係する人や活動を見る力——はホリーとの違いの一因となっているかもしれません。見えないホリーには、言葉と意味の関連付けをするための、より具体的な指導が必要だったと思われます）。ジェイソンへの初期のプログラムは、手話と音声言語の両方を入力すること、話し手の顔と言葉に彼の注意を引くこと、そして、彼が話した言葉やコミュニケーションのための発声のすべてに対して褒めることでした。

ジェイソンが視覚的に集中できるようになり、真似しなさいという要求が理解できるようになると、他の言葉を試してみたり、少なくとも自分を表現するためのジェスチャーと一緒に声を出すように求めました。先生の口の位置や動き、舌の動き、簡単な発声音などを真似する簡単なレッスンを行い、自分の口と声に注意を向けさせるようにしました。やることがより正確な真似になるように少しずつ助けられ、ジェイソンはやってみたこと全部を褒められました。同時に、話し言葉や手話の理解を深めるための努力も行われました。

ジェイソンは、練習や復習に使う「単語帳」（彼が話すことを学習している単語の絵本）を持っているのを喜んでいました。それは、彼がすでに話していた言葉（ママとパパと赤ちゃんの絵）から始まっていました。彼が話すことを学ぶにつれて他の単語が追加されていきました。期待されていたのは、彼がそれを完璧に話すことではなく、その単語の主な音に部分的にでも似た声を出すことでした。この本は、先生が話したときにその単語を理解する練習にも使われました。彼がそれができるようになると、詳しい発話音や文字の練習課題が絵の下に追加されました。ジェイソンはこれらの本をずっと持っていて、何年もの間、読み返すことを楽しんでいました。彼は

自然に手話を主なコミュニケーション方法としていましたが、役に立つ発話がいくつかできることは彼にとって便利で楽しいことでした。

タドマ法：タドマ法は、話者の顔に子どもの手を置いて、唇や顎の動き、鼻や鼻以外の部分の振動、呼吸を受け取れるようにするものです。全盲ろうの子どもにとってはこの方法が音声を受信し、また発達させるための唯一の道となります。手が視覚と聴覚の代わりになり、音声の入力を受けたり、音声の生成方法のモデルを受け取ることができます。数年前、この方法で一部の中途盲ろうの生徒たちが優れた読唇と発話の技術を身につけ、大成功を収めました。しかし、この方法はあまり知られていないため、現在ではあまり使われていません。また、これだけでは先天性盲ろう児とコミュニケーションする方法として有効なものではありません。

しかし、話し手の顔に子どもの手を置くことは、全盲ろう以外の子どもにとっては価値あることです。弱視ろうの子どもは、振動や息づかいを含めて、より完全な音声信号を受け取ることができます。より良い視覚情報を得るために、その子を声が出ている源に近づけさせることもできます。注意散漫な子どもは話に集中するのを助けるために、注目しなさいというシグナルとして、その子の手で顔を触らせることもできます。全盲難聴の子どもも、難聴のために聞き逃してしまう音を、手から入る触覚が補うことができ、より完全な音声信号を受け取ることができます。子どもの手はいろいろなことに忙しくしているので、ときにこのテクニックはやりにくいことがあるのは事実です。しかし、生徒が適切な音声モデルのレベル以下の声を受け取っているとき、その子の手の発話に関する付加的な情報源となり得るならば、これは覚えておくとよいテクニックです。

聴覚体験：聴覚体験は、とくに活用できる残存聴力を持つ子どもたちの言語発達への準備を促進することができます。音楽ゲームやリズム遊びをすること、歌うこと、音の出るおもちゃで遊ぶこと、音の特徴に気づくこと、受動的に聞くのではなく行動で音に反応することを学ぶことなどが重要な活動です。

話し言葉の語彙を教える：これまで議論してきた、手話の初期の語彙発達に関連したアイデアの多くは、話し言葉にも関連しています。ここでは、さらにいくつかの考えを紹介します。

・音声語彙を選ぶときは、その発話にどのような音声が必要か、音声読み取り（speechreading 訳注　読唇も含む）の際の言葉の見やすさ、耳で聴くときの言葉の弁別しやすさ、その言葉の実用上の有用性（したがって、何度も自然に使われるか）、またそれが動機付けに役立つかなどの要素を考えて、その単語の難易度を検討することを忘れないようにする。冒頭の単語は、ほかの単語と大きく違うものにし、容易にその区別をできるようにする。

・視覚や触覚を使って音声を学ぶには、初期の手話を学ぶよりも集中し、細部にまで注意を払う必要がある。また、顔にも注目する必要があるが、これは自閉症の特徴のある子どもたちにとっては難しい。

・手話の場合と同様に、習った言葉を自然に使うことができるようなレッスンも行うとよい。そのレッスンは実践的な練習になり、表現を上達させる機会となる。言葉を自然に使うことによって、言葉がその子の意味のあるコミュニケーションの一部となっていく。

・どの感覚チャネルを使うにしても、子どもの、あなたからの明確な言語モデルを受け取る能力を観察し続けること。

・手話の場合と同様に、会話モデルに留意し、反響言語（echolalia）（訳注　他人の言葉をオウム返しに繰り返すもの。幼児や統合失調症の患者などに起こる）を使いすぎないようにする

必要がある。子どもは言葉の出し方を学ぶために真似をする必要があるが、それは言われたことすべてに反応するための手段としてではない。

最初に話した言葉が「アップ」だった生徒がいました。彼は話せるようになったことに興奮していたので、可能な限りの機会にこの言葉を口にしていました。私たちが彼にそれを言うこと促すのを忘れていたとすると、たとえば階段を上ったときに彼は私たちの足を止めて、そして「アップ」と言って、私たちが彼の新しいスキルに気づいていることを確かめていました。もちろんすべての生徒が話すことを学んでこのようにやる気を出すわけではありません。しかし、よく使う言葉やその子にとって特別な意味を持つ言葉を教えたり、その子の達成成果を褒めたり、私たちが興奮していること見せたりすることによって、ワクワクするような経験になるように努力することができます。

さてここで、ある生徒のコミュニケーションの初期の努力を見てみましょう。

メアリー

第1章で出会った10代のメアリーを覚えているでしょうか？　彼女がコミュニケーションの発達の初期段階にあったころに戻ってみましょう。メアリーは10歳ですが、見た目からは5歳と思えるでしょう。栄養失調のように見えるほど、とても華奢です。新しい里親の家や学校では、柱や赤いものを探しているのをよく見ることができます。彼女はこれらに顔を近づけて、頭をちょっと傾けて長時間一所懸命見続けます。大人が彼女がやっていることに加わると、目を合わせたり、その人の手に向けて手を伸ばすこともあります。メアリーはゆっくり足を引きずり、足を横に広げて歩くので、彼女の移動するときの努力を知ることができます——彼女は生まれつきの脳性まひで、8歳のときに歩くことを学んだばかりです。メアリーは歩くときいろいろな物にぶつかりますが、ほとんどの人はそれは運動機能の障害だけが原因だと思っています。まだ誰も彼女に視覚障害がある可能性を真剣には考えてきませんでした。メアリーは視力検査に連れていかれたのですが、彼女が非協力的だったため、正しい診断ができませんでした。

メアリーは健康上の問題をたくさん抱えています。幼いころ、彼女は「成長障害（ailure to thrive）」と言われていました。発作を伴う小頭症とも診断され、重度難聴もあります。メアリーは「自閉症の疑いがある」とされていますが、これは盲ろう児の多くによく起こる誤診です。

彼女は重複障害のある子どもたちのための地域の共同学級に通っています。学校では、メアリーは7人の子どもたちのグループの一員です。グループ活動中、彼女はリフトンチェア（訳注：リフトン社製の調節式座位保持いす）に座って腕を口に当て、普段は頭を下げていますが、ときどき顔を上げて部屋を見回しています。しかし、料理教室のときは彼女は熱心に見ていて、先生の手に合わせて一緒にかき混ぜたり、つかんだりして協力しています。一人で過ごしてきた時間が長いせいか、彼女が他人の気を引こうとするのは珍しく、また笑ったり泣いたりすることはめったにありません。彼女はお腹が空いていることが多く、一人で昼食用のテーブルまで歩いて行き、座って食事を待っています。これはメアリーが意図的にコミュニケーションをとる数少ない方法の一つです。それがないと、よく知らない人からは彼女はひどく受動的だと見えるでしょう。スタッフがメアリーの手を引いて活動に参加させますが、どこに行くのかよく分かっていないようなときがあります。彼女はしばしばどこかへ行ってしまおうとするのです。

彼女の教室にはロッキングチェアとロッキングボートがあります。これらはメアリーのお気に入りの活動です。昼食の後、彼女は非常に熱心に、一所懸命ロッキングチェアまで歩いていくこ

とがあります。まず、スピンドルを点検してから、自分で座って揺らすのです。先生はよく一緒にロッキングボートの上で遊んでくれます。揺れが止まると、メアリーは全身を使って「もっと揺らしたい」という意思表示をします。

　メアリーの先生が彼女のために絵を作りました。「食べる」（スプーン）、「飲む」（カップ）、「トイレに行く」（トイレ。メアリーはまだトイレの訓練を受けていませんが）などです。メアリーはめったに絵を見ませんが、先生がジュースのカップを渡して「飲む」の手話をすると、メアリーはときどきは手の甲を口に持ってきて「飲む」のジェスチャーをします。

　家では、6歳の妹が遊びに来るとメアリーはそれを楽しんでいます。最近、妹が遊びに来たとき、メアリーはベッドの上に横になり、足を宙に浮かせました。妹はベッドのメアリーの横に飛び込んできて、ごく自然に足をメアリーと同じ位置にしました。メアリーはすぐに自分の足と妹の足を見上げました。それから、妹は頭を前後に振り始め、一方、メアリーも同じことをしていました。二人は笑いながら、かなりの時間このゲームを続けていました。

　これをちょっと見て分かるように、この段階でのメアリーのコミュニケーションのほとんどは、ボディランゲージと動作によるものです。これは、非言語的な会話に彼女を引き込もうとする周囲の対応で、興味を持ったものを彼女自身が表現することを続けるように促すものです。また、飲み物のコップへのメアリーの反応には象徴的なことへの理解の始まりが見ることができ、テーブルに座って食事を要求するときには、真の意図的なコミュニケーションの始まりが見られます。

　この段階のすべての子どもたちと同様に、メアリーのコミュニケーションの発達を促すということは、意図的かどうかにかかわらず、彼女のすべての努力に応え続け、象徴的な理解と言語を発達させる機会を日常的に与え続けることを意味しています。

［引用文献］

Enright, D.B. (1977). *Cognition: An introductory guide to the theory of Jean Piaget for teachers of multiply handicapped children*. Watertown, MA: N.E Regional Center for Services to Deaf-Blind Children.

Morgan, E. (1989). *The Insite developmental checklist*. Logan, UT: HOPE, Inc.

Robbins, N. (Ed.). (1983). *Developing individually appropriate communication and language environments (Books A and B)*. Watertown, MA: Perkins School for the Blind.

Rowland, C., & Stremel-Campbell, K. (1987). Share and share alike: Conventional gestures to emergent language for learners with sensory impairments. In L. Goetz, D. Guess, & K. Stremel-Campbell (Eds.). *Innovative program design for individuals with dual sensory impairments* (pp.49-76). Baltimore, MD: Paul H. Brookes.

Webster, R. (1977). *Road to freedom: A parent's guide to prepare the blind child to travel independently*. Jacksonville, IL: Katan Publications.

［参考文献・資料］

Appell, M. (1987). Mother-child interaction and development of preverbal communication. In M. Bullis (Ed.). *Communication development in young children with deaf-blindness: Literature Review III* (pp.103-128). Monmouth, OR: Western Oregon University, Teaching Research.

Bullis, M., & Fielding, G. (Eds.). (1988). *Communication development in young children with deaf-blindness: Literature review*. Monmouth, OR: Western Oregon University, Teaching Research.

Chen, D., Friedman, C.T., & Calvello, G. (1990). *Learning together*. Louisville, KY: American Printing House for the Blind.

Freeman, P. (1985). *The deaf/blind baby: A programme of care*. London, England: William Heinemann Medical Books

Goetz,L., Guess, D., & Stremel-Campbell, K. (1987). *Innovative program design for individuals with dual sensory impairments*. Baltimore, MD: Paul H. Brookes.

Lee, M., & MacWilliam, L. (1995). *Movement, gesture and sign: An interactive approach to sign communication for children who are visually impaired with additional disabilities*. Edinburgh, United Kingdom: Royal National Institute for the Blind

Nielsen, L. (1991). *The comprehending hand*. Copenhagen, Denmark: Socialstyrelsen

Siegel-Causey, E., & Guess, D. (1989). *Enhancing non-symbolic communication interactions among learners with severe disabilities*. Baltimore, MD: Paul H. Brookes.

van Dijk, J. (1986). An educational curriculum for deaf-blind multi-handicapped persons. In D. Ellis (Ed.). *Sensory impairments in mentally handicapped people*. San Diego, CA: College-Hill Press.

第 9 章

基礎的な言語の発達

キャロル・クルック、バーバラ・マイルズ

9-1 盲ろう児の言語の獲得

　盲ろう児が、物や人、活動の名前を言えるようになったり、物とその概念の関係を理解して表現できるようにするには、どうすればよいでしょうか？　私たちの最終的な目標は、その子が世界についての考えや概念を表現できるようになることです。私たちは、その子が考えを簡単な文章で表現できるように支援することで、目標に向かって動き始めるのです。

　言語は思考や感情と切り離すことができないということをまず覚えておくことが大切です。言葉をつなぐ方法は、子どもが世界を知覚したり、世界とやり取りする方法が複雑になるにつれ、より洗練されていきます。

　それに加えて、私たちは考えや経験から離れて言語を発達させることはできませんし、それらの考えや経験が起こる環境や関係から離れて言語を発達させることもできません。たとえば、盲ろうであってもなくても、ボールの絵を日常的に見せれば、「ボール」という手話をしたり言ったりすることを学ぶことができます。しかし、その子は遊んでいるときに本物のボールに出合っても、ボールという手話や言葉を使うことができないということが起こり得ます。暗記した返事をするように条件付けされていて、意味のある言葉を学んでいないからです。

　盲ろう児たちとの関わりの中で、私たちは、言葉は何かを伝えるもの、意味を持つものでなければならないことを忘れてはなりません。盲ろう児は、言葉とそれが意味するものとのつながりや、文章とそれが表す概念のつながりを簡単には学べないのです。見えて聴こえる子どもなら持っている、言葉や文章、概念などの偶発的学習の機会は盲ろう児にはありません。語彙や文法をどれほど学んでも、それが豊かでアクセスできるコミュニケーション環境の中で行われなければ、言語の成長にはつながりません。すべての言語学習は、継続的な意味のある会話の流れの下に進められなければなりません。

　この章に関連する生徒について説明しましょう。もちろん、すべての生徒がここに書いたことに正確に当てはまるわけではありませんが、示されたアイデアが役に立つのはどのような生徒かというイメージが得られるでしょう。

　その生徒の語彙は、物の名前、動作の動詞、人の名前、会話のときの単語、簡単な形容詞、副詞、前置詞などが常に増えていきます。その子が受けとれる語彙は表現できる語彙よりもたくさんあります。そして知っている語彙のいくつかを使って自然にコミュニケーションをとるのです。その生徒は、コミュニケーションを受け取ったり、自分の考えを表現するために、音声、絵、あるいは手話を使うでしょう。3語、4語、5語の単語を組み合わせて、その子にとって最も楽な方法で簡単なフレーズや文章を作ってコミュニケーションをとると、最後までは注意力を維持していないかもしれませんが、注意を向けます。　その子は、あなたが教えた状況で暗記したものだけでなく、「コート　着る」、「ママ　おうち」、「車　行く」、「クッキー　食べる」など、二つの単語の組み合わせをいくつか自然に使い始めています。

9-2 盲ろうの生徒の言語発達での特別な配慮

9-2-1 言語や経験へのアクセス
　盲ろうの生徒の言語発達を考えるとき、ろう児教育の先生たちが使っている方法や教材から多くのことを学ぶことができます。どのような生徒に対しても言語は同じであり、発達させる言語

スキルの順序は同じです。ろうの生徒の言語発達については優れた資料がたくさんあります。ここにその情報をすべて述べる必要はないでしょう。ここでは、聴覚と視覚の両方に障害のある生徒の特別なニーズ——ろうの生徒のとはやや異なるニーズ——に焦点を当てます。彼らが獲得する必要のある言語能力の概要も説明しましょう。

　盲ろうであることから引き起こされる孤立感についてはすでに述べました。したがって、私たちが使っている言葉に意味を与える経験を提供するために、新しい語彙や新しい文法概念を教える際には、細心の注意を払わなければなりません。もちろん、これはすべての子どもたちについて言えることですが、盲ろうの生徒がアクセスできる情報は限られているので、私たちにはそれ以上のことが要求されるのです。言語教育は、生徒が使い方を学習している言語の意味を理解する助けになる多くの経験に基づいていなければなりません。これもまた、言語発達のために使う教材は、ただ見るだけのものではなく、子どもたちが実際にそれで行動できるような、実物で手に触れられるものでなければならないということです。市販の言語教材（ワークブックやワークシート）を使うこともありますが、生徒がその教材で使われている概念をしっかりと理解しているかどうか、注意深く確認する必要があります。これらの教材は、情報が抽象的すぎたり、彼らの経験範囲内にとどまらないものも多く、盲ろうの生徒の興味をそそらないことも多いのです。

　盲ろうの生徒は、眼あるいは耳には障害の無い子どもに比べて、人生の経験が限られているだけでなく、言語でのやり取りの機会も限られています。盲ろうの幼児は、いろいろな情報源からの充分な言語入力を受けることがほとんどないことは、先にも述べました。このような盲ろう児への言語教育では、この欠損を補うようにしなければなりません。その生徒は、学校や他の環境でコミュニケーションがとれる人たちと一緒にいるときでも、グループでの会話に参加したり、周りの人の会話をもれ聞いたり、テレビから情報を得たり、離れた場所から手話を読んだり、他の子どもたちが持っている言語源を得たりすることができない可能性があるのです。そこで、生徒にはできるだけ多くの情報を与え、また、このようなさらなる言語源に触れさせる方法を探さなければなりません。

　その一つの方法は、専門的・技術的な意味での「通訳」だけではなく、自分を超えたところで起こっている言語へのアクセスを提供することです。その生徒の周りで他の人が言っていること、手話で表されていること、テレビやビデオで話されていること、その生徒には見えないボディランゲージで人々が伝えていること、そして広く生徒の周りで起こっていることを通訳しなければなりません。私たちは生徒の通訳となって、環境言語とその文脈に生徒がアクセスできるようにする必要があります。それによって、生徒が受け取る言語の量が大きく増えることになるのです。

　この章で対象としているレベルにいる生徒は、盛りだくさんのことを伝えてくる通訳や、プロの通訳者という立場だけからの通訳サービスを受ける準備がまだできていないでしょう。従来の通訳サービスでは、サービスを受ける人がきちんとした言語を充分習得していて、複雑な言語構造を使って非常な速さで伝えられる情報を理解できることが前提となっています。典型的な小学校の教室では、先生は生徒に音声やと視覚的方法で情報を伝えます。ということは、通訳者をつければ盲ろうの生徒もその授業に参加できる、という考えがあるのでしょう。しかし盲ろう児には、より簡素な構造を使って表される言語が必要です。さらには、提示される言語がその子にとっての意味を持つためには、具体的な経験に結び付けられる必要があるのです。

　この言語の発達段階にある生徒とコミュニケーションをとる人は、その生徒が見逃してしまっているものを認識していなければなりません。簡単な単語や文の構造で、その生徒の理解レベルに合った形で、言語、概念、経験を伝えなければならないのです。生徒は、この章で取り上げた

言語レベルを通して成長していくと、このような「通訳」から役に立つものを得る能力が徐々に高まっていきます。

動機付け

　これまで、盲ろう児たちには視覚・聴覚の障害以上に、多くの学習上の課題があることを議論してきました。発達障害のある子どもたちは、コミュニケーションする意欲が低下しているかもしれません。自閉症の子どもたちは、他人と調和することが少なく、自分の世界に閉じこもりがちでしょう。身体的理由からコミュニケーションが困難な子どもたちは、受け身になりやすいでしょう。単に良い言語モデルを使えるようにするのでは不充分かもしれません。生徒が自分の考えを他人と共有したいと思い、共有する必要があるような状況を提供することを創造的に考えることが必要です。大多数の子どもたちに共通する興味を利用するのではなく、子どもたち自身の個々の関心事を言語発達の基礎として利用する必要があります。

　生徒が、一つの話題にたびたび戻ってしまったり、ある話題に興奮してしまったりする場合はどうでしょうか。私たちは、言語学習のためにそういう話題を使う必要があるでしょうか。使うこともできるでしょうが、そのときはある程度の注意が必要です。子どもが興奮しすぎたり、その話題に夢中になって、先生を無視したり、コミュニケーションを止めてしまうようだと、その間は学習に役立たないでしょう。子どもはその話題の中にはまり込んでしまわずに、それについてやり取りできるようでなければなりません。子どもがその話題について話ができるかどうかは、先生のスキルに大きく左右されます。一方、新しい学習のためにはその話題を使う必要があることをしっかり認識しなければなりません。よく知っている言葉を頻繁に繰り返すのは有効ではありません。しかし、このような注意をしていても、先生に話の中に、その子の好きなもののことが出てくると、その子のモチベーションと注意が高まってしまうのはよくあることです。

　第1章で紹介したジェイソンは、コピー機にとても興味を持っていて「コピー機」という手話をよくやっていました。そこで、先生は彼の好きなこの話題についてのディスカッションをよくしていました。彼の興味を言語や概念を拡げる機会として利用していたのです。彼がただ「コピー機」という手話をすると、先生は彼の興味を表すような完全な文章を作って返事をするのです。「コピー機が好きなのね。明日はコピー機を使いましょう。この紙を10枚コピーして、他の生徒たちにも配りましょう」。そこで、ジェイソンの興味は、言語を拡げ、未来について話し、数学的な概念を使い、社会的な交流をする機会となりました。ジェイソンは自分の特別な興味に関したやり取りができるので、とても元気にディスカッションに参加していました。

9-2-2 感覚的な配慮

　先生は、生徒の視覚と聴覚の制約と、それが言語を学習する能力にどう影響しているかを常に注意していなければなりません。多くの場合、大きな課題に直面するのは、弱視難聴の子どもたちです。いくつかの話し言葉を理解したり使ったりし、また視覚を機能的に使ったりしているので、実際に彼らが得ているよりも多くの情報を得ているのだと思われがちです。そのような子どもについては、慎重に問いかけをしなければなりません。どのくらいの距離ならはっきりと見えるのか？　動物園では、ケージの向こうの動物が本当に見えているのだろうか？　ビデオを観て、その速い動きや細部についていくことができるだろうか？　どのくらいの速さなら、手話を読み取って明確なモデルを得ることができるだろうか？　どのくらいの時間、疲れずに視覚的に集中

していられるだろうか？　音声を理解するために、口の読み取りや状況に応じたキューにどの程度頼っているか？　聴きとれないのはどのような音声か？　背景雑音は音声理解能力にどのような影響を与えているか？　どのくらいの距離で、どのくらいの音量で話すのが最も聴き取りやすいか？　適切な補聴器や視覚支援機器を持っているか？

　子どもに視力がある場合は、照明の状況や、それが私たちのコミュニケーションを見る能力をどう変えるかに注意しなければなりません。墨字はその子が簡単にアクセスできるようにし、見ることだけでなく、理解することも負担なくできることを確認する必要があります。その子と一緒に使う言語のレベルが高くなるに従って、その子が無理なく受け取ることができるかどうか、より注意を払うことが必要になります。同様に、ある程度の聴力がある子どもの場合は、背景の雑音の量、子ども一人ひとりの聴力の日々の変動、補聴器の適切な使用、補聴器を長時間使ったときの触覚的／聴覚的な耐性に敏感にならなければなりません。

　盲ろう児たちの先生は、クラスのグループとしてではなく、個々の子どもに対してコミュニケーションをとらなければなりません。盲ろうの生徒が大人数のグループの中の一員として、きちんと学習し、指示や情報を受け取ることができることはめったにないのです。これは、視覚と聴覚という遠感覚が欠如していることによって子どもの世界が著しく狭くなっていることによります。したがって情報はいつも触覚的に、または非常に近い範囲内で与えられなければなりません。盲ろうの生徒を個別に指導する場合には、先生の側が工夫を凝らして授業を楽しく、やる気にさせることが必要です。その生徒が他の生徒たちとごく近い距離範囲内にいなければ、グループに入ってきた情報の刺激が得られないからです。

　生徒一人ひとりに刺激的な学習環境を与えられる方法を見つけ、盲ろうの生徒が周囲の人たちとできるだけ多くのつながりを持てるようにすることが必要です。一人ひとりの学習時間を面白くするためのいくつかのアイデアとしては、新しく学習した言葉を面白く記録しておくこと、生徒たちが作ったとくに良い文章を掲示しておくこと、ときには子どもが先生になり、先生が生徒の役割をすることなどがあります。また、生徒が一つの特定のコミュニケーション方法に依存してしまわないように、友だちや他の大人たちと交流していろいろな言語を受けられるようにする意識的な努力をすることもできます。クラスメイトが盲ろう児と同じコミュニケーション方法を使っていない場合は、生徒たちができる範囲で、その方法の訓練を教室での指導に取り入れるべきです。

　盲ろうの生徒は、言語を学ぶのに単一の感覚障害のある子どもよりも長い時間が必要です。これは、彼らの経験が限られていること、他にも学習の難しさがあることなどに起因するでしょうし、単に言語を受ける際のより大きな困難によるかもしれません。まさに時間がかかるのです。したがって、私たちは教えることの重要性をよく考えなければなりません。どのような言語が本当に役に立ち、その子の大人になってからの生活に違いをもたらすのか。一人ひとりの生徒の将来を考え、その中で意味のある言語を目指して指導していくことが大切です。たくさんのことを教えたくなるでしょうが、時間の制約があるので、何が一番役に立つのか優先順位をつけなければなりません。

9-3 学習するのに子どもには何が必要か

　この時期に習得すべき言語情報を、「概念と語彙」、「構文」、「アーティキュレーション（構音）」、「実用」に分けて考えてみましょう。ここでの目的は、言語をどのように発展させるかについての

すべての知識を示すことではありません。何をどのように教えればよいのかを、他の資料も参照しながら、とくに盲ろうの生徒に特化したガイドラインを提供したいと思います。

　ここではそれぞれのカテゴリーを個別に見ていきますが、言語の発達は概念の発達と切り離せないものであることを覚えておくことが大切です。一般に、見えて聴こえる子どもたちは、まず非常に自分を中心としたレベルで学習し、それから概念を外部に拡げていきます。これはほとんどの子どもに自然に起こることです。しかし、先天性の盲ろう児が同じように自分中心的に学習し、世界についての考えを拡げていくためには、特別な支援が必要です。世界について複雑さを増していく概念を獲得することは、複雑化する言語の発達の基礎となります。

　このレベルにある子どもは、物や人には名前があることを理解しています。同時に、一定の概念も身につけてきています。

- ・人々は個人の名前を持っている。
- ・人々は姓を持っている。
- ・人々は共通した一定の身体的特徴を持っている。
- ・人々は食事、トイレ、ジャンプ、ハグなど一定のニーズを持っている。
- ・人々は一定の感情を持っている。
- ・人々は家族や社会的グループの中で生活している。
- ・人々は自然界の中で生きている。
- ・自然界は季節に応じて変わる。

（Blackwell, Engen, Fischgrund, & Zarcadoolas, 1978 より引用改変）

　この章で取り上げる言語スキルのすべてが、これらの概念とどのように結びついているかは容易に理解できます。子どもがより大きなコミュニティの中での関係を学んでいくに従って、新しく理解したことを表現するのにますます複雑な語彙と文法構造が必要になってくるでしょう。

9-3-1 概念と語彙

　生徒の人生におけるこの時期は、語彙が大幅に増加することが特徴です。日常の活動の中での自発的な機会と、特定の指導や計画されたレッスンの組み合わせによって、語彙が大きく増えていくのです。会話で使うことや読書からも新しい単語を徐々に覚えていきます。この時点でその子をよく知っている人たちは、彼が知っている単語をかなり正確に挙げることができるでしょう。

　最も重要な単語は、子どもが最も興味を持っていることがらに関連しています。これらのことがらは、多くの新しい語彙を教えるための出発点になります。加えて、子どもが自分自身や家族、コミュニティについての概念を深めていくことはどうなのかと考えるでしょう。子どもが出会った人や場所、仕事、関係、感情などに名前をつけてあげるのもいいでしょう。限界はありません。あるまとまりの単位（ユニット）あるいはテーマに基づいて指導することは、新しい語彙に経験から生まれてくる意味を持たせ、また何度も繰り返してその語彙を充分に学習できるようにするためにとくに効果的です。

　典型的な発達例を参考にすることは常に大切です。子どもはまず言語や概念に触れます。多くのことに触れて初めて理解を示すことができるようになるのです。単語や文法を使いだすのは、この発達過程の最終段階です。

　このことを念頭に、以下では今の発達段階で子どもたちが触れる必要のある言語のカテゴリーや例をいくつか紹介します。

- 名詞：人、動物、身近な場所、好きなもの、体の部分、学校で使うもの、材料、乗り物、休日、関連するものなどの名前。
- 代名詞（主語と目的語）：「I」、「you」、「me」、「we」、所有格の「mine」、「yours」、「ours」。
- 動詞：行動を表す単語と、一般的に使用されるより抽象的な動詞、たとえば「have」、「do」、「be」、「want」、「know」。
- 形容詞と副詞（量や質を表す言葉）：数字、色、物、感情、量などを表す言葉。
- 前置詞：「in」、「on」、「under」、「behind」などの単純な位置情報の単語や、「with」、「to」、「for」などの一般的な前置詞。
- 質問の言葉：「who」、「what」、「where」、「when」、「why」、「which」、「how」。
- 時間の言葉：「tomorrow」と「yesterday」、「now」と「later」。
- 接続詞：「and」。
- 否定する言葉：「not」、「no」、「none」。

これらの言葉に触れるには、自然環境内で起こる楽しく有意義な活動の流れの中で行うことが一番です。

9-3-2 構文

子どもたちが正しい文章の作り方、正しい文法構造を学ぶためには、良い言語モデルを自然で理解しやすい方法で提示しながら、頻繁に会話に参加させる必要があります。また、多くの子どもたちが新しい単語や構造を練習するためには、たくさんの機会が必要です。とくに、言葉のつながりを学ぶ過程に入ろうとするときには、言語のレッスンが必要です。能力の高い生徒にとっても、コミュニケーションの中で生まれてくる構造を教え、それを正しく作り上げるためのレッスンは役に立つものです。

音声を使ってコミュニケーションできる生徒は、一般的な構文発達の道をたどります。あなたが典型的な構文の発達に精通していれば、どの言語構造を教えるべきか、それらを教えるための一般的な順序をどうするかを決める際にその知識を使うことができます。

コミュニケーションの主な手段として手話を使う生徒の場合は、構文の発達は若干異なって進みます。その進行過程は生徒が触れている手話の種類（たとえば、ASL、英語対応手話、あるいはその変形）に依存します。ASL は英語対応手話とは根本的に異なる構造を持っていて、一貫して ASL に触れている生徒は、それに基づいて統語構造を発達していきます。あなたの生徒が ASL に触れていてその表現法を使っている場合、言語的な成長を指導できるようになるには、その言語の構文構造の発達に精通していなければなりません。

私たちはここで特定の手話システムを推奨しようというのではありません。生徒一人ひとりのそれぞれの状況は固有のものです。言語についての決定をする際には、私たちは自分の信条の中で柔軟性を持ち、個々の生徒のニーズに気を配ることが必要です。

たとえば、ASL は非常に視覚的な言語なので、先天盲の人や重度の視覚障害のある人には適していません。そのような子どもたちには、ピジン英語対応手話の方が適しているかもしれません。ここでは重度の視覚障害のある人にも容易に適応できるという理由から、ピジン英語対応手話に触れている生徒の言語発達について議論することにしましょう。言語学習に関する私たちの提案は、自然なコミュニケーション手段が ASL である子どもたちに、第二言語としての英語を教えることにも応用できるでしょう。その人にとって使いやすいのが、ASL、ピジン英語対応手話、そ

<table>
<tr><td>

コンセプトと発達

春は季節。植物は春に成長。植物が成長するには土と水が必要。私たちは果物や野菜を食べる（農場に行って、種から花を育てよう）。

</td><td>

言語／コミュニケーション

語彙：季節、春、植物、花、果物、野菜、土、掘る、種、育てる、暖かい、緑、草。

文章パターン：1＋3：木が成長しています。花がきれいです。

</td><td>

日常生活のスキル　おやつ・料理

八百屋さんで買い物をする。サラダを作る。果物や野菜を切る。

</td></tr>
<tr><td>

物／絵

花と植物を「春」の本に保存しよう。葉っぱを擦ってみましょう。絵や物を使って、植える順番を決めましょう。葉っぱ、植物、木を数えましょう。

</td><td>

まとまりの単位（ユニット）
春

</td><td>

感覚発達

花の匂い、葉っぱの匂い、土の匂いを嗅ごう。春の新しい匂いの話をしよう。木や葉っぱの種類の違い（ざらざらしたりつるつるしている）を比較してみよう。味覚―野菜や果物の酸っぱい味と甘い味を味わってみよう。

</td></tr>
<tr><td>

社会的スキル

一緒に木を植えましょう。母の日のために花を植えよう。花を贈りましょう。プレゼントの話をしよう。

</td><td>

運動発達を促す遊び

屋外での遊び―木の上に登る、低い枝にぶらさがる。草の上で転がりゲームをして遊ぶ。

</td><td>

微細運動　美術品を作る

ティッシュペーパーでお花を作り、色や手触りについて話をしよう。木の実でネックレスを作ろう。

</td></tr>
</table>

あるまとまりの単位（ユニット）あるいはテーマに基づいたアプローチは、子どもたちが言語や意味のある概念を学ぶのに役立つ。

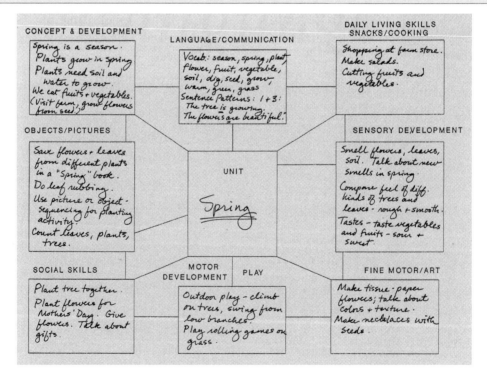

ロードアイランド文パターン	
1. 名詞句＋自動詞	赤ちゃんが泣いている。 うさぎが跳ねている。
副詞を加えることができる。	赤ちゃんが大声で泣いている。 うさぎが跳ねて行く。
2. 目的語として機能する、名詞句＋他動詞＋名詞句	私は本を持っている。 彼らはアイスクリームを食べた。
副詞や副詞句を加えることができる。	私は机の中に本を持っている。 彼らは昨夜アイスクリームを食べた。
3. 名詞句＋連結動詞＋形容詞	私は幸せだ。 花がきれいだ。
連結動詞とは、現れている状態、存在すること、変化することなどを表す動詞のことである。例としては、"be"、"look"、"seem"、"feel"、"taste"、"grow"、"become" などがある。	彼らは疲れていると感じている。 この箱はとても重そうだ。
4. 名詞句＋連結動詞＋名詞句（述語名詞）（訳注　述語名詞とは、主格補語として用いられる名詞）	その男は医者である。 りんごは果物である。 ボブは消防士になった。
5. 名詞句＋動詞「となる」＋場所や時間の副詞または副詞句	ジョンは家にいる。 鳥はあの木にいる。 会議は金曜日だった。

（前掲　Blackwell, Engen, Fischgrund, & Zarcadoolas, 1978）より。
　私たちは通常、名詞句を「誰が」、「何を」というように教える。動詞は、子どもが各文の中の動詞を識別し、文には必ず動詞があると思えるように、二重下線を引くことがある。各パターンは、より説明的な単語や句で拡張することができる。拡張していくと情報は増えるが、文の基本的な構造は変わらない。

の他の手話システムなどのどれであるかにかかわらず、英語の読み書きを学ぶのは大きな価値があることです。

　英語の構文形成力の発達：盲ろうの生徒は、優れた言語モデルへのアクセスが非常に限られています。したがって、これらの生徒が言語の構造を理解するのには支援が必要です。言うまでもなく、私たちの最初の仕事は、言語モデルをできるだけ完全で自然なものにすることです。第二の仕事は、その生徒に文章の構造を理解するためのフォーマットを与えることです。

　文構造を把握するのに便利なフォーマットが、ロードアイランドろう学校の言語学者たちによって開発されました。彼らは生成文法の知見に基づいて、すべての英語文を五つの基本的な文パターンに分類しました。この五つのパターンは、単文、重文、複文のすべての英文を構築するための基礎となるものです。

　英語を学習している生徒の構文的な発達について説明する前に、文のパターンについて知っておいていただきたいと思います。文のパターンについては、ブラックウェルほか著『文とその他のシステム——聴覚障害児への言語と学習カリキュラム』（前掲　Blackwell, Engen, Fischgrund, & Zarcadoolas, 1978）にあります。これらの文のパターンは、このレベルにいる子どもたちへの言語教育について議論する中で触れていきます。これらのパターンは、いかなる種類の発達段階を表すものではありません。単に文構造を分類するための方法です。

　質問形、否定形、受身形、形容詞、節などの変換は、これら五つの基本的なパターンの変形です。これらについては、第10章で議論します。

初期の構文の発達：以下は、生徒に身につけてほしいスキルです。これは一般的に順を追って与えられます。

「ピジン英語対応手話における初期の構文の発達」

・手話＋指差し、手話＋ボディーランゲージ、指差し＋質問、大人の文章を真似した２語手話などを組み合わせて、さまざまな２語の発話を表現する。
・それぞれの文パターンを、２語文で表す：１「犬　走る」「男の子　遊ぶ」、２「猫　見る」「クッキー　好き」、３「コート　赤い」「が　熱い」、４「スージー　女の子」「男の人　医者」、５「ママ　おうち」「鳥　木」。
・２単語といくつかの疑問形を使って簡単な質問する（身体的表現で示す可能性あり）。
・人の名前を尋ねるときは「who」、物の名前を尋ねるときは「what」を使う。
・代名詞（「I」、「me」、「my」）を使って自分を指す。「yours」を使う。
・複数を、数字や「all」、「many」で表現する。
・単純な前置詞を使う。
・「not」と他の言葉を組み合わせて否定表現をする。
・過去形表現や「昨日」、「明日」、「夜」を使って、時間を表す。
・「can't」、「won't」を使う。
・簡単な質問に「はい」と「いいえ」で答える。
・体験談を話すときに、いくつかの考えを表現する。
・未来のことを指すときに、「will」を使う。
・頻繁に３語文を発話する。促されると、大人の３、４語文を真似する。
・文パターン２の、３語または４語の短縮形を使う：「パパ　仕事　行く」、「女の人　車　運転する」。
・所有に対して「have」を使う。
・名詞をつなぐのに「and」を使う。
・２語文で前置詞と副詞を使う。
・「what do?」、「where?」と聞く。
・文パターン３と４を「is（です）」を使用し、３語文で表す：「ラフは犬です」、「パパは警察官です」、「風船は緑です」、「象は大きいです」。
・「when?」の質問に答える。
・動詞のいくつかで過去形を使う。
・会話の中で、指文字で表した単語をいくつか使う。
・日常の生活活動を示したり、いつ？と聞いたりして、時間について尋ねる。
・いろいろな簡単な文章を使って、できごとを伝える。
・代名詞「彼」、「彼女」、「君たち」（複数）、「彼ら」を使う。
・パターン３と４で、「be」を使った否定を使う。
・単数形と複数形の主語と過去時制で、正しい「be（です）」の形を使う。
・「be」＋「-ing」マーカーで進行形を使う。
・いくつかの複数形の不規則表記を指文字で表す。
・文パターン１と５で、時間と場所を表す副詞や副詞句を使う。
・文パターン２で、間接目的語を持つ「give to」を使う。

・所有格標識を使う。

・「why?」で質問をする。

・前置詞「with」、「to」、「from」を使う。

・「the」と「a」を使う。

・分類するのに文パターン4の文章を使う：「リンゴは果物です」、「ブラウンさんは私の父です」。

・複数形標識と三人称標識を使う。

・文章で疑問詞を使う——完全に正しい形ではない文章で尋ねる。

・拡張・展開を使った簡単な文章で、間違いの少ない会話をする。

『パーキンス盲学校における手話カリキュラム（Perkins sign language curriculum）』（Robbins, 1978）より。（上記はレベルII、ユニット2-4より）

　このチェックリストは、生徒とのコミュニケーションに含める言語構造を計画したり、練習が必要なスキルが出てくる言語レッスンを設定したり、生徒に不足していると思われ力を入れる必要がある分野を決めたりするために、生徒の言語スキルを観察するときのガイドとして使うことができます。

　この文法的スキルのリストは、私たちが生徒の言語の形や構造だけを問題にしているという意味ではありません。焦点は常に、その子の話し方ではなく、話す内容に当てられなければなりません。私たちは、その子が自分の考えやアイデアを表現し、コミュニケーションを通して他の人とつながる経験を共有できるように支援したいと考えています。その子の考えは、文法的にどのような形で表現されていても、語彙が正しくても誤っていても、常に受け入れ、対応しなければなりません。誤りを直すよりも会話の楽しさが先に来なければなりません。間違いを指摘し、正しい形を教えることは必要ですが、ワクワクしながら考えを共有している間は避けましょう。目的は、その生徒が理解し表現できるアイデアのレベル、程度、複雑さの範囲内で、成長するのを助けることです。

　語彙や文法構造に常に触れることによって、その子は周りの社会で理解される枠組みを理解し、また、印刷物やコミュニケーション相手の頭の中にある幅広い範囲の情報にアクセスできるようになります。私たちは生徒が、形そのもののためではなく、情報をできるだけ効果的に受け取り共有するために、自分の身につけられる最良の言語構造を理解し、使えるようにしたいと考えています。

　自由で自然な発想の表現が可能な環境を作るためには、子どもの周囲の人々が、子どものコミュニケーションを理解し、認め、応答するために必要なスキルを持つ必要があります。大抵の場合、これはその子よりもかなり高いレベルの手話のスキルを持っているということになります。

9-3-3 アーティキュレーション

　「アーティキュレーション」という用語は、一般に明確な発話をすることを意味します。ここでは、言語手段によらず、生徒からのコミュニケーションが明確であることを意味します。その生徒のことを知っている人には、どのくらい理解されているでしょうか。知らない人は理解できるでしょうか。その子のコミュニケーションには、何か特異なところがあって、あなたはその部分を無視することに慣れているから理解できるけれど、他の人にとってはコミュニケーションに支障になるようなことがありますか。

ここではそれぞれのコミュニケーション方法での表現の教え方について、詳しい情報は載せません。それは話し方や手話の指導法に関する書籍を参照してください。しかし、以下のガイドラインは、生徒のアーティキュレーションを形成しようとするときに役立つと思います。

　自分のコミュニケーションの癖をチェックしましょう：生徒が、手話の動作を何度も繰り返す、声で話すとき口の動きが大げさになっているなど、何か変わった癖があることに気がついたら、それは生徒があなた自身の癖を模倣しているのではないかどうかを確かめてください。

　あなた自身、適切な手話の動きや位置を決めることが難しいかどうかをチェックしましょう：子どもに、新しい手話を受け取るのに両手を使うように指示し、手話がどこで出されているかをその子が分かっているかどうか確認しましょう。他の人にあなたに向けて触手話をしてもらうのも参考になるかもしれません。指文字の示し方にも注意してください。子どもの手のひらをあなたの手の上に平らに当てさせるのは良い位置ではありません。指文字を出すときには、あなたの手の周りにその子の指を丸く被わせて、子どもがあなたのすべての指を感じることができるようにしましょう。

　生徒のコミュニケーションの速度に注意して、あなた自身も安定した適切な速度を使うようにしてください：手話がとても速い生徒と話していると、あなた自身も無意識のうちにあまりにも速くなってきたり、慌ただしくなっていることに気づくでしょう。多くの場合、生徒が一つの単語でのコミュニケーション、あるいはほんの少しの単語をつなぐだけのコミュニケーションから、単語を文章にまとめることに慣れてきて、より高いレベルに移行しているとき、その生徒の思考が速くなるにつれて、アーティキュレーションが低下します。その子の話し方は「粗雑」になり、もっとゆっくり、はっきりとコミュニケーションをとるように注意する必要がでてくるでしょう。そんなとき、あなた自身のモデルが最高のリマインダーになります。

　手話と音声の両方を使っていたある生徒は、非常に簡単な文章でコミュニケーションをとっていたときは、かなりはっきりとした発話をしていました。その生徒の言語レベルが上がり、言いたいことが複雑になってくると、手話で自己表現することはできても、音声では手話と歩調を合わせられる速さで話すことができませんでした。発話は悪化し、手話は進歩していきました。この時点で、声を使うことにこだわったことが、思考表現の妨げになっていたのかもしれません。のちに、手話を使わない人たちとの音声での会話の価値を認識するようになったとき、その生徒は音声言語の改善に意欲的になりました。

　手話をする生徒に対しては、手を使う空間的位置や手の動きの量に注目してください。腕の動

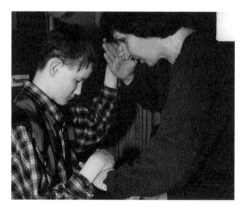

子どもに、両手を使って新しい手話を受け取るようにさせる。手話がされている場所をその子が分かっているかどうかを確認すること。

きが活発すぎると、視覚的に手話を追うことが難しくなります。また、指文字をするときに他の人が見づらい場所に手を置く生徒もいます。生徒にこのような癖がつきそうな場合は、意識的に適切な動きの手本を教えるとよいでしょう。また、その生徒の手話が分かり難いということを、自然な形で生徒に伝えてみるのもよいでしょう。たとえば、彼が理解できるような言い方で、「ごめんね。何を言っているのか分からなかったよ。君の手の動きが速すぎて、指文字が見えなかったんだ」など。

矯正指導の量を見極めましょう：生徒が自分の考えを私たちに話しているときに、アーティキュレーションの矯正指導はどのくらいするべきでしょうか。矯正しすぎると、生徒は自分が伝えようとしていることに興味を失ったり、イライラしてコミュニケーションの量が減ってしまうことがあります。多くの場合は、生徒がある程度上達して、どうすればよいかを覚えているようになるまでは、正しいスキル、良いアーティキュレーションの習慣をつけるようにする、楽しくて実践的なセッションを設けることがよいでしょう。このようなセッションと並行して、明瞭なアーティキュレーションに対する生徒のやる気を引き出す方法を見つけることが大切です。そうすれば、会話のときに明瞭なアーティキュレーションをすぐに思い出させることが容易になります。生徒は、自分をより良く理解してもらえるようにし、言おうとすることへの関心を失うことなく、行動を変えていける方法をまさに理解するでしょう。私たちは、生徒がコミュニケーションを受け入れてもらっていると感じて、それにやりがいを感じられるようにし、また生徒の言うことに反応しながらも、その話し方を良い形にしていきたいと常に考えています。

自分が理解してもらえるかどうかを確認するために、生徒が自分のことをよく知らない人とコミュニケーションを取らなければならない状況を作りましょう：誰かに伝言を伝える、誰かに持っている新しい物の話をする、情報を求める、誰かに贈り物をする、訪問者に自分のことを伝える、などです。作りだすその状況は、現実的であり、伝えるという挑戦が実際にできるもので、個々の生徒の能力の範囲内であるように選択して、コミュニケーションする努力の中で大きなフラストレーションに直面しないようにしてください。生徒が理解されない場合は、よりよく理解されるための戦略を一緒に考えてみましょう。

それぞれの生徒が自分なりのコミュニケーションのスタイルを身につけていきます。私たちはそれを望んでいます。私たちの仕事は、一人ひとりにこれが発達し、その結果が多くの人に理解できるようにし、無用の緊張や調整をせずに受け止められるようにすることです。生徒の癖に慣れてしまって、それが他人にどう見えるかに気づかなくなることのないように気をつけなければなりません。

9-3-4 言語を実用的に使う

また私たちはこの期間中に、生徒の日常的な自発的な言葉の使い方や、授業で学んだ言葉を実践的な場面で応用できる能力を伸ばしていきたいと考えています。以下はいくつかの提案です。

自発的な会話は、そこで起こるどんな状況に関するものであっても、生徒の言語プログラムで非常に重要な部分です。何か面白いことが起こって、それが意欲的な会話につながるようなときには、計画的なレッスンをいったん脇に置いておくことがよい場合があります。このような教えるチャンスを利用することが大切です。生徒が先生や両親、友人との会話に慣れてくると、日常生活の中での他の人との言葉のやり取りにも反応しやすくなります。

生徒が話したいと思っている考えに注意を払い、必要な言語と語彙を学べるようにしましょう：生徒は、自分にとって本当に大切なことを伝える方法をより多く学ぶにつれ、自分自身の目的のため

に言語スキルを使おうとする意欲を持つようになります。

　ある生徒は13歳の時に私のところに来ましたが、ある程度の語彙は持っていても、会話の概念はほとんどありませんでした。その生徒は、家に帰ること、補聴器のこと、病院のことなど、いくつかの特別な話題について話すのが好きでしたので、私はこれらの話題を使って、言葉のやり取りについて学び始めるのを助けました。まずその子の言うことに反応し、それから、もっと言うことを促して、会話の習慣を身につけさせるようにしたのです。でも、その子よりも私の方が早くその話題に飽きてしまったのです！　私自身が興味を持ち続けるためには、話題の別の面を探したり、新しい言葉を使ってみたりして、私たちのやり取りに役立つことに創造的に取り組まなければなりませんでした。最終的には、会話がその子の世界で最も重要な考えについて話せるならば、会話は楽しく、価値のあるものであることを学んだのです。

　全盲の子どもは、その子独自の世界の捉え方に特化した語彙を必要としています。その子には、素材、形、質感を説明する言葉が必要です。布地の名前、家具の形、植物や木の種類など、私たちが普通には思いつかないようなものに名前をつける必要があるかもしれません。

　たとえやり取りがとても簡単にならざるを得なくても、**生徒が他の生徒とコミュニケーションをとることを奨励しましょう**。たとえば、作業の時間にある生徒を他の生徒のところに連れて行く、ある生徒が学校に持ってきた面白いものについて他の生徒に話すように促すなどです。また、各生徒に周りにあるものを一緒に探検するように促す、「〜を見せて」、「〜をして」、「〜について話して」など指示の仕方を教えましょう。

　子どもたちが複数のコミュニケーション方法を使っているときは、クラスメイトにその方法を教えることが大切であり、また、盲ろう児が他のコミュニケーション方法についても意識するように支援することも重要です（他の子どもたちが流暢な手話を学べるとは限らないので、そういう環境にいる盲ろう児は制限されてしまうことに注意してください）。

　ロールプレイは、実際の社会的環境で言葉を使う練習になります。小道具を使ったりして興味ある状況を作り、生徒が何を言おうかを考えるのを助けることができます。たとえば、旅行に行く前に何を伝える必要があるのか、演技をして訓練することができます。

　生徒たちは、それを理解できるようになったらできるだけ早いうちに、すべての人がコミュニケーション方法を共有しているわけではないことを学ぶ必要があります。他の生徒の違いを観察したり、スタッフの人たちについて学ぶことから始めることができるかもしれません。相手によってはメモを書いてあげる必要があることや、とても幼い子どもは少しの言葉しか知らないかもしれないこと、話したことを聞き取れない子どももいることなどを学ぶことができるでしょう。

　盲ろう児は、私たち皆が使っている、人や状況に対応するための微妙な社会的合図を見落としてしまうことがよくあります。彼らには、何かを表現するときの礼儀正しい方法や、さまざまな人と身体的に接するときの適切な方法を教えなければなりません。そのために最も良い方法は、生徒を尊重するように、常に「どうぞ」、「ありがとうございます」、「すみませんが」と言って、モデルを作ることです。生徒がより高い社会意識を持つように指導することが大切です。さらに、他の人の表情やボディランゲージを通訳してあげることもよいでしょう。社会的なやり取りについての話をすることも必要です。

9-4 語彙を増やす

　全盲や重度の視覚障害と聴覚障害のある子どもに語彙を教える際には、いくつか重要な感覚的配慮をしなければなりません。触ったものを区別するのに役立つ言葉、たとえば素材の名前（プラスチック、木、金属、ガラスなど）や、質感や形を表す言葉（粗い、滑らか、丸い、平たい、でこぼこ）など、具体的に分類できる言葉がとくに重要です。盲ろう児にとってはそのような表現が抽象的すぎるようなときには、実物を使うようにしましょう。

　以下の提案は、生徒のボキャブラリを増やすのに役立つでしょう。

　新しい単語を紹介し、その意味を理解するためのモチベーションを高める活動に基づいた、具体的な授業を計画しましょう。「粗い」や「滑らか」などの形容詞を教えるとよいでしょう。最も良いのは、それを意味のある活動の流れの中で教えることです。たとえば、公園に行くときにこれらの形容詞で表現できるいろいろな物を集めてきて、生徒にそれらを調べて分類させることができます。視力のある子どもには、さらに進んだ学習として、これらの物の絵を描いて、生徒にそれぞれが粗いのか滑らかなのかを判断させるのもよいでしょう。全盲の子どもには、これらの物を貼り付けた本を作ることができるでしょう。概念が理解できたら、生徒にその二つの性質を表すチャートを作るのを手伝わせ、生徒の考えをもとにして、一緒に絵を描いたり、物の名前を文字や点字で書かせたりしましょう。

　学校の特別な活動は、言語体験の物語（のちに述べます）の基礎として行われ、また、新しい語彙の源にもなります。たとえば、りんご狩り遠足に行くことを基にして生徒たちに、「リンゴ」、「木」、「取る」、「育つ」、「払う」、「野原」など、いくつか新しい単語を覚えさせるのはどうでしょうか。授業でのアップルソース作りからは、「皮をむく」、「切る」、「茹でる」、「砂糖」などを学ぶことができるでしょう。遠足や料理の授業では何度も単語を使う機会があるので、充分にそれらの言葉に触れさせて、生徒が自分からそれらの単語を使うようになることを期待できます。生徒には、これらの新しい単語を復習し、別の場面でも使えるような手段を与える必要があります。その話をしたり計画を立てたりするとき、あなたは最も重要な単語のいくつかを体験の前に生徒に紹介したいと思うでしょうが、生徒は実際の体験の中で単語を使い、その後の復習レッスンをすると最もよく学習することができるのです。

　楽しみながら語彙を増やす方法としては、まず生徒が知っているものから始めて、それから、知っていてもまだ名前を知らないものに新しい単語を追加していく、というような言葉のカテゴリー発展によるものがあります。カテゴリーの例としては、おもちゃ、乗り物、冷蔵庫の中のもの、足が4本あるものなどが挙げられます。カテゴリーは、生徒の能力に応じて、単純

学校での特別な活動は新しい語彙を学ぶ源になる。

なものでも、より創造的なものでも構いません。物をいくつか持ってきたり、カタログを使ったり、店に行ってある場所にある商品を見たり、子どものための図解事典を使ったりすることもできます。言葉を記録しておくものとしては、壁面、チャート、表、冊子などを作ることができます。

　新しい単語は、たとえば生徒が家でのできごとを話したり、新しいものを持ち込んできたり、あるいはいつもと違う天気が続いたり、教室に客が来たりなど、予期せぬ状況で出てくることがあります。新しい言葉を使うチャンスに注意を払い、後で練習をさせて、生徒がその言葉を覚え、意味を拡げるようにしてください。生徒が一日を通して多くの人と交流する場合は、さまざまな状況の中で新しい語彙に触れることができるようにするシステムを作る役に立つでしょう（以下を参照してください）。

　生徒が新しい単語を必要としていることを示している場面に注目してください。生徒がまだその単語を知らないのに、知っている単語を使って何かを指しているのを見れば、どういう新しい語彙を教えればよいかが分かります。たとえば、「女性」という言葉をまだ知らない生徒は、女性のことをみんな「ママ」と呼んでいましたが、自分の母親のことを言っているのではないことがはっきりと分かるような表情や身振り手振りをしていました。彼は新しい言葉を必要としていたのです。

　生徒がより具体的な語彙を使って気持ちを表現できるように、新しい言葉を教えることもあります。「茶色いアイスクリーム」を「チョコレートアイスクリーム」に変えたり、「暑い日」を「暖かい日」に変えたりするのを手伝えるでしょう。

　子どもの語彙を記録しておき、覚えた単語を追加していくとよいでしょう。これは、新しい先生に伝えたり、親に渡したりするときに役立ちます。子ども自身も、新しい単語を、見たり触ったりして分かる絵や文字や点字で書かれた「単語帳」で単語の記録を楽しめるでしょう。多くの生徒は、小さなファイルボックスの中の索引カードに新しい単語を書いておくのが好きです。単語帳やカードは、復習やスペルの参考にも使えます。このシステムは、アルファベット順にインデックスが付けられていれば、個人辞書の始まりにもなります。

　簡単な辞書での作業を楽しんでいる生徒もいました。先生は、最近習った三つの単語が印刷されたカードと図解事典を渡しました。彼らの仕事は、事典の中から三つの単語を見つけ、その意味をいくつかの方法の中の一つで記録することでした。各単語を説明するために三つの写真のうちの一つを丸で囲んだり、いくつかの答えが書いてあるワークシートで、正しい単語の意味を丸で囲んだり、最初、2番目、3番目の単語を説明している写真にその番号カードを付けたりするのです。アルファベットの順番を知らない生徒には、ページの端に文字が書いてある辞書を使うと見つけやすいでしょう。授業は短く、生徒たちは一人でできるようになり、発見したことを報告するのを楽しんでいました。

　週に一度の単語テスト、つまりその週（または最近）に学習した新しい単語の記憶力をチェックする時間をとると、生徒にとって役に立ち、やる気を起こさせることが分かるでしょう。生徒の年齢や興味に応じて、正解した単語のところに大きな色のチェックをしたり、シールや週ごとの成績を記録した表を貼ったりして、褒めてあげることもできます。またテストは、その子が学んだことを家族に伝えるための方法にもなります。

9-5 言語活動

　生徒の言語プログラムは、計画的な言語レッスンと自然な会話を組み合わせたものでなければなりません。以下の言語活動の提案は、計画的な学習と自然発生的な学習の機会を組み合わせたものです。

9-5-1 日常のスケジュール

　子どもたちは、日々の活動を表すためのシンボルが、オブジェクトから絵へ進歩し、さらに言葉を使うようになると、自分の予定を理解し、複雑な言葉を使ってその予定について会話する能力も高まっていきます。彼らは、一つの単語（「料理」）から、フレーズ（「ジーンと一緒にお料理しに行く」）へ、さらに簡単な文章（「私は今日、調理の授業がある」）へと進んでいきます。また、今から行うことをその直前に話すことから、一日の始まりにその日のすべての予定を話せるようになります。また、できごとが起こった後に、とくに興味のある活動、ものごと、人々のことを思い出して話すことができるようになってきます。

　子どもたちがこれらの準備ができるようになったら、そのように変わっていくことを手伝う必要があります。生徒が、あるやり方でその日のことを話すことに充分慣れてきて、それにうまく対応できるようになったら、より高いレベルが期待できる方法に移りましょう。ある一つのレベルに長くとどまりすぎないように注意してください。子どもにとって新しい学びが何もない場合は、変えるべきときです。同じやり方が長い間繰り返されているので子どもが興味を失っている場合は、子どもがより高いレベルの準備ができていなくても、何らかの方法で変更しましょう。スケジュールについての朝の会話の中で、いくつかの提案があります。

- ・その日の予定の絵カードが散らばっているテーブルに、子どもと並んで座る。最初にこれから何が起こるかをその子に伝え、次に交代で絵を見つけて予定記入表スロットチャート（訳注　カードを入れ変えられるようになっている表）や壁にあるポケットに入れる。
- ・子どもが言葉をよく知っている場合は、その日の日常的なイベントについて話すのをやめる。これらの日常的なことの絵は予定表に入れておき、あまり日常的ではない活動のためのスペースを空けておく。そして毎朝、これらについて話をし、交代で絵を適切な位置に置いていく。
- ・少し異なる予定を持っている何人かの生徒を教えている場合、ちょっとの時間一緒に座らせ、その日は誰の活動予定の種類が最も多いかに注目して、違いについて語らせる。
- ・予定表に子どもが馴染み、それについての会話が日常的になってきたら、レッスンとしてはやめて、その日の予定表を絵や言葉で作って、学校に来たときに生徒が自分で確認するようにさせるのもよい。その後、特別なイベントや変化があれば、「ニュース」の時間やくだけた会話の中で詳しく話すこともできる。
- ・子どもたちは普通は、私たちよりも毎日の天気にはあまり興味を持たない。天気について教えたり、科学の授業で限られた時間内にそれを話すのもよいだろうが、ほとんどの子どもたちはそれが非常に珍しいまたは劇的なことでない限り、毎日それについて話すことに興味を持たない。

9-5-2 ニュースの時間

この時間は、モチベーションを高める言語体験であり、本当に興味のあることについて話す時

間でなければなりません。通常は午前中に行われ、クラスの構成が許すならばグループでの活動となります。ときには一日のスケジュールを確認する時間と合わせて行われます。これは、スケジュールが本当に「ニュース」であればよいのですが、一般的には日常的すぎて、会話のときの興味深い話題にはなりません。特別なクラス活動、クラスに見せるために持ってきた新しい物、家庭や住んでいるところでの珍しいできごと、非常に劇的な天候、予定の変更、クラスへの来客などは、ニュースの時間の一部を占める可能性があるできごとです。普通、このレベルでは、家庭や学校での経験以外のニュースは適切ではありませんが、ときには現在進んでいるできごとについて話し合うことがあるかもしれません。この言語活動のためのいくつかの提案を紹介しましょう。

・先生と生徒は、向かい合って座るか、輪になって座る。それぞれがその日のニュースを提供することができる（最初は会話で、のちには書くこともある）。子どもがアイデアを出しにくい場合は、親や養護者にイベントについてのメモを出してもらう、あるいは、子どもが新しい服を着たり、新しいおもちゃを持ってきたりするのに着目するのでもよい。先生は、簡単な質問をして子どもから情報を引き出し、子どもが細かいことを追加するのを手伝って、アイデアを表現するのを助けることができる。また、子どもたちが興味を持ちそうな、その子の活動についてのニュースを伝えたり、今後の活動の計画や計画の変更について話したりすることもできる。物を持ってきたり、絵を描いたりすると、コミュニケーションをより分かりやすくすることができる。視力のある子どもには、特別な活動のときにインスタントカメラを使うと、あとでそれを見て面白い会話を弾ませることができるだろう。

・考えていることを共有するワクワクさと楽しさを最大限にするにはどうしたらよいか。会話中には、字を書いたり、言葉を指導したり、直したりして中断しない方がよい。子どもが考えていることを表現した後に、たとえば生徒たちが自分の考えを思い起こすときに、そこから新しい言葉や文章を引き出して、ニュースを文字や点字で書くとよいだろう。これによって先生は、使われる文章の種類をいくらか整理することができ、会話から学んでほしいと思う新しい言葉をそこに入れることができる。

・書かれたニュースを生徒が書き写すべきか。これは役立つ場合もあるが、学習につながらないことも多い。生徒は下線を引いた新しい単語を後で復習するためにその週のリストに書き写すかもしれない。自分が出した文章のうちの一つを文パターンの表に載せるために書き写すこともできる。生徒の良い文章を記録しておくことがモチベーションにつながることも多い。

・ニュースの時間は毎日あるのがよいか。スケジュール的に無理かもしれないし、どんな活動でもあまりにも決まったものになりすぎると魅力が失われてしまう。週に2、3回で充分と思われる。そのほかの時間には大切な情報について自由に話し合うことを始めるのもよいだろう。

・ときには、ニュースの時間に生徒や先生が物語を共有することができ、それはより深く関わりながら言語能力を発達させるのに使うことができる。後でその物語を書き出し、拡張して、クラスで重視したい単語や文法的な構造を入れていくのもよい。

・またニュースの時間には、子どもがもっと知りたいと興味を示す話題を取り上げることもできる。これは子どもが興味を示した話題であったり、あなたが増やしたいと思っている語彙が含まれていたりするかもしれない。図書館にある絵本でその話題を読んでみると、さらに会話を弾ませることができるだろう。

・必要に応じてニュースを作成することができる。たとえば、子どもたちが体験したことの写真を使う、サプライズが入った袋を持ってくる、バッグを触らせて中に何が入っているか当てさせる、あなたのペットやペットの写真を持ってきて、ペットの行動について話してみる、など。

9-5-3 体験談

体験談とは、生徒が参加したイベント、予期せぬできごと、先生が計画した活動、あるいは教室の外での体験から子どもが報告したことを（文章と絵、あるいは絵だけで）説明するものです。それは、生徒が自発的に提案したり、先生からの質問によって導き出された、その子の考えや言葉、文章を使って、生徒と一緒に書くことができます。あるいは、先生が書いて、読解練習やさまざまな言語の授業に使用することもあります。そこでの言語のレベルは、生徒のニーズに応じて、簡単な単語や絵だけのものから、絵とパラグラフのある文章までいろいろあります。お話の内容は、料理、旅行、創作活動、休みの日の活動などがあるでしょう。

ダニーの体験談：盲の生徒のダニーのために、先生は洗車体験を計画しています。実際に体験する前にダニーは、きれいと汚いの概念を養うためにいくつかのレッスンを受けます。彼らは体験活動の前の2日間、その計画を作ります。そして、作業に必要な道具を一緒に集め、それを使って自分たちが何をするのかについて演じながら話します。体験活動中のリマインダーとして、いくつか簡単な単語で点字のリストを作り、やることの順序を計画していきます。ダニーは「水」、「車」、「石鹸」などいくつかの単語をすでに知っています。「スポンジ」、「バケツ」、「ホース」など新しい言葉もあります。

体験活動中、先生は自分たちが何をしているか話をします。会話はその場の状況から自然に生まれるものですが、先生は会話に加えたいと思っている新しい語彙や言語構造も頭に置いているのです。たとえば、ダニーが水しぶきをかけるというアイデアを楽しんでいることに気づくと、新しい語彙に「しぶき」を入れようと考えています。

体験の次の日、彼らはその体験について話し、道具を使ってそれを再現して楽しみます。それから、先生はやったことの順序をダニーが思い出すような質問をしながら、何が起こったかを聞いて、ダニーの簡単な体験談を点字で書きます。そのとき、先生は彼の言葉を受け入れながらも、それを拡大し、単純な文の中に学ばせたい文パターンを書き込むのです。先生は新しい単語をダニーと一緒に確認し、彼が点字の単語を認識するためにいくつかの作業をします。何枚かの単語カードを用意しておいて、代わる代わる箱から一つずつ選び、それが何であるかを言い合います。ダニーがすべての単語を正しく覚えることができるようになるまで、このゲームを繰り返すのです。

後に他の言語の授業のときに、ダニーはその体験談を読み、文の中で足りない言葉を追加していき、祖母に自分の言葉でその経験について手紙を書きます。先生はまた、ダニーと一緒に一連の触図を作ります（先生は事前に絵の計画を立て、材料を用意しておきますが、その一つひとつについて話し合うことによって、ダニーがそれぞれの意味をより明確に理解できるように、一緒に絵を作るのです）。そしてダニーはそれぞれの絵に合う文章を見つけます。もちろん、この体験をもとにできる活動やレッスンは他にもたくさんあるでしょう。これらはほんの一例です。

リックとダイアンの体験談：リックとダイアンはろうで、かつ法的盲ですが、多少の活用できる視力はあります。先生は、リックのリクエストをもとに、一緒にポップコーンを作る体験を計画しました。リックが週末に自宅でポップコーンを食べたことを伝えたので、彼らはまず朝の

ニュースの時間にアイデアを議論することにしました。先生はその提案を受け入れ、それをどうやるかを計画します。たとえばある準備作業として、子どもたちはポップコーンの作り方の絵本を読みます。各ページには、彼らに適した語彙や文章構造で先生が書いておいた文章がテープで貼り付けてあります。体験の中で出てくる新しい単語と併せて、先生は「share（一緒にやる、分担する）」という言葉とその概念にも取り組んでいくことを考えています。

　本を読んだ後、彼らは何を順番にやっていくのか、誰がそれをするのかの説明リストを一緒に作ります。説明は簡単な文章で書かれ、それぞれの作業と必要な道具の絵がついています。文章の中には新しい言葉が含まれています。

　実際に体験している間は、説明リストを使いますが、焦点は活動自体の楽しさに当てられています。活動が終わると、教室に座って、体験談の中に何を入れたいかを話し合います。この際、先生は自分でその体験談を書いてきて、それを読む練習のときに使うことにしています。しかし、先生は彼らが体験談に入れなければならない項目のリストは子どもたちと一緒に作り、それが入っている体験談を明日には読めるように作ってくることを伝えます。リックは床にバターを落としたことを入れたいと言っています。ダイアンがとくに興味をもったのは、いすを使って高い食器棚に手が届くようにして塩を取らなければならなかったことでした。

　次の日、先生はその話を、ワクワクして待っている子どもたちに見せます。活動の写真も入れました。子どもたちは自分の名前と写真を一所懸命探します。そして、文章ごとに交代で読み上げます。この後、以下のようにいろいろなレッスンができるでしょう。

・新しい言葉と絵をマッチングさせる
・先生が手話をしたり話したりしている物語の中の文章を探す
・物語についての質問に答え、お互いにし合う質問を考える
・物語の文章を五つの文パターンに分類する
・「分担する」の意味を説明する別の状況について演技する、話す
・絵本を復習し、絵を正しい順に並べる

9-5-4 想像的な遊び

　ごっこ遊びは、言葉のやり取りの素晴らしい機会です。ごっこ遊びは実際の状況で使われる語彙を練習する機会を与えてくれますが、必要な量の練習をするには充分な頻度ではないかもしれません。ごっこ遊びは、ドールハウス、人形や家具、あるいは紙の切り抜き、少し大きな実物に似たおもちゃ、手作りの小道具などでできるでしょう。年長の子どもに対しては、基本的な身近な経験や、想像上のできごとや登場人物についてのスキットや短い劇を使うことができます。眼が見えないために絵を見ることができない子どもに、劇はとくに役に立ちます。その子はたまにしか店に行かないかもしれませんが、いくつかの簡単な小道具を使って、教室での想像力豊かな遊びの中で、店での言葉を再現することができるでしょう。

　想像力豊かな遊びには実に多くの可能性があり、それをどう選ぶかは個人の興味とニーズによります。以下は、いくつかの提案です。

・客と店員の役割を想定して、いろいろな種類のお店屋さん遊びをする
・着替え、手洗い、食事などの朝の日課を演じる
・医務室へ行く演技をする
・好きなものの模型を作る（エレベータが好きな生徒がいたので、箱で作ったことがある）
・動物になったふりをする

・いすで車を作って学校への行き帰りを演じる
・授業での体験や本にあった物語を演じる

9-5-5 ホームブック

　学校での経験を家族に伝えられる本を作ることは、どの子にとってもためになる言語活動であり、授業で使われている語彙を復習する機会になります。それは一日の終わりに行われる簡単な毎日の活動であっても、週に一度のレッスンであってもよいでしょう。すべてのできごとのありふれたリストを作るのではなく、授業での体験の一つを選んで伝えることを教えるとよいでしょう。一つのできごとを選んで、それについて詳しく書いたり絵を描いたりするのです。この活動はすべての言語レベルで行うことができます。

　これは言葉の矯正の時間にすべきなのか、それとも生徒自身の言葉作りの時間にすべきなのでしょうか。これは本人の能力や性格によります。もし生徒が自分で書くことができず、先生が書くのであれば、言葉は正しいもの、つまりその子が伝えたいことにできるだけ近い、しかし理解できる形であるべきです。その子にとって、先生が何か間違ったことを書くのを見ているのは良くないでしょう。しかし、本人が自分で書けるなら、どんなに簡単なことでも、その子自身の言葉を受け取って、その子ができることそのままを知ることは家族にとって良いことでしょう。その子が助けを求めたり、何かが正しいかどうかを尋ねたりしてきたら初めて、先生は彼に正しい言葉を教えることができます。

ゲーム

　ゲームは言語を使う楽しい方法になります。生徒は週に一度の午後のゲームを楽しみにしているでしょう。ゲームは生徒同士のコミュニケーションを促すこともあります。市販のボードゲームを使うことができる生徒もいます（視力に配慮して、使いやすいようにすることが必要であることに注意してください）。先生も学校のスキルを練習するための簡単なボードゲームを作ることができます。

　単語や文章を使ったゲームは、楽しくて挑戦性があるように設定することができれば、役に立つことがあります。「二十の質問」と同じような推測ゲームは、言語の発達にとても役に立ちます。子どもたちは、切り取った文字を使って単語を綴る遊びが好きでしょう。どのようなゲームを使うにしても、それは楽しいものであって、大変な作業になってはならないことを忘れないでください。また、退屈になってきたら、ゲームを変える必要があります。ゲームは競争的なものである必要はありませんが、ときには何人かの生徒には競争での勝ち負けという知識を教えるのもいいでしょう。

9-5-6 架空の物語

　物語は盲ろう児の言語経験を豊かに増やすことができ、多くの貴重な言語のレッスンになります。子どもは一般的に2歳から象徴的な遊びを始め（物語の準備が始まっていることを示しています）、第一子として生まれた場合、多くは3歳ごろになると「空想上の友だち」がでてくる空想の生活を拡げていきます。著名な小児科医のT. ベリー・ブラゼルトン博士は、空想遊びは「認知能力だけでなく、ある種の情緒的自由の兆候である」（Brazelton, 1994, p.182）と考えています。盲ろう児にとって、架空の物語は、物語の形で表現された重要な内的関心事に意味のある言葉を結びつける貴重な機会を与えてくれます（多くのおとぎ話が何百年も続いているのは、非常に多

くの人に共通した深い関心事に触れているからです）。空想の物語を楽しみ、それを現実と区別することを学んだ子どもは、豊かな内面を持ち、生涯にわたって読書を楽しむ多くの機会を持つことができるでしょう。

　次の提案は、盲ろうでこのような小学校低学年の言語レベルにある子どもたちの、空想上の物語の楽しみを増すでしょう。

・子どもが象徴的な遊びを楽しむ能力を充分に身につけていると分かったら、お話の読み聞かせを始めることができる。人形を使って一連の動作をし、新しいシナリオを考えだし、人形に関連したユーモアや共感を示すことができるようになった子どもは、おそらく簡単なお話を聞き始める準備ができていると思われる。子どもがまだこのように人形遊びを楽しむことができていないときは、人形遊びを促し、参加させるのに時間をとって、物語を聞く準備ができるようにする必要がある。

・子どもに読ませることから始めるのではなく、物語を語ることから始める。その子の生活に関連していると思われるテーマの、シンプルで活き活きとした物語を選ぶ（たとえば「ジャックと豆の木」、「三匹の子豚」、「赤ずきんちゃん」など）。子どもが喜ぶと思う単純な児童書を見つけるか、または簡単な物語を作ってもよい。人形や具体的な小道具を使って、物語を語りながら、それを演じてみせる。これは、実際に体験することによって最もよく学ぶことができる盲ろう児にとってはとくに重要である。これを何度も繰り返して、子どもがキャラクターや小道具を触ったり操作したりしながら、それに慣れ、お話に親しむまでお話を聞かせる。また、全盲や視覚障害のある子どもには、物語に対するあなた自身の感情的な反応も触って分かるようにする。笑顔を見せたり驚きを見せたりするときには顔を、熱狂的になって体を震わせているときには体を触るように、その子の手を誘導する。子どもが物語と結びつき、登場人物と一体感を持つポイントを敏感に察知できるようにする。読んでいく中でその点を強調し、さらに活き活きとした表現やボディランゲージを使って、あなたが、その子がお話で特別な関心があるところを分かっていることを示す。お話を何度も何度も繰り返すのをためらわないこと。2歳児や3歳児が同じ本を毎晩続けて読んでほしいと言うことを考えてみよう。その繰り返しが、心地よさを生み出し、記憶力を向上させ、自信を植え付け、多くの言葉の学習になるのである。その物語に慣れてくると、子どもは自分でその物語の一部を話すことができるようになるので、自立心を高めながらこれを行うことができる

物語の主なできごとを触図にすることで、子どもの理解を深めることができる。

ようにする。盲ろう児は、これは人形や物を操作することから始まるかもしれないが、後になれば言葉も入ってくるだろう。

- ・次のような活動は、子どもの物語に対する感性を強化する。
  - ― 物語の中の主なできごとの絵を描く（または触図を作る）。これは子ども一人ずつと個別に、あるいはクラスの課題として行うことができる。
  - ― 絵や触図を順番に並べる。最初は楽しいゲームとして、子どもと交代で絵を順番に並べていく。後には子どもが自分でやって楽しめるようになる。
  - ― 人形ではなく、他の子どもや大人がキャラクターを演じて、物語を演じる。
  - ― 物語のビデオ版を見る（子どもが見て楽しめる視力がある場合）。人気のあるおとぎ話のアニメ版は、多くのビデオ店で安価に手に入れることができる。
  - ― 物語の手話バージョンをビデオテープで見たり、人形を使わずに自分で手話をする。

- ・子どもが物語に完全に慣れ、書かれた言葉に少し慣れてきたら（前述の、子どもが読み始めたときの指導に関する節を参照）、一緒に文章バージョンの物語を作ることができる。これは数日から数週間かけてゆっくりと行うことができる。この初期の段階では、文章バージョンの物語は、絵のキャプションの形で、短くて簡単な文章でできていることもある。子どもはおそらく文章を作るのにたくさんの助けが必要で、自分では1、2語しか表現できないかもしれない。この助けは、簡単な文章の大部分を書いてあげるが、空白部分を残すようにしてできる。たとえば、「_____ は豆の木を登った」のように。

- ・盲ろう児とやり取りする上では、子どもに物語の身体的体験（人形を使ったり、演技をしたり）をさせ続けることによって、この一緒に作る作業を根づかせることがとくに大切である。これを怠ると、活動が抽象的になりすぎて、子どもに注意を保たせることができなくなる。また、子ども自身の身体を使った楽しいレッスンではなく、雑用になってしまう心配がある。

- ・書かれたものができ上がったら、絵や触図と一緒に素敵なノートに綴じておくとよい。破れないようにプラスチックコーティングをおくとよいだろう（反射のまぶしさに気をつけて）。子どもが、そのノートが自分のもので、保管し、家に持って帰り、友だちに見せ、休み時間にもパラパラとめくり、そして楽しむものだということを分かっているかどうかを確認することは大切である。本を作っていく過程が楽しいものであれば、その子はお話の本を楽しみの豊かな源として考える方向へ踏み出すだろう。

- ・理解度の高いレベルにいる子どもにとって、ある程度の満足のいく簡単な文章バージョンの物語ができあがったら、それは、手話と書き言葉の間の類似点と相違点を探究する機会となる（手話で言語を学習している生徒の場合）。物語を ASL や PSE（ピジン英語対応手話）で表現したときと英語対応手話での場合を比べると、英語対応手話の方が筆記に近く、ASL は会話のバージョンであることを分からせるのである。そして、子どものその時点の理解度ではどちら方法が合っているかにかかわらず、どちらのバージョンも良さがあること、そしてそれぞれ適した使い方があることを教える。

9-5-7 日記書き

　日記は、個人的なものであるという点では体験談と似ていますが、違うのは、指示されることが少なく、自由な作りで書かれ、本質的に個人的なものです。日記を書かせる目的は、子どもたちが最低限の助けだけで書いて、自分の表現力に自信を持てるようにすることです。盲ろうの人

は、とくに晩年になるとこの自信を持つということの必要性が高まります。盲ろうの人にとって、自信を持っていることが、手話をしない人と充分にコミュニケーションできるかどうかを決めるのです。

　日記書きは、事実上どのレベルの言語発達にも適応させることができます。この2語段階から簡単な文章の段階まで、日記はほんの1、2語で、もしかしたら絵が付いているもの、あるいは簡単な文章となる長さのものがいくつかとなるでしょう。日記書きのガイドラインは以下のようなものがあります。

　日記は定期的に書かなければなりません（できれば毎日）。書く時間は長い必要はありませんが（15～20分程度）、子どもたちがリラックスしてこの日課をできるようになる程度には定期的にしましょう。

　子どもがまだ書き方を知らない場合は、日記書きは言葉を意味のあるものとして使い始める機会になるかもしれません。子どもが日記に入れたいと思っていることを手話で表させたり、話させたりし、その子の考えていることを表すいくつかの言葉で書きだします。そしてその子にその言葉を書き写す、あるいは考えを表す絵を描くようにさせるのです。本当にその子の心の中にあるものが何であれ、あなたがそれに誠実であればあるほど、その子は喜んで書き写すのに力を入れていくでしょう。書き写すのが難しすぎたり、運動機能やその他の理由からできないときには、あなたが書いたり描いたりするのを見せ、その子ができることなら何でも参加させるようにしましょう。

　どのような話題でも構いません：子どもが自分の文章に意味を間違いなく結びつけるためには、心の中にあるものが何であれ、それを自由に書けるようにすることが必要です。別の書き方の授業では、先生が選んだ話題を使いますが、この日記を書く間は、生徒は自分で話題を選ぶことができます。日記を書くことが初めての場合はとくに、何を書くかを思いつくのに静かな時間が必要な子もいます。中には、どんなことまで書いていいかを試すために、とんでもないと思う話題を選んだり、書くのを拒否したりする子もいます。前者の場合は、初めはまるで受け入れられないと感じたとしても、どんなものでも有効な話題として受け入れるようにしてください。シルビア・アシュトン＝ワーナー著『先生』（Ashton-Warner, 1986）には、生徒の本当の関心事を受け入れ、それを言語学習の機会に変えようとする先生の努力について、素晴らしい説得力のある記述があります。生徒が書くことを拒否したら、その生徒のレベルに合った言葉で、拒否を表現するように手助けして、それも学習の機会にすることができるでしょう（悲しそうな顔や怒った顔で「イヤ！」と表したり、「書かない！」、「今日は書きたくないの」というなど）。これを、ちょっと気を配りながら、気軽にやってみると、驚くほどいい結果になるかもしれません。

　日記を直してはいけません：子どもが尋ねてきたときに、スペルや文章の作り方を助けてあげてください。また、分からない単語の意味を聞いてみてください（「この言葉はなーに？」、「ああ、先生には分からないなあ」）。どんな修正をしても（とても穏やかに、軽い気持ちで直す以外は）、その子の表現力を阻害してしまう可能性が高いことを認識してください。

　先生も自分の日記をつけましょう：できるだけあなたの心の中にあることを誠実に書きましょう。全盲の子どもの場合、あなたが横で日記を書いているところを触らせて分かるようにすることを忘れないでください。

　このようにあなたが活動に参加することは、いくつかの目的に適うものです。人がどうやって書くことを楽しむのかを見せるのは良い見本となるでしょう。あなたに監視されているという子どもたちの感じを最小限にし、そのとき本当に関心を持っていることに自由に集中できるように

なるのです。あなたが日記を書くことは、その活動をあなたと子どものお互いのものにして、経験を共有し、真のコミュニケーションの機会を増やすことになります。（あなたがそれを正直にやるなら）忙しい一日の中で、あなた自身の静かな部分と、本当の関心事に触れる機会を与えてくれることにもなるでしょう。ここから、あなたは大いに子どもたちの役に立てるようになるのです。

　クラスに助手やアシスタントがいて、この時間にもいる場合は、彼らも日記を持って、純粋に自分自身を表現することを気楽にできるようにしてください。

　日記を共有しましょう：定期的に（スケジュールが許すならば毎週）、子どもたち、他の先生、そしてあなた自身が日記に書いたことを共有する機会を持ちましょう。日記は基本的に個人的なものなので、共有することを要求してはなりません。ただその機会を提供するだけです。あなたはこの活動の指導者としてだけではなく、参加者でもあるので、子どもたちや他の大人たちに、共有することの喜びと、ときには共有したくない人もいるということを尊重して理解することの両方のモデルを示すことができます。どちらでも構わないのです。

　子どもたちが理解できるようにするためには、自分の正直な書き込みの言葉を簡素にする必要があるでしょう。たとえば、イライラしていることを長々と書いたものを読みあげるのではなく、「昨日はイライラしていることについて書いたよ」と言うのもいいかもしれません。ときには日記に絵を描いて、あたなが書いていることに、子どもたちが親しみを感じるようにさせることもできます。最後に、それぞれの共有の時間の後に質問の時間を残しておきましょう。これは、自然な社会的交流のための良い時間になります。

9-6 言語学習を他の主な領域に組み込む

　子どもは、はじめは自分の考えを伝えたり、他の人の考えを理解したりするために言語を学びます。言語が発達するに従って、言語を通じて徐々に多くの情報を得ていきます。私たちは、障害の無い子どもたちに、ある物が何であるか、ある単語の意味は何かを言葉を使って説明できることを当たり前に思っています。盲ろう児がこのような説明ができるのに充分な言語と情報を獲得できたとしたら、それは本当に心躍るときです。ある時点には、新しい単語を他の単語で説明することや、新しい話題を子どもに能動的な実体験を与えなくても、座って話したり考えを教えたりすることができるようになるかもしれません。この変化は徐々に起こるものですから、この章で紹介したレベルでは、新しい情報を教えるときに言葉だけに頼りすぎないように注意しなければなりません。これは生徒が複雑な言語レベルになれば、より可能になります。

理科の勉強は、新しい語彙を学び、正しい文構造を使って練習する機会になる（「土を植木鉢に入れる」、「種を植木鉢に蒔く」）。

言語の学習は、言語の授業時間に限定されるものではなく、教科学習とそれ以外の学習で、言語がどのように学習をサポートしているかを理解しておくことが重要です。生徒も、単に算数や理科、社会科などの分野だけでなく、日常生活や職業教育などの分野でも学習を進めることができるような語彙や文型を身につけなければなりません。

　算数では、数字、量、大きさ、形、測定値、時間、お金の呼び方など、いくつかのカテゴリーの単語が必要です。比較の単語も算数では重要で、「より多い」、「より少ない」、「より大きい」、「より小さい」というレベルから教え始めることができます。一方、理科では数え切れないほどの新しい用語が出てきます。この最初のレベルでは、教えやすい具体的な物や動作の名前が必要です。生徒は、物の名前を挙げ、特徴を書いたりコメントすることができ、自分が経験している場所、形、動作と関連付けられるようにならなければなりません。また、「それについて教えて」、「それは何？」、「____は何？」、「それは何をしているの？」、「それは何でできているの？」などの言葉を理解する必要があります。物事をカテゴリー分けして考えたり、できごとの順序について認識したりできなければなりません。さらに、原因と結果の単純な考え方を示す言葉も必要でしょう。

　社会科には一般的に、歴史、地理、文化や習慣、ルールや政治、経済など、社会と物理的環境の中でともに生きる人々のすべての側面が含まれています。社会科の勉強は通常、自分自身から順に拡がって、家族、近所、学校、地域社会、州、国、世界へと進みます。他の学科と同じく、社会科にはとても多くの語彙があり、初めは身の回りにあって普通に見られるもの、それからより抽象的な概念へと増えていきます。このレベルでの語彙は、人との関係（妹、お祖父さんなど）と役割（お医者さん、学校の先生など）、過去の時間、場所と距離（学校、店、遠く、近くなど）、気持ち、物を売ったり買ったりするときの簡単な言葉などです。

　たとえば移動、日常生活活動、体育など、子どもの学習の他の分野でも、特別な語彙が必要になります。

9-7 特定の言語レッスン

　これまで、生徒が新しい語彙や言語構造を身につけるための活動をたくさん挙げてきましたが、次に言語そのものに焦点を当てた授業を考えてみましょう。生徒が簡単な文を作れるレベルに達すると、言語を教科として考え始め、単語を正しく組み合わせる授業を受けられるようになります。言語の授業は、生徒によって、教える言語によって、レベルや子どもが知っている特定の語彙によって、いろいろなものが考えられます。以下にいくつかのアイデアをご紹介しましょう。

・生徒が文に近い表出をするようになってきたら、それぞれの文型をまとめたチャートを貼っておいて、生徒が良い文パターンで話をしたときにはその下に追加していくとよい。このように自分の自発的な言葉が記録されているのを見ると、生徒のモチベーションはとても高まる。表には体験談や別の言語の取り組みをしているときの文章を載せることもできる。それはとくに良いパターンの例でもよいし、生徒にとってとくにワクワクするようなものでもよい。チャートに書いた文章はいろいろなときに使える。

・まず「誰が」、「何を」というカテゴリーの言葉を考え、その後、「どこで」、「いつ」や動詞のカテゴリーで言葉を考える授業を行うのは効果がある。もし生徒が、それぞれのカテゴリーに当てはまる言葉の種類を理解していれば、ある文章に動詞が必要であることや、「誰が」から始めるのかなどを思い出させやすくなる。

・特定の構造を練習する授業をすることもできる。文パターン1（訳注　名詞句＋自動詞 p.185 英語の構文発達参照）の練習は、生徒と一緒にいろいろな動作に加わって、それぞれの動作について、たとえば「私はジャンプする」、「私は走る」、「私は座る」などの文章を代わる代わる作成する。あるいは、動詞の動作を人形や動物のおもちゃを使ってやってみる。文パターン3（訳注　名詞句＋連結動詞＋形容詞）の練習には、物を集めてきて箱に隠し、見ないで一つずつ取り出させる。生徒は自分が持っているものを見て、「ボールは赤です」、「ミトンは紫色です」などの文を作ることができる。先生も交代してモデルを見せて、授業をより自然なものにすることができる。

・文法的な概念についても同様の練習授業を行うことができる。自分と子どもの物を集めて所有代名詞を使う練習をする。これはグループ活動としてもできる。「誰の」と聞いて、子どもたちに「あなたの」、「私の」、「トムの」と答えさせる。子どもが興味を持っているできごとについて話をしながら、過去と未来の用語を練習する。たとえば、できごとを二つ取り上げ、それについて正しい時制を使って文章を作る。私はある生徒に対してこれを次のようにやってみた。最近の休暇とこれからの休暇の二つについて、その子の家で何が起こったか、これから何が起こりそうか私が知っていることを話した。そうしたところ、生徒は私が話したできごとをよく知っていたので、過去と未来の言語の概念の意味を覚える機会が増えた。身近なものの絵が描いてあるカードをひっくり返して遊ぶゲーム（たとえばロットゲーム）（訳注 絵や数字を書いたカードで遊ぶトランプの「神経衰弱」のようなゲーム）で、「と（and）」の使い方を練習する。交代で2枚のカードを選び、ひっくり返して「アヒルと犬だわ」と言ってカードを戻したり、「犬が2匹来た」と言って手元に残したりする。

・写真を説明するのは、どのレベルでもできるもう一つの役に立つ言語の授業になる。子どもが何らかの興味を持っている絵を見せ、その絵について話をする。見ているものそれぞれについて、たとえば絵の中にある物に名前を付けたり、書いてある動作や色について、いろいろその子と代わる代わる話をする。絵について質問する。取り組んでみたい文パターンを使って、簡単なお話を書いてみる。絵本ノートを作って、絵とお話と、それに関連したお勉強メモ用紙（ワークペーパー）を入れてもよい。たくさんの絵を描いたら、生徒はそれを家に持ち帰って家族に読んで聞かせることができる。同じような話題の絵をいくつか選んで、語彙や特定の文章構成の練習をすることができる。全盲の子どもとは、実物を使ったり、手話や点字の説明文を作ったりして、同じようなことができる。

・いくつかの文で簡単なストーリーを作成して、質問の形で教えることもできる。たとえば「シンディは顔と手を洗いました」。「彼女は歯を磨きました」。「シンディはどこにいたのでしょう？」。「ジョーは象を見ました」。「彼はトラとライオンを見ました」。「檻の中の猿をたくさん見ました」。「ジョーがいたのはどこ？」など。そしてどの子が自分自身の話を作れるかどうか見守る。

・子どもたちが理解しにくい質問として、「＿＿は何をしているの？（What is ＿ doing?）」や「＿＿がやったのは何？（What did ＿ do?）」などがある。動詞の「する（do）」は非常に抽象的なので、いろいろな答えが返ってくる。一つの方法は、分かりやすい動作をしている人の絵を使って（全盲の子には人形を使ってお芝居する）質問をすると、たとえば次のようなやり取りになるだろう。「この女性は何をしていますか？」、「その人は馬に乗っています」。

・指文字を表された順に読み、またそれを綴る能力の練習のために、一人の生徒と一緒に次のようなゲームをしてみた。大きな紙に3文字単語をたくさん書き、その中のある単語を指文

字で綴って見せ、それを覚えて紙の上の文字を消すように言う。次にその子に別の単語を指
文字で綴らせ、私が文字を消す。難しさのレベルは、書いた単語と指文字がどのくらい合っ
ているかを見て変えることができる。単語がなくなるまで消していくことと、交替で「先生」
の役割をすることは、両方とも子どもの意識を向上するのに役立った。

9-8 言語学習の一部としてのリテラシー

　読み書きは、ほとんどの場合、個人間で使われることを通じて、またその後に学習されるもの
で、コミュニケーション方法としては二次的な手段です。一般に、子どもは読み書きを始めたと
きには、すでに言語の知識を豊富に持っています。多くの盲ろう児たちも、正式に読み書きを教
わる前に、会話言語の良いスタートを切っているようにしなければならないのです。

　ときには例外もあります。学習能力は優れているのに、会話ではなかなか人と交流できない生
徒が何人かいます。読書は人を相手にしなくてよいので、彼らは本を読むことで語彙や言語構造
をよりよく学ぶことができます。多くの場合、彼らは徐々に、より自分に合った別の手段で言語
を使えるようになっていきます。また、重度の運動障害のためにうまく音声や手話を使うことが
できなくても、充分な機会を与えられれば、墨字を解読して、表現力豊かなコミュニケーション
に使うことができるようになる生徒もいます（一般には、彼らも使えるようにしたコンピュータ
の助けを借りて）。しかし、このような状況はあまり多くありません。ほとんどの生徒に対しては、
まず会話言語を確立することをお勧めします。

　生徒が読書の第一歩を踏み出した後、とくに簡単な文章を読むことを学んだ後は、読書自体が
言語能力を伸ばす方法になります。読書の大きな利点は、墨字や点字が残っていることです。こ
れは何度も見たり、考えたりすることができます。手話や音声、ジェスチャーなどの対人コミュ
ニケーションは、すぐに消えてしまいます。手本になる物がいったんはあっても無くなってしま
うのです。生徒が正しく書かれた言語モデルを見ながら読めば読むほど、英語の構造や語彙の発
達が良くなります。読書はまた、先生が特定の言語形式を繰り返して示すことができます。自然
な会話の中では、ある単語や文法的な概念は一度は出てくるかもしれませんが、しばらくの間は
繰り返されないでしょう。読書は練習を可能にし、想像力を養います。

　実際の言葉を使って、読書の仕方を教えるには、どのようにして始めればよいのでしょうか。
単語を教え始めたときと同じように、ここでも二つの目標に向かってやっていく必要があります。
読書の概念とその目的と価値を理解すること、そして初歩的な読書の語彙を拡げることです。い
くつかの提案があります。

・生徒（とくに全盲ろう児）が、適切に墨字や点字を読み書きしている人と出会うことで、社
　会活動としてのリテラシーの概念を持てるように支援することを意識する。

・生徒の名前、大切な何人かの人の名前、自分のスケジュールに関連する言葉、好きな活動や
　物の名前から始める。これはまず生徒の持ち物や身近なものに貼るラベル、スケジュールに
　貼るラベルとして示すことができる。書いてある言葉を認識できるためには、それが楽しく
　て役に立つもの、生徒にとって価値のあるものでなければならない。繰り返しは学習のため
　に必要だが、退屈にならないようにするための方法を探す必要がある。

・簡単な絵本（視覚的または触覚的なもの）1ページには単語がただ一つだけ書いてあるものを
　用意する。安価な児童書を買って、索引カードを本のカバーにして、必要な単語だけを書く

ことができるようにする。本に書かれている中のいくつかの単語を読むことは、楽しい話の一部を聞くことになる。

・視覚のある子どもたちは色が好きなことが多いので、色の名前を学ぶために、物や絵を使って、いろいろな練習ができる問題があると面白いかもしれない。書かれたものを理解する力を養うもう一つの方法として、数字の記号を使ってみる。

・部屋の周りに簡単な印刷物を用意しておく。図書室のテーブルに、子どもたちが興味を持つ本を置いておく。ポスターや表を貼る。教室以外のところでも、掲示物や表示などの情報やその意味が分かるようにする。子どもたちが覚え始めている言葉を実践として利用する。

・先生が作った読書教材は、一つひとつがその子の語彙と言語レベルに合っているので、盲ろうの初級の読者に最も適している。言語の授業や活動の中で、読み聞かせがどのように行われるかについては、すでに述べた。とくに読書の意欲が高くない生徒の場合、その子がとくに興味を持っていることを利用するのが効果的な場合もある。絵描いたり写真を切り貼りしたりし、生徒のニーズに合わせた文章を書いて冊子を作ることができる。エレベータが好きで、猫も好きだったある生徒の場合、大きなお店に行ってエレベータに乗った猫の簡単な話はとてもモチベーションを上げた。その生徒はそれが大好きだった！ 可能な限り、生徒を教材作りに参加させるのがよい。その生徒はたとえば、絵に色を塗ったり、生地を糊付けしたりなどの手伝いができる。

・勉強好きの生徒は、先生が書いた教材から一般の書籍類へと進んでいく必要がある。読解力を他の教科の学習に生かせるようにする準備として、自然言語やイディオムなどを読む能力を身につけることが必要である。しかし、生徒が最適な本を見つけるのにはなにがしかの努力が必要である。フォニックス（訳注　単語のスペルと発音を関係づけて読み方を教える方法）をベースにしたものは、手指でのコミュニケーションを使う生徒にはあまり効果的ではない。中には、盲ろうの生徒がまだ習得していない知識を前提とした物語を使っているものもある。中には慣用句が多すぎて、常に説明しなければならないものもあって、物語の面白さを損なうことになってしまう。そのため、本をよく見て、その子の読書レベルや、読むのにどれくらいの手助けが必要かを考えて本を選ばなければならない。また、年長の生徒が低学年のレベルの読書をしている場合は、その子がどの程度の興味を持って読んでいるのかにも注意が必要である。面白さが多く、語彙の少ない本を探すのである。読み物の長さにも注意が必要である。読むのに長い時間がかかる場合、生徒は興味を失うことになりかねない。

・コミュニケーションのための絵や物（スケジュールに使われているようなもの）には、活動のシンボルと一緒に単語を書くようにする。子どもたちが言葉を分かってくる（「読める」）と、カレンダー、スケジュール、レシピなどで写真やオブジェクトを使うことを次第に減らしていく。

・子どもに話を聞かせると、読書への興味を刺激することができる。本にある物語を、絵を見せながら書かれている言葉とは違う単語を使って、物語をよりドラマチックに、より理解しやすくすることができる。私はよく、本に書かれていることに説明を加えるだけでなく、物語を聞く前に、出てくるだろう新しい考え方や単語への準備を生徒たちにさせる。生徒がその物語を楽しめれば、自分で読んでみようという気になるだろうし、関連する他の物語を読むようになるかもしれない。

9-9 書くことと言語学習（視力のある学習者のための）

　盲ろうの生徒が読むことを始めると、書きたいとも思うようになります。これらの読み書き能力は、通常、相前後して発達します。しかし、視覚障害や眼と手の協調動作に障害がある場合、物理的に文字を書くことは難しいことが多いのです。そこで、書くという行為はゆっくりと発達し、多くの練習を必要とすることもあります。非常に優秀な生徒の中には、読みやすく書いたり素早く書いたりができないことにフラストレーションを感じている者もいます。彼らの思考は身体的能力を超えているのです。そのような生徒のフラストレーションを和らげるために、ときには口述筆記で、言いたいことを正確に書いてあげることもよいでしょう。同時に、最終的には生徒が自分が納得できる速度で書けるようになることを信じて、練習や訓練の機会を与えてスキルを向上できるようにしましょう。自分を表現する能力が、まだ獲得していない身体能力によって制限されるようなことがあってはなりません。

　文字を書くことを学ぶのに充分な協調動作ができない生徒には、タイプライタやコンピュータが鉛筆の代わりになるかもしれません。学科の勉強をしている生徒には、自分の考えを紙に書く方法が必要です（もし可能ならですが）。学科の勉強をするレベル以前の生徒には、これはそれほど重点を置く必要はないかもしれません。以下のヒントが役に立つでしょう。

- 盲ろう児に書くことを教えるのは、他の子どもに教えることと変わりはないが、特別な視覚的ニーズと協調動作の難しさの両方について認識しておく必要がある。広い罫線の入った紙、太い鉛筆やマーカー、コントラストの良い白い紙を使うことができる。コピーしたものを使うのは、コントラストが悪く、見えにくい場合があるので、注意が必要。
- それぞれの文字の形を練習することを、まずはその子の名前の文字から始める。新しい文字の一つひとつを覚えることが冒険になるような方法を見つける。最初は子どもができる最善のことを受け入れ、徐々に上達するように手助けをしていく。矯正しすぎて子どもを落胆させてはいけないが、後になってからなかなか変えられないような、あまりきれいでない文字を書いてしまう習慣をつけないようにする必要もある。一文字一文字よりも単語の方が面白いので、できるだけ単語全体を使うようにする。
- 市販のワークブックが便利な場合もある。子どもたちは1枚ごとに分かれたワークペーパーよりもワークブックを好むことが多い。生徒が知らない単語をたくさん写すことは避け、生徒自身の語彙の中から、役に立つ単語を使うこと。
- 機械的な書き方（ただ書き写すことや、毎日当たり前に起こることを書くことなど）にならないように気をつける。メモ、手紙、リストなど実際に役立つものや、楽しいもの（日記や物語に関連した作業など）を書くようにする。
- 書くことを勉強するのがまだ大変な生徒の場合、他の方法で紙の上に回答させることもできる。たとえば、答えのところに下線を引いたり丸をつけるだけでよいようにしたワークペーパーや、シールを正しい答えのところに貼るようにするなどがある。彼らがより良いスキルを身につけるまでは、必要な文章の量を最小限に抑える。前に書いたように、先生は生徒の代筆をすることもできる。
- 筆跡はどうだろう？　どこまで添削するのがよいか？　丁寧な文字を書くことに熱心な生徒を落胆させないようにするのが最も大切である。よりきれいな文章を生徒にとって最も合った書き方で書けるようにするための特別な授業を行うことができる。これは、書くスキルを向上させることを目指したスペルの練習やいくつかの練習問題などである。これらの授業でスキ

ルが向上すると、生徒が自発的に書くときのスキルも向上させることができる。

・これまでは書く技巧に焦点を当ててきたが、生徒が書く言葉の質はどうだろうか。先生が、その生徒が実際にどのような言語構造を身につけ、書くときにそれを取りこんでいるかを知るには、生徒にいま書けるままの言葉を書かせるのがとても良い方法である。その言語構造は、生徒にとっては書くことに労力を要するので、会話で使うものと同じではないかもしれない。生徒には直されることを気にせずに自分のやり方で書く機会が必要であり、そこで書いたものは別の時間に直したり、間違いを言語のレッスンの基礎として使うのがよい（この件はすでに「言語活動」の節（P.243）で議論した）。

・スペリングの授業をするべきか？　これは、生徒が正しく書ける語彙を増やすためにも、単語の中の文字の並びに注意を向けるためにも、良いアイデアだと思われる。通常のスペリング用教材は、耳の聴こえる子どもたちの話し言葉や言語理解を基礎にしており、ここではほとんど役に立たない。たいていは、ろうの子どもには適切でない単語が選ばれているのである。その子の最近の読書活動から、スペリングに使う単語を引き出すのがよい。子どもが読み方をよく知っている単語を使うようにする。そして後に、より高いレベルになったときは、スペリングの練習は新しい言葉の読み方を覚えるための方法になる。いろいろな方法でスペリングの練習やってみよう。

9-10 点字の学習

9-10-1 点字と墨字の比較

　点字は、眼が見えない、あるいは視覚障害のために墨字が使えない人のための読み書きの方法です。したがって、ある盲ろうの生徒に点字を教えるかどうかの判断は、墨字を教えるかどうかと同じように、たとえば、その生徒の認知能力、将来の生活スタイルでの読み書きの実際の予測、残存する感覚能力、本人の興味など、いくつかの要素に基づいて行われます。しかし、点字と墨字の違いは、他にも考慮すべき要因につながるものもあります。

　第一に、点字は墨字とは異なるスキルを必要とします。システムはより複雑になっています。最も広く使われている点字（2級点字　訳注　近年では縮約英語点字と呼ぶ）には、アルファベットに対応する点字だけがあるのではなく、多数の短縮形や略語と句読点符号があります。これらは文字記号の場合と非常によく似ています。

　点字の文字ごとの違いは墨字の間の違いよりもはるかに細かく、読み取りはしばしば詳細な空間識別ができるかどうかに依存します。また、初心者にとっては、点字は墨字に比べて読みやすくするのが容易ではありません。眼で見れば大きな文字とそれを少しずつ小さくしていった文字が同じであることを、ごく簡単に関係づけていくことができるので、読む練習を始めたばかりの人には大きな文字を書いてあげればいいのです。点字の場合には大きさの違いはそのように簡単ではありません。釘やピンで作った点字は普通の大きさの点字と同じようには感じ取れません。点の数について生徒と一緒に話すことができれば役に立つかもしれませんが、これには盲ろうの低学年の生徒が持っているよりも高い言語レベルが必要です。点字を読みやすくすることは不可能ではありませんが、明らかに墨字よりは簡単ではありません。一般的に、点字の初心者は墨字読み取りの初心者に比べて、より高度に発達した認知能力と知覚能力が必要です。

　次に、点字には異なるタイプの感覚スキルが必要とされます。盲の生徒には、点字を読む際に必要な非常に細かい触覚的な識別ができるようになるための準備として、触覚を使った活動が必

要です。　点字はまた、点の配置だけで区別する文字なので、それを認識したり、ページをまたがって書かれている線をたどったりする際に、空間的な位置認識も必要とします。

　第三に、点字は一般的に集中力と細部への注意力を必要とします。墨字は単語全体を一目で読み取ることができますが、点字の単語の上で指先を素早く動かすだけでは、初心者は単語を読むことはできません。点字では字の細かい部分がより細かくなるため、子どもはより長い時間集中をし、忍耐強く指を動かし、小さな違いを識別する必要があります。学習当初の点字に使う単語は、それぞれの点の位置が大きく異なるものや、一人ひとりの子どもにとって適切で興味深い意味を持つ単語を選ぶことが役に立つでしょう。

　このような点字と墨字の違いを考えると、点字学習を始めたばかりの人が点字学習を成功させるためには、多くの動機付けが必要であることは明白です。そこで、子どもは最初に社会的な文脈の中で点字の存在に触れることが重要です。盲児は、世の中での点字の機能を理解するためにはたくさんの経験が必要で、触覚的に識別する練習の機会も無数に必要です。子どもは、名前ラベル、楽しんだり触ったりする簡単な本、その子のオブジェクトスケジュールに付けられたラベル、学校の中にある標識など、多くの形で点字に触れることができます。子どもはこれらすべてから、点字の存在とそれが情報を伝えるものであるということを知り、点字を学ぶ意欲を高めるのです。

9-10-2 点字を学ぶ必要があるのはどのような子どもか

　言語発達がよく進んでいる、非常に能力の高い盲ろうの生徒は世界に好奇心を持っていることはすぐ分かります。また明らかに学問の道を歩んでいる生徒が墨字を楽に利用できない場合には、点字を教えるべきであることは容易に理解できます。その子が勉強で成果を出していくためには、読み書きできることが必要です。一方、自分のニーズに関連した基本的な語彙を使えるようになるのに苦労していたり、身近な日常活動よりも広い範囲で使える概念を持ちにくい生徒には、点字よりもっとその子に適した手段があるかもしれないということも容易に理解できます。しかし、この二つのレベルの中間にある生徒はどうでしょうか？　その判断はより難しいものになります。

　私たちの経験では、この判断は個人の興味やモチベーション、注意力や触覚スキルなどの要素に左右されることが多いのです。私たちは、学力が非常に限られていて、簡単な会話程度の言葉を話す生徒を何人か知っていますが、彼らは自分の考えを紙に書こうとする意欲が高く、また点字が大好きな生徒でした。彼らが到達した文法や語彙のレベルは限られており、本を読む生徒はいませんでした。しかし、活動の話や簡単な手紙、好きな言葉リスト、グリーティングカード、一日のスケジュールなどに楽しんで点字を使っていました。このような生徒たちは、大人になってからも点字を使い続けるでしょう。しかし、ある程度の読み書きはできても、楽しみを感じていない生徒は、それを必要とする環境にいない限り、続けることはおそらくないでしょう。

　あなたが何とかしようと思っている生徒については、とにかく試してみてください、と申し上げましょう。触覚識別活動をさせてみて、その子の触覚能力がどのくらい発達しているかを見てみましょう。その子の好きな言葉を点字で見せてあげてください。点字ライターを使って、それを自分で書くのを手伝いましょう。その子の興味はどうだったでしょうか。反応は？　これはその子の教育プログラムの主要部分とする必要はありませんが、いくつかの実験をしてみると、それが生徒が実用的に使えるようになるか、やる気になっているかどうかを見ることができます。何人かの生徒にとっては、学校では、実用的な日常のコミュニケーションで使えるように、また自分の考えを表現できるようにするために、より対人的な言語を発達させることに時間をとる方

がもっと重要かもしれません。別の生徒は、点字を純粋に楽しんで、それが、手話だけでは表現できないような、これからもずっと使える新しい方法で自分自身を表現するのに役立つこともあります。

重度の視覚障害の生徒でも非常に大きな文字（たとえば、拡大文字や白い紙に濃い黒のマーカーで書いたものなど）なら見ることができる場合に、点字を使うべきか墨字を使うべきかは明確には示せません。これまで見てきたように、点字よりも墨字の方が良いという現実的な理由はたくさんあります。しかし、私たちの経験上からすると、この大きさなら見え、学力のある生徒には点字を積極的に使うようにしたケースが少しですがあります。一度に一文字ずつ、あるいは一語一語しか読めない生徒は、良い読解力を身につけられない危険性があります。その子にとって、読書はとても面倒で話の進行が遅いので楽しくなく、読書は楽しみというよりも仕事のようになってしまうことがあります。文章全体の理解は、少しずつ読むのでは難しくなります。

勉強に力を入れている生徒がすべての教科を上達させるために、読解力を身につける必要があるような場合には、点字の方が適しています。最初は習得が難しいのですが、一度習得すれば、大量の資料を読むための効率的なシステムで、理解力を養うことができるようになります。手紙を書いたり読んだりするなど他の目的のために、ある程度の墨字の読み書きを習うこともあるでしょう。しかし、読書はたぶんほんの少ししかせず、勉強ではなく日常生活の場で読み書きすることが多いなら、より簡単に学習でき、世の中で役立つ墨字を使う方がよいかもしれません。

もう一つの問題は、眼の状態がいずれは失明に至るだろうと診断された生徒に、点字を教えるべきかどうかです。将来的に点字が必要になることに備えてあげるべきでしょうか？　これも生徒個別に答えなければなりません。私たちの経験では、多くの生徒はなかなかこれを受け入れられません。また、生徒が点を見ることができる場合には、触って点字を読むことを教えるのは難しいのです。その判断は、主としてその子自身の将来に対する理解、考え方、思いにかかっています。

ゲイリーに点字を教えたとき、彼は自分の視力が低下していることを自覚していました。そのときは視力がまだ非常に良かったのですが、視野がとても狭くなっていました。また指の感覚が落ちていたため、点字の読解はとくに困難でした。そのため、彼は将来的に点字が必要になることを分かっていたのですが、点字を学ぶことには反発していました。私は視覚的に点字を教えようと考えました。彼は眼の見える大人用のテキストを使って簡単に記号を覚え、私自身がそうであるように眼で読んで、点字を書くことを学びました。数年後、もはや墨字が見えなくなったとき、彼は簡単に触読に移行しました。彼自身の必要性がやる気を与えたのです。

私が教えていたもう一人の生徒のアルヴィンは、墨字を読むのがとても遅く、大変な努力をしていたので、点字を必要としているように思えました。しかし彼は自分の視力の低下に悩んでいて、眼が見えなくなってきている明らかな兆候を受け入れようとはしませんでした。私は、同級生が点字を好きなことに刺激されて、彼自身が興味を持つようになるのを待たなければなりませんでしたが、徐々に彼の主な読書システムを墨字から点字に移行させることができたのです。

ここでは、点字の教え方の詳細な説明はしません。それは盲児への点字教育の本に載っています。しかし、とくに盲ろうの生徒に関連する問題や、点字教育を始める際のヒントを考えてみましょう。

9-10-3 教育のヒント

点字関連の活動：点字を学習する子どもには、触覚、空間的な位置の認識、左右および上下の組織的な動きなど、特別なスキルが必要です。以下、いくつかの活動を提案しますが、より詳しくは点字教育の文献を参照してください。生徒ができるだけ興味を持ち続けられるように、さまざまな教材を使い、授業に変化をつけるのがよいでしょう（ここでは、形や大きさの識別などの知覚活動はすでに終えていることを前提にしています）。

点字関連の活動が生徒にとって意義あるものになるためには、日常生活の中で行う必要があります。触覚的に結果が分かるアート活動や物作りは、上記のスキルの練習にとくに適したものです。スキルは、ただ触るということだけでなく、社会的で相互のやり取りの要素のあるゲームの一部として練習することができます。これによって、得たスキルをコミュニケーションと密接に結びつけることができるのです。

・指先を使う必要のある、小さいもののマッチングや分類。
・手触りのマッチング。大きく異なるものから始めること。
・同じボタンを二つ見つける。
・モールをカードに貼り付けたりグルーライン（訳注　ひもや針金を貼り付けたり、蜜蝋などを使って、触って分かるようにした線）を作ったりして、形やデザインを照合する。徐々に細かさを増やしていく。
・紙の上の一つの点字セルを見つけて、それをシールで覆う（小さなフェルトの保護パッドは、紙のシールよりも触感があるので便利）。
・点字を指でなぞりながら、各行の終わりにシールを貼る。
・1点だけの点字の並びの中に点字単語が入れてある各行から、その単語を探して、その下にシールを貼る。その言葉がその生徒の好きな言葉であれば、とくにモチベーション向上になる。
・"l"（点が縦に並んでいる）、"g"（上四角に並んでいる）あるいは"for"の略字（6つの点すべて）などで作った点デザイン列（文にはなっていない）のカードをマッチングさせる。
・大きな箱の中で、左から右へ、上から下へと片方の手で位置を探し、もう一方の手で小さな物を置く。いろいろな教材おもちゃを使って、物を整然と並べるスキルも身につけさせる。
・ビーズ、ブロック、型、車、小さな人形、ティンカートイ（訳注　組み立ておもちゃの一種）など、さまざまな材料を並べて、先生が始めた並び順を真似したり、続けたりする。また、先生に模倣してもらうための並び順を作る。
・空間的な配列に注意を必要とする置き方を模倣する。たとえば、6個入りの卵カートン

点字の単語を読み始める前に、生徒には多くの社会的文脈の中で常に点字に触れる機会が必要である。

の仕切りの中に、先生がやって見せたのと同じようにボールを入れる、先生のものと一致するように釘を配置する、6スペース「ガレージ」におもちゃの車を駐車する、または「納屋」スペースにおもちゃの動物を入れる。先生が設定したパターンを生徒が模倣して、見本で確認したり、記憶でチェックする。生徒が先生役になって見本のパターンを作ることもできる。

　もちろん、他にもたくさんのアイデアやバリエーションがあります。子どもの成長に合わせて、違いを見え難くしたり、物を小さくしたり、内容を複雑にしたりして難易度を上げることができます。これらはどれも実際の点字の識別よりも簡単なので、これらの活動で生徒の良いスキルをしっかり発達させることが重要です。

　市販の点字「準備」教材の使用はどうでしょうか。特定の生徒のために、それらの点字教材とそれがどう使えるかを調べる必要があります。盲ろうの生徒に役立つものもあります。生徒の言語力や概念について話すことができるかどうかに大きく依存している教材もあります。生徒はこれらの勉強をしている時点では必要な言語スキルをまだ持っていない場合が多いですが、教材の一部を使ったり、適応させたりすることができるでしょう。

　点字を始める：最も良いのは、子どもに個々の文字を教える前に、単語全体を物語、名札、周囲にある点字などの形で触れさせることです。子どもがこれらの単語を解読することを学ぶ意欲を持つためには、読むという作業が意味のあるものだという考えを持つ必要があります。読み書きは、やはり社会的な行為なのです。眼の見える子どもが自然に学ぶこの概念を、見えない子どもが理解するには助けが必要です。盲ろう児に、盲の年長の子どもを紹介し、点字を読んでいるところを触らせることは、世界における点字の役割を示す一つの方法です。また、簡単な点字のお話を読み聞かせてやると、点字が楽しいものであることを理解させる助けになるでしょう。本を読み聞かせている間に眼の見える子どもがその本を見るのと同じように、あなたが物語を手話で表している間、その子は点字の並びに沿って点を感じ取ることができます。子どもがひとたびこれらの点が意味を伝えていることを理解してきたら、単語全体を認識し、最終的には単語を構成する文字を覚えるように促すことができます。

　特定の文字を覚える前でも、子どもに単語全体を認識し始める機会を与えることができます。一定時間ごとに点字器の前に子どもと並んで座って、特定の単語を点字で打ってもらいたいかを聞いてみましょう。好きな単語を選ばせれば、その子は非常にモチベーションが上がるでしょう。その子が思うままに点字を打ってあげてもよいし、点字を打つのを手伝ってあげてもよいでしょう。インデックスカード（カードの上部を認識できるように片隅を切り落としたもの）に点字を打てば、その子はカードを保管しておくことができます。

　たぶん、それをポケットに入れて持ち歩いて、家族や友人に見せたり、空いている時間に「読む」ことができるでしょう。ここでの目的は、一字一字読んでいくことではなく、手触りに慣れ、点が重要な意味を伝えていることに徐々に気づいていくことです。そのうち、何枚かのカードが積み上がっていき、それぞれを見分けることができるようになり、自信を持つことができるようになるでしょう。子どもはこのようなプロセスを経て、一つひとつの文字を覚えようとする意欲が高まっていくのです。

　文字を学習する：発話ができる子どもに文字を教え始めるときは、文字をその話し言葉の読みと対応付けることができます。手話ができる子どもは、その文字を指文字と対応付けられます。子どもが指文字を知らないときは、点字で教える必要があります。たいてい、子どもは何文字かの指文字を知っています。いくつかサインネームも知っているでしょう。また点字の単語全体を手

話と対応付けることもできます。生徒にとって、一つひとつ分かれた文字を読み飛ばさずに全体の構成の中での点字の単語を認識するのが難しいことがあります。あまり時間が経たないうちに、その生徒は、単語は初めにある点字と、それに続くいくつかの点字が順に組み合わされてできているということを学ぶ必要があります。それを知ったうえで、一方では点字を使いながらも、生徒に指文字で単語を表して学習させる準備をしていくのもよいでしょう。

多くは、点字で最も認識しやすい文字（例：a, b, l, g, x）から始めるのが最も簡単です。同じ文字、違う文字を見つけたり、ページの中にあるそれらの文字をすべて見つけたりするなどの授業をして、生徒にそれらの文字を認識して見分けることを教えるのです。そして、これらをできるだけ早く簡単な3文字の単語に組み合わせて、読むことで意味が伝わるという考えを深めていけるようにします。たとえば、「bag」という言葉を使って、中に思いがけないおもちゃが入っているたくさんの袋を開けてもらうゲームをしてみましょう。「ボール」という言葉を使って、一つまたは何種類かのボールを使って遊ぶこともできます。それには、覚えられるように何度も繰り返しても、面白さを保てるような言葉が必要です。そこでは文字と、その生徒がすでにコミュニケーションに使っている手話や話し言葉と同じように、紙に書かれた単語が物を表しているという概念の両方を教えているのです。

生徒が楽しくなる、あるいはとくに興味を持つ単語を選ぼうとすると、より難しい単語を教えなければならないかもしれません。しかし、単語の構成や使う単語の違いに注意深く考慮していれば、たとえその単語にその生徒がまだ安定して識別できない難しい文字が一つ含まれていたとしても、生徒はその単語を認識できるようになるでしょう。たとえば、その子がまだ "r" をちゃんと識別できない場合でも、車で遊ぶのが好きだったら、"cat" のようなよく似た単語を使わない限り、簡単な文字である "ca" から単語を認識することができるかもしれません。生徒の興味を知っていれば、その子にとって楽しくてやる気が出るような読み言葉を選ぶことができます。

単語：その子の持ち物に名前のラベルを貼ることもできます。ただし、その子が、名前は自分のことを指しているのであって、貼ってあるその物のことではないという概念を持っていることを確認しておかなければなりません。もちろん、名前の場合、文字の難しさや長さをコントロールできないという問題があります。しかし、生徒が自分の名前の最初の一文字をサインネームの一部として使うことに慣れている、あるいはもしかしたら自分の名前やニックネームの指文字をすでに知っているのであれば、たとえ難しい文字があっても使い始めることができます。そこで、名前は使う単語の中で最も長いものになる可能性がありますが、認識可能なのです。さらに、生徒は自分の名前を知るということなので、それらの文字の読み練習にいっそう意欲的になるでしょう。

点字は墨字とは別の面でも違うところがあります。それは、読むよりも書く方が簡単で楽しいということです。また生徒たちは、点字器を使うことに非常に意欲的であることが多いのです。点字器は機械なので、一部の子どもたちにとっては興味をそそられます。読み方の勉強をするときにも、点字器で文字や単語の形の打ち方を教えると、この利点を使うことができます。多くの場合、こうすることによって点字への関心を高く保つことができます。日常的に表現力を高めるためのアイデアについては、本章で紹介した日記を書く提案を参照してください。

生徒が単語を読み始める前でも、毎日の触図スケジュール表に単語をいくつか追加することができます（これまで生徒は、オブジェクトではなく触図を使用していることが多いのではないでしょうか）。絵カードの1枚1枚に点字を打ち、生徒が毎日それを触って点字に慣れていき、やがては単語を認識するようにすることもよいでしょう。単語を覚えるのが遅いときには、1枚か2

枚から始めて、まず絵と一緒にカードに単語を打ち、次に絵を単語に置き換えます。それによって単語がカレンダーの上の記号になるようにするのです。

点字は紙が上下逆だと誤読されてしまうことに注意してください。点字の文字や単語を書いたカードを授業で使う場合は、カードの上の方には必ず点の線が引いてあること、右上の角には切り欠きがあることを生徒に教えたり、あるいは何か他の簡単な触覚的な印を使って、カードが正しい方向に置いてあることが分かるようにしましょう。

略語点字：どのような時に点字の短縮略語表記を子どもに教えたらよいでしょうか？　最初から略語も教えるのか、それとも最初はアルファベットだけを教えるのがいいのでしょうか。他の問題と同様に答えは、個人差があって、生徒が点字を始めたときに持っている言語のモードとレベルに依存する、ということです。点字は、その子がすでに持っている言語知識と関連付けたいので、その子に合った方法を選ばなければなりません。

ほとんどの場合、少なくとも生徒が多くの文字を読むのに慣れるまでは、アルファベットの文字だけから始めてそれを単語に組み合わせること、指文字に直接関連付けることが最善のように思われます。短縮形の多くは文字と混同されやすいので、生徒はまず文字に精通している必要があります。生徒が手話を使い、指文字はあまり利用しない場合には、「and」、「the」、「in」などの一般的な単語の短縮形を使用することもできるでしょう。

多くの場合、点字の略語は、2文字短縮形や3文字短縮形よりも先に使う方が賢明です。生徒は略語がアルファベット文字だけを使う、単語の短い書き方であることを教えてもらって、「friend〔→ fr〕」、「letter〔→ le〕」、「after〔→ af〕」などを簡単に覚えることができます（訳注　〔　〕内は訳者追記）。また、たとえばある生徒は、単語の文字を全部読むことを学ぶ前に、短縮形を書くことを学びました。その子は、より難しい単語の文字列と短縮形を触覚的に細かく識別するよりも、点の位置番号を覚える方がよくできたのです。それを書くことを学ぶことによって、その子は自分が進歩した、新しいスキルが得られたという感覚を持ち、また、あまりにも多くの新しい形を導入することから来る混乱を避けることができました。そして徐々に、より簡単に識別できる短縮形の単語をいくつか読めるようになりました。アルファベットの各文字での単語全体の短縮形は学習が簡単で、ある一つの文字だけでも、それが単語の中に出てくるときとは異なる意味を持つということを理解できれば、教えることができるのです。

言葉をたくさん持っている生徒や、以前に墨字を読んでいたが点字に変更する必要がある生徒は、最初から短縮形に対応できるかもしれません。短縮形や略語は生徒の感じる難易度によっていろいろ変えていきます。簡単なものは最初に教え、文字によく似たものは、文字が流暢に読めるようになるまで遅らせます。また、多くの短縮形はかなり難しい単語に対して使われているので、読み始めたばかりの人には必要ないでしょう。生徒が必要とするものと、識別をかなり簡単に学ぶことができるものを教え、その子が学ぶにつれて一歩一歩進んでいくというのが良いルールでしょう。何人かの生徒は優れた触覚識別力を持っていて、細かい違いを認識することができます。一方、左右逆になっている点字セル同士や、セル内の場所のみが異なって（訳注　点の数は同じで）いたりする記号点字の区別に多くの困難を感じる生徒もいます。

一般的なガイドライン：盲の人は眼の見える人よりも触覚的な識別に長けていることが多いですが、あなたが生徒にやらせようとしていることの難しさを判断する良い方法は、自分でやってみることです。眼を閉じて、その生徒に期待しているのと同じような触覚による区別をしてみてください。文字や点の位置の知識を忘れて、感じとったことだけを考えてみてください。視覚的に判別しやすいものと、触覚的に判別しやすいものには大きな違いがあります。やってみると多

くのことを学ぶことができますし、生徒がなぜ特定のミスをしているのかを知ることもできるでしょう。

　活動的な若い学習者には、点字を使いすぎないようにしてください。彼らには、紙の上の単語を勉強するだけではなく、世界を体験したり、やってみたり、探検したり、試したりすることが必要です。点字器と一緒に座っていることは、点字器が好きな生徒にとってはとくに誘惑的なのですが、これが多くなりすぎるという罠にはまらないようにしてください。読むことはうまくできたとしても、彼らには実生活での体験をさせ続ける必要があります。

　語彙や言語のレベル、点字のレベルを調整するために、次のような理由から先生は自分で教材を作らなければならないことがよくあります。眼の見えない子どものための市販の読書システムや教材が使える場合もあります。しかしこれらは、盲ろうの生徒たちには、その子たちの言語的な制限のために、問題となる場合があります。ろうの人あるいは言語や語彙の問題を持つ人のために書かれた点字読解のテキストを利用できることもあります。本をまったく読まないで、先生が書いたその子の経験と結びついている教材を使い続ける必要がある生徒もいるかもしれません。ただし、生徒が教科学習を続けていくためには、他の教科の本を読む準備として、先生が作った教材から、より一般的に使われている一連の図書にシフトしていかなければなりません。

　まとめ：「これこそが盲ろう生徒への点字教育法だ」とは言うことはできません。他のすべての分野でそうであるように、個人個人の違いに合わせたさまざまな指導法が必要です。これまで私たちが教えた中で、すでに墨字の読み方を知っている盲の生徒がいて、その子に対しては点字のシステムと技術に焦点を当てました。ある生徒は音声が使えたので、それぞれの文字の点の位置番号について話すことができました。物の並びを理解するのが苦手で、新しい単語は何度も繰り返して、ゆっくりと覚えていかなければならない生徒もいました。触覚知覚が優れていて、ほとんど読み間違えない生徒もいれば、読み方が逆になってしまう生徒もいました。生徒の長所と興味を見つけ、その子のペースに合わせ、その子が知っていることや学習しやすいことに基づいて、その子の問題点を改善する方法を見つけ、そして何よりも読むことを刺激的で有益なものにする必要があります。

9-11 ヴィヴィアン

　第1章では、16歳のヴィヴィアンと出会いましたね。のちに若い女性としての彼女に再び出会うことになりますが、ここでは、この特定のプログラムに参加して最初の4ヶ月を終えた、この章で議論したレベルにある、9歳の彼女に会ってみましょう。このレベルで彼女に会うことで、この段階での彼女の成長と、大人になっていく方向性を感じ始めることができます。以下は、ヴィヴィアンが9歳のときの事例的な発達記録からの抜粋と、彼女の成長の全体的な経過についてのコメントです（このような事例報告の価値に注目してください。このレポートを読んだ先生は、チェックリストや標準化された教材だけからは伝わらない、ヴィヴィアンの性格、進歩、学習スタイルの活き活きとしたイメージを持つでしょう）。

9-11-1 言語の発達
　手話／指文字：ヴィヴィアンは手話をとてもうまく勉強しています。彼女は簡単な手話の文章を理解できますし、二つ、三つの手話を組み合わせて、自分自身で文章を作ります。彼女の語彙の多くは、自分で見られる物や行動に関する簡単な単語です（それに強く限定されているという

ことはないのですが）。「どこ」は適切に使うようになり、「だれ」についてもある程度理解し、何度か正しく使うことができました。最近では「しあわせ」を適切に使い、「悲しい」や「眠い」のような手話を文脈の中で理解しているようです。ヴィヴィアンは、大人とも他の子どもたちとも、とてもたくさんコミュニケーションしています。しかし彼女は指文字が苦手なのです。最近は自分の名前を正しく指文字で表現できるようになりましたが、集中していないとときどき間違えます。他の名前と似たものになることもありますが、ある程度は分かります。ヴィヴィアンは、3文字と4文字の単語を指文字で正しく綴るまで何度も真似をする授業を受けていました。ときにはこれは何度も繰り返す必要があります。

　　音声言語：重度難聴で、補聴器を使ったことがないことを考えると、ヴィヴィアンは簡単な音声ならとても上手に模倣することができていると言えます。彼女は最初にやってみた声に先生が満足していないことが分かると、ある特定の音を一所懸命練習することもよくあります。ヴィヴィアンは先生の口をよく見ますが、タドマ法は使いたがりません。先生はときどき彼女をうまく促して、自分の顔を触らせることもあります。ヴィヴィアンは注意を引きたいときには声を使います。彼女は「りんご」という手話をするときは、いつもそれに似た声を出します。最近、「誰（フー）」の手話をするときに「オー」と言うようになりましたが、これは教えてもらったのではなく、自分で始めたことです。彼女はコミュニケーションを手話に頼っているとはいえ、明らかに人の唇を観察しているのです。

　　読む：ヴィヴィアンは、クラスの5人の子どもたちの名前が書かれているものを認識できるようになりました。1文字だけのものを識別することも学びました。それが人の名前の最初の文字として認識する必要があるからです。

　　絵の理解：ヴィヴィアンは絵をとてもよく理解できます。

9-11-2 概念発達
　　簡単な体験：ヴィヴィアンは学外へ出かけることにとても心を躍らせます。この秋はリンゴ狩りを楽しみました。町の図書館にも何度か行き、静かに座って本を見ていました。先生と一緒にクラスメイトの誕生日プレゼントを買いに行ったときには、自分のためではなく、その子のために何かを探しているということを理解しているようでした。レストランに行ったとき、彼女は先生がお皿の下に置いたチップは、隠したのだと考えました。ヴィヴィアンは周りの人、物、起こっていることをよく観察しています。信号が赤になったら車は止まらなければならず、緑になったら車は動いてよいということを知っています。車に乗っているとき、彼女はよく信号機を把握して、ドライバーに適切な指示を出すのです。

　　知覚的識別：ヴィヴィアンには、色、大きさ、形によって物を一致させたり、並べ替えたりすることはほとんど難しくありません。最初はアトリビュートブロック（訳注　いろいろな形、色のブロックおもちゃ）を厚さで並べ替えるのに苦労しました。彼女は、ABABAB、AABB、ABCABCのパターンをうまく完成させることができます。しかし、4色キューブゲームでの非常に簡単なパターン以外は、模倣するのがかなり困難です。ヴィヴィアンはこのレッスンが嫌いなので、何が本当にできないのか、できないのは単に充分に集中しようとしていないからなのか、よく分かりません。一致するもの同士や、関連するもの同士を線で結ぶワークシートを与えられても、彼女は、課題を上から下へ、左から右へとやっていくのだという習慣がありません。

　　数と時間の概念：「いくつある？」と聞かれると、ヴィヴィアンはほぼ一貫して「1」と「2」だけ、正確に答えることができます。時計の上での時間についての概念はありませんが、一週間の

スケジュールはある程度理解し始めています。彼女は「後」の概念を理解し、自分でその手話を使っています。

　料理：それぞれの調理の授業の前に、彼女のために手順の絵を描いてあげます。ヴィヴィアンは、料理をしながら、レシピに従っているかのようにこの絵を見ています。彼女が料理の授業に参加するかどうかは、少なくとも一部は最終的にでき上がったものを食べることへの興味にかかっているようです。ヴィヴィアンは後片付けの手伝いは非常に嫌がります。この秋の授業では、ほとんどが果物を使うものでした。

　創作活動：最近、ヴィヴィアンは自由時間の多くを、看護師の帽子をかぶった人（それが自分自身であることもよくありますが）の絵を描くことに費やしています。このごろはときどき、これとは別の絵をいくつか描いています。

9-11-3 感覚発達

　視覚的反応性：ヴィヴィアンは、指を使いながら良い方の眼で見ると、より明確に焦点を合わせることができることを、長い間かかって学んできました。彼女は数フィート離れたものを見ているときに最もよくこの方法を使うようです。ある程度の距離があってもそれなりによく見えます。車の中から通り過ぎていく建物を正確に識別することができるほどよく見えるのです。本のように近くで何かを見るとき、彼女は通常、良い方の眼の近くに持っていきます。

　聴覚的反応性：ヴィヴィアンは補聴器を使用したことはありませんが、非常に大きな環境音には気づきます。彼女は短いスピーチの授業ではヘッドフォンを使うことを認めますが、イヤモールドは耳に入れさせません。ある日教室で、他の何人かの子どもたちが新しい補聴器がとても良いと言っていたのですが、ヴィヴィアンは医療分野に関係するものに直接触れることへの恐怖心を克服することができませんでした。

9-11-4 運動機能の発達

　粗大運動能力：ヴィヴィアンは身体協調性に優れていて、いろいろな身体活動に積極的に挑戦しています。唯一、階段の上り下りのときだけは不安な様子で、手すりを持ちます。これは運動能力の問題ではなく、片目だけで見ているので、奥行きの知覚が不足しているためだと思われます。

　微細運動能力：ヴィヴィアンは鉛筆を上手に使えます。塗り絵も線の範囲内に収められますし、ハサミを使うのも上手です。人物の絵は最近では、体が一塊になったものではなく、腕、指、足などがはっきり分かれたものになっています。彼女はこういう手足を描く自分の力にまだ充分には満足していないようで、先生が見ているときには助けを求めてくることがよくあります。墨字で書かれた自分の名前の真似はもう少しきちんとできますが、ドリルでは正しくできているのに、習慣に反して"a"をたくさん書いてしまうのが続いています。真っ直ぐな水平線を引くとき、ヴィヴィアンはほとんどいつも右から左に引きます。これは彼女が左利きだからということもあるのかもしれません。彼女は、新しい手話を模倣したり、指文字の文字を形作ったりするのには、ほとんど困難はありません。

9-11-5 社会的発達

　大人や友だちとのやり取り：ヴィヴィアンはとても社交的で、大人にも子どもにも優しい女の子です。まったく知らない人に対しても恥ずかしがることはほとんどありません。彼女はときどき先生にかなりはっきりと「いいえ」と言うことがあっても、大人が毅然としていれば、たいてい

は折れてきます。クラスの年下の子とはとても仲が良く、助けてあげたり、ちょっと守ってあげたりします。 ヴィヴィアンはたいていは他の子とはうまく遊びますが、からかう（たとえば、他の子が本当に欲しがっていたクッキーをゆっくりかじる）傾向もあり、少し威張ることもあります。彼女はいくつかある中でどれが一番良いかをすぐに察知し、いつもそれを手に入れようとし、自分が持っているものがあまり好きでないと、他の子が持っているもっと良いものと取り換えてしまうこともあります。ヴィヴィアンはクラスメートや先生がいないと心配になります。彼女は誰かの喜びを共有することができます。

　通常のクラスでの行動：ヴィヴィアンは机の上での勉強があまり好きではありません。6週間のサマースクールでの旅行や楽しい活動の後、彼女は、いろいろ要求される、かっちりした教室環境に適応するのに非常に苦労しました。彼女は遊んだり、会話をしたりするのにとても満足していて、そこで言語と概念の両方を非公式に学んでいるのです。彼女は机の上での授業を嫌っていて、明らかに退屈だと感じて拒否しているのです。主として彼女が学校に通っていなかったために発達していない、ものごとの習慣や考え方など、彼女が学ぶ必要があるものがたくさんあります。見たところ、秋口のころと比べると、彼女は今、これらの授業を受けるように言われると何となく諦めて従うようになったようです。しかし、これらの中でヴィヴィアンにまだ困難なことのいくつかは、彼女が興味を持っていないからである可能性が高いように思われます。

9-11-6 発達についてのまとめ

　ヴィヴィアンは学校でとても幸せそうにしています。彼女は学校生活に慣れ、教室での要求をゆっくりと受け入れようとしています。彼女は手話を通してとてもよく言語を学んでいます。

　ここでの逸話的な発達のレポートは、ヴィヴィアンの人生におけるこの時点での発達と活動の全貌を活き活きと描き出しています。16歳（第1章で出会ったときの年齢）の光景と比較して、どんなことが分かるでしょうか？

　7年経っているとは言え、ヴィヴィアンの興味や強みは驚くほど似ています。

・彼女は社会的人間である。
・彼女は細かいものも見える（逐次的に見て行って学習するのではなく、一覧して行えるようである）。
・彼女は医療的なものに魅惑も持っているが、恐れもある。
・机の上での勉強よりも実際的な学習が好きである。

　これらすべての強みの中に、彼女のその後の成長の種があります。このような性格と学習スタイルの連続性は、制限ではなく資源として見ると、コミュニケーションの発達のための出発点となっています。実際、この章で説明したように、彼女の特定のトピックや才能を中心とした語彙や言語の発達は、ヴィヴィアンが自身の可能性の達成に向かって進んでいくのに役立ちました。今後、私たちは大人になってからのヴィヴィアンに会うと、さらに続いているその成果を見られるでしょう。そして一人ひとりに個別に対応した学習の重要性を改めて思い出すことになるでしょう。

［引用文献］
Ashton-Warner, S. (1986). *Teacher*. New York, NY: Simon & Schuster.
Brazleton,T.B. (1994). *Touchpoints*. New York, NY: Addison Wesley.
Blackwell, P., Engen, E., FischgrundJ., & Zarcadoolas, C. (1978). *Sentences and other systems: A language and*

learning curriculum for hearing-impaired children. Washington, DC: Alexander Graham Bell Association for the Deaf, Inc.

Nielsen, L. (1991). The comprehending hand. Copenhagen, Denmark: Socialstyrelsen.

Robbins, N. (1978). *Perkins sign language curriculum*. Watertown, M.A: Perkins School for the Blind.

[参考文献・資料]

Adams, J. (1988). *You and your hearing-impaired child: A self-instructional guide for parents*. Washington, DC: Gallaudet University Press.

Ashcroft, S., Henderson, E, Sanford, L., & Koenig, A (1991). *New programmed instruction in braille*. Nashville. TN, SCALARS Publishing.

Clark, Y., & Clark, T. dark, T. (1986). *Communication in sign language: A series of lessons for beginners*. Logan, UT: HOPE, Inc.

Hart, B. (1978). *Teaching reading to deaf children*. Washington, DC: Alexander Graham Bell Association for the Deaf, Inc.

McAnally, P., Rose, S., & Quigley, S. (1987). *Language learning practices with deaf children*. Boston, MA: College-Hill Press.

Mindel, E &Vernon, M. (1987). *They grow in silence: Understanding deaf children and adults*. Boston, MA: College-Hill Press.

Rich, J., Rich, E., Fewell, R., Schlater, A., & Vadasy, P. (1983). *Play activities for young children with sensory impairments*. Monmouth, OR: Teaching Research.

Vygotsky, L. (1986). *Thought and language*. Cambridge, MA: MIT Press.

ビデオテープ

The fantastic series (Signed stories, mime, captions, voice-over, and a host using sign language). Washington, DC: Gallaudet University Dept. of Television, Photography and Educational Technology.

第 10 章

複雑な言語の発達

クリス・カストロ、バーバラ・マイルズ

10-1 言語と概念の発達

　盲ろう児の先生であることの最もエキサイティングでやりがいのある側面の一つは、言語の奇跡に何度も何度も気づく機会を持てるということです。盲ろう児の言語能力が発達するにつれ、その子の世界は開かれていきます。見えなかったり聴こえなかったりしても、その子は点字に指を走らせることができ、あるいは大きな文字を読むことができ、イメージの中でヘンゼルとグレーテルと一緒に森の中に行くことができます。また、レシピを読むことができ、科学、経済、心理学や、地球の反対側での生活について学ぶことができます。友だちや先生との手話での会話は、まったく新しい関心のある領域を開くことができます。言語という手段によって、その子が決して見たり聞いたりすることができないものでも、だんだんアクセスできるようになるでしょう。

　コミュニケーションは盲ろう児にとって周囲の世界とつながる手段なので、その子が享受できる生活の質を高めていくためには、言語的にも精神的にも常に刺激を受ける必要があります。言語は、より自立、より広い社会的交流、より洗練された思考、雇用の機会、より楽しく刺激的な生活へのパスポートとなります。したがって、その子の言語は常に発達し続けるようにしなければなりません。

　子どもが多くのことを、またより抽象的に考えられるようになると、その考えを表現するための手段を得られるように助けてあげる必要があります。その子も自分自身を表現するより洗練され、明確な方法に向けて歩み続けなければなりません。そのためには、幅広い語彙だけでなく、だんだん複雑になっていく言語構造を理解し、使えるようにする必要があります。

　第一に、豊かで複雑な言語に満ちた世界とともに、アイデアに満ちた会話環境を与え、それへのアクセスをできるようにしてあげて、子どもの言語の成長を確実なものにすることです。盲ろう児が豊かで複雑な言語を発達させるのを助けるためのただ一つの最も重要な要素となるのは、その子が日々、刻々、意味のある会話に確実に参加できるようにすることです。さらに、これらのやり取りには、その子が継続的にお互いに豊かな関係を築いている人々を巻き込む必要があります。このような会話が確実に起こるようにする方法については、第4章と第5章を参照してください。ここでは、あなたの知っている盲ろうの子どもや若者は、文章を使うことができ、複雑な言語構造を使い始めていると仮定します。ここでは、豊かな会話言語環境を提供するための具体的な方法を紹介しましょう。

10-1-1 複数の経験：言語発達の基礎

　世界についてのより洗練された考えを表現することによって、複雑な言語が生まれるのです。これらの考えは、場所、関係性、感情、行動、想像力などを含む経験から生まれます。多くの子どもたちは、身の回りの生活に取り込まれていく過程で、また、視覚や聴覚でそれらを経験した結果から、自然に変化に富んだ経験に触れていくのです。一方、盲ろう児には意識的にそれらの経験を提供する必要があります。

　経験を作り上げていくためには、概念的な枠組みを持つようにすると役に立ちます。盲ろう児は、自分の世界について理解するためには、ある程度体系的な方法で学ぶ必要があります。以下のリストは、ロードアイランドろう学校のカリキュラムから要約したもので、複雑な言語を発達し始めている、小学校や中学校の子どもたちに適した考え方の一例です。この概念のリストは、初期段階への示唆を与えることを目的としています。より完全なリストと、多くの教え方のアイ

概念的事項
・人々は家族の中で暮らしている。
・近くに住んでいる人たちはお隣さん（仲間）。
・コミュニティは広くて、多くの周りの地域が含まれている。
・コミュニティに住んでいる人はいろいろな仕事を持っている。
・人々は世界各地に住んでいる。
・世界は多くの地域や国からなっている。
・いろいろな国では、身体的特徴、服装、食べ物、言語が異なる。
・遊びはほとんどの人の生活の一部になっているが、やっている遊びは国によって異なる。
・植物や動物はそれぞれの環境に固有のものがある。
・これらの環境で生活している人々は、その環境を生活に利用している。
− 彼らは、植物や動物を食べ物としている。
− 彼らは、植物や動物を住まい、衣類、道具として使う。
・このような環境の中で生活している人は、環境の要因を非常に大切に見ている。
− 彼らは季節や収穫を祝う。
− 彼らは環境についての神話を作る。
・歴史には、偉大な文明、偉大な思想、偉大な人々の研究がある。
・私たちは、考古学、人々の書いた記録、公的な記録、芸術などを通して、過去の人々のことを学ぶ。

デアは、バックウエル、エンゲン、フィッシュグランド、ツァルカドーラス著『文章と他のシステム──聴覚障害の子どものための言語学習カリキュラム』（Blackwell, Engen, Fischgrund, & Zarcadoolas, 1978, pp.36-43）にあります。

　これらの概念や似たような概念を枠組みにすれば、盲ろう児に提供する体験に順序をつけることができます。これらの経験の中では、とくに言語と会話に注意を払う必要があります。上のガイドラインを参考にしてください。

　常に言語に触れさせる：盲ろう児や複雑な言語を学習している子どもたちのために働き、やり取りをする人たちは、子どもたちに新しい考えや語彙や構造のモデルを示せるように、自分の言語を強化することを学ぶ必要があります。テレサ・スミスは、著書『ガイドライン──盲ろうの人のために働き、交流するときの実用的なヒント』（Smith, 1984）の中で、この種の豊かな会話言語を「ブリザリング（訳注　たわいない会話）」と呼んでいます。次の会話は、先生や友だちが、盲ろう児（そして複雑な言語を獲得し始めている）と一日を通してできる、実りある会話の種類として、彼女の例から引用したものです。

　「パンを買わないと。　もうすぐ切れそうなのよ」、「全粒小麦粉のパンが好きなんだけど、たまには変化をつけたいな」、「この新しいサワードウ生地のクラックリン小麦が好きなの。美味しいわよ。サンフランシスコで作ってるサワードウ生地とは少し違うけどね（間を置く）」。

　先生は普通、生徒たちとこのように話すことはありません。多くの場合、先生は質問や指示を出すのに忙しく、生徒たちと個人的な経験を共有することはありません。しかし、盲ろう児たちは、感覚障害から見逃してしまった情報を補うために、このような交流を必要としています。ま

盲ろうの生徒は、世界についてのたくさんの自然な会話を共有することによって、貴重な情報を得ることができる。

た、よく理解して反応する機会も必要なのです（そこで、ごく普通の、お互い認め合った休止が入っているのです）。

　このちょっとした例には、あまり使われない言葉（「サワードウ」、「クラックリン小麦」）、慣用句（「もうすぐ切れそうなのよ」）、複雑な構造（「サンフランシスコで作ってるサワードウ生地とは少し違うけどね」）があり、そして新しい話題がそれとなく導入されていることに注意してください。このような会話の共有がいつも行われていれば、盲ろう児の世界は計りしれないほど豊かになることでしょう。

　他の人の会話に触れることを増やす：子どもに会話を「立ち聞きする」機会をできるだけ多く与えましょう。最も良いのは、子どもが手話環境にいる（または、子どもが主に音声でコミュニケーションをとる場合、適切な補助具と口話の視覚的アクセスが提供されている）ようにすることです。そのような状況だと、子どもは自分の周りでの会話を見たり、触覚的にアクセスしたりできるようになります。それができないとき、あるいはたとえできるとしても、離れた場所で起こっている会話を中継する通訳者（または先生が通訳して）を用意することが大切です。

　これらの会話は、クラスメイトや友だち、先生、他の大人の間での話し合いかもしれないし、放送メディアの中の会話のこともあるでしょう。多種多様なやり取りへのアクセスは盲ろう児に彼らの会話における言語や社会的なモデルを提供することになるのですが、普通は彼らに特別に与えられない限り、このようなアクセスはできないのです。

　社会的なやり取りを増やす：これには、地元のろう者クラブなどのクラブで、新しい友だちを紹介することがあるかもしれません。あるいは、コンピュータ、スポーツ、歴史、宗教など、同じような興味を持つ人との関わりを勧めるようにすることもあるかもしれません。新しい、さまざまな人脈は、面白い話題や概念と言語を拡げる、言い表せないほどの機会を与えてくれます。

　新しい場所や身近な場所への外出：自分の町や近隣地域への外出を計画して、そこで出会う多くのことを視覚的・触覚的に充分にアクセスできるようにしましょう。このような外出によって、新しい会話の話題や、世界についての新しい概念を得る機会が得られます。こうして得られた概念は、それを表現するための新しい言語を必要とすることは間違いなく、結果として、言語そのものへの好奇心を刺激することになるでしょう。

　実践的体験をさせる：面白い物や課題、活動を紹介してあげましょう。外出と同じように、実践的体験は会話の際の新しい話題を提供し、その新しい体験の意味を理解できるようにする新しい言語（新しい語彙と新しい構文の両方）を探す動機付けになります。役に立つ実践的体験には以下のようなものがあるでしょう。

・家庭、教室、学校、地域の模型やマップを作る。

・計画から買い物、調理、給仕、片付けなどの調理体験をする。

・粘土、木、布、紙などいろいろな材料で、役に立つ、見てもきれいなものを作る。

・さまざまな状況を身振りで表したり、グループでお芝居をしたりなど、劇をする。

・教室や家の中の掃除や手入れをする。

多くの実践的体験が会話や言語学習のモチベーションを与える。

書き言葉に触れることを増やす：本、新聞、雑誌などは、生徒が利用できる形（点字、拡大文字など）にしておきましょう。しかし注意していただきたいのは、これらの資料は、子どもが興味を持っているトピックに関するもので、アクセスできる言語レベルのものでなければならないということです。盲ろう児の関心がその子の言語能力を上回ることが多いので、特定の子どもに合わせて教材を書き換えることが必要になることもあります。たとえば、ある生徒がティーンエイジャーの物語に興味を持っていても、読むスキルは1年生か2年生のレベルかもしれません。本はその子に合わせて作り直す必要があるでしょう。

　自分の日常生活の中で文字がどのような役割を果たしているのかをできるだけ意識して、生徒が使える媒体がどのような形のものであっても、同じような機会を与えるようにしましょう。雑誌や新聞を一緒に見るのです。生徒が眼が見えない場合には読んであげましょう。あるいは、記事、広告、漫画の簡易版を点字化しましょう。生徒の言語スキルが発達してきているとき、その子が盲ろうだから使えないと決めつけて、いかなる話題も媒体形式もはねつけるようなことがないようにしなければなりません（たとえば、新聞から何を選んで通訳しますか？　ニュースだけ？　スポーツ、天気、アドバイスコラム、社説、特集記事などを、その子が理解できる言語に通訳するのもいいでしょう。それに対して出てくる質問は、多くの貴重で豊かな会話を生み出すでしょう）。オプタコン（訳注　センサーで文字の形を見て、それを振動で伝える装置）やコンピュータスキャナなどの新技術によって、全盲の人でもたくさんの本や記事を読むことができるようになりました。子どもがいろいろな資料に触れる機会が増え、それらの資料を読まなければならないと促されれば、さらに言語を学ぶ意欲が湧いてきます。その結果として、その子が大人になったときの人生はより豊かなものになるでしょう。

最新の技術機器に触れる機会を与える：その子が使える技術機器を利用する機会を作ってあげましょう。これは、言語に触れる機会を増やすだけでなく、より多くの言語を学ぼうという大切な動機付けにもなります。生徒はその機器自体にモチベーションを感じることもあれば、TDD（聴覚障害のある人のための通信機能付きタイプライタ）やコンピュータの掲示板を使うことが、自分の将来の生活を広げていくことを思い描けるようになることもあるでしょう。こうして生徒たちは、もっと技術を利用できるようにしようというモチベーションを高めることができるのです。友だちにTDD通信をする、コンピュータで友だちや家族に手紙を書く、近くの店や公共サービスに電話をかけて必要な情報を得る、コンピュータの掲示板にアクセスして興味のある話題をやり取りする、などで実生活の場で機器を使う機会を与えることができるのです。今や技術は、点

字を使う生徒がこれらすべてのサービスにアクセスできるようになってきています。

10-1-2 言語に対する子どもの好奇心を高める

言語に対する子どもの自然な好奇心を高めることは、先生にとってこの段階でのとくに重要な課題です。これには、モデルを見せることが一番です。先生として、あなた自身の好奇心を生徒と共有できれば、生徒自身も好奇心を持つようになるのです。次のことをやってみてください。

・単語の意味や用法が分からないので辞書を引くとき、生徒も一緒に調べる。
・単語の語源、構造の適切な使い方、意味について考えるとき、声に出して言う。
・他の人が使っている言葉や表現の意味を、その人に聞いてみる（生徒の前で、生徒がその会話に加われるようにして）。
・あなたの他の言語の勉強についてや、旅行中に他の言語を使った経験、英語以外の言語を話す人と出会ったときのことなどを話す。

これらは皆、言語そのものへの好奇心を刺激するのに役立つでしょう。この好奇心は、言語が離れた世界と結びつくまさに大切な絆となっている子どもを育てるうえでとくに重要なものです。

10-1-3 メタ言語への気づきの発達

この章で扱う発達段階では、生徒がメタ言語への気づきを増やすことは大きな利点となります。つまりこれは、その生徒が、言語、言語構造、語彙、構文などについて、それ自体を会話の話題にできるようになる気づきです。その子は会話と読書の両方に役立つような、言語についての具体的な勉強をどんどんできるようになるでしょう。会話と社会的関係の構築は常に生徒の教育の中心課題としていなければなりませんが、特定の言語指導は、生徒が自分自身を表現し、他の人を理解するためのより綿密なツールを与えることによって、その子の人生を相当に豊かにすることができるのです。

盲ろう児にとって、メタ言語への気づきは、自身の聴覚と視覚の障害に対する意識と、それらがその子の言語の発達に与える影響と切り離すことができません。この段階で、耳と眼の構造、その子特有の聴覚と視覚の障害、それらがその子の言語の習得に及ぼす具体的な影響について教えることは適切で、役に立ちます。これらの指導は、盲ろう児が次のようなことに気づくのに役立つでしょう。

・言語は勉強しなければならないものであること。
・言語の学習は生涯続くものであること。
・聴覚障害と視覚障害のある人は、よく聴こえ、よく見える人とは言語の学び方が違うこと。
・自分の聴覚障害は言語学習過程に影響していること。
・自分の視覚障害も言語学習過程に影響していること。
・言語学習は、自分の現在、将来において非常に重要であること。

盲ろうで手話を使う子どもは、手話と書き言葉の違いを知っておく必要があります。このことを子どもに適切に伝えるためには、先生自身がこれらの違いをはっきりと理解し、その子の教育の場での手話と書き言葉の相対的な位置関係を理解する必要があります。もし盲ろう児がアメリカ手話を受信あるいは発信の手段として使っている場合や、ピジン英語対応手話（PSE: Pidgin Signed English）を使っている場合（第７章コミュニケーションの方法を参照）、正式な英語の指

導を第二言語としての英語（ESL: English as a Second Language）の指導に似たものと考えるといいでしょう。この視点が良いという主な理由は、会話が流暢にできることと、それによって促進される社会的関係を、子どもの教育の第一の目標とするためです。英文法と文構造を教える主な目的は、文字媒体に子どもがアクセスできるようにすることです。ほとんどの場合、手話が社会的・会話的なやり取りの手段となるでしょう。実際には、これらの活字へのアクセスと会話でのコミュニケーション手段はお互いに補完し合っています。ESLの指導では、母語が流暢であることが第二言語学習が成功するかどうかの良い予想判断材料になるという認識がますます広がってきています。したがって、英語の流暢性を高めるための手段として、生徒の会話が流暢になるようにサポートしなければなりません。

　私たちは、盲ろう児たちの先生として、全体的な言語的発達を支援するために、生徒が使う手話システムがASL、PSE、英語対応手話、指文字など何であれ、可能な限り流暢になる必要があります。加えて、私たちはこれらのシステムの文法構造と統語構造に精通する必要があります。これらは英語とは大きく異なるところが多いのです（これについては、1980年に出版されたベーカー、コークリー著『アメリカ手話　文法と文化に関する教師用テキスト』（Baker & Cokely, 1980）を参照してください）。たとえばASLでは、手の形、手や頭の動き、顔の表情、体の位置などが形態素や統語標識として機能しています（ASLはもともと、音が社会的な交流の手段として意味をもたない、ろうの人の間で発達した視覚言語です）。先生である私たちがこれらの文法規則に精通していれば、盲ろうの生徒が文法の「誤り」を犯したと無用な批判をすることを避けることができ、代わりに、同様の考えを表現するための代替手段として、対応する英語の構造を分かりやすく挙げることができます。私たち自身がこれら二つの言語体系の文法の比較についてメタ言語的な意識を持っていると、そのことに対して発達しつつある子どもの意識と安心感を大きく促進することができます。この発達段階にある子どもたちには、ASLやPSEと英語を比較した一覧表、文章や物語をASLやPSEから英語に（またその逆も）翻訳する訓練、どんなときにそれぞれの言語体系を使うのがふさわしいかのディスカッションが役に立ちます。また、手話と書き物の両方の形で言語をどのように使ったり体験したりするかについて、子どもたちがより意識的になるのを助ける、その他のメタ言語学的な訓練も役に立ちます。

10-2 英語の言語構造の発達

　以下の議論では、英語が母国語でも日常使う言語でもない子どもに、英語の言語構造を発達させるためのアイデアを示します。これらの構造を提示する際に心に留めておかなければならないのは、子どもが自然に使っている言語が何であっても、それは正しいものとして使うことを促し、心から受け容れなければならないということです。このように受け容れることが流暢さを育むのです。別の方法で自然に表現している盲ろう児に英語を教えるとき、私たちは「正しく」話したり、手話をしたりすることを教えているのではありません。よりさまざまな人々や考え方とやり取りできるようにするための、第二の言語を与えているのです。

10-2-1 なぜ複雑な言語構造を教えるのか

　盲ろう児のすべてが複雑な言語構造を理解できる能力に達するわけではありません。言語習得は非常に難度の高い学習作業なので、日常のやり取りの中で何とか効率的にコミュニケーションができる程度の簡単な文章構成だけを教えることで満足してしまいがちです。しかし、生活の中

で経験を積めば積むほど、より変化に富んだ面白い表現方法が必要になってきます。最終的にそれを使うかどうかは分かりませんが、その子にはより複雑なレベルの言語構造に触れる権利があるのです。この本で何度も述べてきたように、私たちは生徒に対して、言語を豊かにする多くの機会を常に与えなければなりません。

では、なぜ複雑な構造を導入するのでしょうか？　それは、世の中ではいつも簡単な文章が話されているのではないので、盲ろう児も言語を使うだけでなく、他の人の言語も理解する必要があるからです。盲ろう児がより多くの言語を理解すればするほど、その子は自分の周囲のことに興味を持つようになります。しかも、複雑な構造を使うことによって、その子の言語はより明確に、面白くなるのです。そういうわけで、子どもに受け入れられる兆候が見えたときには、先生が複雑な言語構造を使ったり、話し合ったりすることが適切なのです。

10-2-2 いつ始めるか？

私たちは、（前章で概略説明した言語経験に触れた後に）たくさんの言語を使うようになった子どもは、すでに日常のやり取りの自然な過程で、複雑な構造にある程度触れていると推測しています。しかし、複雑な構造を使ったディスカッションをいつ始めるかはどのようにして決めればよいのでしょうか。ここでは、一般的なガイドラインをいくつか示します。

1. その生徒は基本的な五つの文型を理解している。
2. その生徒は簡単な拡張文を教えられている。
   「彼らは昨日の夜、アイスクリームを食べた」
   「私はあの大きな黒い犬が好きだ」
3. その生徒は簡単な変形を見せられたことがある。
   「ビルはコンピュータが好きで、アンは料理が好きだ」
   「ジョンはコンピュータが好きではない。ジョンは読書が好きだ」
4. その生徒は主語と述語を結合している。
   「サリーは店に行って砂糖を買った」
   「ジムと私は二人とも水泳を楽しんでいる」
5. その生徒は因果関係を理解していて、それを表す接続詞として「ので（because）」を使っている。
   「寒すぎるので、私たちは泳ぎに行けない」

言葉に対して、適切な文脈を補う

子どもが、いつ、どこで、だれが、何を、なぜ、どのように（5W1H）をきちんと分かっているようにする。

1. 先生と子どもがある物について話をしているとき、それに触る機会を与える。「これはジョンが今日学校に持ってきた木の葉だよ」
2. 子どもは、他の人の会話や他の人に関する情報に触覚でアクセスできる。クラスメイトが他の人に手話をしている間、子どもは触ることでそれに付いていく。「昨日君が欠席していたとは知らなかったよ」
3. 先生が視覚障害児に、離れたところで起こっていることの情報を与える。「月曜日に壊れた電灯を修理する人が来ているよ」
4. 言葉は、子どもが関心を持っていることに関係した話の文脈の中で提示する。「ジョーは眼が見えない男の子だよ」

6．その生徒はいくつかの wh 質問を理解して使っている。
「私の鉛筆はどこにある？」
「その新入生は誰なの？」
7．その生徒は順序付けの基本的な理解力を持っていて、絵に描いたレシピや、旅行や物語について の簡単な文章を順番に並べることができる。
8．その生徒は直接的話法と間接的話法の違いを教えられている。
ケリーさんが、「私は理科を教えるのが好きだ」と言っている。
ケリーさんは理科を教えるのが好きだと言っている。

　この時点では、盲ろう児は簡単な文章を自分から使い、因果関係を理解しています。その子は新しく経験したことを表すことを、文章を組み合わせて試しているのです。また同時に、会話の中の言葉や読書を通してものごとや人々について学んでいます。そして、言語の力によって世界のあらゆる情報を得ることができるのだという実感が高まっているのです。

10-2-3 文脈：必要不可欠な構成要素

　ろうの子どもたちが出合うよくある問題は、学校での言語学習は一文の文法的な規則を重視しすぎて、文脈に重きを置いていないことです。これは盲ろう児たちにはなおさら当てはまると考えられます。

　そういう訳で、先生は常に文脈を第一に意識していなければなりません。教えている教材が子どもの実生活とどのように関係しているのか、どの瞬間においても気にしておく必要があります。構造や文章を単独で使用しても意味的に不充分なことがあります。一般に、視覚や聴覚の情報は、文脈を提供してくれます。盲ろう児はこのような文脈の情報にアクセスできないので、受け取った言葉や文章に充分な意味を持たせることができないのです。盲ろう児の先生は、その子にとって言語を意味のあるものにするために、絶え間なく努力しなければなりません。

　物理的・社会的文脈に関する最も基本的な情報はたびたび与えなければなりません。できる限り、子どもに新しい環境を探索するのに充分な時間を与え、探索の間に子どもから出る新しい物や人についての質問に答えられるようにしましょう。何らかの理由で子ども自身が探検できないときは、言葉を使ってできるだけ多くの情報を与えてください。物理的空間に関して、誰がそこにいるか、どこにいるのか、その人たちは何をしているのか、何を着ているか、何を話しているか、何歳くらいか、などを伝えましょう。

　多くの盲ろう児たち、とくにある状況から別の状況へ文脈を超えて学習を移すことが困難な子どもたちには、いつ、どこで、どのように言葉をつなげて使うべきかを並行して教えていく必要があります。文脈は言語に意味を与えるだけでなく、いろいろな単語や構造がどのように使われているかという社会的な慣習を子どもが理解するのにも役立ちます。見えて聴こえる子どもは、数多くの会話を耳にすることで、適切な使い方を推測し、それによって使い方に慣れていきます。盲ろう児は、新たに獲得した複雑な言語を使う練習とともに、インフォーマルとフォーマルの両方の言語の使い方に日常的に触れている必要があります。意識的に以下のようなことに触れさせるのはその子にとって助けになります。

・登場人物が複雑な言語を適切に使っている物語。
・教室や地域での他の人の間の会話（通訳、手話で話している級友たちに直接触る、話されている手話や音声での会話に視覚や聴覚で触れることを通して）。

・メディア（ラジオ、テレビ、映画）の中の、適切に解釈、翻訳された会話。
・子どもが興味を持っている話題について書かれた印刷物の複雑な表現。

　複雑な形を使う練習を繰り返すのは、盲ろう児が関心を持っていることや人々について表現する継続的な機会を、その子に与えることによってのみできることです。日常生活の中でのインフォーマルな会話は、どの盲ろう児にとっても大切なので、その時間を十二分にとれるようにしておかなければなりません。さらに、日記書き（第9章「基礎的な言語の発達」を参照）、演劇活動、計画的に組んだ社交時間、手紙書き、コンピュータ利用などは、新しく学んだ語彙や言語構造を使うのに、まさに必要な練習になります。

10-2-4 簡単な文章と複雑な文章の違い

　英語を効果的に教えるためには、先生が英語文法の豊富な知識を持っていることが必要です。母国語を話している人が、自分の言語の使い方を左右している文法ルールを知っているとは限りません。実際、その人は自分が使って育ってきた言語を当たり前のものと思っているのです。その人に関して言えば、それは何かがどのように話されているかということだけで、なぜ自分の母国語の構造がある様式で作られているのか、別の様式で作られていないのはなぜかを説明することはできません。盲ろう児の先生が言語の文法規則を熟知していることは、子どもがより複雑なレベルに進むにつれて、さらに重要になります。これらの構造は、盲ろうの人には自然に身につくものではありません。盲ろうの人にとって、英語の構造を学ぶことは外国語を学ぶことに似ているのです。

　英文法を理解するとき、また複雑さを教えるとき、さまざまな種類の文章が表している関係性の種類が何であるかを意識することが重要です。ジョセフ・フィッシュグランド博士による以下の資料は、英語の単純な文と複雑な文における関係性をまとめたものです。これらの関係性は、英語以外の言語では異なる表現になるでしょう。先生たちはそれぞれ自分の言語の慣例に精通していなければなりません。

簡単な文章での関係性：

1．文パターン1：名詞 – 代名詞＋動詞（副詞）

　　意味的関係性：行為者＋行為状態カテゴリー：
　　・動くもの：
　　「芋虫は這う」
　　・特定の様子で動くもの：
　　「芋虫はゆっくり動く」
　　・特定のときに起こるもの：
　　「花は春に咲く」
　　・特定の場所で起こるもの：
　　「子どもたちは輪をくぐって跳んだ」

2．文パターン2：名詞 – 代名詞＋動詞＋名詞 – 代名詞

　　意味的関係：行為者＋行為＋対象カテゴリー：
　　・物に対して行動している人々：
　　「建築屋が家を建てた」
　　・ある物が別の物に対して行動する：

「水が丘の中腹を侵食した」
受動態は関係構造である。
受動化変形は物への集中に対して使われる。
（能動）「アレクサンダー・グラハム・ベルは電話を発明した」
（受動）「電話はアレクサンダー・グラハム・ベルによって発明された」

3．属性パターン、記述パターン、プロセスパターン
　　・文パターン3：名詞 − 代名詞 ＋ 連結動詞 ＋ 形容詞
　　カテゴリー：古い／新しい、滑らか／粗い、など。
　　「サンドペーパーは粗い」
　　「タイルは粗くない」（否定形とともに）
　　・文パターン4：名詞 − 代名詞 ＋ 連結動詞 ＋ 名詞 − 代名詞
　　カテゴリー：X は Y である。
　　「私の父はパン職人である」
　　プロセス：X は Y になる。
　　「その石は金に変わった」
　　「その人は英雄になった」
　　・文パターン5：名詞 − 代名詞 ＋ 連結動詞 ＋ 副詞
　　カテゴリー：所格の、時制の
　　「本はテーブルの上にある」
　　「私たちの授業は昼食後にある」

4．言語学習における最初の拡張
　　・不定名詞句
　　「ジョンは読むのが好きである」
　　「ジョンは本を読むのが好きである」（不定詞の目的語とともに）
　　・助動詞：叙法
　　「ビリーは自分の名前をタイプできる」

複雑な文章での関係性：

1．接続詞 − 二つの事項をつなぐ。
　　・単純な接続
　　「ビルは車を洗い、ラルフは芝を刈る」
　　・順序付けが必要な接続詞
　　「ヘレンは説明書を読み、そしてそれからケーキを焼いた」

2．順序付け − 副詞節の順番付け：時間的
　　「昼食に行く前に計算を終わらせなければならない」
　　「魔法のランプをこすると精霊が現れる」
　　「ビルは父親が芝刈りをしている間に車を洗った」

3．記述的関係詞節：
　　「ウイルスは目に見えない細菌である」
　　「強い動物が群れを支配する」
　　「暑くて乾燥した場所は砂漠と呼ばれる」

4．因果関係：「なぜ」質問に答える

・「なぜなら（Because）」節：

「吹雪のため休校になった」

・不定節

「先生は新鮮な空気を入れるためにドアを開けた」

5．関係接続詞

・だが（but）「ビルはキャンディが好きだったがサヤインゲンは嫌いだった」

・または（or）「メアリーはチョコレートかバニラアイスのどちらかが好きだった」

・だから（so）「ペニーは劇が気に入らなかったので劇場から出た」

　上の例は、単純な文と複雑な文の違いが、変換と構造変化にあることを示しています。変換とは、単純な文の構成要素を削除、追加、移動、置換することです。一般に、変換に要する操作の数は、文構造の複雑さを決定します。

10-2-5 変換へのチャレンジ

　英文法の教科書には、変換を教えるためのガイドラインが載っていますが、この章では、簡単な参考資料としていくつかのガイドラインを紹介します。これらの例は、ギャローデット大学のバージニア・ハイデンバーグ博士の言語学の授業から引用したものです。彼女はろうの子どもたちのために幅広く仕事をしてきました。

・-ing 動詞と -ing 動詞節での否定形への変換

「客は来ない。"The visitors are not coming."」

・否定形の短縮への変換

「客は来ない。"The visitors aren't coming."」

・変換：Yes/No 質問

「客は来る？ "Are the visitors coming?"」

・変換：Wh 形

「客はいつ来る？ "When are the visitors coming?"」

・変換：命令形

「ドアを閉めてくれ。"Close the door."」

・変換：Do を使っての強調

「まさに速く走ったね。"You do run fast."」

「昨日確かに彼女を見たんだ。"I did see her yesterday."」

・変換：形容詞転移

「ジェイは黒いイグアナを持っている。"Jay has a black iguana."」

（「ジェイはイグアナを持っている。"Jay has an iguana." 」）

（「そのイグアナは黒い。"The iguana is black."」）

・変換：副詞

「昨日エディは病気だった。"Yesterday Eddie was sick."」

（「エディは昨日病気だった。"Eddie was sick yesterday."」）

・変換：名詞化

「グレンはトラックの周りを走ることが好きだ。"Glenn likes running around the track."」

・変換：等位接続詞

「エイミーとギャビーは店に行った。"Amy and Gabby went to the store."」

（「エイミーは店に行った。"Amy went to the store."」）

（「ギャビーは店に行った。"Gabby went to the store."」）

・変換：受動態

「ジェリーの犬は車に轢かれた。"Jerry's dog was hit by a car."」

（「車がジェリーの犬を轢いた。"A car hit Jerry's dog. "」）

・変換：関係詞節

「ソニアは先週来た客が好きだ。"Sonia likes the visitor who came last week."」

（「ソニアはその客が好きだ。"Sonia likes the visitor."」）

（「その客は先週来た。"The visitor came last week."」）

10-3 言語発達の推奨プロセス

　前述のように、子どもが新しい単語や言語構造を理解したり使ったりすることを期待できるまでは、それに繰り返し触れていられるようにしなければなりません。先生は子どもが新しい単語や言語構造をすぐに使うことを期待しがちですが、ずっと現実的なのは、言語学習は段階的に進むものだという認識を持つことです。ロードアイランドろう学校のカリキュラムでは、言語学習の過程は四つの段階に分かれており、教育もこれらの段階に沿ったものでなければならないとされています。

10-3-1 第1段階：常にその環境に置く

　新しい語彙、イディオム、表現、文構造は、先生が予期しなくても、自然に意味のある文脈の中で繰り返し出合うようにしなければなりません。それによって、子どもは文脈から学ぶ機会を充分に得ることができるのです。そのような機会は、ほとんどの場合、子供が有意義な会話をする中で自然に得られます。しかし先生は特定の構造や語彙に焦点を当てて、子どもが充分な機会を得られるようにしたいとも考えるでしょう。そのような単語や構文の構造を使う必要があるような、会話、形式張らない話、実際の場面などで出てくるような新しい教材を考えましょう。新しい教材を可能な限りの方法で使いましょう。いろいろなことに触れる機会は、音声会話や手話、読み書きなどの中で起こるでしょう。会話の中で新しい単語が出てきたときには、指文字で表したり、普通に書いた方が便利なときには文字を書いたりするのが役立つこともよくあります。子

盲ろうの生徒には、複雑化する言語に触れるたくさんの機会が必要である。

どもはこのように、新しい手話だけでなく、言葉の綴りにも常に触れることができるのです。

10-3-2 第2段階：認識

　同じ単語、熟語、表現、構造に何度も何度も触れた後に、また実際の意味のある文脈の中にあって、子どもは読んだり手話で表現されるとそれを認識するようになります。ブラックウェルとエンゲンによれば、認識 (recognition) とは、「何か見聞きしたことが、以前にも見聞きしていたものだという気づき (an awareness that something perceived has been perceived before)」（前掲　Blackwell, Engen, Fischgrund, & Zarcadoolas, 1978, p.26) です。しかしまだ子どもは意味を理解することを期待されているわけではなく、ただ新しい単語や構造に親しみ始めただけです。ここで先生が次のように特定の単語や構造に注意を向けてあげると助けになります。「前に他のこと（または活動）を説明するのに使った言葉（または構造や慣用句）を覚えていますか？　また出てきましたね」

10-3-3 第3段階：理解力

　理解力は、長い間触れ続けて初めてできるものです。先生はたくさんの文脈にわたって子どもと会話をすることで、最も良く子どもの特定の構造への理解力を感じ取ることができるのです。しかし、理解力は成長し続け、不完全なことが多いので測定することは難しいものです。私たちは皆、単語や構造への理解力を常に高めています。私たちや子どもの理解力は、たくさんのいろいろな文脈の中で単語に出会って成長していくのです。

　たとえば、英単語は綴りは同じでも、文の中での機能によって異なる意味を持つことがたくさんあります。典型的な例としては、動詞「run」には、たくさんの意味と文中での機能があります。

例：
「少年たちは毎朝1時間走る。"The boys run for an hour every morning. "」
「道路は南北に走っている。"The road runs north and south. "」
「私のストッキングは伝線している。"I have a run in my stocking. "」
「彼は鼻水が出ている。"His nose is running. "」
「これはスタッフにやらせよう。"Let's run this by the staff. "」
「このプログラムの実行時間はどのくらい？ "How long will the program run? "」
「ちょっとの間、エンジンをかけてみよう。"Let the engine run for a few minutes. "」
「彼のメール発信は毎朝ごく早くにある。"His mail run is very early in the morning."」
「やり過ぎてダメにしてはいけない。"Don't run it into the ground."」

　上の例は、子どもにとって、どのような特定の単語でもたくさんの使い方に触れることがいかに重要であるかを示しています。そのためには、あなたができるだけ言葉を自然に使い、その単語が持ついろいろな意味を常に意識しておくことが大切です。

　これらの例は、音声英語と多くの形態を持つ手話の違いを浮き彫りにしています。「彼は鼻水が出ている（His nose is running）」のような文の「run」は、多くの手話システムでは、「少年たちは毎朝1時間走る（The boys run for an hour every morning）」のような文で使われる「run」とはまったく異なる手話単語が使われます。このような場合、先生は生徒が潜在的にもっている読解の難しさを知り、その違いを指摘して助けてあげることが必要です。そのためには、指文字

を使ってスペルの類似性を示したり、フォーマルな授業とインフォーマルな指導の両方を行って、メタ言語的な意識を高めたりすることができます（例：「このように、手話、話し言葉、書き言葉には、お互いに違うところがいくつかあるのよ」）。

10-3-4 第4段階：産出

子どもが単語や構造にたくさん触れ、認識し、理解することができれば、自分で言葉を作り始めることを期待できます（一般的に、子どもに言語を作るように勧めるのが早すぎる傾向があります。これは、これまでのすべての段階を経ることの必要性をよく理解して、防ぐようにしなければなりません）。子どもは、初めのうちは先生の文章と似たような文章だったり、単語を変に使ったりするかもしれませんが、練習を重ねるうちに、いずれはオリジナルの文章を作ったり、自分の経験に結びついた新しい単語を使ったりできるようになります。

ほとんどの盲ろう児たちにとって、多くの繰り返しと強化が必要であることは、いくら強調しても足りないくらいです。できる限りこの練習は自然な文脈や会話の中で行うようにしなければなりません。ワークシートを使うのもいいですが、先生は繰り返し書くことには重要な文脈があることを認識しておかなければなりません。最近の経験についての文章を作り出すことは、教科書から恣意的に文章を書くよりもはるかに効果的です。このような子どもたちのための言語活動は、非常に個別的なものでなければなりません。先生はそれぞれの子どもの興味、その子にとっての言語のニーズ、言語経験に注意を払う必要があります。そして、それぞれの子どもに教える言語活動を独創的に工夫しなければなりません。

10-4 言語変形をどう教えたらよいか？

教えなければならない言語変形は、正式な授業で出す前に、まずは実際の状況の中での自然な会話の中に取り入れておいて、それが予期できるようにしておかなければならないことを改めて述べたいと思います。そうしてから、体験談や言語の話、作文の中で、新しい言語の原理が全体として常に使われるようにするのです。それによって子どもは、現実的で適切な言語の使い方をよりよくイメージできるようになります。文章を構文的な構成要素に分解するのは、文章の理解とその後の作成をできるようにするため、きちんと組み立てられた授業の中でのみ行わなければなりません。

より高度な言語構造が提示されることは、盲ろう児にとって刺激的な段階です。経験の表現や知識の獲得という点で、まったく新しい可能性の世界が開かれるのです。子どもがとても多くの種類の言語構造に触れるのは読書を通じてなので、読書はこの言語段階で重要な部分です。

複雑に結合した言語はいろいろな変形から成っています。そのうちのいくつかの変換を取り上げて、どのように教えればよいのかを議論しましょう。まず否定形への変換から始めることにします。

ここで前提としているのは、「ジュースがない（no juice）」や「クッキーがない（no cookie）」のような否定の「no」が、意識的に「not」を扱う前に子どもに紹介されているということです。否定の変換は教室で教えられたり実践される前に、子どもとの普通の会話の中で導入することができます。私たちは通常、質問に対する簡単な「いいえ（no）」を受け入れます。会話で、否定的なことが話されているときには、最初に完全な文をモデルにするといいでしょう。たとえば、誰かが「疲れていますか？」と聞いたとき、答えのモデルとしては、単に「No」だけではなく、

「いや、疲れてないよ（No, I am not tired）」のように答えることができます。子どもたちの「いいえ」という答えを、完全な文に拡げたり、できるだけ自然に完全な文を使ったりして教えることができます。やり取りの中で、物語の中で、そして彼らが読む本の中で否定の例をたくさん見せてあげましょう。

　否定を使うのが自然に出てくるのは、朝の会や学級ニュースの時間、「見せて説明」活動などのグループディスカッションの時間です。朝の会では、学校にいない子どもの話ができるので、否定を提示するのに適しています。たとえば、「エリンはどこにいるの？」、「エリンは病気なの。今日は学校に来てないのよ」、などです。「見せて説明」活動では、子どもが持ってきたものを、それが何なのか、何でないのかを話すことができます。「ジュリーがリンゴを持ってきた。リンゴは果物で野菜じゃない」。感情についての話し合いでも、否定形を使う機会がたくさんあります。「アンジェラは今日悲しい思いをしている。ジョンは悲しんでいない。彼は幸せだ」。

　文章では「not」の短縮形は、動詞と組み合わせられるように短くした形で提示しなければなりません。この形は子どもが読書の中で出会うもので、読解力はそれに慣れれば慣れるほど向上していくのです。

　盲ろう児は「not」の手話を、実質的に書き言葉で使う前に始めることが予想されます。先生はこの形を使う機会を子どもに計画的に与えるようにして助けることができます。これはボードゲームや会話ゲーム、なぞなぞなどで練習をすることができるでしょう。また、授業やイベントに参加できないときには、スタッフや友だちにメモやメッセージを書くこともできます。これらの例は有意義で文脈の中で構造を教えることになるものです。

10-4-1 受動態変換

　教えるのがとくに難しい構造は受動態の変換です（ASL には受動態を表現する同じような方法がありません。空間的に表現すると「ジョンがボールを投げた」と「ボールはジョンによって投げられた」は同じになります。これは、ろうの子どもがこの構造を理解することの難しさを、少なくとも部分的に説明しているでしょう）。フィッシュグランド博士は以下のような受動態の使い方を提案しています。これらの用法を知っておくと、それを生徒に説明するのに役立ちます。

- 主題化：何に焦点を当てたいかによって変わる。たとえば「車が男の人を撥ねた」という文では、焦点は男の人を撥ねた車にある。これを「その男の人は車に撥ねられた」に変えると、焦点は車ではなく男の人に移る。
- 新しい情報と古い情報の継続：たとえば、会話を続けて話題を継続させるときには次のように言える。「ホセはアップルパイを食べた。そのパイはジュリーのクラスで焼かれたものだ」。
- 周辺情報：文中の受動態のもう一つの使用法は、「その家はずいぶん昔に建てられたものだ」のように、情報の一部が不明、あるいはそれが重要ではない場合である（訳注　この文では、誰が建てたのかは分からないし、それはあまり重要なことではない、ということ）。

　ろうや盲ろうの子どもたちは、この構成を理解するのに苦労していますが、文法的に簡単に説明できる手段はないのです。先生は、思いつく限り多くの実例を提示する必要があります。その実例を盲ろう児が読み物や社会的なやり取りの中で見て、見慣れたものになるようにするのです。

10-4-2 関係詞節変換

　二つ以上の文の組み合わせである関係詞節変換も、ろう児や盲ろう児にとっては非常に難しい

ものです。会話その他のさまざまな形で盲ろう児にこの構造に触れさせることが最も重要です。関係詞節が文の最後にあるときは、文の途中に埋め込まれている関係詞節よりも、理解しやすいでしょう。仲間、友だち、お客、物、子どもの生活の中でのできごとなどを紹介する方法として、それらを説明する際に関係詞節を使うことができます。

例：

「スミスさんはクリスマスパーティーを欠席した先生の一人です。"Mr. Smith is one of the teachers who missed the Christmas party."」

（「スミスさんは先生の一人で、クリスマスパーティーを欠席しました。"Mr. Smith is one of the teachers. He missed the Christmas party."」）

「マルコはシカゴに住む少年です。"Marco is a boy who lives in Chicago."」

「アンドレアは動物の動くおもちゃが好きです。"Andrea likes toy animals that move."」

「昨日見た映画は楽しかったですか？ "Did you enjoy the movie that you saw yesterday? "」

「先週来たお客さんがいなくて寂しかったです。"We missed the visitor who came last week."」

「クラスは2時間の外出をしました。"The class went on a trip which took two hours. "」

「ここは二人が結婚した教会です。"This is the church where they were married."」

「私はランドルが野菜を食べなかったときを覚えています。"I remember a time when Randall did not eat vegetables."」

埋め込まれた関係詞節は、より理解が難しいものです。子どもは、関係詞節が文の最後にあるときに学んだルールを適用してしまいます。言語学者がよく挙げる典型的な例に、次のような複雑な文構造があります。

「女の子を蹴った少年は逃げて行った。"The boy who hit the girl ran away."」

子どもがこの文章を読んで、「誰が逃げたのか」と聞かれたら、たいていは「女の子が逃げた」と答えます。そこで、この文章を二つの要素に分解して、その子の解釈が誤っていることを明らかにすることが必要です。

「少年が女の子を蹴った。"The boy hit the girl."」

「少年は逃げていった。"The boy ran away."」

先生は、構造化言語の授業の中で、さまざまな関係詞節を埋め込んだ例をたくさん示し、また理解度をチェックする必要があります。

例：

「花を持ってきた人は私の兄弟です。"The man who brought flowers is my brother. "」

「あなたがパーティで会った女性は、私の学校で教えています。"The woman that you met at the party teaches at my school."」

「あなたが失くした本はメアリーのものです。"The book that you lost belongs to Mary."」

「あなたが生まれた家は取り壊されました。"The house where you were born has been torn down."」

「遅刻した生徒は放課後に残ります。"Any student who comes late will stay after school."」

生徒がASLのユーザーである場合、先生は、その手話システムの視覚的・空間的言語では、関係代名詞は手話ではなく体の動きで表現されることが多いことに注目しなければなりません。た

とえば、「だれ（Who)」は文の中では頭を後に傾けて、唇をすぼめることで表され、「だれ」の手話は全く省略されているかもしれません。そのようなわけで、その子の場合、関係詞節の概念や読み書きでの使い方について、追加の指導が必要になることがあります。

10-5 概念分類の利用

　一般に、盲ろう児たちが言語の原理や概念を吸収するのには長い時間がかかります。彼らには、言語と概念分類が4～6週間にわたって示されることが有効です。この期間に概念、語彙、新しい文型などを繰り返し、一貫して学習することができるのです。地域に出かけることは、生徒たちのお気に入りの活動です。身近な地域社会で見つけたものごとについて学ぶことは、概念と言語の両方を含んでいて、興味深く非常に有意義な分類わけになります。たとえば、平均的な郊外のコミュニティを例に、そのサービスを次のように分類してみましょう。

公共サービス ー
銀行
郵便局
消防署
警察
図書館
公民館
診療所
クリーニング屋
コインランドリー
美容院
靴修理店
宝石店
薬局
コンビニ
スーパー
ショッピングモール
レクリエーション機会 ー
ボウリング場
映画館
少年少女クラブ（訳注　Boys & Girls Clubs of America は、青少年向けに放課後プログラムを
　　提供する米国の非営利団体）
公共プール
遊び場
スケートリンク
レストラン

　これらすべてのものに子どもたちを慣れさせるには、丸1年かかるかもしれません。一度に一

つのカテゴリーを取り上げ、そのサービスを数週間教えるのがよいでしょう。たとえば、郵便局についての言語の分類は次のようになります。

10-5-1 第1週目

言語：まず一般的な町について話し合ってから、子どもたちの故郷の町について話しましょう。ほとんどの町で何が見つかるかを話しましょう。こうすることによって、さまざまなサービスの名前を挙げる機会ができます。この時点ではいろいろな種類のサービスをカテゴリー分けせず、3段くらいの表に書くのもよいでしょう。その表はあとで見るためにそのままにしておいてください。次の4週間の間に集中的に対象にしたいサービスの場所を一つ──たとえば郵便局──選びましょう。

読書：部屋に読書コーナーのスペースを確保して、授業単元に関連した本や物語を用意しましょう。状況に応じて、アクセシブルな形式（大活字や点字など）になっていることを確認してください。必要なときには言語を修正してください。たとえば父親が郵便局員や配達人である子どもについての物語をする時間を設けましょう。文の最後の位置にある関係詞節は、ディスカッションの中で題材として使えます。

例：

「私は郵便局で働いている人を知っています」

「あなたが手紙を書き終わったら郵便局に行きましょう」

社会科：この分野では、授業で郵便局員の責任について話し合うことができます。生徒は、郵便局の仕事は政府の仕事で、政府の仕事に就くにはテストを受けなければならないことを学ぶことができます。授業では、郵便局員のいろいろな仕事を挙げて、彼らがどんな仕事で給料を得ているかを学ぶことができます。彼らは工場の労働者と同じようにタイムカードを打つのだろうか？　彼らの労働時間はどうなのか？

数学：ここでは、郵便料金と、郵便物が配達先に届くまでにどれくらいの時間がかかるかについて話し合えます。彼らは、ある郵便物を送るのに最も安い、または最も速い方法を算定することができます。

10-5-2 第2週目

言語－認識・理解のレベル：郵便局とその町の中での場所についての話し合いを続けましょう。まず町の地図を描きます。これがコミュニティの絵のスタートになります。一つのサービスが終わるたびに絵に追加していくと、この授業単元の最後には町の完全な絵が完成することになります。このようにして、歩行訓練の目標（これらの子どもたちにとって大切な目標）を単元に組み込むことができます。

この週の言語目標の例としては以下のようなものがあるでしょう。

・簡単な文章の継続的な拡大

・「と」を含む二つの文に関連する接続詞

・質問の形：「誰が」、「何を」、「どこで」、「いつ」、「なぜ」

・不定詞の名詞句

・目的語の補完

・「なぜなら（Because）」節

日記書きは日常的に続けることができます。郵便局や地域社会での経験から、意味のある経験について書く機会が得られますし、生徒や先生が新しい語彙単語を、自然で現実に合った方法で活用できるようになります。

　前週作ったお話チャートや語彙単語の復習をしたり、次の遠足に向けての予想体験談を、子どもたちと一緒に書くことができます。体験談には目標とする言語の言語構造を取り入れることができます。言語の授業での会話の時間には、適宜、授業単元での内容を振り返るようにすることが必要です。外出の準備として、郵便局で見るだろうと思われるもののいくつかをクラスで話し合いましょう（可能な場合はいつでも、先生は事前に外出の場所を「予行演習」して、必要な情報を体験表に記載できるようにしておくといいでしょう）。

　地域の郵便局と事前に相談しておけば、クラスの生徒が持ってきた手紙が郵送されるまでのプロセスを辿らせてもらうこともできるでしょう。生徒にはこの外出の間に何を探せばいいのかを書いたガイドを持たせましょう。次のような例を考えてみてください。

・郵便局の郵便箱の表記を観察してみる。「町外」の意味は？　「地方専用」や「航空便／海外」はどうか？
・生徒はどこに郵便物を入れればいいのか？
・郵便局員は何を着て仕事をしているか？
・生徒は手紙を出してから目的地に届くまでの経路を説明できるか？
・郵便局では、切手の他に何を買うことができるか？
・手紙を送るには他にどのような方法があるか？　一番速い方法は何だろう？

　外出するときは、必ず紙とマーカーを持っていきましょう。点字を使う子どもがいる場合は、点字盤と点筆もあるといいです。外出している間に、話題に関連する絵を描いたり、新しい単語や文型を書くチャンスを決して逃さないようにしてください。字を書いたり絵を描いたりする能力に長けたクラスメイトがいたら、その力を外出中に盲ろうの級友と交流するのに利用することができます。手話や指文字も役に立ちますが、これは後に残りません。書いた文字や描いた絵は学校に持ち帰って繰り返し使うことができます。

　読書：読書コーナーの本の補充、入れ替えをしましょう。新聞や雑誌の中から、関係のある新しいニュースや人についての面白い話を切り抜いて、読書コーナーのフォルダに入れておきましょう。とくに面白いものは、掲示板に貼っておくとよいでしょう。視覚障害のある生徒が読みやすいように、拡大したり、点字化したりする必要もあります。読書の目標には次のようなものがあります。

・ものごとの順序付け
・表になっている情報のまとめ
・同義語・反意語の認識と理解
・比喩の認識と理解

　社会科：郵便局で働いている人の仕事の責任についての話し合いを続け、これまでに子どもたちがよく知っている他の仕事と比較してみましょう。

　数学：郵便局の活動に関連した単語に加えて、子どもたちには郵便物の重さを量ったり、料金を計算したりする課題があります。

10-5-3 第3、第4週目

言語－産出レベル：2〜3週間の会話の中での語彙と文構造の勉強、2〜3回の外出、構造化された言語の授業の後は、いよいよ子どもたちに取り組んでいる言語を作らせるのに適切な状況になります。その場合、子どもたちは、接続詞「and」を使った文を作り始め、「wh」質問のいくつかに答え、不定詞の名詞句、目的語の補語、「なぜなら（because）節」を使い始めているでしょう。生徒の能力や習得スピードはそれぞれ異なるので、それぞれの生徒への指導はそれに応じて調整しなければなりません。生徒がまだ練習しなければならないスキルがあれば、それは次の授業単元に組み込むことができます。

読書：読み物教材や先生が作った物語には、読解問題を入れこむことができます。また生徒は、読書についての話し合いに参加したり、短い作文を書いたり、読書に関する宿題の質問に答えたりすることができます。子どもたちには、新聞、雑誌、本など、いろいろな情報源から、関係する読み物を学校に持ってくるように促しましょう。順序付けのスキルは、郵便物の仕分けや配達の過程を説明する文章を並べることで練習させることができます。生徒たちはまた、この過程を絵に描いたり、触図に表したりして、掲示板に掲示することもできます。これは、読書の経験に意味を加える実体験的な機会になります。

社会科：今週の外出では、近隣の別の郵便局に行って、場所、大きさ、職員の数、販売している品物の種類などで、似ているものと違っているものを見せることができるでしょう。人々が自分の行く郵便局をどうやって選んでいるかを教えることもできます。「便利」、「アクセスしやすい」、「速くて効率的」、「混雑していない」などの語彙単語や表現、その他必要で関連性のある説明用語を教えることもできるでしょう。これらの単語は後に、次の単元にでも詳しく話し合うことになるでしょう。また、郵便局以外にも切手を買える便利なところがあることも話題にできます。

外出のたびに出会う人たちと話すことができれば、それはとても価値あることになるでしょう。これは、個人個人独自の学習になり、社会的スキルを使ったり、通訳サービスを利用したり、言語、年齢、性別、文化の違いについて学んだりできる機会にもなります。

数学：実際のお金の取引をする練習をするために、教室に郵便局を作って、紙や切手、封筒などを売ってみることもできます。郵便局の宣伝をして、他の教室から買いに来てもらうようにす

私たちの、郵便局への外出

私たちは来週の火曜日、郵便局に行きます。私たちは手紙を出します。
　　誰　　　　いつ　　　　何　　　　誰　　　　　何
郵便局はダウンタウンの消防署の近くにあります。
　　何　　　どこ　　　　どこ
私たちは郵便局で働いているたくさんの人たちに会うでしょう。
　　誰　　　　どんな　　　　　誰
郵便物を配達する人たちは郵便屋さんと呼ばれます。彼らは
どんな　　誰　　　どんな
青いユニフォームを着ています。郵便屋さんは、郵便局で郵便物を受け取って、近所の家まで運んでくれます。女性も郵便配達員になれます！
また、切手や封筒を売っている郵便局員にも会います。私たちの手紙に貼る切手を郵便局員さんから買います。
郵便局の奥の部屋にも入ります。郵便物を仕分けする人に会います。郵便物の仕分けをしている人たちは、手紙を適切な箱に入れます。箱は近所の通りごとにあります。

この次の外出についての体験談は文法分析に使える。生徒は物語の中の単語やフレーズの機能にラベル付けするのを手伝うことができる。

はがきを投函する。

ることもできます。そして、「資本」、「利益」、「損失」を管理する経験を積むのです。これは、他の生徒や職員との交流を増し、コミュニケーションスキルの練習の機会をさらに増やすことにもなるでしょう。

10-6 全盲の子どもへの特別な配慮

前述のすべての指導案は点字を使う子どもに有効に使うことができますが、先生の側には経験や教材を適応させるため大きな創意工夫が必要になります。視覚的な制限があるからといって、子どもを活動から除外したり、ある言語構造や世界の概念については教えないことを決めたりしないことが大切です。視覚情報の不足を補う方法を探しましょう。

多くの実践的体験が必要です。生徒を連れて外出するときは、できる限り事前に電話で、目の見えない子どもを連れて行くことを伝えておくことが大切です。通常は一般の人には触ることができないものでも、子どもたちには触らせることを快く受け入れてもらえることがよくあります。

目の見えない子どものために、次のようないくつかの適応・改善を行うと、メタ言語的な勉強を楽にできるようになります。

・点字文の一文を文法的な節（名詞節、動詞節、前置詞節など）に切り出して、それらを単位として見られるようにする。

・品詞や他の文法単位の識別のため、または生徒に品詞を識別させるために、点字文の下に触感の異なるテープを貼る（幅の異なる建築用テープもよい）。

・点字の文章や段落で、節と節の間にスペースを二つ空ける。これは生徒が教材を意味のある単位に「切り分ける（chunk）」ことを学ぶのに役立つ。

・手話や声で話すときにフレーズの間にわずかにポーズをとり、子どもがリズミカルに内容を点字で打てるようにする。

全盲の人が複雑な言語を学ぶには、生徒と先生の両方に粘り強さと創意工夫がなければなりません。先生ができる最も重要な仕事は、生徒を生活の中で何日も、何年にもわたって社会的な交流の中に巻き込むことです。それが、生徒の豊かで多様な言語の発達を助けるために最も大切なことなのです。

10-7 ジュリアの話

第1章のジュリアの話を覚えていますか。彼女は重度の聴覚障害で、眼もほとんど見えない若い女性です。彼女は縦が0.5インチの大きさの非常に濃い文字は読め、会話の触手話を受けられます。会ったとき彼女は15歳で、複雑な言語を少し使い始めていました。

ジュリアの複雑な言語の使い方がどのように発達してきたか、それ以前と以後の両方を見ると、その発達の特性とペースについての洞察を得るのに役立つでしょう。

ジュリアが4歳半で学校に通い始めたとき、学校のプログラムでは主なコミュニケーション手段として指文字が使われていました。視力が非常に限られていたので、ジュリアは指文字を触っ

て読んでいました。7歳になると、ジュリアの先生たちは指文字に加えて、ピジン英語対応手話を使い始めました。ジュリアは常に言語に触れていました。彼女が初めて単語の組み合わせを使うようになったのは6歳半ごろでした。彼女の先生たちは7歳のときに複雑さに触れさせることを始めたのです。彼女が初めて複雑な文を自分で作ろうとしたのは9歳近くになってからでした。そのとき彼女は、次のような文章を作ったのです。「トルーディーが、私、作業デスク、無い言いました（Trudy said I work desk no.）」この年齢になっても、「どこで」、「何を」、「なぜ」の質問を理解し、使うのに苦労していたのです。9歳のとき、彼女は読書に興味を持ち始め、自由時間の活動として読書を選んだほどでした。10歳のとき、ジュリアは次のような文章を作成し、拡大と複雑さの使用が増加していることを示しています。

「リズと私はリズのベッドで毛布の下で猫と一緒に寝る」

「タイヤがパンクしたように感じたら、タイヤはパンクしている」

このころ彼女は、「どこで」、「何を」、「なぜ」という質問に答える力が増えていることからも分かるように、こういう質問を理解していました。しかし、これを自分から表現することはまだできていませんでした。

12歳のとき、ジュリアは世の中の新しい情報を得るために本を読んでいて、自分の理解に自信がないときには、読んだことについて質問をしてきました。調べてみると、彼女は2年生のレベルの本を読んでいることが分かりました。この年齢になって、彼女は言語に対する新たな好奇心が出てきたようでした。ジュリアは慣用句に興味をそそられ、新しい慣用句を学びたがっていました。彼女は新しい構造や慣用句をさかんに使おうとし、間違いにもくじけませんでした。

ジュリアは13歳のころ、いつも正確にというわけではありませんが、手話で関係代名詞を使い始めました。「私たちはジェーンが焼いたクッキーが好き」のようなことを言っていました。この年齢のとき、彼女はまた、副詞節（「リップ・ヴァン・ウィンクルが目を覚ましたとき、彼は草むらの斜面に戻っていた」）や、比較構造（「ジョンはビルよりも背が高い」）、与格構造（「私は彼女に本をあげた」）を理解し始めました。14歳のときジュリアはある程度正確に受動態構文を理解し始め、表現豊かに動名詞を使うようになりました（「散歩は私の好きな運動です」）。このとき、彼女は4年生レベルの読書をしていました。

16歳のとき、ジュリアはdo変換を使って質問文を構成することを学んでいましたが（「彼は店に行った（He went to store）」－「彼は店に行きましたか？（Did he go to store?）」）、まだこれを充分正確にはできませんでした。この年齢になっても、ジュリアは「なぜ」の質問にいつも正確に答えられませんでした。彼女が「why」質問をきちんと理解するまでには、さらに数年の経験と練習が必要でした。ジュリアは複雑な文、とくに関係詞節のある文を構成できるようになるのにも練習を続けなければなりませんでした。

実際、ジュリアの言語は学校を出てからも大きく進歩し続けました。彼女がサポート付きの生活を始めたとき（第12章参照）には、彼女は友人とのコミュニケーションに大活字のTDDを使わなければなりませんでした。このとき、彼女の書き言葉を学びたいという意欲が極めて高まりました。毎日練習する機会もたくさんありました。これとほぼ同時期に、彼女は拡大表示できるパソコンのモニターと、電子メールやパソコンの掲示板を利用できるパソコン機器を手に入れました。そして、コンピュータに詳しい同級生が新しい機器の操作を教えてくれました。彼女はすぐにコンピュータの技術と、友人とのコミュニケーションに必要な言語スキルの両方を習得しました。まさにこのような状況で、彼女のモチベーションは最高潮に達していて、学習の速さは、モチベーションと練習の機会が言語習得に果たす役割の大きさを物語るものでした。ジュリアの

生徒たちが興味深く有意義な交流をたくさんできれ
ば、言語は開花する。

語学力は今も伸び続けています。ときには型破りな英語で表現することもありますが、彼女は自分を理解してもらうことができ、多くの情報を得ることができます。語学力が伸びた結果として、たくさんの貴重な人間関係を築くことができるようになったのです。

　このジュリアの複雑な言語の発達を概観して、私たちが学ぶことができる最も重要なことは、おそらく粘り強さの必要性でしょう。ジュリアは、多くの子どもたちが学校に入る前にも獲得する構造と語彙を身につけるのに、何年も何年もかかりました。彼女が視覚と聴覚の障害から言語に触れる機会が限られていた事実からすれば、これは驚くべきことではありません。私たちは、どのような言語でもその発達には言語に触れることがいかに重要かということをまさにここに見たのです。粘り強さがなければ、先生たちはジュリアが大きな進歩を遂げることを絶望していたでしょう。実際、どの段階でも、あきらめてしまって、彼女の限られた視力と聴力を考えればできる限りのことを学んだのだ、と思い込みたくなったことでしょう。しかし、ジュリアの学校を終えてからさえも続く——とくに彼女の活き活きとした生活環境から動機付けられた——学習能力は、先生としての私たちを鼓舞するものです。私たちは、盲ろうの生徒たちに、言語をより豊かなコミュニケーション手段に発展させるためのあらゆる機会を与え続けなければならないということです。

　生徒たちが興味深く有意義な交流や体験をたくさんできれば、言語は開花するのです。このレベルでの指導は、自然に起こるできごとを利用して、言語そのものへの先生自身と生徒の好奇心を育んでいけば骨の折れるものではありません。会話でのやり取りは、ドリルでやるよりも言語学習に役立つものです。盲ろう児の先生にすれば、子どもが何ヶ月も何年もかけて触れてきた言語を使うようになることほど、刺激的で充実したものはないでしょう。生徒自身が新たに発見した力に喜びを感じることは、先生にとって最高のご褒美です。それは生徒が学び続けていればいつでももらえるご褒美なのです。

［引用文献］

Baker, C , & Cokely, D. (1980). *American sign language: A teacher's resource text on grammar and culture.* Silver Spring, MD: TJ. Publishers.

Blackwell, P. (1971) *The language curriculum.* Providence, RI: Rhode Island School for the Deaf.

Blackwell, P., Engen, E., Fischgrund,J., & Zarcadoolas, C. (1978). *Sentences and other systems: A language and learning curriculum for hearing-impaired children.* Washington, DC: The Alexander Graham Bell Association for the Deaf.

Dziwulski, M. (1992). *Developing literacy skills for persons with developmental disabilities: Some considerations.*

Chapel Hill, NC: University of North Carolina.

Smith, T. (1984). *Guidelines: Practical tips for working and socializing with deaf-blind people*. Burtonsvillle, MD: Sign Media.

［参考文献・資料］

LiBretto, E.V. (1990) High/low handbook. New York, NY: R.R. Bowker. (Evaluative annotations of high-interest, low-vocabulary books.)

Martin, D.S. (Ed.). (1989). *Advances in cognition, education, and deafness*. Washington, DC: Gallaudet University Press.

Weisel,A. (Ed.). (1998). *New perspectives on language and deaf education*. Washington, DC: Gallaudet University Press.

［ビデオテープ］

The fantastic series [Signed stories, mime, captions, voice-over, and a host using sign language].

Washington, DC: Gallaudet University Department of Television, Photography, and Educational Technology.

Newby, R. *Sleeping beauty* [Book and videotape set]. Washington, DC: Gallaudet University Press.

第11章

他の障害も重複する青少年

バーバラ・マイルズ、マリアンヌ・リジオ

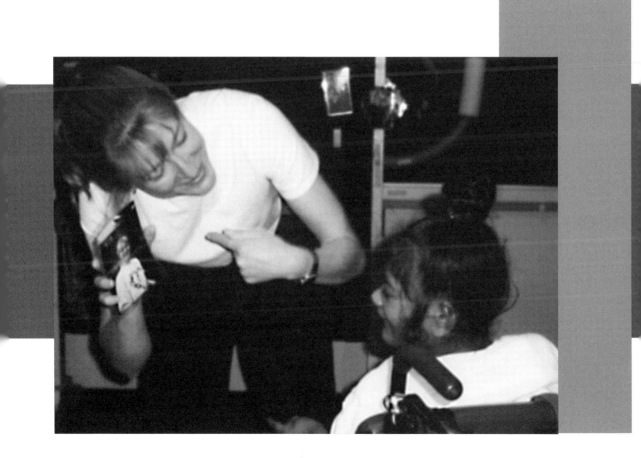

11-1 他の障害も重複する青少年の概要

　この第11章では、盲ろうで、かつ、重度の知的障害、肢体不自由、行動障害がある青少年の、独特のコミュニケーションのニーズのいくつかを扱います。これらの人々には特別なニーズがあり、またその数が増加しているため章の全体を割り当てることにしました。医療技術の進歩によって、多くの超未熟児や複雑な医療ニーズを持っている子どもたちも生命を維持し、大人になっていくことができるようになりました。これらの人々は、先天盲ろうの人の集団で大きな部分を占めています。

　重度の知的障害に加えて、これらの若者は、コミュニケーション能力を阻害する他の課題を抱えていることがあります。

- 彼らは、介護や入院が必要となるような消化器系、循環器系、呼吸器などの疾患を継続的に持っている可能性があり、これらはまた身体的不快感を伴うものです。
- 身体的な制限もあるでしょう。たとえば、ハイハイや歩行の遅れ、脳性まひに多かれ少なかれ起こる手足や頭の動作のコントロールへの影響、あるいは運動をいろいろ阻害する筋肉や骨格の問題などがあります。
- 適切な感覚統合の欠如、ほかのいろいろな種類の神経学的障害のために起こる学習困難によって、感覚や認識の制限が複合化されることがあります（Ayres, 1979　邦訳：岩永竜一郎・古賀祥子『感覚統合の発達と支援：子どもの隠れたつまずきを理解する』2020）、（Trott, Laurel & Windeck 1993）。
- これらの生徒の多くには、さまざまな情緒的な困難さが見られます。この困難さは、効果的なコミュニケーション手段が与えられなかったために、生徒が長年にわたって充分なサービスを受けられなかった結果として起きた、孤立やフラストレーションが原因となっていることが多いのです。

　この本を通して私たちは、いろいろな感覚の障害に関しては分けて考えることはできないと述べてきました。たとえば、子どもの失明を補おうとするときは、その子になんらかの聴覚障害があるかどうかも考慮しなければなりません。このように、付加的に考えなければならないすべての課題は、それぞれお互いに、また感覚障害と密接なつながりを持っているのです。したがって、これらの課題のどれ一つでも単独で解決できるものはありません。知的な遅れ、付加的な課題、これらの生徒たちが受けてきた教育サービスの質の組み合わせが、彼らのコミュニケーション能力に大きな影響を与えるのです。

　何年も学校に通っていても、多くの生徒は本当に象徴的な言語を身につけていないこともあるでしょう。彼らはサインや言葉を一貫して使っていたとしても、それはそのサインや言葉が指す状況や対象が存在するときだけかもしれません（たとえば、食べ物を見たり、嗅いだり、触ったりすることができるときや、いつもの食事テーブルに座っているときにだけ、自発的に「食べる」というサインをする）。あるいは、不快なときや注意を引きたいときにはいつも、「食べる」や「もっと」などのいくつかのサインを、「欲しい」という意味で一般化して使っている場合もあります。何人かは、具体的な対象、行動、人に関するいくつかの単語の語彙を持っているかもしれませんが、二つまたは三つ以上の単語を含んだ文に単語をつなげることを学んでいないかもしれません。抽象的な言語（「月」、「希望」、「学習」などの触れることのできない考えや概念を表す言葉）も学んでいないでしょう。

メアリー　20歳

　メアリーはいま、かつて4年間通っていた学校の、盲ろう者のためのプログラムに通っています。彼女の学校でのプログラムは、コミュニケーションの発達に重点を置いています。これは、彼女が学んでいる、生涯にわたって使う機能的なスキルと合わせて教えられています。彼女は地元の大学のリサイクルセンターでの仕事を楽しんでいます。この仕事はメアリーの興味によく合っています。彼女は仕事のほとんどを外で行うことを楽しんでいて、カートを押すことが、長い距離を歩くのに必要なサポートになっています。さらに、リサイクルカートのハンドルは円筒形で、これは彼女の好きな形なのです！

　メアリーは何かを要求する時のいろいろな方法を学び続けています。彼女は学校でも家庭でも、オブジェクトを使ったコミュニケーションシステムを持っています。家では、頻繁にオブジェクトを持って誰かのところに行き、やりたいことを頼むのです（たとえばトイレに行きたい、食事をしたい、外に出たい、寝たい、など）。

　メアリーはオブジェクトを効果的に利用できるようになり、それぞれの活動の自分用のオブジェクトシンボルを作りました。たとえば、ある日彼女は棚の上にあった丸いプラスチックの鎖の輪を何個か見つけて、それを母親に渡して組み立ててもらいました。それから、メアリーは母親をドアのところまで連れて行って、外に出たいと頼みました。母親がメアリーを外に出させてブランコに連れて行くと、彼女はこのおもちゃをブランコにかけました。それ以降、メアリーはこれをブランコに乗りたいというときに使っています。

　あるとき、メアリーが食事をしたいと思って、オブジェクトシンボル（スプーン）を個人的介護者（PCA：パーソナルケアアテンダント）のところに持っていきました。PCAはそれを取り上げ、カウンターの上に置きましたが、食べるものは何も出しませんでした。まだ料理をしている最中だったからです。メアリーはすぐにスプーンをつまみ上げて、非常に強い調子でPCAに手渡しました。メアリーはそれから自分のエプロンを取りに行き、それを養護者に渡しました。メアリーは、ただ単にPCAが理解できなかったのだと推測したのです。

　外でのブランコ遊びは今でもメアリーのお気に入りの活動です。3年前、母親は塀で囲まれた庭つきの家を買いました。メアリーはポーチブランコ（訳注　吊り下げブランコ式のいす）に座るのが好きです。妹や母親が一緒に加わるとなおさらです。また、木をあらゆる角度から注意深く観察して探索することも楽しんでいます。

　メアリーは家で退屈しているとき、近くにいる人なら誰かまわず手を取って、引き戸、台所、おもちゃ箱、自分のベッドのところへよく連れていきます。ドライブに行きたいときには、玄関に連れていきます。外にいるときは、ドライブしたいということを示すために、母親を車のところへ連れていくこともあります。メアリーは社会的なグループの一員であることを楽しんでいるのは間違いありません。もし家で、家族が別の部屋に移動してしまうと、彼女はひどくがっかりします。メアリーはとくに養母や妹と一緒にいることを楽しんでいます。養母と妹の二人が彼女を置いて外出してしまうと、彼女は非常に気分を害し、泣いたりかんしゃくを起こしたりすることがあります。

　メアリーは多くの場合、外に出たい、食べたいなどすぐに必要なことがあるときにやり取りを始めます。彼女はときどき他の人に見せるだけのために何かを持ってきます。最近、飛行機に乗ったとき、メアリーは母親の横の窓際の席に座っていました。彼女は窓が振動していることに気づき、とても嬉しそうに母親の手を取って、起こっていることを見せるために窓の上に置きま

した。そして、あたかも「すばらしいじゃない！」とでもいうように母親を見ました。

11-2 教育者が直面する課題

　これらの盲ろうの生徒のユニークな教育的ニーズは、教育プログラムを策定するサービス提供者にとって課題となっています。これらの生徒は、たいていは知的障害のある生徒のためのプログラムに入れられたり、障害の無い生徒と一緒にされたりしています。視覚と聴覚の障害が言語の習得に大きく影響することは見落とされがちです。その生徒が「見る」こと「聞く」ことができないということが、先生が生徒の知的能力や学習能力について誤った判断を下す原因になる場合が多いのです。

11-2-1 アセスメントの課題

　正しいアセスメントをすることの重要性は、どんなに強調しても、し過ぎるということはありません。実際、きちんとしたアセスメントが行われていないために、盲ろうの人は実際よりもはるかに認知能力が低いと思われています。そのため、彼らは適切な言語へのアクセスや教育を受けることができず、必要以上に制限された生活を送っているのです。教育者は、その人の感覚障害と知的障害、その障害の教育的な影響、適切な改善方法をよく理解し、生徒がコミュニケーションを学ぶための最適な機会を提供することが不可欠です。

　私は重度の障害のある生徒のためのプログラムを見学したときに出会った、全盲、重度難聴の20歳の青年のことを思い出します。彼は6歳のときからそのプログラムに参加していました。スタッフは、盲ろうの生徒の評価の経験がほとんどなかったため、彼の知的能力（と言語能力）をかなり過小評価していたのです。スタッフが彼に使った基本的な手話は5語か10語だけで、それも一貫したものではありませんでした。アクセス可能な言語が充分に無い状態で、彼にはそれまでの数年間、充実した言語を発達する機会がありませんでした。しかし、彼は非常に好奇心が強かったのです。彼は、物理的な空間とそこでの日課を充分に理解していて、彼とやり取りをするいろいろなスタッフとは個々に異なった関わり方をしていました。また彼は、身体的な作業も素早く覚え、正確にこなすことができました。私はそれを観察し評価して、より早く機会が与えられていれば、彼はさらに多くの言語を学べただろうと確信しました。残念ながらそのための最適な学習時期はとっくに過ぎていました。しかし、改善されたプログラムによって、彼は大きく進歩し、より良いコミュニケーションができるようになり、ずっと幸せになることができたのです（B. マイルズ）。

　この例からも分かるように、生徒のアセスメントは可能な限り充分に、またできるだけ早期に行うことが非常に重要です。そして、このアセスメントは継続的なプロセスであることを忘れてはなりません。年長の生徒を評価する際に、もしその子の持つ活動能力が同年代の生徒に期待できるよりもはるかに下回るときには、新たな目で見直すことが必要不可欠です。その子の過去の教育記録や進歩のなさに偏見をもたないようにしなければなりません。盲ろう児アセスメントを行う方法の詳細は、第6章を参照してください。ここで検討している生徒のグループのためには、第6章の情報に加えて、特定の評価事項はとくに重要です。

　たとえば、何年もそのプログラムに参加している生徒の進歩が、ほとんどない、あるいは非常

にゆっくりとしている場合、プログラム評価チームは厳しさを欠くものになりがちです。年長の生徒に対しては、視覚や聴覚の能力を積極的に見ようとしない傾向があります。また、これまで探求されてこなかった新しいコミュニケーション手段（たとえば、簡単な手話に物や絵を加えたり、あるいはその逆をしたり）を使う生徒の能力を評価することにも、それほど挑戦的でなくなっているかもしれません。

　環境アセスメントをしましょう：盲ろうや知的な遅れがある若い人に対しては、アセスメントの多くを家庭、職場、学校の環境で行うことがとくに大切です。この人たちは概して障害の軽い生徒よりも受動的で、自発的な行動が少なく、したがって環境の影響を受けやすい傾向があります。生徒自身のスキル（かなり限られているかもしれませんが）だけでなく、周囲の人がどのようにやり取りしているかや、環境で利用できる物理的な機会も評価することが非常に重要です。その生徒を、いろいろな環境で、さまざまな方法でその生徒に関係する人々との交流の中で観察することは、その生徒に適した環境を判断するのに役立ちます。このようなアセスメントの目的は、その生徒の周囲の人々ができる限り最善の方法でその生徒に適応できるようにすることにもあります。

　実際、ある環境ではかなり能力があるように見えても、別の環境ではかなり問題がある場合があります。たとえば、いくつかの手話を学んだ生徒は、他の多くの人が日常的に手話をしている環境では、自分自身を表現したり、うまくやり取りしたりできるかもしれません。その生徒が、誰も手話を知らない環境（仕事場や新しい学校）に置かれたら、コミュニケーション能力がはるかに低く、知的ではないように見えるでしょう。同じように、誰もいないがらんとした部屋にいる生徒は、非常に受動的で、すぐに自己刺激に頼るかもしれませんが、その生徒も、関われる物や人々がいる部屋にいると、積極的にやり取りし、いろいろ探ったりすることができるでしょう。身体の位置を変えるだけでも、生徒の活動に大きな違いが出るかもしれないのです。たとえば、ろうで弱視、脳性まひの少女を仰向けに寝かせたままにしておくと、無力で無気力に見えるでしょう。しかし、その少女が、しっかりと支えられるいす（背中、足、頭を支え、腕を自由に動かすことができる）に座るとすぐに、注意力があり、コミュニケーションできるようになることもあります。これらの例からも明らかなように、どのようなアセスメントにおいても環境を考慮し、できる限り生徒の最高の能力を引き出すために最適な環境を提供することがいかに重要であるかが分かります。

　環境アセスメントの重要な要素として乖離分析があります。これには、与えられたその環境で必要とされる典型的な作業を分析することがあります。まず、これらの作業を完了するのに必要なスキルを見て、盲ろうの人がそれをどう行っているかを見る必要があります。これによって、その人がさらに習得する必要があるスキルを特定することができます。多くの場合、このグループの生徒のアセスメントで起こることは、その差が非常に大きかったとき、先生が課題を教えることに絶望してしまうことです。この絶望を改善するのに役立つ三つの考えがあります。第一に、生徒はその作業の全体をマスターすることをまったくできない、あるいはすぐにはできないかもしれないけれど、作業を少しずつ学ぶことができるかもしれません。作業を小さなステップに分割すれば、生徒は小さいけれど、しかし重要な成功の機会を得ることができるでしょう。第二に、本当に注意を払う価値があるのはどのような作業かを考え、必要に応じて調整することが重要です（たとえば、靴の結び方を教えるよりも、マジックテープで留める靴を買った方が簡単かもしれません）。第三に、このグループでは、どのような作業でもコミュニケーションの面を考慮に入れることがとくに大切です。活動の目的は単にタスクを習得することにあることが多いのですが、

その過程で人間関係やコミュニケーション能力を発展させる機会を見落としてしまうことがあります。

　ここで重要なのは、私たちが人生でやることのすべてにおいて、コミュニケーションが不可欠なものであることを認識することです。私たちは、見えて聴こえる子どもたちに対しては、このことを当たり前と見ています。たとえば、子どもに歯磨きなどの整容動作を教えるとき、親は自然な会話をしていますが、それはやっている課題の一部に関することだけです。課題はこのように関係性の中で学習されるのです。盲ろうの人にも同じことを当てはめなければなりません。乖離分析は、「教える人」と学習者の間のコミュニケーションでの、微妙で捉えにくいレベルと、より明白に分かるレベルの両方を考慮に入れなければなりません。与えられた課題の技術的な部分だけを見るのではなく、総合的に見ていかなければならないのです。課題を行わせる際には、その状況の中で重要な要素となる、先生と子どもの個人的な関係を常に考慮しなければなりません。

　アセスメントは、生徒自身の長所と短所、特定の興味や独自性にも同様に重きを置かなければなりません。これは、仕事や地域生活の大人の世界への移行過程に入っているこの年齢の生徒にとって、とくに大切です。

ジェイソン

　第1章で会ったジェイソンはコピー機に興味があります。ジェイソンのアセスメントをするときは、この興味に確実に注意を払うことが必要です。コピー機をジェイソンにとって魅力的なものにしているのは何なのかを、できるだけ詳細に理解する必要があります。それは、明るい閃光でしょうか？　機械の中のレンズ、機械が発する音、振動でしょうか？　紙が出てくるときの温かさ、さらには、これらのいくつかの組み合わせでしょうか？　ジェイソンの興味の本質を観察すると、この興味をきっかけにして、世界についての彼の言語や概念を拡げることができます。ジェイソンを惹きつけるのがコピー機の光であれば、いろいろな種類の光（街灯、停止灯、車の点滅灯、他の機械の光）について話をすると、彼はそこから、街、車、安全、移動スキルなどについて学ぶことができます。

　話題は事実上どこまでも拡大できます。主たるポイントは生徒自身の興味から始めることです。そのためには、そういう興味をしっかりと評価することが重要なのです。

　スキルについて、発達的視点を持ちましょう：発達の視点を持つことは、生徒の現在のスキルが、評価しているそれぞれの分野の一連のスキルの中のどこに当てはまるかを知ることを意味します。このような視点を持つと、生徒がすでに何を習得しているか、次の課題は何かを理解することができます。スキルをその生徒の自然な発達の順序に沿って教えることで、成功の可能性を高めることができます。たとえば、物を指し示すことは、通常は、物に手を伸ばしてつかむ能力が先行します（それを妨げる身体障害の無い子どもの場合）。もし、生徒が物を握るスキルを持つ前に指差しを教えようとすると、生徒と私たち自身の両方にフラストレーションを与えてしまうでしょう。この発達順序の知識を持っていると、このようなフラストレーションを回避するのに役立ち、さらに、感覚運動、認知、コミュニケーションのスキルが相互に関連し、お互いの上に構築されていることを理解するのにも役立ちます。

　このような盲ろうの人のグループの中では、私たちの持つ発達に関する知識と、彼らにとってどのようなスキルが機能的かという理解を組み合わせることが重要です。ポイントは、発達面、実用面のどちらか一方から教えることではなく、両方を教えなければならないということで

す。上の例を使えば、食事の場面ではコップのミルクに手を伸ばすように促したり、着替えのときでは洋服掛けにかかっている上着を取るように促すことで、手を伸ばしたり、つかんだりするスキルを教えることができます。

このような生徒たちの場合、発達スキルと実年齢との間に大きなギャップがあることがしばしばあります。もし発達の視点を持たなければ、たとえば青少年期にあるけれど、2歳児に典型的であるような行動を示す生徒を担当しているスタッフは、それを故意で反抗的だと思って、懲らしめるように扱ってしまう可能性があります。スタッフが、それはその発達段階にある生徒に期待できる最善のものだと見て、そこから生徒が発達していくのを助けることできればより良いかもしれません（私たちはこの点について、さらに議論を進めます）。発達に関していろいろな分野からの情報を得れば、それぞれの分野のスキルで生徒に何を期待するのが妥当かを知るのによい立場にいると言えます。そして、期待するものを生徒の年齢や見かけから判断するのではなく、個々のニーズに合わせてプログラムを作成できるようになるでしょう。

11-3 コミュニケーションの課題

11-3-1 発達段階の問題

これらの生徒たちのための適切なプログラムを作る課題に加えて、毎日の授業では特定の課題があります。もし盲ろうでほかにも重度の障害がある生徒を担当しているならば、間違いなく、あなた自身もこのような課題に遭遇したことがあると思います。それはあなただけではないことを知ってください。また、困難に真正面から向き合うことが、それを解決できる方法に出会う助けになることを知っておいてください。以下の節では、それぞれの課題をできるだけ詳細に説明しようと思います。解決策は問題そのものの中に含まれていることもあります。あるいは、解決を具体的に促進する指導技術についての次節を参照することが必要になるかもしれません。

「通常の」コミュニケーションチャネルは閉じられている：私たちは皆、先生や養護者や友人として、コミュニケーションは主として話し言葉（または手話）に常習的に頼っています。話を聞いてもらい、見てもらうことを期待しています。他の障害も重複する生徒は、どちらもうまくできないことがよくあります。さらには、信頼感と安心感を育むような方法でのコミュニケーションをされてこなかったために、触覚防衛反応（tactilely defensive）を呈する生徒さえいます。しかし、注意深く、敬意を持って接していけば、新しいコミュニケーションのチャネルを開くことができます。私たちは、自分自身のフラストレーションが創意工夫や生徒とつながる機会を制限することにならないようにし、そのフラストレーションを受け入れ、忍耐強くなければなりません。

実年齢と発達スキルのレベルの間の不一致：慣れているコミュニケーション手段が生徒に対して使えないことで私たちが感じるフラストレーションは、彼らが青少年期前、青少年期、成人期になると度合いが強まります。私たちは、赤ちゃんや幼い子どもが私たちの話し言葉の多くを理解してくれるとは思いません。「この子はまだ子どもだから、まだ理解していないのね」と言ってその子を（そしておそらく先生としての私たち自身も）許します。しかし、身長180センチの髭を生やした若者が2歳児と同じくらいしか理解できなかったらどうでしょう。そんなとき、どう言いますか？

青少年の盲ろうの人は、発達的にも言語的にも非常に初期の段階にあることが多いのです。身体的な見かけと、その人が世の中で活動できる能力がまったく一致していないことがあります。これは先生にとっては大きな困難さをもたらします。先生は、その生徒がどう振舞うべきか、ど

うその生徒とやり取りすべきかについて、自分の目にしたことや対応・調整したことから頭に浮かぶことを、何度も何度も修正しなければなりません。「この生徒は18歳に見えるかもしれないけれど、一般的な18歳のように行動することを期待するのは公平ではないだろうし、18歳としてだけ扱っていては、本当にその生徒とつながることはできない。また、その生徒が興味を持つ話題を、その生徒が理解できる方法で会話し、一人の青年として尊重しなければならない」と自分に何度も言い聞かせなければならないのです。先生は、生徒と有意義なやり取りをできるようにするために、この微妙なバランスを常に模索していかなければなりません。

年齢に応じた教材や活動は、生徒を制限してしまうのではないかという懸念： 年齢に合った活動や教材にこだわることの背後には二つの面があるように思えます。第一に、生徒の年齢に合った活動課題や教材を与えることは、その生徒が友だちや社会全体に受け入れられる助けになるということがあります。もうひとつは、先生が年齢に合わせて考えることによって、生徒が成長して大人になりつつあること、同年代の生徒の誰とも同じように尊重されるべきであることを絶えず認識するようになるということです。このどちらも注目すべき関心事です。しかし、どちらにおいても、個々の生徒のニーズや人生の個人的な楽しみを見落とさないようにしなければなりません。

発達段階に適応した教材や活動課題を与えることはできますが、世間がそれをどう見るかという心配や、青年としての尊重をどうするかも頭に置いておく必要があります。生徒がおもちゃに興味を持っている場合は、そのおもちゃがその生徒の発達に役立っている可能性が高いでしょう。しかしおそらくその生徒は、おもちゃを家で使うのはいいけれど、それらを世間に持ち出すことは止めなさい、と言われているでしょう。ときには、小さな子ども向けのおもちゃが対応しているのと同様の発達ニーズに合わせた大人バージョンのおもちゃを買ってきたり、手作りすることもできるでしょう。

さらに先生や家族には、外見を超えた、生徒のより深いニーズを一般の人々に分かってもらう責任があります。生徒を尊重でき、純粋に楽しく接することができる先生は、人は優しさと尊敬に値するためには、すべての点で「普通」である必要はないということを、皆に示すことができるでしょう。そして最後に、一般的な大人の興味の対象範囲は非常に広い（人形集め、ボウリング、鉄道模型作り、ジグソーパズル組み立て、宝くじ買い、塩や胡椒シェーカー集め、など）ということを考えるだけでも、「年齢相応」と一見して思われるものとぴったり一致しないものであっても、生徒が自分の興味を追求できるように柔軟に対応しなければならないことを理解する必要があるということが分かるでしょう。 ミッキーマウスの時計を持っていたり、遊園地が好きな大人を知っているでしょう。盲ろうの人も同じように幅広い興味を持っているのです。

行動はコミュニケーション： この本では、コミュニケーションの一形態としての行動についてたびたび語ってきました。この論点は、盲ろうで、併せて他の障害もある青少年について語るときにはとくに重要です。これらの若者の多くは長い間教育サービスを受けてきましたが、それは彼らのコミュニケーションのニーズを充分に満たしていませんでした。このような生徒たちは、コミュニケーションをしようと努力していることを認めてもらえず、コミュニケーションをするように促されることもほとんどなかったのです。結果として、生徒は受動的になったり、あるいは逆に攻撃的な行動をとるようになったりすることがしばしばあるのです。生徒の考えていることや感情が自分の表現能力を超えてしまうと、多くのフラストレーションが生じてしまいます。

盲ろうの青少年は、たとえどんなに障害が重くても、私たちと同じように自己表現のニーズを持っています。言語あるいはそれに代わる適切な表現手段が充分でないと、身体を使って、周囲の人に手を伸ばしたり、乱暴なことをしたりすることがあります（これが自分自身に向けられる

と、もっと気がかりなことになる可能性もあります）。彼らの年齢が高いだけに、この振舞いはそれが年少の子どもたちの場合に比べて、より問題になります。

　一つには、自分を表現できないフラストレーションを抱えていた年月が長く、また、長い間に身体的な行動に出てしまう習慣が強くついてしまったことがあります。もう一つは、彼らは単に小さな子どもよりも身体的に大きいということです。実際、先生や両親、養護者よりも大きくなっていることもよくあります。このため、彼らの行動は危険なものになる可能性があり、他の人は彼らと関わることに慎重になるかもしれません。それは当然、彼らのコミュニケーションの難しさを増幅するだけです。

　コミュニケーションを改善するための全体的な努力の一部として、生徒のそのような行動を止めさせるための「行動プログラム」が考えられていない場合、問題はさらに増大する可能性があります。たとえば、スタッフは積極的な関わり方を教えてもらうのではなく、ある種の行動は無視するように言われるかもしれません。結果として生徒は前よりもいっそう孤立してしまうことになるでしょう。普通、行動介入は望ましくない行動を止めさせることを目的としています。その行動の伝達的価値を理解するようにして、生徒により適切な自己表現の手段を与えることは、はるかに効果的な戦略となります。

　攻撃的行動や「行動化」（訳注　衝動があったとき、それをコントロールせずに実際の行動に移してしまうこと）に対処するためによく使われる戦略の一つに、「タイムアウト（短時間隔離）」を課すことがあります。生徒をその状況から引き離し、隔離された場所に移すこともその一つです。盲ろうとこの障害に内在している孤立について考えれば、「タイムアウト」がなぜ適切でないのか、すぐに分かります。

　ある特定の状況で不適切と思われる行動に出合ったとき、私たちには、その行動で生徒が何を伝えようとしているのかを探り出すという課題が与えられているのです。その行動をコミュニケーションの一つの形であると捉えれば、生徒を一人の人間として認め、対応する方法を考えることができるようになります。私たちの主な課題は、ニーズ、願望、考えを表現するための、ますます効果的な方法を生徒に与えてあげることです。

　生徒は注意障害を伴う場合もある：盲ろうで言語も少ない年長の生徒たちは、注意力の持続期間が短いことは珍しいことではありません。この持続する注意力の欠如は、コミュニケーションが困難な原因でもあり、結果でもあります。おそらく乳幼児期から注意を払うことを充分できず、それがコミュニケーション能力の不足の一因になっているのです。青少年期の今、彼らが通常のコミュニケーションチャネルをほとんど理解していないということは、人が最も一般的な方法でコミュニケーションをとろうとしても、それに注意を払う動機がないということなのかもしれません。ここに、悪循環がいかに進んでいるかを見ることができます。注意が限られていると、限られたコミュニケーションにつながり、これはまた限られた注意につながる、これの繰り返し、ということになるのです。これを改善するには、先生や両親は、生徒がまさにどのように注意を払うかに気づくことと、意味のあるやり取りをするために生徒の注意の瞬間を利用することに熟練する必要があります。これは多くの場合、非言語ミラーリング（訳注　相手のしぐさや表情を鏡に映したように真似する）を含みます。

　個人的な態度が生徒とのやり取りに影響する：コミュニケーションは、二人の人の間の活き活きとしたお互いの関係の中で行われるものです。私たちは生徒との会話ではその中の半分の存在であることを認識して、生徒とのやり取りでの自分の態度を考えなければなりません。たとえば、私たち自身がうしろ向きになり始めていることに気がついた場合、なぜだろうかと自分自身に問う

必要があります。もしかすると、生徒とコミュニケーションしようとしているのに、生徒からの反応が何も見られなかったのでしょう。そしてしばらくすると、やり取りしようとすることをやめてしまっているかもしれません。ここでの課題は、盲ろうで他の障害も重複する人のわずかな、あるいはあまり一般的ではない反応への気づきを学ぶことと言えるでしょう。小さな動き、呼吸の変化、筋肉のゆるみなどがその生徒のコミュニケーションの方法なのかもしれません。私たちはこのことを知らないうちは、よりたくさんのやり取りを始めようという気にならないかもしれません。

　相手の年齢も、無意識のうちに私たちの態度に影響を与えているかもしれません。幼く、身体的にも小さい生徒に対しては、青少年期の生徒よりも好感を持ちやすいので、よりたくさんのやり取りが引き出されます。青少年期には、障害の有無にかかわらず、本来、ふざけ心や向こう見ずなところが少なく、しごく真面目なのかもしれません。いずれにせよ、この可能性に気づき、特別な努力をもって対応しない限り、年長の生徒とのやり取りは減ってしまうでしょう。

　さらに、先生、友だち、家族、学校の管理者など、私たちの誰もが、コミュニケーションを速くできない人をひそかに見下したような態度をとることがあるかもしれません。盲ろうの生徒が、活動や会話に参加できないのは、「理解できない」からだと思い込みがちです。しかしこれらの例のほとんどすべてでその生徒が参加できる——制限があるとしても——方法を考え出すことができるのです。これは私たちが活動に参加しているときに、生徒が身体的に触れ合えるようにしてあげるだけで達成できることもあります。また、あるときには、その生徒と直接話すときだけでなく、その場にいる他の生徒や大人たちに話すときにも、手話をしたり物や絵を使ったりする必要があることを覚えておかなければなりません。

　先生が何度も教えるのにうんざりしないように：盲ろうで言語も制限されている青少年期の生徒は、しっかりと学びそれをうまく活用するためには、何回も何回もの繰り返しを必要とすることが多いのです。彼らはまた、比較的整理されたスケジュールと、日常的な活動を期待して待てるようにするための機会も必要です。一方、可能な限りいつも目新しさと自発性を組み入れることが重要です。これは私たち誰にとっても生活の中で必要なものですが、重度の知的障害のある生徒に真に利益をもたらすためには、生活のしっかりとした構造の中に目新しさが組み入れられている必要があります。使える構造の中で、真の明るい相互関係を確立することは、先生の感じる退屈さを改善するためのキーとなります。

11-3-2 肢体不自由の重複

　視覚・聴覚と知的障害の重複障害に加えて、重度の肢体不自由のある先天盲ろう児が増えています。これらの子どもたちは家族や障害診断チーム、教育チームに大きな課題を提示しています。

　感覚障害に加えて知的障害と肢体不自由を重複する場合、生徒にとっての課題はとても大きなものに見えるかもしれません。肢体不自由が加わることは、さらなる孤立化と、効果的なコミュニケーション発展させるための新たな障害を引き起こします。

　重度な肢体不自由のある子どもたちのニーズに対応することは、学際的なサービスモデルの必要性を浮き彫りにしています。子どものために働くすべての人が、子どもの運動能力を理解することは非常に重要です。これには、子どもの自発的な運動がどのくらいあるか、視覚機能と動作のための最適なポジショニング、そして見落とされがちな要素である運動反応時間などがあります。すなわち、手を伸ばす、つかむ、頭を動かす、いくつもの運動反応をするなどに、神経学的にどれくらいの時間がかかるのか、ということです。

身体に障害のある生徒には、自分を最大限に表現する機会を与えられるように、個別に合わせたコミュニケーションシステムが必要。

　私は、少し視力が使え、他の人のサポートや歩行器があればとてもゆっくりだけれど歩くことができる若い女性に会いに、重度の障害のある子どもたちのためのプログラムを訪問したときのことを覚えています。昼食時の通常時の様子を観察していたとき、この少女がミルクの入ったコップの位置を目で確認するのを見ることができました。そして、彼女が神経学的に、また筋肉運動的に力を振り絞って腕や手に信号を送り、非常にゆっくり腕を上げてコップに手を伸ばし始めるのを見ることができたのです。これには1分以上かかり、彼女の昼食を手伝う役割だった先生にとってはあまりにも長かったのです。まさに彼女がコップを手にしようとしたとき、先生がコップを奪い取り、彼女の口のところに持っていってしまいました。私には彼女の顔に出たがっかりした気持ちがはっきり分かりました（M.リジオ）。

　この例を通して分かるのは、彼女が行動を始めるまでの時間を無視し続けると、彼女がいとも簡単に完全に受動的になってしまうということです。
　重度の肢体不自由のある生徒の先生は、生徒が何を理解しているのかを正確に把握することが課題です。このような生徒たちは、迅速に、あるいははっきり目に見える形で対応することができなければ、先生が少なくともこれまでと同じように期待している方法では、自分が理解していることを示すのは簡単ではありません。

11-4 課題に対応する：良いコミュニケーションを育てる

　ここで紹介する提案は、生徒のコミュニケーションの機会を増やすために役に立つものです。これらの例を見ていただくと、アセスメントというものが継続的なプロセスであり、いかに私たちの指導と密接につながっているかということが分かるでしょう。

11-4-1 会話をどう促すか。
　第4章では、年齢や能力にかかわらず、盲ろうの人とどう会話するかについてかなり具体的に述べました。その章をもう一度読んで、自分の生徒との会話について考えてみることは大切です。いくつかの事項は他の障害を重複している青少年期の生徒にとくに関連の深いものです。
　全身を使った活動をしましょう：多くの場合、これらの生徒たちとは、情報の授受のための主な手段として触覚と手を使って、非言語的にも言語的にも良い会話をもすることができます。しかし、感覚統合の初期段階にある生徒は、年齢にかかわらず、手、眼、耳に意識がまだ集中してい

ません。彼らの意識が関わってくるのは、主として全身の動きを通してなのです。彼らは、体を前後左右に動かす、ブランコのように振れる、体を揺すぶる、走る、泳ぐ、転がるなどの、前庭系と固有受容感覚系を刺激するような動作が好きです。私たちは、このような全身運動の内のどれか一つの方法で参加することで、これらの生徒たちと真のコミュニケーションをとれることが多いのです。

このような全身運動は、青少年期の生徒に対しては、乳児や幼い生徒（膝の上に乗せて揺らす、走ったり転がったりしながら抱きかかえることが簡単にできる）と同じようには簡単にできません。とはいえ、このような刺激や接触が必要な生徒のために活動するときには、それができる方法を見つけることが大切です。生徒がこの種の身体接触の境界線を理解していない懸念がある場合は、これらの活動を慎重に計画して、体育の授業時や保健室（セラピーエリア）で行うことができます。私たちはまた、触ることについての私たち自身の文化的タブーについて考え、触ることがコミュニケーションの主要な方法である人たちとの関係を築く際にいかに重要かを忘れてはなりません。スタッフ、家族、仲間は、身体的なコミュニケーション活動を行うことを奨励し、許可し、これらの活動の明確な境界を設定する必要があるでしょう。

生徒には次のような全身活動が適しているでしょう。

・音楽に合わせて一緒に踊り、できる限りリズムに合わせて、身体的にも（とくに眼の見えない生徒のとき）、視覚的にも（視力が残っている生徒に対して）優しく接しながら、揺れたり動いたりするようにする。
・ロッキングチェアを横に並べて置いておき、接触できるように揺らす。揺らすペースやリズムに注意して、状況から会話を生み出す。
・ハンモックで横に並んで座って揺らしたり、二つ並べたハンモックやハンモックチェアで揺れたりする。
・二つのセラピーボールの上にそれぞれ寝て、体を密着させながら、前後に転がる。
・生徒の横や後ろに立ち、お互いに心地よい振動リズムをつくりながら前後左右に揺れる。
・プールで並んで泳いだり、交代で泳いだりする。

これらの活動のいずれか一つでも、生徒自身の動きに同調し、生徒が分かるように真似すれば、非言語的なコミュニケーションの機会となり、またもしかすると言語的なコミュニケーションの機会にできます。また、ときどき動きを止めて、生徒が続けたいということを何らかの方法で知らせてくるのを待つこともできます。そのような動きは、自然な対話へと進展することもあります。第8章で提案されている、コミュニケーションを始めるための活動の多くは、このような生徒の集団のために容易に利用したり、適応したりすることができます。

視覚と聴覚の連絡をつけましょう：聴覚補助装置や視覚補助具の活用は、盲ろうの人たちの中の聴覚、視覚を使えるグループにとって、とくに重要なテーマです。生徒が多くの分野で制限されている場合、残存する感覚を最大限に活用することがなおいっそう重要です。生徒に支援装置の使用方法を教えることの重要性はしばしば過小評価されており、労力と費用がかかるために試みられていません。重度の重複障害のある生徒にも、他の子どもたちと同じように、学習に役立つ支援装置を使う機会を与えなければなりません。

11-4-2 日常生活の活動にコミュニケーションをどう組み込むか

生徒と一緒に行う日常的な活動、たとえば靴を履くのを手伝う、昼食を食べる、バスまで歩く

生徒と食事の時間をともにすることで、非言語的・言語的の両方のコミュニケーションの機会を多く得ることができる。

などを思い浮かべてください。その活動をお互いにとって楽しめる活動にするためのちょっとした方法を想像してください。ちょっとイメージしてみましょう。

　キーは「お互いに」と「楽しめる」の二つの言葉にあります。「どうやって教えればいいのか」ではなく、「どうしたら一緒にできるのか」を考えてみて、「どうしたら私たち二人にとって楽しくできるのか」を自分に問いかけて、楽しむ姿勢を養いましょう。

　以下の提案は、相互の関係性や楽しさを取り入れるアイデアを増やすきっかけになるでしょう。

・食卓の準備をする：必要な皿やナイフ・フォークの数を交代で数える。次にそれをテーブルに置き、自分の番のときには丁寧に置くことを遊び心を持って大げさに表現し、生徒が注意深くテーブルに置いたときは嬉しそうに、何か不注意なことをしたときは優しくからかうなどの反応をする。ときどき自分で間違えて、自分をからかったりする。

・バスのところへ歩く：生徒の横を、その生徒の歩き方のリズムに合わせて歩く（生徒が全盲の場合は体に触れながら）。ときには大きな歩幅と小さな歩幅を交互にしたり、ふざけて方向を変えたりしてリズムを変え、一緒に歩くことが真の対話になるように、生徒の反応を注意深く見守る。

・食事をする：食べさせてあげなければならない生徒の場合は、一口ずつ食べさせ、交互にあなた自身も自分の食事から食べる。ときには、料理に対してその生徒が分かるようにおおげさに反応して見せる。

・食事をする：生徒が自分で食べられる場合は、生徒の隣に座って自分も食事やおやつを一緒に食べ、生徒があなたの様子を触覚や目で見て、一人で食べているのではないことを分かるようにする。食事中、ジェスチャーで物を渡したり、渡してもらうなどして、生徒に関わりを持たせる。

・昼食後の手洗いをする：先生は自分の手や顔を洗う。そのとき毎回、石鹸を探したり、石鹸を渡しあったりのゲームをする。ときには、生徒に渡した順番のとき、手を伸ばして生徒に自分の手や顔を洗うように優しく言う。

・歯磨きをする：自分の歯ブラシを学校に持ってきて、生徒と一緒に歯磨きをし、口の中の歯ブラシの感触を楽しんでいる様子や、楽しそうに歯磨き粉を歯ブラシにつける様子を見せる。

・植物に一緒に水やりをする：ジョウロを二つ用意し、助け合いながら、交互に水を入れる。新しく成長したところや花が咲いていることなどに注目しながら、植物の列に水をやる。

11-4-3 好奇心をどう育て、手を差し伸べるか

　人が学ぶのは、世の中のことや自分自身について好奇心があるからです。これは、一般の誰にもいえることで、盲ろうの人や知的に遅れがある青少年たちにも同様です。どのような方法ででも彼らの好奇心を刺激するように努めなければなりません。初期のコミュニケーションと言語を作り出すことについて述べた第8章をもう一度読んで、幼い子どもに対してはどうすればよいか、いろいろ示唆を得てください。そこにある示唆の多くは、年長の生徒にも応用することができるでしょう。

　青少年期に特有ないくつかのことがらをここで取り上げてみましょう。幼い子どもの自然な触ったり見たりしたいという好奇心は、かわいらしいので、促されるでしょうが、一方、年長の生徒の好奇心は、周囲の大人から煩わしいと思われて、やめさせられてしまうことがしばしばあります。多くの教室、生活の場、職場では、触ることは勧められないか、禁止されています（それが唯一の探索の手段である、視覚や聴覚を持たない生徒であってもです）。これによる学習への悪影響は深刻です。盲ろうの生徒に、自由に探索でき、自然な好奇心が認められる環境を提供することが重要です。興味深い材料をたくさん用意しておきましょう。また、触ったり、注意深く物を見たりして好奇心の手本を見せ、生徒を誘いましょう。生徒の手を持って動かすのではなく、自分で触るように誘うだけにすることを忘れないようにしてください。手をそっと生徒の下に置き、その子自身の手を自由にしたまま、あなたが探索しているものに向かって動かすのです。

　性的な好奇心は、ホルモンの変化とともに自然に始まり、青少年期に特有の別の問題を提起します。盲ろうで言語が制限されている青少年たちは、一般的でない方法で性への興味を表わすことがよくあります。それは通常、その方法が彼らができる唯一の手段だからです。たとえば適切でないと思われる方法で他の人を触ることを始めたり、周囲の人々にとっては心地よくない状況で自分の体を探ったりすることがあります。このような行動は適切な場所や状況だけに限定させることは当然重要です。たとえば、自分に触るのは寝室が適切であることや、許しもなく他の人に触ることは適切ではないことを教えることができます。また、どうすればセクシュアリティについての生徒とのコミュニケーションを、このような自然な好奇心を満たすのに役立つような方法でとることができるか、注意深く考えることも大切です。

　生徒の性的関心は、年齢に応じた自然なものとして尊重し、個々の生徒の理解レベルに合った適切な方法でこの話題の会話に積極的に参加しなければなりません。このような生徒たちには、単に言葉だけでは彼らの性的関心について教育することはできません。写真や解剖学的に正しいモデルや人形などの適切な教材が必要です。また、この生徒の周囲の人たち皆がこの問題にどう取り組むか、入念な計画を立てなければなりません。

　これらの生徒たちには、性の違い、家族の関係、触ったりやったりするのに適切なことと不適切なことなど、まさに基本的な概念についての教育が必要です。この教育は、できれば、彼らの関心が最大になるときまでには、変化していく自分の身体に何が起こっているのかを理解するための、なにがしかの基礎を持てるように、生徒が青少年期に達する前に始めるようにしたいものです（この章の最後にあるリストに、この種の教育のための具体的な提案が記述されている参考文献がありますので参照してください）。最後に、私たち自身の快適さや不快感が生徒に伝わってしまうことを忘れないようにしてください。そこで、私たちはこの話題について自分でも学び、自分の感情がどうであるかを考えて、自分自身の振舞いを明確にするようにしていかなければなりません。

11-4-4 構造化（structure）と日課（routine）の活動をどう役立てるか

これまでの章では、私たちがいかに生活の中で日課と構造に頼っているかを述べてきました。知的な遅れのある青少年期の盲ろうの生徒には、混乱した予測不可能な世界で活躍するために、信頼できる構造化が必要です。構造化は、適切なスケジュール、変わらない個人的関係、安全でサポートがある物理的環境など、いろいろな方法で提供されます。

青少年期の生徒たちは、地域社会で生活し、さまざまな種類の仕事に参加する年齢に近づいていくと、普通の日常生活や職業活動により重点を置いていくことが必要です。もし、生徒が学校を卒業した後に、どこで生活するのか、あるいは働くのかを知っていたら、その生徒が一人の大人として過ごす日常生活に近いものを学校でのプログラムに組み込んでおくとよいでしょう。生徒のこのような日常の活動を広げていくためには、盲ろうの若者や、個人的に親しくしていてその生徒の将来を見守っている人たちを含めたチームが、その生徒が大人になっても活躍できるような職場やプログラム、家庭の状況をイメージすることが重要です（成人期に向けた移行期の計画についての第 12 章を参照してください）。現在のスケジュールの中に、生徒が大人になったときに日課や活動に似たものを含めることができれば、手話、絵、その他のシンボルで、役に立つ語彙を使うことができます（あとに述べる「いかに語彙を増やすか」を参照してください）。以下の、青少年期の盲ろうの生徒のための活動のリストは、生徒のスケジュール準備を考えるときに刺激になるでしょう。

これらの活動は、生徒の特定のスキルや興味に応じて変更することができます。生徒にとってできる限り意味のある活動を選んで変えることを守ってください。もし、たとえば職業訓練プログラムの一環として分類より分け作業を行う場合は、食後のナイフ・スプーンや、自分の洗濯物のより分けなど、実際に必要で、生徒にとって意味のあるものにしてください。意味のある活動にすることで、役に立って、理解しやすい言語やコミュニケーションが使われる自然な機会が与えられることになります。

できる限り、生徒の主導に任せるようにしましょう。また、生徒の好みをよく見て、その子の興味を深めたり広げたりする方法を工夫してください。それぞれの活動は、会話のやり取りをする機会であると考えることを忘れないでください。生徒は、単にタスクをこなすための訓練を受けるのではなく、他の人と一緒にやっていく中で、それを学べるようにしなければなりません。

これらの生徒たちのスケジュールを作るとき、彼らの年齢や身体的な見かけからは、相当長い

日課と活動	
自己管理	洗濯、着替え、歯の手入れ、髪の手入れ
料理	サンドイッチ・缶詰のスープ・プリン・スナック（写真か触図レシピを使う）
買い物	買い物リストを作る（絵、文字、触図）、品物を探す、お金を払う
レジャー	水泳・ランニング・ウォーキングなどの運動、石ころ・貝殻・木の葉などの収集などの趣味、織物・ラグフッキング（訳注 米国製のカーペットの一種）・お絵描きなど簡単な手作り品製作・簡単なボードゲームやカードゲームなどのゲーム、レストラン・映画・公園・公民館・市場に行く
清掃	ベッドメーキング、洗濯、掃き掃除、皿洗い
仕事	植物への水やり、園芸、リサイクル、掃除、仕分け、組み立て
動物の世話	金魚のエサやり、猫の毛繕い、犬への水やり

写真やオブジェクトを使ったスケジュールシステム
をもとに、過去と未来のイベントについてたくさん
のコミュニケーションをすることができる。

時間、座ってデスクワークをする力があるように見えるかもしれません。しかし数分以上座り続けの活動は彼らには生産的でないことが多いのです。一日を全体的に見て作業の良いリズムを見つけてください。アクティブな活動と座り続けの活動を交互に行えば、生徒はよりしっかりと参加できるようになるでしょう。

　実効的なスケジュールを適切に組めば、あなたと生徒はリラックスしてそのルーチンの中で作業することができます。そのリラックスから、自然発生的な真のコミュニケーションの機会が生まれるのです。

　スケジュールの構成を伝えるためにカレンダーシステムを使いましょう：予定が分かっている活動スケジュールによって、生徒に日課を説明するのに象徴的なコミュニケーション方法を使う恰好の機会が得られます。これには第8章で詳しく説明したスケジュールシステムを使うことができます。このようなシステムでは、先生がきちんとした言語を使わずに、実体的な方法で何が起こっているかを説明することができるので、学校環境、生活や仕事の状況に変更があったとき、その移行の間に非常に役に立ちます。

　もし生徒がスケジュールのある点で不安を持っているようだったら、それについて生徒とコミュニケーションする特別な方法を検討してみるといいでしょう。先が不確実なとき、言葉がどのように私たちを安心させてくれるのか、ちょっと考えてみましょう。「心配しないで大丈夫。明日には家に戻れるからね」、「この状況はあと1時間で終わるよ」、「これが終わったらレストランに行こうね」と言われると、リラックスして、ある程度の見通しを持って現在の状況に向き合うことができるでしょう。言葉がなく、不安を募らせるような状況にいることを想像してみてください。これは、盲ろうの生徒や他の障害も重複する生徒によく見られることなのです。

　次の話では、不安を募らせる状況について生徒とコミュニケーションするために、先生がどのようにオブジェクトや絵のあるスケジュールシステムを適応させたかを示します。

ジミー

　ジミーは弱視・重度難聴の13歳の少年でした。読み取れる手話の語彙は約20語、表現できる語彙は5語でした。両親は離婚していたので、彼は母親と一緒に暮らし、隔週の週末と、ときには休暇を父親と一緒に過ごしていました。週の初めと終わりで状況が変わる間には、彼はしばしば極度の不安を見せていました。先生は、彼がどのくらいの期間どちらの場所にいることになるのか分からず、スケジュールに混乱していたのではないかと考えました。登下校のたびに先のことが分からなくなってきて、ジミーは明らかにフラストレーションから、泣いたり、自分を叩いたりしていたのです。

先生は、ジミーがどのくらい家にいるのか、どのくらい父親あるいは母親と一緒にいるのかが分かるカレンダーを工夫しました。また2種類の枕カバーを数枚買ってきました。一つは無地のフランネルの枕カバー、もう一つは鮮やかな色の柄のパーケール（訳注　滑らかな綿布の一種）の枕カバーです。先生は母親に、家のジミーのベッドでパーケールの柄の枕カバーを使ってほしいと頼みました。また、無地のフランネルの枕カバーを父親の家に送り、ジミーの枕に付けてもらったのです。

　そして、残りの枕カバーから、大きな枕に合わせた小さな枕をいくつか作りました。母の家用の小さなパーケール枕を20個、父の家用の小さなフランネル枕を20個、それぞれにマジックテープの小片を付けました、先生は大きな段ボールで、曜日を表す正方形（カレンダーの1ページにあるように4週間分）を書いた「カレンダー」を作り、そのすべての日のところにマジックテープを貼り付けました。これが「母と父のカレンダー」です。これがあれば、ジミーに母親と何日、父親と何日一緒にいるかを知らせることができます。先生はジミーのスケジュールに対応してカレンダーの日の上に小さな枕を置きます。毎日、ジミーは寝るときにその日の枕を外し、その枕とベッドの上の枕が同じかどうかを見たり触ったりするのを手伝ってもらいました。また、小さな枕をカレンダーの下に取り付けられた「終わった」バスケットに入れるのを手伝ってもらいました。カレンダーはジミーと一緒に学校と家の間を行ったり来たりしていました。ジミーは何度も何度も繰り返した結果、カレンダーを見たり触ったりして次に父親の家に行くまでに何日残っているかを確認できることを理解するようになりました。このカレンダーは、ジミーの不安の多くを軽減するだけでなく、曜日の名前や「母」と「父」の手話を教えたり、時間についての象徴的な感覚を持つきっかけを与えるのに大きな助けになりました。

ベッツィー

　ベッツィーは、全盲・重度難聴の14歳の少女で、言語をほとんど持っていませんでした（読み取れる手話は10語ほどで、「食べる」、「飲む」の手話をすることはできました）。ベッツィーには健康上の問題があったので、頻繁に医者に連れて行かなければなりませんでした。彼女は、注射を受けなければならないことが多かったので、医者に行くのが嫌いでした。彼女は医者のオフィスがある建物に入るとすぐに叫び始めるのです（彼女は明らかにその独特の匂いから、建物を識別することができました）。

　ベッツィーの先生は、リュックサックに入るような携帯用のオブジェクトカレンダーを作りました。ベッツィーのお気に入りの活動の一つは、クラスで一緒に近くのレストランにアイスクリームやスナックを買いに行くことでした。そのレストランへのお出かけは、そのレストランの紙コップでカレンダーに表わされていて、ベッツィーは紙コップを見せられるとレストランに行くことが分かって、笑顔になり、興奮していました。

　ベッツィーがオブジェクトカレンダーを使えるようになると、母親は医者に行くときにカレンダーを持っていくようになりました。また、医者に行った後には、いつもベッツィーをお気に入りのレストランに連れて行くようにし、医者に行くときのオブジェクトシンボル（聴診器）をベッツィーに見せると、医者に行った後すぐにアイスクリームを食べることも伝えることもできました。何度か医師の診察を受けた後にレストランに行くことがオブジェクトカレンダーによって伝えられるようになると、ベッツィーは医者のオフィスビルに入ったときに落ち着くようになりました。

盲ろうの青少年期の生徒のためのこのようなシステムは、いろいろな理由から非常に貴重です。たとえば、

- ・何が次に起こるかを事前に知ることは、生徒が安心感を得るのに役立ち、多くの行動が不安定な状態を未然に防ぐことができる。
- ・このようなシステムを使って得られる安心感は、生徒が活動を選べるようにするための基礎を築き、それによって生徒の生活の質を大幅に向上させることができる。
- ・このようなシステムによって、非常に基本的な象徴的理解（これは後に精緻化され、また言語の使用にもつながる）のための基礎を築くことができる。

　カレンダーシステムを進化させましょう：ときに、先生がマンネリ化してしまって、生徒のカレンダーシステムが固定化してしまうことがあります。生徒の年齢にかかわらず、カレンダーやスケジュールシステムは変化することを忘れないようにすることが大切です。たとえ同じスケジュールがしばらく続いたとしても、スケジュールシステムを生徒の学習ツールとして活用する方法を常に模索し続けなければなりません。たとえば、オブジェクトカレンダーから始めた場合、生徒に視力があり、能力があるときは、一枚の絵とオブジェクトを組み合わせ、それから、生徒が絵を認識できてきたら、徐々にオブジェクトを減らして、ピクチャースケジュールに移行していくことを検討しましょう。眼の見えない生徒の場合は、これを触覚シンボルを使って進めることができます。また、生徒が活動を表すものとしてはっきり認識しているいくつかのオブジェクトを使ってオブジェクトカレンダーを作成した場合、オブジェクトの数を増やしてシステムを拡張することができます。生徒を注意深く観察していくことで、どうすれば具体的なものからより抽象的なものへと段階的に移っていけるかを知ることができます。ただし、このカレンダーシステムは、生徒といま進めている非言語的・言語的な会話を補足するものに過ぎないことも覚えておいてください。

　思い出ブックを使いましょう：年長の他の障害も重複する生徒と思い出ブックを作ることは、彼らの能力を超えていると考えられることがよくあります。しかし、言語をほとんどもたない年長の生徒、とくに絵の認識ができ始めた生徒にとっては、思い出ブックは貴重なものです。毎日の終わりに生徒と一緒に、その日の最も重要なできごとの絵を描くことが、そのような本を作る始まりになります。あなたの生徒がこの活動にどれだけ参加できるか、そしてそれがその生徒にとって意味のあるものになっているのかどうかが分かるでしょう。生徒は、先生が絵を描いたり色を塗ったりするのを見ているだけでもいいし、色を選ぶのを手伝ってもらったり、自分で色を塗ったり、ちょっとしたお絵かきをしたりするのもいいでしょう。もし生徒が選ぶことができるとしたら選ぶだろう、と思うできごとを選んでみてください。たとえば生徒が、教室にちょっときた訪問者に心を奪われていた場合は、それをその日のイベントにして、それを描いてあげてください（あなたも一緒に行った遠足の方が、その生徒がもっと興味を持っていいはずなのに実はそうでもなかったとしても）。

　興味を持つほどにはまだ絵を認識することができない生徒には、実際の物の一部を使って思い出ブックを作り始めるとよいでしょう。たとえば、プリンを作ったときには、プリンの箱の表を本のページに貼り付けるのです。また、レストランのナプキンや、海水浴に行ったときのタオル地なども使えます。このようなオブジェクトピースは、盲の子どもとの触覚を使用した思い出ブックのようなものを始めるのにも役立ちます。オブジェクトカレンダーと同じように、思い出ブックも発展し、変化していかなければなりません。生徒があるレベルの象徴的なオブジェクトに完全に慣れてきたら（たとえば、具体的な物を認識するようになったら）、次のレベルに移るこ

特定のクラスのための特別なスケジュールシステムは、生徒が活動の順序を
理解し、その順序に沿って活動を選択するのに役立つ。

思い出ブックは、言語の発達が少ない年長の生徒にとって、と
ても貴重なものになる。

事前に用意したコミュニケーションカードは、生徒が店や
レストラン、その他の身近な場面で自分の考えを表すのに
役立つ。

とを検討してください（この場合、視覚的または触覚的な絵でしょう）。同様に、生徒が絵に慣れ
ている場合は、一つひとつの絵の下に文字で単語を追加して、役に立つ経験を文字で表現できる
ようにすることを検討してください。

　このような思い出ブックによって、過去のことを簡単な方法で生徒と一緒に振り返る機会を持
つことができます。一緒に座ってスクラップブックを見て、おそらく簡単な単語や文章の手話を
しながら、以前あったイベントについての会話をする（音声、手話またはジェスチャーなど、ど
れでも適切なもので）というやり方です。生徒はこのスクラップブックを使うことで、あなたが
何について話しているのかが分かります。このような思い出ブックが無いと、生徒と過去につい
ての話をすることは非常に困難です。

　そのような思い出ブックは、移行期にとくに価値が示されるかもしれません。移行期の間、す
べてが変化しているように思える中で、何らかの自我の連続性（訳注　自分が過去から時間的
に連がっているという実感）を保つために思い出ブックを使うことができるでしょう。このスク
ラップブックはまた、感情、とくに普通は大きな変化があったときに起こる悲しみの自然な感情
について、簡単な議論をする機会を作ることもできるかもしれません。

特定の環境のための特別なコミュニケーション支援装置を作りましょう：生徒の生活の中のそれぞれ

の環境は、独自のコミュニケーションの課題を示していて、それぞれが生徒のコミュニケーションの可能性を拡げる機会となっています。たとえば、料理教室は、絵や触って分かるレシピを使える時間になります。お店やレストランへいくときはコミュニケーションカードを使うチャンスです。体育や職業の授業は、何枚かの一連の絵が役立ち、選択肢も参照用の絵やオブジェクトで表現できる時間になります。これらのシステムはどれも手の込んだものや機械装置である必要はありません。実際には、あなたがこれらの支援装置の作成に生徒自身を関与させることができれば、生徒がそれを自分が作ったものだと確信し、また、使っている絵やオブジェクトを理解するのに役立つでしょう。これらのコミュニケーション支援具は、生徒が大人の生活に移行する際に非常に価値のあるものとなります。これらのコミュニケーション支援具によって、いろいろな場面で自立性と熟練度を高めることができます。

11-4-5 コミュニケーションとしての行動の捉え方

　盲ろうで、正式な言語を充分には持っていない青少年期の生徒の多くは、主に体を使ってコミュニケーションをとります。ジェスチャーをする、泣く、押す、引っ張る、背を向ける、他の人や自分自身に殴りかかる、微笑む、身体を揺する、笑う、好きなものに向かって動く、などをするでしょう。これらの行動は、周囲の人々を不快にさせるか、惹きつけるかということで、単純に「悪い」か「良い」かを判断することもできます。これらやその他すべての行動を、きちんと評価するためのより有効な方法は、それぞれが意図と機能があるコミュニケーションの形として見ることです。

　行動のプラグマティクスを考えてください：プラグマティクス（訳注　語用論）とは、言語とコミュニケーションの社会的機能を研究する学問です。もし私がどんなコミュニケーションであっても、それが実際には何を意味しているのかを知ろうとするなら、このコミュニケーションはどのような目的で行われているのか、質問をするためなのか、何かをコメントするものなのか、指示を与えるものなのか、それとも何かを拒否したり否定したりするためなのか、などを考えます。次のコミュニケーション機能のリストは、私たちが言語や行動を使う方法がいかにさまざまであるかを示しています。

コミュニケーション機能
I.　**双方向性のもの**
A.　　〜の依頼
　　注目
　　社会的やり取り
　　遊びでのやり取り
　　愛情
　　活動への参加の許可
　　受け取る側の動作
　　援助
　　情報／説明
　　物
　　食べもの
B.　否定

抗議

拒否

停止

C. **宣言・コメント**

イベント／行動について

物／人々について

エラー／ミスについて

確認

挨拶

ユーモア

D. **感じたことの表明**

感情

期待

退屈

混乱

恐怖

フラストレーション

傷ついた感情

痛み

喜び

2. **非双方向性のもの**

A. **自己規制**

B. **反復学習（リハーサル）**

C. **習慣性**

D. **リラクゼーション／緊張解放**

（Donnellan, Mirenda, Mesaros, Fassbender, 1984）

　あなたの生徒がよく見せる行動を思い描いてください。そして、それがどんな働きをしているかを考えてください。文脈を考えなければなりません。たとえば、泣くという行動は、いろいろなことを伝えることができます。何かを要求することができます（たとえば、水を1杯ほしい）。イベントに対するコメントかもしれません（誰かとのお別れが悲しい）。何かすることへの拒絶もあるでしょう（いま渡されたものを食べるのがいや）。あなたが予測したことが合っているかどうか、試してみることができます。たとえば、そのコミュニケーションに適切と思われるような反応をしてみて、生徒がその行動を止めるかどうかを確認することができるでしょう。もし泣き声が活動をやめてほしいという要求であって、あなたがその活動をやめれば（泣き声がヒステリックになって、泣くこと自体が主になってしまう前に）、泣き声はおそらく止まるでしょう。あるいは、泣き声が前に起こった何か（たとえば、誰かが帰ってしまった）に関することだったら、その人を連れ戻せば泣き声は止むでしょう。

　盲ろうで、知的に遅れのある青少年期の生徒のために仕事をする際には、生徒の行動を何かを伝える行為（その生徒の現在のスキルを考えた場合、それが自分の意見を表現する最大限の努力

の結果であるとして）とみなすことは、学ばなければならない非常に重要なスキルです。行動の語用論的機能を評価する方法を学ぶには、A．ドネランの1984年の論文『問題行動のコミュニケーション機能分析』をお勧めします（前掲　Donnellan, Mirenda, Mesaros, Fassbender, 1984）。

　ここでは盲ろうの青少年たちが、行動を通してどのようにコミュニケーションをとり、周囲がどのように適切に対応したかを紹介します。

ジェリー

　ジェリーは青少年期にあり、全盲・重度難聴です。正式な言語をほとんど使いません。ティーンエイジャーの彼は人の体を触るのが好きでした。彼は人に会うとその人の体のあちこちを触っていましたが、それは一部の人にとって非常に不快なものでした。スタッフがジェリーの手を引き離してそのように身体的に触ることを止めさせると、ジェリーはしばしば激昂して、殴りかかってくることがありました。ときには状況がエスカレートして、「短時間隔離（time out）スペース（11-3-1 発達段階の問題 参照）」に閉じ込められることもあったのです。

　ジェリーの接触行動の語用論的な分析の結果、彼が人々について、この人たちが誰で、どのような姿をしているかという情報を知りたがっているのだという仮説が立てられました。完全に眼が見えないため、彼は眼で探索する方法がありませんでした。また、人を識別したり、声から情報を得たりするのに充分な音を聴くこともできませんでした。スタッフは、彼の情報への要望に対して二つの方法でアプローチすることを決めました。彼の周りにいるすべての人々に関して、はっきり区別できる情報を与えることと、適切な情報要求の方法を教えることです。

　ジェリーの主な情報収集手段は触覚なので、スタッフや生徒たちはジェリーが識別できるような、弁別可能な触覚的特徴を選びました。スタッフや他の生徒はジェリーに近づくたびに、ジェリーの手に自分の特徴的なところ（特徴のある腕時計や指輪、髪型などかもしれません）を触らせるようにして、それからサインネームを使いました。またジェリーには、スタッフや生徒が呼びかけるときのサインネームが与えられました。

　ジェリーは、身近な人を認識できるようになった後、頭を触りたいというサインとして自分の額をそっと叩いて、顔を触ることを「お願い」することを教えられました（相手の顔や髪の毛を触ってさぐるために）。また相手の「はい」と「いいえ」の手でのサインに反応するように教えられました。頭を触られたくない人は「いいえ」のサインをして、再び自分の触覚的特徴を差し出し、気にしない人は「はい」のサインをして、ジェリーの手をそっと頭の上に置きました（ある先生がこの手順を何度もお手本を見せてジェリーに教えたのです）。数週間以内に、ジェリーの不適切な触りは大幅に減少しました。明らかにこの仮説は正しかったのです。

エレーン

　15歳のエレーンは全盲で重度の聴覚障害でした。彼女は約200語の手話を理解していました。彼女はまた簡単な単語の組み合わせを理解し、手話のできる大人との簡単な会話を楽しんでいました。彼女が15歳になったころ、エレーンのところに手話に堪能ではない新しい先生が来ました。この先生は20語ほどしか手話単語を知りませんでした。新しい先生が来てしばらく経つと、エレーンは明らかに理由もなく、怒ってもいないのに、周囲の人々に暴力を振るうようになりました。彼女を席に連れて行こうとする人を平手打ちしたり、叩いたりし、自分自身を殴ることもありました。エレーンのこの叩く行動を減らすための行動プログラムが作られたのですが、この行動は1年間を通して続きました（人々は彼女の打つ動作を気にしないようにして、彼女が打って

きたときには逃げていました)。

　次の年、新しい先生になったとき、その先生は、エレーンの殴る行動はコミュニケーションがとれないことへのフラストレーションの表れではないかと仮説を立てました。そして簡単な手話で、エレーンの周りで何が起こっているのかを教えること（エレーンは全盲ですから）、自分自身のことや見たことを話すこと、彼女自身のことを聞くこと、毎日のスケジュールにもっと興味のある活動を取り入れて、その活動をする前と後の両方で話をすることにしました。先生は非常に簡単な言葉を使っていましたが、一定の間隔ごとに新しい手話を追加して、エレーンの語彙を増やそうとしました（エレーンが200語の手話を理解していることが分かっていたので、通常約300語の手話を使い、エレーンが新しい手話に触れる機会を増やすようにしたのです）。彼はまた、エレーンの家族がより多くの手話を学べるように、簡単な手話指導のビデオテープを家に送り、エレーンが学んでいる新しい手話について家族に常に知らせるようにしました。エレーンと一緒に多くの手話を使うようになってから数週間で、エレーンの叩くような行動は止まりました。

アラン

　14歳のアランは重度の聴覚障害で、視力も悪く、重度の知的障害がありました。彼は言語を理解していると思われる兆候はほとんど見られませんでしたが、「食べる」や「トイレ」のサインには適切に反応していました。アランが通っていた学校のスタッフは、彼の自己刺激的な行動を心配していました。アランはよく床に座って上半身を前後に揺らしていました。いすやソファーに座っているときも揺れていました。先生は「ストップ」のサインをし、彼の両肩に手を置いて、それを止めさせようとしましたが、いくら努力しても成果が得られませんでした。アランはことあるごとに体を揺さぶり続けました。

　コミュニケーションの専門家は、アランの揺さぶりは前庭刺激の必要性を伝えているのではないかと仮説を立てました。彼女は、ハンモックチェアを二つ買って教室に置き、アランが座って揺れるちょっとした時間を定期的にとることを提案しました。先生はアランへのご褒美としてそのいすを使い始めました。彼が作業を終えると、5分ほどそこで揺れることを許したのです。彼女もアランの横にあるハンモックチェアに座って同じように揺れながら、その活動を話題にして対話をしました。この計画が始められると、アランの揺れる行動は減ってきました。しばらくするとアランは、ハンモックのいすに座る許可を求めるジェスチャーを使うことも覚えたのです。

　あなた自身の行動もコミュニケーションになります：行動をコミュニケーションとして考えるとき、生徒の行動だけでなく、あなた自身の行動も考えなければなりません。これはとても重要なポイントです。生徒に伝えようとしているメッセージを、言葉だけでなく、あなたの行動の面からも見てください（言葉を聴いたり、理解することができない人にとっては、行動が重要な意味を付加することを覚えておいてください）。

　次の例を考えてみましょう。それぞれのケースで、スタッフが生徒に伝えているのは何でしょうか？

- ・ある教室の食事時間、生徒たちは皆、壁に向いたテーブルで食事をする。先生たちはU字型に並べたソファーで、向かい合って会話をしながら食事をする。
- ・別の学校の昼食時、大きなテーブルで生徒と職員が一緒に食事をする。食事はすべて家庭と同じような形で出され、人から人へ手渡しで運ばれる。
- ・職業訓練のワークショップでは、生徒がナットやボルトを組み合わせる。職業指導員は生徒

のそばに立っていて、次の時間の生徒のために、すべてのナットとボルトを元に戻す。

・教室の朝のサークル活動の間、先生は生徒に指示する活動に自分自身を入れない。たとえば、自己紹介の時間になると、生徒はそれぞれ自分の名前と好きな色について手話で話すが、先生は自分の名前の手話をしない。

・盲ろうの14歳の少年が昼休みに先生の机の引き出しを見つけ、床に中身を全部出して探っていた。先生が昼食から戻ってきて、彼のしていることを見ると、荒っぽく彼を引っぱって、隅にあるいすに座らせた。

・手話を使う生徒のいる教室では、先生はその生徒に話しかけるときだけではなく、部屋に入ってきた他の大人に話しかけるときも必ず手話をする。

　これらの例は、あなたの行動が生徒にどのようなメッセージを送っているのか、注意を喚起しようとするものです。生徒とやり取りしている自分自身をビデオテープで撮って観ると、自分の行動が客観的な観察者にはどう感じられるのかを知る素晴らしい機会になるでしょう。自分のコミュニケーションのこの側面に気づくようになると、あなたは、とくに言語を介するよりも多くの行動を通して関係を築くような生徒たちにとって、はるかにすばらしい先生になれるでしょう。

11-4-6 いかに語彙を増やすか

　知的な障害の場合には、言語は極めて単純な構文（主語 - 動詞、形容詞 - 名詞、1語または2語の質問）を超えて発展しないことがあり、あるいは、コミュニケーションにオブジェクトや絵、ジェスチャー、ボディランゲージしか使わないことがあります。このような場合は、形は何であれ、生徒が理解できる形で語彙を追加していくことが言語発達の中心になります。語彙を増やすことは、生活に対する力を高めることにつながることが多いので、努力する価値が大いにあります。ここでは、生徒の語彙を増やす方法を考える際に考慮すべき着想点をいくつか紹介しましょう。

・第一に、生徒自身がどのような言語を選ぶか（もし生徒が自分で選べるなら）を考える。もし生徒がちょっと変わった興味を持っていたら、その興味について話すのに必要な語彙を教える。それについて従来の手話単語がなかったら、手話を作る。作った手話を周囲の皆に教えたり、その子の好きなものの絵を描いたり、一般的でなくてもオブジェクトシンボルを加えたりする。

・生徒の現在と大人になってからの具体的な環境についても考えてみる。その環境では、どのような言葉が役に立ち、力を与えられるだろうか。これらには、職場での仕事や、家庭での余暇活動の名前などが含まれるかもしれない。生徒の生活の中で重要な人には、その人たちについて話せるようなサインネーム、絵あるいは触覚的手がかりが付いていることを忘れてはならない。

・生徒の感覚障害の特徴を考慮して、残された感覚を最大限に活用できるような語彙を与えることを考える。たとえば、聴覚が残っている場合には、音の識別に役立つ音に関連した単語を教えるのもよい（「大きい」、「柔らかい」、「高い」、「低い」、「リズム」、「ベル」、「アラーム」）。眼が見えない場合や、その生徒にとって触覚が非常に重要な場合、材料の名前（「木」、「金属」、「布」、「プラスチック」）や、面の触感を表す形容詞（「粗い」、「滑らか」、「乾いた」、「湿った」、「温かい」、「冷たい」）を教えることは非常に役に立つだろう。

　このような言葉を教えるということは、その言葉について特定の授業を主にするのではなく、

生徒とのやり取りの中で、その日に出合ったことについてのコメントとして、常にその言葉を使っていくということです。

11-5 良いコミュニケーションを構築するための支援の追加

11-5-1 生徒を取り巻く環境の中で、すべての人の取り組みをコーディネートする

生徒が盲ろうで知的障害と肢体不自由を重複する場合には、正式な言語を正しい形で示すことが非常に重要です。障害の軽い生徒は、受け取るもののバリエーションが多いため、意味を理解することができます。しかし、重度の障害があり、入力を受け取る手段が限られている生徒は、その入力を認知的に整理し、状況が変わっても一般化できるように、一貫性のあるものにする必要があります。定期的に家族を含めたチームミーティングを開いて、どのような言語がその生徒に対して使われているのか、またそれらの言語はどのように提示されているのかについて、全員の意見が一致していることを確認してください。盲ろうの専門家は、弱視の専門家、オーディオロジスト（聴覚専門家）、理学療法士、作業療法士、歩行訓練士や、その他の分野の専門家からの貴重な情報を、チームが解釈しまとめるのを支援することができます。

11-5-2 生徒の環境で人を育てる

感覚障害に加えて、重度または最重度の知的障害のある生徒は、とくに周囲の人々の善意と知性に依存しています。一般に、彼らの受動性と典型的なコミュニケーション能力を持たないということは、彼らが周囲の生活の流れから簡単に取り残されてしまうことを意味します。また、状況を改善するために声を上げることができないこともあります。したがって、先生としての役割を、生徒を教育するだけではなく、生徒の日常生活に関わる人々を教育することに広げていくことが重要です。以下のような提案は参考になるでしょう。

良いコミュニケーションのモデルを作りましょう：あなたが生徒と良い関係を築くことができれば、他の人はそれに気づき、尊重します。他の人がいるときに生徒を尊重することは、生徒を尊重することについて話すよりもはるかに多くの影響を与えます。たとえば、生徒とたびたび手話をうまく使っているのを見せれば、手話を使う必要性について語るよりもずっと、他の人が手話を学ぶ動機付けになるでしょう。また、他の人と一緒にいるときに、たとえ生徒ができることが最小限であっても、生徒を活動に参加させるようにすれば、他の人が自分でできることを考えるのに役立ちます。たとえば、他の大人との会話の中で、タッチやアイコンタクトを維持したり、指差しをしたり、ときおり、単語やアイデアを手話で表したり、定期的にそれをやめて生徒に注意を向けたりして、生徒を参加させることができます。このような方法で定期的に生徒を参加させることは、周囲の人々を教育することになります。

家族と連携しましょう：家族も、コミュニケーションをとるのが難しい子どもがいると疎外感を感じたり、途方に暮れたりすることがあります。先生が家族を助けるためにできる具体的なことがいくつかあります。何よりも大切なことは、家族が持っている知識と困難の両方を認識し、尊重できるということです。第3章を参照して、盲ろう児の家族が直面している課題について、より大きな認識を持つことができるようにしてください。盲ろうの生徒や知的障害の生徒の家族は、子どもとのコミュニケーションに期待することを調整するのに、特別な支援が必要でしょう。家族の期待は少なすぎたり、大きすぎたりします。子どもが何も学ばないことに絶望し、コミュニケーションをあきらめてしまうかもしれませんし、多くの言葉を話すことを子どもに期待しても、

それが実現しないとイライラしてしまうかもしれません。子どもの現状に合わせて、自分の期待を絶えず調整しながら自分の考えや気持ちを共有することが、最も助けになります。また、子どもと一緒に仕事をしたり、遊んだりする中で発見した本物の楽しさを共有すれば、とても多くのことを支援することができます。

　家族とあなた自身の両方の助けになるもう一つの方法は、子どもがどのようにコミュニケーションをとるかについて家族が観察したことに注意深く耳を傾け、家族の中で行われている非言語的な（言語的なものも）コミュニケーションを観察し、尊重することです。あなたはこのように敬意を持って聴くことでたくさん学び、家族も自分のスキルや思い込み、ニーズについて多くのことを学ぶことができるでしょう。このような情報共有は、従来の方法ではほとんどコミュニケーションをしていない生徒の場合、より重要な意味を持ちます。これによって、生徒が自分のニーズや意見を伝えようとする方法に、皆がより敏感に対応できるようになるからです。

　また、家族がその子に最も適したコミュニケーションの方法を学び、活用するのを助けることもできます。オブジェクト、シンボル、ジェスチャー、絵、言葉など、生徒が知っているものを使うことから始めましょう。また、家族が積極的に、どのサインや絵、オブジェクトシンボルがその子のやる気を引き出すかを判断することも重要です。

11-6 ペーパーワークの課題

11-6-1 記録をとる

　このような生徒には、先生がしなければならない事務処理の面で特別な課題があります。盲ろうで知的障害の生徒が行動上の問題をしばしば見せると、指導プログラムの規定や行動の専門家からの指示によって、大量の「データ収集」が必要ということになる場合があります。もしあなたが生徒に関する多くのデータを保管しなければならない状況になった場合は、このプロセスに内在する危険性を認識し、できる限りその危険性を排除することに努めなければなりません。

　明らかな危険性は、生徒がコミュニケーションの相手ではなく、データ収集の対象になってしまうことです。クリップボードと小さな紙を持たなければならないので、物理的に手話やボディランゲージの邪魔になる可能性があり、そして、そうなること自体が非言語的なメッセージになってしまいます（これは生徒には「先生は、私という人間ではなくて、数字に関心があるんだ」と読まれる可能性があります）。さらに言えば、データを維持するのにエネルギーを費やすと、生徒との継続的で有意義な接触を維持するエネルギーが減ってしまう可能性があるのです。記録をとることはまた、あなたはまったく気づかないかもしれませんが、たとえば、問題の行動についての潜在的な不安（「いつになったらこの行動は収まるのだろうか」など）が生じたりして、あなたの態度に影響を与えることになるでしょう。これは、その行動のコミュニケーションの価値を考えたり、尊重したりすることを妨げることになりかねません。また、より価値のある事例報告（下記参照）にとって代わってしまうこともあり、それによって、あなたの生徒に対する展望が制限されてしまうこともあります。

　これはすべて、データ収集が悪いと言っているのではありません。データは成長を記録し、教育チームが生徒について明確に考えるのに役立ちます。しかし、過度に厳格に管理されたデータ収集システムの欠点を頭に置いて、システムをできるだけ目立たないようにしてください。もし一日の活動を記憶できて、一日の最後にデータを書き込むことができれば、あなたは一日中、注意と手を生徒とのコミュニケーションのために自由に使えるでしょう。それがむずかしかったら、

データを記録するための小休止を1時間に1回程度にしましょう。教育チームで協力して、生徒とのコミュニケーションを改善するという全体的な目標にデータ収集が役立つような方法を探してください。

11-6-2 事例報告

　このような生徒のために仕事をするときには、とくに記録の中に事例報告を入れることが大切です。それは彼らとのコミュニケーションをより良くするための貴重なツールなのです。生徒の交流、活動、進捗状況、行動、性格などの良い詳細な事例は、家族や今後の先生、その他のサービス提供者にとって、大量のデータよりもはるかに役立ちます。あなたの学校や環境では、物語的なレポートを要求されていない場合でも、定期的にレポートを書いてその生徒のファイルに追加していけば、生徒に大きなサービスを提供できるでしょう。事例報告を注意深く書けば、あなたが生徒を尊重し、その生徒独自の表現方法に細かく気を配り、また、生徒とのやり取りを楽しんでいることが伝わります。さらにこれらの報告書は、将来その生徒に出会うであろう人が、その生徒の人柄を知り、関わり方を学ぶために助言がほしいというときのお手本としてとても効果的です。また、あなたにとってそのような報告を書くこと自体も有益です。書こうと思うことが、生徒の個性をより注意深く見ていこうという動機付けになります。また、今まで気づかなかったことを発見し、それに喜びを見いだす助けにもなります。生徒のことを認識する際に、その生徒ができないことよりも、できることはなにかが最前面に出るようになってきていることに気づくかもしれません。

　定期的に、注意深く生徒のビデオを撮影しておくことは、報告文を補足するための優れた方法でもあります。生徒とうまくコミュニケーションするための最良の方法が分かるようなやり取りを撮影するようにしてください。ビデオテープは、新しい先生や養護者に、生徒との有意義な会話のお手本を示すのにとくに役立ちます。これはまた、進歩の状況を把握したり、家族を助けたり、先生たちにとっては生徒とやり取りしている自分を見る機会を得たりするのにも役立ちます。

11-7 革新的な暮らしと労働環境への挑戦

　盲ろうで他の障害も重複する生徒の教育は、組織的な取り組みとして行われるようになったのは比較的最近のことなので、そのような生徒が大人として前向きに生きていくためのモデルはまだ多くはありません。そのような生徒を支援する私たち一人ひとりが、生徒の未来を創る手助けをする必要があります。これは、私たちが最善の方法で教育を行うこと、生徒にとっての良い生活や仕事の環境を思い描き実践することに、できる限り創造的であることで実現できるのです。

　もし、盲ろうで知的障害のある大人を訪ね、彼らを知り、彼らの生活や労働環境を詳しく知る機会があれば、ぜひともそうしてください。大人の生活への準備について書かれている第12章を読んで、大人の盲ろうの人の課題と機会についてさらに理解を深めてください。同じような生徒のために活動している他の人たちと連携してください。協力してもらったり、アイデアを共有することでエネルギーを得ることができます。何よりも、自分が生徒との交流を心から楽しめる方法を探し続け、共有しましょう。そのような楽しみが、輝かしい将来への真の基盤となるのです。

［引用文献］

Ayres, J. (1979). *Sensory integration and the child*. Los Angeles, CA: Western Psychological Services.（邦訳：岩永竜一郎・古賀祥子『感覚統合の発達と支援——子どもの隠れたつまずきを理解する』金子書房，2020）

Donnellan. A., Mirenda, P., Mesaros, R., Fassbender, L. (1984). Analyzing the communicative functions of aberrant behavior. JASH, 9, 3, 201-212.

Miller, T. (In press). Social/sex education. In Mclnnes, J., *Programming and support for individuals with congenital and early adventitious deafblindness*. Toronto, Canada: University of Toronto Press.

［参考文献・資料］

Bird, E, Dores, P., Moiz, D., & Robinson, J. (1989). Reducing severe aggressive and self-injurious behaviors with functional communication training. *American Journal on Mental Retardation*, vol. 94, no. 1. pp.37-48.

Downing, J. E. (1992). *Assessing the school-age student with dual sensory and multiple impairments: Ages 6-15*. Northridge, CA: California State University.

Durand, V. (1990). *Severe behavior problems: A functional communication training approach*. New York, NY: Guilford Press.

Edwards,J. & Wapnick, S. (1979). *Being me*. Portland, OR: Ednick Communications.

Edwards,J. & Wapnick, S. (1982). *Feeling free*. Portland, OR; Ednick Communications.

Haring, N., & Romer, L. (Eds.). (1995). *Welcoming students who are deaf-blind into typical classrooms: Facilitating school participation, learning and friendships*. Baltimore, MD: Paul H. Brookes.

Mustonen, T., Locke, P., Reichle, J., Solbrack, M., & Lindgren, A. (1991). An overview of augmentative and alternative communication systems. In J. Reichle, J. York, & J. Sigafoos (Eds.), *Implementing augmentative and alternative communication: Strategies for learners with severe disabilities* (pp.1-37). Baltimore, MD: Paul H. Brookes.

Siegel-Causey, E., & Downing, J. (1987). Nonsymbolic communication development: Theoretical concepts and educational strategies. In L. Goetz, D. Guess, & K. Stremel-Campbell (Eds.), *Innovative program design for individuals with dual sensory impairments* (pp.15-48). Baltimore, MD: Paul H. Brookes.

Trott, M.C., Laurel, M.K., & Windeck, S.L. (1993). *Sense abilities: Understanding sensory integration*. Albuquerque, NM: Therapy Skill Builders.

Special education curriculum on sexual exploitation. Seattle, WA: Comprehensive Health Education Foundation.

第 12 章

大人の生活への期待

バーバラ・マイルズ、マリアンヌ・リジオ

12-1 大人に向う支援

　私たちが教えている子どもたちや若者たちは、誰もが大人になることに向けて成長しています。大人になるのはかなり遠いように思える人もいるかもしれませんが、それに備えて準備するのに早すぎるということはありません。教育は、子どもたちや青年期の若者たちには将来こう生きてほしい、と私たちが望んでいる生活イメージに根ざしていなければなりません。私たちは、とくに彼らが大人としての生活の中で、家族、友人、地域の人たちとどうコミュニケーションしていくのかを思い描けるようにならなければなりません。これらの基本的なイメージがないと、先生と生徒は充分な動機と方向性を持つことができないでしょう。

　幸いなことに、現在は教育制度が発達し、障害のある大人たちの活動機会が拡がってきたので、教育計画の中に、子ども一人ひとりの将来の生活や仕事の状況に応じて、より多くの可能性のある選択肢を取り入れることができるようになっています。障害のある若者のためのグループホームや作業所という、これまでの選択肢に加えて、盲ろうの生徒たちも、共同アパートや個人住宅、またいろいろ個別に適応調整されたサポート付きの自立した生活や就労機会を選べることが多くなりました。このような新しい選択肢に対応して、私たちは、生徒たちが将来使用すると思われるコミュニケーションの種類についての考えを拡げていかなければなりません。

　盲ろうの人の数は、他の障害のグループに比べて非常に少数です。しかし第2章にあるように、盲ろうの人は非常に多様です。大人に向けて成長していく過程で彼らに必要とされるものは、視覚・聴覚障害の程度、肢体不自由、知的障害、情緒障害を重複しているかどうか、さらには個人個人の強みや興味によって異なります。若い盲ろうの人の中には、生涯にわたって大きな支援を必要とする人もいるでしょうし、大学に進学して自立生活や就労をできる人もいるでしょう。

　若い盲ろうの人の中には、後天性の盲ろう、とくにアッシャー症候群の人がいます。これは特徴的なグループで、ほとんどの人が幼少期にろうで、のちに失明しています。アッシャー症候群とその障害、あるいはそのほかの原因による中途盲ろうに取り組んでいる個々の人々、教育者、家族にとって役に立つ優れた文献がありますので、ここではこのグループを明示的には取り上げません（この章の末尾に挙げてある参考文献を参照してください）。しかし、この章で提案することの多くが、中途の盲ろうの人に関わりのある、あるいは教育に携わる人々の役に立つことを願っています。

　どのような年齢層の生徒たちに教える場合でも、彼らのために仕事をするのであっても、いろいろな盲ろうの大人と知り合いになれば、たくさんのことを学ぶことができ、彼らが直面している人生の課題や彼らに開かれている可能性を理解することができるようになります。彼らの個人的な選択決定を理解し、また尊重することも学ぶでしょう。盲ろうの大人たちと知り合うことで、良いコミュニケーションがいかに彼らの生活の質を高めることができるかをさらに良く理解できるようになるのです。

　盲ろうの大人の人のことをよく知るための一番の方法は、もちろん彼らと友達になることです。地元の盲人会に連絡して、近くに盲ろうの人のための団体があるかどうか、あるいは、盲ろうの人も含めた人へのボランティア活動の場があるかどうかを聞いてみるのもいいでしょう。盲ろうの人は、手紙を読んだり、食料品の買い物をしたりするときに助けを必要とすることが多いのです。誰かのためにそのようなサービスを提供することは、その人を知る機会になります。もしその機会があれば、それをうまく利用してください。一緒にリラックスしていろいろな時間を過ごせば、彼らが直面している課題を彼らの視点から知ることができるようになります。先生は、教

室ではいつも「監督者」でなければならないことが習慣になっているので、このようなプログラムされていない社会的な時間は、とくに貴重なものです。対等な社会的関係の中で一緒にいることで、盲ろうの人への新しい洞察を得ることができるでしょう。また、自分自身が盲ろうの人に対してどのような態度をとっているのかに気づくのにも役立つでしょう。

この章では盲ろうの大人の人を何人か紹介します。何人かは、ここまでの章ですでに会っていただいていますが、その他の人たちとは初対面でしょう。彼らの話が、盲ろうの人にとって大人としての体験がどんなものなのかを想像する助けになることを期待します。

ハリー

ハリーは30歳の、グループホームからデイプログラムに行くときにツイード帽を被るのが好きな、ハンサムな男性です。彼には視覚と聴覚がありません。彼はいくつかの手話を学びましたが、コミュニケーションは主として、彼をよく知っている人にしか理解できない、すぐには分かりにくい方法を使っています。ハリーは不安を感じたり、気持ちが落ち着かなかったりすると、よく自分の耳を引っ張って傷つけてしまうことがあるので、彼が理解でき、信頼できる日課と人間関係を持てるようにすることがとても重要です。

ハリーは家では自分の部屋を持っていて、触覚で分かる壁掛けが飾ってあります。そのいくつかは近くの工芸品店に行ったときに自分で選んだものです。ハリーは家では完全に一人で歩けるようになっています。彼の部屋はバスルームの近くにあるので、昼も夜も一人で簡単に行くことができます。リビングルームにはお気に入りのいすがあり、その横には好きな物を入れるバスケットが置いてあります。ハリーは小さなプラスチック製のフィギュアが好きで、ときには指だけではなく、口も使って徹底的に探っています。

ハリーは子どものころから、家族の生活や地域社会の生活にいつも全面的に参加していました。彼はローラースケートをし、キャンプに参加し、乗馬のレッスンを受けていました。今でもアウトドア活動を楽しんでいて、とくに住んでいる家の外にあるブランコで揺れ動くのを楽しんでいます。彼は今も家族と親しく、夕方や週末には家族と多くの時間を過ごしています。彼は家族の一員に加わった、生まれたばかりの姪にぞっこんで、彼女の指を優しく触って感じとりながら、とても注意深く抱いたりします。

ハリーは自宅から数マイル離れた工業地帯にあるデイプログラムに通っています。そこではとくにコーヒーブレイクやフィットネスクラス、気に入ったスタッフとの交流を楽しんでいます。フィットネスの時間には、トレッドミルでのウォーキングがとくに好きです。彼の一日はきっちり常習化した日課に沿っていて、彼は次の活動を知らせる手話とオブジェクトシンボルの両方を認識できます。ハリーは、次に何があるかを確認するために、定期的に自分のオブジェクトスケジュールシステムを見て、ときには各活動のシンボルを彼と一緒に扱えるスタッフとその日のイベントを見直すことがあります。

ハリーは一日が終わって家に着くと、コーヒーを飲み、いすに座ってしばらくくつろぎます。彼は誰かがそばに座っているのが好きです。最初は一人の方が好きなように見えるかもしれませんが、見ていると、ちょくちょく手を伸ばして、誰かがまだそばにいるかどうかを確認しているかが分かるでしょう。彼はとくに、その人が指輪をしていたり、関心を引くようなアクセサリーをつけていたりすると、それを楽しんでいるのです。グループホームで働いている人たちは手話を知っていて、ハリーとは日常的に2〜3語の簡単な手話文を使っています。それは、主にハリーが興味を持っていることにコメントしたり、何が起こるかを知らせたりするためです。また

彼らは、ハリーの非言語的なコミュニケーションを解釈する方法や、好きな活動を一緒に楽しむ方法も知っています。また、彼らはボディランゲージやジェスチャーを使ってハリーと習慣的に会話的なやり取りをしています。たいていは、ハリーの手を誘って自分の手に触れるようにしたり、彼が今していることを喜んでいる様子を触らせたりするのです。

ヴィヴィアン

ヴィヴィアンは30歳の活発な女性で、重度の聴覚障害と視覚障害があります（第1章で彼女に会っていますね）。彼女は都会の大病院で職員として働いています。彼女はとくに救急救命室といくつかの病棟のそこに特有の清掃作業をするトレーニングを受けました。救急救命室では、医師が研究業務に使う二つの部屋の流し台とその周辺を掃除し、また、救急救命室で働く医師や看護師が使うラウンジも掃除します。病棟では、担当医師が仮眠をとったり、作業する場として使っているスイートルームの清掃をしています。彼女の一日の定常業務は、ゴミ出し、ベッドメイキング、バスルームの清掃などです。ヴィヴィアンは、仕事上の上司とは簡単な筆談でコミュニケーションしていますが、仕事のルーティンを覚えているので、詳細な書き物でのコミュニケーションをとる機会はあまり多くはありません。一日のコミュニケーションのほとんどは非言語的なものです。ヴィヴィアンは病院内で非常に好かれていて、仕事中に廊下を歩いていると、握手や笑顔、背中を軽く叩いたり、「ハイタッチ」をしたり、たくさんの人から挨拶されます。つまり、言葉なしでも彼女には社会的な接触が実に多いのです。ヴィヴィアンはこの仕事にとても満足しています。彼女は幼いころから病院が大好きで、10代のころは学校の保健室で何時間も過ごし、看護師さんたちとお付き合いしたり、いろいろな慢性の病気について訴えたりしていました。3年前にこの病院で働き始めてからは、病気を訴えることはほとんどなくなりました。彼女は用務員として1日5時間働いていて、最低賃金よりちょっと上の給料をもらっています。彼女は自分の仕事を「素晴らしい」と言っています。

ヴィヴィアンは、ろうの二人のルームメイトと一緒に、近くのアパートに住んでいます。彼女とルームメイトは、料理、買い物、掃除などをすべて自分たちでこなしています（金銭管理、請求書の支払い、予約スケジュールの作成などの援助は、週に5回、毎晩2時間アパートを訪問してくる支援員から受けています）。ヴィヴィアンは料理と家事を楽しんでいて、これらについては自立していることを誇りにしています。

ヴィヴィアンはとくに買い物が好きで、必要なものを買いに近くのショッピングモールまでバスで行くことができます（彼女はバスを安全に利用できるように歩行訓練（orientation and mobility）を受けています）。また、そこのレストランで食事をしたり、ウィンドウショッピングを楽しんだりしています。店員とのコミュニケーションは筆談やジェスチャーです。

家では夜の自由な時間に、雑誌を見たり、以前の同級生や先生に手紙を書いたり、洗濯をしたり、ルームメイトとおしゃべりをしたりしています。またときどきTDDで友人に電話をかけます。書き言葉が一般的ではなく、ミススペルも多いのですが、自分の考えは頑張って伝えることができ、電話をすることに喜びを感じています。ときには、近くにある、ろうや盲ろうの人が一緒に住んでいる支援付きの居住施設（supervised living situation）にいる友人を訪ねることもあります。

この章で紹介する大人たち誰もが、周囲の人たちと快適なコミュニケーションがとれる状況で生活し、仕事をしています。良いコミュニケーションは、彼らの生活の質に大きく貢献していま

す。このようなコミュニケーションは、彼ら自身のスキル、彼ら自身のコミュニケーターとしての自信、そして、彼らが関わる人々のスキルと感受性の複合的な結果なのです。

これらの生活状況は、自然にできてきたものではありません。家族、教育者、地域サービス提供者、そして自らも盲ろうである人たちが何年にもわたって入念に策定してきた計画とチームワークの結果なのです。この計画の大部分は、個々の人のコミュニケーションのニーズが盲ろうの人が満足のいく成人生活を送れるようにするために中心的なものであることを認識し、考慮されているものです。

12-2 コミュニケーション：大人への移行計画の中心として

12-2-1 大人への移行

ここで「移行」とは、盲ろうの人の学校生活とその後の生活の間の移行を意味します。米国の多くの州では、21歳あるいは22歳の誕生日になると、特別支援教育への資金提供が停止されます。米国以外の国ではこの年齢はいろいろ異なるでしょうし、状況もまったく違うかもしれません。たとえば、生徒はずっと家庭内で教育されていて、成人してからもずっと家庭や近隣のコミュニティだけでの生活にとどまっていることもあるかもしれません。このような状況では、私たちのコメントが必ずしもすべて当てはめられるとは言えないでしょう。しかし、あなたの役割がちがうとしても似たような課題もあるので、読者はこの節から役に立つものを見出すことができるかもしれません。

いろいろな年齢の盲ろうの子どもたちと短期間でも仕事をしたことがあれば、彼らにとって移行が難しいことが多いのが分かるでしょう。一日の中で、一つの活動から別の活動に移ったり、予定の変更に対応したり、新しい人に馴染んだりするなどの、ちょっとした移行でも問題があるかもしれません。このような困難さはいくつかの理由から理解できますが、そのすべてはコミュニケーションに直接関係するものです。一つには、私たちの場合には、視覚と聴覚の遠感覚が、差し迫っている変化を予告してくれることがあります。私たちは周りを見渡して、他の人がコートを着ようとしているのを目にしたり、出かける計画についてのコメントを漏れ聞くことができるでしょう。私たちは見聞きしたことによって予告を受けているので、出かけなければならないときまでに心の準備ができています。盲ろうの人は、通常このような予告によるメリットを受けることができません。周りの人からのしっかりしたコミュニケーションがなければ、準備する機会がほとんどないまま、変化が突然襲いかかってくることもあるでしょう。また、盲ろうの人、とくに子どもは、変化を理解するための適切な概念的枠組みを持っていないことがあります。周りのちょっと離れたところで起こっているできごとを見たり聞いたりできないと、ものごとがどのように、なぜ起こっているのかというイメージや考えを形作ることができないでしょう。私たちは、人々はたとえば、学校を卒業したら普通は就職する、大人になったら自分の部屋を持つことが多い、と思っています。しかし盲ろうの人は、そのような知識を、とくに伝えてあげたり、用意してあげたりしない限り持っている可能性は少ないのです。したがって、当然のことながら、大きな移行は完全に予想外のこととなるでしょう。

先生あるいはサービス提供者として、私たちはどのようにしたら盲ろうの子どもや若者の移行が確実に成功するのを支援することができるでしょうか。具体的にできることはたくさんあります。第一に、計画段階では、個々の生徒の将来に関わるすべての人々や関係機関が、現実的なビジョンと、それを実現するための実行可能で効率的な計画をきちんと持てるように努力すること

移行期の計画プロセスでは、盲ろうの人の個人的な興味や才能を指針とするべきである。

ができます。その際には、コミュニケーションの問題が中心になるようにすることが必要です。次に、個々の生徒が経験するであろう具体的な変化に対応できるように準備しておくこともできます。最後に、移行期のこの重要な時期に、個々の生徒の持つ固有のコミュニケーションの問題にも対応することができます。まず最初に計画段階から考えてみましょう。

12-2-2 人間中心の計画づくり

盲ろうの生徒のための優れた移行計画では、生徒の大人としての生活の究極的な質を決める上での、コミュニケーションの決定的な重要性が認識されています。究極的な生活の質は、生徒と彼らの生活にとって重要な人々との間の、オープンで徹底的な、相手を尊重するコミュニケーションプロセスの結果なのです。

効果的な移行チームは、生徒一人ひとりの興味、才能、夢をガイドにできるように、生徒を中心に置きます。生徒と将来についての会話の継続は非常に重要です。これは一人ひとりのコミュニケーションの好みに応じて、できるだけ早く、可能な限りどのような形でも開始する必要があります。ここで、会話の中では生徒自身が興味を持っている話題を尊重することの重要性について以前に議論したことを思い出してみるとよいでしょう。このような、一人ひとりの生徒の好みに応じられるように支援され、拡げられた話題こそが、それぞれの生徒にとって充実した職業や生活の選択肢を見出すための方向性を示すことができるのです。ヴィヴィアンが子どものころから看護師が好きだったことを覚えているでしょうか？　ヴィヴィアンが病院の用務員として最終的に成功したのは、彼女が行動、絵、手話、書き言葉で伝えたこの初期の興味と直接関係しているのです。彼女の先生や職業指導員は、ヴィヴィアンの表現から伝わったこれらの興味を尊重し、それによって彼女の将来の職業上の成功への基礎を築いたのです。

人間中心の計画策定プロセスの優れたモデルが、個人将来計画の策定プロセスにあります。このプロセスでは、個人の興味、強み、関係性、資源のマップが特定され、それぞれの具体的な状況から移行計画を発展させることができるのです。このプロセスを実行するためには、生徒、家族、教育専門家、地域のサービス機関、友だちなど多くの人々の間での心のこもったコミュニケーションが必要です。

生徒の将来についての会議には、できるだけ生徒を参加させましょう。そこで話している考えを生徒が理解できるようにするスキルのある通訳者を用意してください。これは、多くの場合、通訳者は生徒の活動能力のレベル、経験、感覚の制約などについて、個人的によく知っていることが必要だということです。このように生徒を参加させると、会議の性格は変化することになります。通常の計画会議よりもゆっくり、より慎重に行う必要があります。もちろん、とくに発達がかなり遅れている生徒に関する場合は、その生徒の将来についての会議での内容をすべて通訳

することがいつもできるとは限りません。しかしどんな場合でも、良識と生徒を心から気遣うあなたの姿勢を基本に、その生徒ができるだけ多く参加できるようにしなければなりません。たとえその子がすべては理解できなくても、何かを理解することはできるということを忘れないでください。そしてその子ができるように常に補助する努力をしてください。

何か重要な選択肢が話し合われているけれど、それが言葉で示されても生徒には意味が伝わらないと思われる場合（たとえば、どのような仕事環境が適しているかなど）には、生徒がその選択の本質を理解できるように教える方法を検討するようにしてください。ミーティングの準備のために授業時間を使う、ということもしばしばあるでしょう。理解しやすくするために、概念を分かりやすく簡素化することもできます。たとえば、絵に描く、いろいろな仕事環境を模擬した場面を作る、などができます。実際の環境に行って（これは最も効果的なプレゼンテーションです）、その後に、そこに特徴的だったオブジェクトを使って表現し、生徒の反応を観察することもできます。多くの生徒のために、今後の選択肢に関係した語彙や概念を教えるとよいでしょう。

正式な言語をほとんど使わない生徒の場合には、彼らが好みを伝えてくるときの行動を頼りにする必要があります。たとえば、ある生徒が一人で仕事をするよりも他の人と一緒にする方を好んだり、いつも座っているよりも体を動かしているのが好きだったりすることに気づくでしょう。ときには、直接的な質問に答えることや選ぶことが難しかったり、言葉の意味をよく理解できずに、言いたいこととは違う言葉を使ってしまう生徒もいます。このような場合は、その生徒のことをよく知っている人に頼って、計画グループが生徒の希望を理解するのを助けてもらいましょう。日ごろから、自分で選べる選択肢を与え、生徒の好みを尊重して、生徒が選択できるように教育し続けてください。自分の選択を最もうまく伝えることができるのは、長く訓練を受けてきた生徒です。生徒の選択を尊重することを始めるのが早ければ早いほど、移行期のこの時期に成功を収めることができるでしょう。

12-2-3 家族の参加

生徒の両親、祖父母、きょうだい、おば、おじ、いとこなど、家族も加わってもらうことは、盲ろうの生徒の成人後の生活を計画する上で非常に重要です。通常、子どもの世話をするのはまず家族で、その将来にも責任を負っています。計画策定のプロセスには、盲ろうの人が家族に対して（その逆も）継続的な関係を維持していけるようにするための方法が含まれていなければなりません。

また、その人たちの相互の関係をより豊かにするための方法をもっておく必要があります。これは、教育の専門家が生徒に、将来家庭生活にしっかりと参加できるようにするスキル（たとえば、親戚も含めた家族が生徒の考えや願望を理解できるようなコミュニケーションシステム）を教えるのがよいということもあるでしょう。また、盲ろうの生徒のための長期的な計画は、その子の将来にたいする家族の具体的な希望を考慮しておかなければなりません。生徒と家族との良好なコミュニケーションを継続することが極めて重要であることにも言及することも必要です。

12-2-4 個人的なコミュニケーションマップや生徒のポートフォリオ

コミュニケーションマップやポートフォリオ（事例・情報集）を作っておいて、生徒が新しい職場や生活環境にいつも持っていって使えるようにしてください。一つひとつが生徒の能力、ものごとの進め方、興味、コミュニケーションのニーズについて、新しい知り合いに情報を与えるものです。生徒がいろいろな状況でうまくコミュニケーションしている様子を撮ったビデオは、

盲ろうの人は、手話を知らない人とも容易にコミュニ
ケーションができる方法として事前に書いたメモを使
うこともある。

良いコミュニケーション事例・情報集になることが多いでしょう。たとえば、先生や友だちと触
手話で盛り上がっている様子、点字のレシピを読んで使っているところ、公共の場でのコミュニ
ケーションのために事前に書いたメモを使っている様子、日記を点字で打っているところ、イン
ターネットでコミュニケーションするためにパソコンを使っているところなどが挙げられます。
そこには、ピクチャーコミュニケーション用の本を使ってニーズを伝えたり、手話に返事をした
り、絵のレシピを使って簡単な食事を作ったり、ジェスチャーで気持ちを伝えたり、自由時間に
雑誌を読んだりしている他の生徒が映っていることもあります。ビデオには、その生徒の好みの
コミュニケーション方法、会話の話題、コミュニケーションでの強み、一人ひとりのニーズなど
の説明と追加情報がつけられていることがよくあります。家族はこの事例・情報集に重要な情報
を提供することができます。生徒自身もこのような事例・情報集の作成にはできる限り参加して、
何を入れるか、誰と共有するかなどを決めるようにするべきです。盲ろう生徒のコミュニケー
ションは一人ひとり特有なものなので、事例集やマップは、非常に個別化されたものとなります。

12-2-5　新しい環境でのコミュニケーション適応とトレーニング

　計画作成チームは、生徒が生活し働く新しい環境での支援者や仲間が、その生徒と自然に効果
的にコミュニケーションをできるようにしなければなりません。この訓練を必要とする人たちと
しては、コミュニティにいる人々、ときには家族、同僚が多いでしょう。周囲の人々に適切なコ
ミュニケーションスキルがなければ、盲ろうの人は孤立するだけでなく、生産的で快適に生きて
いくのに必要な概念や考えを欠くことになってしまいます。多くの場合、手話のスキルは、盲
ろうの人と日常的に関わる人にとって最も役に立つものです。その他の役に立つスキルとしては、
非言語的な会話、点字、コンピュータ、支援装置の機能などについてのスキルがあります。何を
訓練するべきかは、それぞれの生徒のニーズによることはもちろんです。訓練には、またコミュ
ニケーションに関する環境の改善や継続的な支援が伴っていなければなりません。たとえば、盲
ろうで点字が読める人には、その人がいる環境において、点字ラベル、カレンダー、メニュー、
コンピュータ、本などが適切に利用できるようにしなければなりません。ピクチャーコミュニ
ケーションが主な手段である人には、適切なピクチャースケジュールシステム、ラベル、本、レ
シピ、メニュー、自由時間に楽しみを提供できる絵など、多くの有意義な絵を利用できるように
しなければなりません。計画チームは、個々の人に特有のコミュニケーションのニーズやスキル
に精通した人と継続的に連携できるようにしなければなりません。この人は、適切な環境改善や

機器についてアドバイスしてくれます。さらに、弱視についての専門家やオーディオロジスト（聴覚専門家）は、最適なコミュニケーションのために適切な感覚順応ができるように支援してくれます。

12-2-6 継続的なコミュニケーション支援

　盲ろうの人が、周囲の文化と自由に触れ合うためには、継続的なコミュニケーション支援が必要です。そのためには、資格を持った通訳者や個人のサービス提供者（国や地域によっては介入者（インターヴィナー）やサポートサービス・プロバイダーと呼ばれることもあります）のサービスが必要になります。このような支援によって、盲ろうの人は、自分が使っているコミュニケーション方法に慣れていない人がいる公共の場所での、交流会、会議、約束などに積極的に参加できるのです。計画チームは、盲ろうの人がこれらのサービスを簡単に利用できるようにし、また、それを充分に活用できる方法を分かっているようにしなければなりません。

12-2-7 ネイティブ言語システム

　移行計画チームは、移行期間中にも移行後にも、盲ろうの人が最も快適な方法でコミュニケーションをとることができる時間を通常の一日の中に少しでも確保できるように、あらゆる努力を払わなければなりません。私たちは、自分の言語能力とそれによって得られる社会的な安らぎをごく当たり前に思っています。盲ろうの人は、自分と共通の言語を使える人の中から友だちを探さなければならないのです。この言語が多くの盲ろうの人が使う言語のように独特な場合（手話、文字や絵によるシステムに加えて、相手を触る方法も含まれていることも多い）、文化的な配慮が必要なので、その人と友だちになれる人の輪が狭められてしまいます。さらに、このような言語体系は何らかの面で煩雑であることが多く、使うのに時間がかかるため、多くの人の目には会話が難しいと映ります。ときに、その言語体系は、人の認知能力の限界と相まって、簡単なアイデアの交換以上のことをするのが難しくなります。これは、潜在的な友人の数をさらに制限することになります。現代のコンピュータ技術は、文字をうまく使える人にとってはこの問題の緩和になりますが、ボディランゲージはコンピュータの情報交換の対象ではないので、この媒体でさえも限界があるのです。私たちには、盲ろうの人たちが簡単にコミュニケーションできる機会を持てるようにする責任があります。計画チームは、生活や仕事の選択肢を考慮に入れながら、このことを心に留めておくべきです。チームのメンバーは、盲ろうの人にとって適切でやる気のあるコミュニケーションパートナーがいる状況を模索しなければなりません。

12-2-8 継続的なコミュニケーション発達

　コミュニケーション能力の発達は決して止まることはありません。盲ろうの人も例外ではありません。適切な機会と訓練が与えられれば、一生、コミュニケーション能力を向上し続けることができるのです。盲ろうの生徒のための計画チームは、この継続的な発達への対応も計画に含めておく必要があります。手話を使う生徒は、流暢な手話に継続的に触れることで、大人としての生活の中で言語の幅が広がるようにしなければなりません。ピクチャーコミュニケーションシステムを使っている生徒は、役に立つ絵に触れる機会を増やし、そのシステムは年を追うごとに成長していくようにすることが必要です。

　点字や文字を読むスキルは、それが必要とされる状況で使う継続的な機会や訓練を通して獲得され、拡大されるものです。そして、その人にとって最も自然なモードでの日常会話によって、

より効果的なコミュニケーションスキルを習得し続けられるのです。

12-3 コミュニケーション：個人としての存在への準備の中心として

　二人の盲ろうの人と会って、コミュニケーションが彼らの生活を豊かにするのに役立っているところを見てみましょう。

メアリー

　メアリーには第1章で出会い、第8章と第11章で再び会いました。メアリーは22歳で、視力はかなり使え、重度難聴です。彼女はまた、脳性まひのため、短い距離歩くだけで疲れてしまいます。肢体不自由があるにもかかわらず、彼女は動き回る仕事を楽しんでいます。メアリーは赤いジョギング用のベビーカーでの長時間の散歩が好きで、ブランコをし、外にいることを楽しんでいます。

　メアリーは、さまざまな障害のある人たちのためのデイプログラムに参加し、そこでは彼女専用の介助者が付いています。その人はメアリーの、ときには分かり難くなるコミュニケーション方法の読み取りを習得しているので、メアリーはこの人のことをとても気に入っています。またその人はメアリーをとても尊重していて、一日の活動や形式ばらないお付き合いでのコミュニケーションのために、優しく触れるタッチキューやオブジェクト、簡単なジェスチャーや手話をたくさん使っています。そして、メアリーと一日に何度も自然に会話のやり取りをしています。

　デイプログラムの一環として、メアリーは午前中、地元の大学のリサイクルセンターで働いています。彼女は、缶でいっぱいの大きなカートを押して、全部ゴミ箱に入れて空にします。車輪のついたカートを押しながら歩くことは身体的なサポートになるので、彼女は楽しんでいます。リサイクルセンターに行くことを知らせるためのオブジェクト（小さな段ボールに付けた潰れた缶）を手に取ると笑顔になります。彼女はこの仕事と、そこに車で行くことの両方が好きなのです。

　メアリーは母親と妹と一緒に暮らしています。彼女は二人のことが大好きで、一緒にいることをとても幸せに思っています。家族で休暇をとったり、近くの友人を訪ねたりもしています。コミュニケーションでは、自分に合ったボディランゲージや表情に加えて、自宅とデイプログラムの両方で利用できるオブジェクトをいくつか使っています。それは常に彼女の手の届くところに置いてあるので、トイレに行きたいとき、ブランコをしたいとき、散歩に行きたいとき、他の日課の活動や好きな活動をしたいとき、それに関するオブジェクトを簡単に見つけて、スタッフや家族のところに持っていくことができます。彼女はまた、家族や彼女のプログラムのスタッフ皆が知っている、いくつかの基本的なジェスチャーを理解し、使っています。

ビル

　医療機器の組立作業員として働いているビルは、28歳で全盲ろうです。彼は、救急室や心肺装置で使用される心臓や肺の医療機械を製造する小さな会社で働いています。ビルの仕事は、これらの機械の小さな部品の組み立てで、優れた手先の器用さを必要とする仕事です。

　彼は、変化をつけるためにいくつかの異なる作業を交互にやっていて、1日8時間、週5日働いています。上司や同僚からのコミュニケーションは手のひら書き（活字体の文字を手のひらに

指先で書く）で受けています。彼は、テレタッチマシン（タイプライタのキーボードと１マスの点字セルがあり、キーボードの各キーに触れると点字セルが動く小型の携帯機器）を使うこともあります。上司や同僚と話をするためには、罫線が盛り上がった紙（raised-line paper）や普通紙に活字体の文字を書きます。彼が５年前にそこで働き始めて以来、何人かの従業員は指文字のアルファベットを覚え、休憩時間や昼食時に、それで彼とやり取りすることに少しずつ慣れてきています。ビルは最低賃金より数ドル高い時給をもらっていて、また、休暇や保健サービスも受けています。ビルはこの仕事には満足しているのですが、いつかはもっとチャレンジングな仕事がしたいと思っています。彼は最近結婚し、仕事場から近い町に奥さんと住んでいます。通勤には地域の障害のある人の送迎サービスを利用しています。

　ビルはいつも木工を楽しんでいます。彼はアンティーク家具が大好きで、それを仕上げ直すのが好きなので、夏には家の近くのフリーマーケットにいろいろな種類の古い家具を買いに行きます（いつも妻や母親、祖父母に連れて行ってもらいます）。夜になると、学校で習った技術を使って、古いタンスやいすを修理したり、シートの籐編みをしたりして過ごしています。また、点字での読書、とくに若者向けの歴史や骨董品に関する本を楽しんでいます。ろう者である妻が、夜のテレビのニュース（クローズドキャプションのニュース番組から）（訳注　クローズドキャプションとは、テレビの字幕サービスで、その表示・非表示を切り替えることができるもの）を毎日通訳してくれるので、最新のできごとを常に把握していて、それが彼の楽しみです。彼は点字TDDを持っていて、友だちとの通話に使っています。TDDを持っていない友だちとの通話には、地元の電話リレーサービスをよく利用します。ビルと妻はまた、ともに手話を使う聴覚障害のある人と健聴の人がいる教会グループにも所属しています。この教会グループは、彼には家族とは別の主な社会生活の場となっています。彼と妻は一緒にあるいは別々に、礼拝、聖書の勉強、社交に参加しています。また、ピクニックや大規模な祈祷会、地域や全国の集会などの教会行事にも参加しています。彼はこのような全国会議に出席するために何度か、他の人と一緒に飛行機でちょっとした長距離を移動したことがあります。またビルは一人で旅行をするのが好きで、毎年何回か休暇を取って、近くの州の友だちを訪ねています。彼の友だちの多くは、以前の同級生や先生たちです。

　さて、メアリーやビルのような人たちが移行を成功させるための準備をするのを助けるのに、私たちはどのようにしたらよいのかを見てみましょう。生徒が大人になる前の数年間と大人への移行期間に、どのようなコミュニケーションの問題が発生し得るのでしょうか。

12-4 コミュニケーション：社会的関係への配慮

　この時点で私たちは、単に盲ろうの人の間だけの孤立したコミュニケーション能力を教えるだけではなく、自尊心や表現力を育てる社会的な輪を拡げることを考えなければなりません。多様な人とのコミュニケーションをできるように、子どもに教えるコミュニケーションスキルを増やしていくことは非常に大切ではあるのですが、私たちは常に盲ろうの人の社会生活全体を考えていかなければなりません。豊かな社会的関係は、盲ろうの人の全体的な幸福に計りしれないほど貢献するのです。メアリーもビルも、自分に合った社会生活を送っています。それは彼らにコミュニケーションする潜在能力があるからこそ可能になっているのです。

　生徒が、満足のいく社会的関係を充分持った大人になっていくためには、小さなことをたくさ

ん積み上げていくことが必要です。

・生徒の自信と興味が強くなり、拡がっている期間に、社会的な会話をする。
・生徒のコミュニケーション方法を共有できる仲間を紹介し、彼らと真の関係を築く機会をたくさん持てるようにする。
・生徒が、自身の感覚障害とその影響について学ぶのを助ける。
・コミュニティのメンバーが、生徒の快適なコミュニケーション手段に堪能になれるような方法を促進する。

これらのすべてを積み重ねていけば、盲ろうの生徒を、社会参加できて自己達成感に満ちた生活に向かわせることができるのです。先生が生徒と一緒にこのような努力をしていく能力と意欲を持てるかどうかは、少なくとも大人の盲ろうの人の生活状況がどのようにあり得るかというビジョンを持っているかどうかにかかっています。そうするためには、盲ろうの大人の人と知り合いになることが最も良い方法です。

12-4-1 今後の選択肢の明確化

私たちは、盲ろうの子どものための仕事の初めに、これから起こるできごとをはっきりと伝え、起ころうとすることに備えておくための予告と時間を与えることができます。たとえば、学校の明確な時間割構成を生徒に示すことがあります。そのために、オブジェクト、絵、墨字や点字のスケジュールやカレンダーを使って、伝えるための適切な方法を考えることができるでしょう（日課の大切さやその柔軟性、カレンダーシステムについての詳しいことは、第8章を参照してください）。私たちは敬意を払って、つまり、その人を尊重し、また視力や聴力が限られている人が移行の際に持つことがよくある、大きな不安に配慮して、これを進めています。

学校から卒業後の生活への移行を考えてみましょう。生徒が学校を離れたときに何が起こるかについてのコミュニケーションをとることはとても重要です。その人がどのような段階にあっても、そのほぼすべてで、起こるであろうことを、話をするだけではなく見せることによって最もよく伝えることができます。見せる、ということは、早い段階から始めることができます。幼い子どもであっても、さまざまな立場の人々、つまりあらゆる種類の生活状況や仕事を持っている大人に会う機会を持つべきです。とくに、盲ろうの子どもたちが盲ろうの大人に会うことで、これらの大人の人がどのように暮らしているのか、どこで働いているのかなど、具体的なイメージを持つことができるようになるのです。このようなロールモデルは、移行期に具体的なイメージと前向きな目標を与えてくれます。近くにお手本となるような盲ろう者がいないときは、ろうや盲の人の中にも、生徒にとって刺激になるような仕事や生活をしている人がいるかもしれません。このような出会いは、生徒の認知的な機能がどのようなレベルにあっても重要です。重度の発達的な遅れのある盲ろうの生徒でも、自分と同じような人が成功している生活や仕事の場を訪問することで、いろいろなものを得ることができるのです。

12-4-2 慣れ親しんでいるもの

盲ろうの大人、とくに発達的な遅れがあり、多くの言葉を持たない人は、慣れている生活状況から離れるときに、安心感が得られる慣れている具体的な物理的な物があることが必要です。イギリスの心理学者のD．W．ウィニコットは、子どもの発達において「移行対象」と呼んでいるものの重要性について多くのことを書いています。ほとんどの子どもたちは一度ならずとも、眠

りに入るとき、母親から離れているとき、新しい状況に入るときなどに、安心が得られる毛布やテディベアを手にしています。

　大人でも、障害の有無にかかわらず、気に入った服や本、お守りなどに、独自の移行対象を持っていることがよくあります。盲ろうでほとんど言語を持たない若い人には、ある特定のオブジェクトやそのたぐいの物は非常に重要で、大切な安心感を与えてくれるのです。彼らは遠くにあるものとの視覚的、聴覚的な接触が限られているため、特定のオブジェクトの匂い、触感、視覚や聴覚の刺激の重要さが大きくなるのです。不安が大きくなる移行期には、一つあるいはいくつかのオブジェクトがさらに重要さを持つことがあります。移行期の若い人には、彼らが必要とするものを持てるようにすることが大切です（盲ろうの人に共感するためには、あなた自身の、車、特定の衣類、ペット、コンピュータなどへの愛着を考えてみるだけでもいいでしょう）。そういうオブジェクトを持つことが、年齢的に相応しいかどうかが懸念されるような特定の環境にいる場合には、オブジェクトを持っていいようにすると同時に、公共の場ではそれを持っていておかしく思われないようにするための、いろいろ独創的な方法があります。ハンドバッグやリュックサックはオブジェクトを持ち運ぶために使うといいでしょうし、生徒には好きなオブジェクトに適切に触れる場所や状況を教えることができます。

　ここで、寝室は誰にとっても、必要なものは何でも手に入れることができ、ある一定時間はプライバシーを毎日楽しむことができるプライベートな空間として、常に尊重されなければならないということを述べておきたいと思います。私たちは、周囲の物理的な空間との関わり方によって、多くのことを伝えています。可能ならば、新しい空間、とくに新しい寝室の家具や物を選ぶことを盲ろうの人に勧めてください。部屋を自分の好きなように配置できるように手伝ってあげてください。このように物理的な細かいことへの配慮をすることで、移行プロセスをよりスムーズに進めることができます。それは盲ろうの人に、その人にとって非常に重要な領域である物理的な環境をコントロールできていることを知らせることにもなります。盲ろうの人と関わっていると、無意識あるいは意識的に、彼らには障害があるので、自分の環境を整えることに無関心、あるいは無理と考えて、やってあげたいと思うことがあるでしょう。しかし、それはたいていは違います。彼らの物理的な空間と意味のある個人的なオブジェクトの必要性を尊重すればするほど、移行はよりスムーズになるのです。

　大人の生活環境への移行が起こるずっと前に、この種の配慮を幼い子どもの生活環境にしておくと、大人への移行の間に大きな利益になります。若い人は、移行が起こるときまでに、いつも近くに置いておく大切なオブジェクトをすでに持っています。その人はまた、快適に感じる空間を作ることが自分でできるという感覚を持つでしょう。

12-4-3 関係の継続性

　移行期には、オブジェクトだけでなく、いろいろな関係の連続性も必要です。大切な人（家族、恩師、級友）と連絡を取り続ける手段を用意してあげることは、盲ろうの人や新しい環境にいる人の役に立ちます。たとえば、ヴィヴィアンもビルも、かつての同級生や先生と連絡を取り合っています。このような状況に備えて、手紙の書き方やTDDの使い方を教えておきましょう。これらのスキルは、さまざまなレベルで教えることができます。その人が手紙を書いたり、電話をかけたりすることが、完全には自立してできないというだけで、どんな方法でも手助けをすることはできないと考えてはなりません。支援にはいろいろな形態があります。通訳する、手書きコミュニケーションの例を見せる、書き方を教える、良い手紙の書き方や電話のスキルのお手本を

示すなどがあるでしょう。紙に走り書きしたもの、絵、紙にテープで貼りつけた物などが、それぞれ手紙として使えます。移行期の生徒には、継続的で有意義な個人的なつながりが不可欠です。そのようなつながりを促進するために、可能な限りのあらゆる手段を工夫しなければなりません。

12-4-4 新しい状況での通訳

新しい環境で生徒と一緒にいる間に、その生徒が視覚や聴覚では直接把握できないことがらも常に分かるように、細かい配慮のできる通訳者になるようにしてください。そのためには、新しい物理的な環境では、視覚的にも触覚的にも、環境を注意深く示すことが必要です。したがって、新しい環境へ行く計画を立てる際には、その時間を充分とれるようにスケジュールする必要があります。できる限りの時間、その子が触ったり探索したりできるようにし、そうしている時にはあなたがそばにいることを伝えてください。見慣れない物や人の名前を伝えましょう（もし自分がまったく新しい状況にいる盲ろう者だとしたら、と想像することができれば、言語と語彙の大きな重要性について、なにがしかの考えを持つきっかけになるでしょう。新しいものの名前を知ることは、それの意味を理解するのに役立ち、また習得したという感覚を与えることができます。これは不安を大幅に軽減することができます）。

あなたがその場にいる間に、その環境で何が起こっているのかを教えてあげましょう。彼が言葉を理解できるのであれば言葉で説明してください。たとえば、「犬が入ってきました。大きな黒い犬です、今、床の上の皿のものを食べています」と言ってみましょう。生徒がこの状況を把握するのに充分な言語を理解できないときは、可能な限り起こっていることに触ったり見たりできるようにしてください（生徒が言語を理解している場合でも、そのようなアクセスを与えるのはよいことです。物やできごとに触れることで、言語を理解し、興味をかき立てることができます）。事実上、あなたはその生徒の眼と耳の役割を果たしているのです。どんな新しい状況でもそうすることが、その生徒が新しい環境を理解するのに役立ちます。

新しい環境を訪問したときの通訳の様子は、そこにいる初めて盲ろうの人に会うことになったと思われる人たちにとって、優れたお手本にもなります。彼らはあなたの行動を見て、あなたが、この人にとっては周囲のすべての物と接触することが大切だと考えていることが分かるでしょう。盲ろうの人を尊重して受け入れること、その人の意見や反応をすべて考慮に入れたいとすること、そして、受け入れるためにやり取りのペースを調整すること、これらはすべてその盲ろうの人にとって大きな助けとなり、また新しい環境にいる他の人にとっても重要な模範となるのです。

12-4-5 移行についての気持ち

新しい状況の中での感情については、盲ろうの生徒と直接かつ率直にコミュニケーションをとるようにし、生徒にも同じようにするように促してください。自分の感情と生徒の感情の両方を表す言葉を教えると、それらの感情の理解を促すことができます。これはまた、生徒が新しい状況の中で、より多くの達成感を得るのに役立ちます。感情をうまく共有することができるかどうかは、感情を表わすための言葉を使ったことがあるかどうかにかかっています。これはその生徒の初めからの教育の一部であったはずです。たとえば、「ここに住みたくないから怒っているんだ」と言えるようになることは、その感情を行動に出してしまうことよりもずっと好ましいことです。そして、そのような発言が、ほかの選択肢や感情についての議論を始めるチャンスになるのです。生徒が言語を充分に使えるときは、他の移行の例とそのときの感情についての話は、その生徒の移行期に大いに役立ちます。たとえば、あなたが高校を卒業したときに不安を感じ、次

に何をすればいいのかが分からなかったことを話すと、その生徒には本当に助けになるでしょう（年少の盲ろうの生徒の先生にとっては、生徒とそのような話ができるようになるのを想定することが、のちにそのような会話ができるように言語を生徒に教えておこうという、良い動機付けになります）。

　感情についての議論は、すべてのレベルで、さまざまな方法で行うことができます。言葉がなくても、絵や身振りは感情についてコメントする貴重な方法です。たとえば、移行期にある生徒に会って、その生徒の行動から悩んでいることが分かった場合、生徒のその状況を絵に描いて悩みの表情を目でよく見えるようにすると、それを生徒にフィードバックすることができます。そのような絵は、とくに注釈を加えたりせずにそのまま示せば、あなたが生徒の感情を理解して、尊重していることが生徒に伝わるでしょう。この状況でそのようにすれば、あなたの他者の気持ちを尊重する姿勢のモデルにもなるでしょう。

　その感情の原因となった状況を変えることができなくても、感情を尊重するお手本を示すことができることを自覚してください。たとえば、生徒の生活の場所の選択肢は（資金面やその他の事情で）あまり多くないかもしれません。もし、生徒が本当は望んでいないのにルームシェアをしなければならないことになったり、好きではない仕事をしなければならなくなったりした場合、あなたは少なくとも次の三つのことができます。その生徒の憤りによく耳を傾け、あなたがそれを聞いて理解したことを、可能な限りの方法で、はっきりと生徒に知らせること。あなた自身も選択肢の無さに気落ちしていることを何らかの形で伝えること。そして、あなたが何かできることの中で生徒に選択肢を与えられるように手筈すること。たとえば、その生徒は部屋をシェアするのを好まないとしても、好きな家具をいくつか選んだり、部屋をシェアすることを少し我慢できるように部屋をアレンジできるかもしれません。また、やらなければならない仕事自体は好きではないとしても、その仕事の中での一部の小さな仕事からは満足感を得られるかもしれません。あるいは、仕事の中で何か社会的な接触を持つことができ、その仕事が生徒にとって意味のあるものになっていくかもしれません。本人の状況に対する感情を尊重し、これらの方法でそれに応えていくことが、大人としての自分の良いイメージを得る助けになるのです。

12-4-6 新しい状況でのコミュニケーション

　盲ろうで大人への移行期の真っただ中にある生徒は、教室の外で多くの新しい状況に直面することになるでしょう。新しい生活や仕事の状況に入っていくためには、新しい人との交流が必要となります。このような状況で生徒が成功するかどうかの多くは、次の三つの要素にかかっています。

・コミュニケータとしての能力に自信を持つこと
・自由に使える、いろいろなコミュニケーションシステムを持つこと
・いろいろなコミュニケーション形態をいつ、どのように使うかを理解すること

　自信：自信をつけさせることは、生徒が学校に入学してできるだけすぐに、あるいは可能であればもっと早くから始めなければなりません。実際それはこの本全体の中心的なテーマなのです。生徒はゆっくりと、何年もかけて、数多くの小さな場面の中で自信をつけていきます。敬意を持って話を聞いてもらい、丁寧に返事してもらうたびに、生徒は自分の言おうとすることに価値があることを学び、自分を表現し続ける自信を得られます。これは、言語、体の動き、ジェスチャー、行動、顔の表情など、表現の形に関係なく当てはまります。盲ろうの生徒のこれらの表

現の一つずつに誠実に応えていくたびに、私たちはその生徒が良いコミュニケーションができる大人になるための支援の一端を担っているのです。

代替コミュニケーションシステム：生徒には自信の構築に加えて、いろいろなコミュニケーションの可能性を準備してあげることができます。その際、私たちは以下の二つの点に留意しなければなりません。

・彼らが示す理解の範囲と表現力
・いろいろな状況への適応力

　もし私たちが適応性（どのくらい多くのさまざまな人が、その生徒とコミュニケーションをとることができるか）だけを考えてしまうと、その生徒の会話や理解の深さを阻害してしまう危険性があります。私たちは、生徒にとって非常に快適であるコミュニケーションの手段を少なくとも一つは確実に持っているようにしなければなりません。それによって生徒が世界についての考えや観察の深さと範囲をすべて表現し、自分の周りの世界を最もよく理解できるような手段です。これはその子どもの「母国語」、「母語」です。多くの場合、これは手話になるでしょう。聴覚に障害のある生徒にとって、発話が非常に困難なことが多いからです（第7章に、さまざまなモードとその選択についての詳しい議論があります）。この母語には、受け取りモードと表現モードが異なる場合があります。運動障害のために手話ができない子どもでも、手話で概念を伝えると最も簡単に理解できる場合があります。つまり、手話が受けるときの母語であっても、自分自身を表現するために絵や物、コンピュータシステムを必要とする場合があります。いずれにしても私たちには、生徒が受けるのも表現するのも快適にコミュニケーションできるようにする義務があるのです。

　残念ながら、この母語、つまり快適な言語は、家庭や学校の環境以外のさまざまな人に理解される言語ではないかもしれません。たとえば、新しい職場環境では、手話を知らない人が多いということも考えられます。では、どうすればいいのでしょうか？　ここが、母語を知らない人とのコミュニケーションを目的とした第二、第三のコミュニケーションシステムを教えることで、盲ろうの生徒に大きな支援ができるところです。このシステムは、生徒自身とシステムが使われる特定の状況の両方に適応することが必要です（このようなシステムを選択する際に考慮すべきことがらについても第7章を参照してください）。最も多くのさまざまな人々に理解されるシステムが、最も役に立つシステムです。絵や書いたものは、この目的をよく果たすものです。持ち運びできるかどうかもシステムを選ぶ基準です。生徒がペンと紙で字を書いたり、絵を描いたりすることができる場合には、それをいつも持ち歩くことができます。

　もしあなたが盲ろうの若者の先生であれば、その生徒と家族との関係を充分に考慮し、その状況で役に立つ方法を教えて、家族内のコミュニケーションを促進することが大切です。教育計画会議に家族を参加させ、可能なときには家庭訪問を行ったりして、定期的に家族とコミュニケーションをとることで、生徒が家族と有意義に交流するためのコミュニケーション方法を身につけることができるようになるのです。

代替コミュニケーションシステムを、どのように、どのようなときに使うか：生徒は、代替システムを習得するときだけでなく、それをどのようなときに使うのかを学習するのにも助けが必要になるでしょう。その生徒は、自分が快適に使える言語を分からない人もいることと、そのような場合には他の方法で理解してもらえることを、経験を通して学ぶ必要があります。

　このことを教えてくれるものは、人生そのもの以外にはありません。学校にいる時代にいろい

ろな人と出会い、可能な限りの方法でコミュニケーションをとることは、どのようなシステムを、どのように使うのかを決める能力に自信を持たせることになります。これらの経験はできる限り現実のものであるべきです（授業の目的のためだけに見せかけや作り物をしたりしてはなりません）。町に定期的に出かけたり、本当に必要な状況で代わりのシステムを使う機会を与えたりすることは重要な活動です（たとえば、生徒が欲しいものを買いたいときなど）。

　生徒の代替システムを使う能力を、そのシステムを使った授業の成績だけで判断しないようにしましょう。多くの場合、現実の状況ではモチベーションが充分高くなって、優れたパフォーマンスが引き出されます。たとえば、第1章、第10章で会ったジュリアは、この章の後半で再び会うことになりますが、学校ではTDDをうまく使うことを学ぶことができないように見えました。しかし彼女は、必要に迫られてやる気になった途端、実に熟達したユーザーになりました。そしてボーイフレンドに教えてもらうと、コンピュータモデム（通信装置）の使い方や掲示板へのアクセスも学習できるようになりました。卒業してから数年後、彼女がマスターしたコンピュータスキルや、先生たちが一度は教えることを絶望していた書き言葉の語学力を目の当たりにしたときは驚きでした。彼女の成功は、教室の学習環境としての限界と、モチベーションの学習における強力な効果を実証しています。

12-4-7 会話のエチケット

　大人の会話の仕方を知ることは、友好関係を発展させ、維持するための主要な方法の一つです。このような知識は、盲ろうの人には自然には身につかないものです。私たちはどのようにして他の人との関わり方を学ぶのでしょうか？　私たちは、人間関係のスキルの多くを、観察やいろいろなことを小耳に挟むことによって学んでいるのです。幼いころには、両親やその知り合いの人を見て、彼らの会話を耳にします。このような吸収作用から学ぶことは計りしれないほどあります。充分に聴くことや見ることができない子どもは、良い会話や関係を維持するために必要なスキル——ボディランゲージでの合図、間、眼の動き、始まりと終わりを知らせるフレーズなど——を自然に吸収することはないのです。会話のエチケットには数え切れないほどの暗黙のルールがありますが、中にはそれが破られて初めて気づくものもあります。盲ろうの人が、会話に割り込んだり、唐突に話題を変えたり、相手からボディランゲージで何度も会話を止めるように合図が送られていても、すでに終わった話題を話し続けたりすることがあります。しかしその人は何か問題があることに気づいていないことがあり得るのです。そして、パートナーは、盲ろうの人の感覚障害からくる自然な制限に気づかない限り、個人的に気分を害しているかもしれないし、無意識のうちにそれ以上の会話を避けるようになることがあるかもしれません。

　私たちは、盲ろうの生徒の立場に立って、よく見えない、よく聴こえないことによって社会的な交流に何が欠けているのかを考えてみることが必要です。たとえば、見える人同士のアイコンタクトが会話を始める合図だとしたら、盲ろう児には何がその代わりをできるでしょうか。肩に触る？　私たちは、相手が近くにいれば見えるので誰かが分かることなどはしごく当たり前に思っているので、自分が話しかけようとしているときにネームサインや身体的な合図を使ってそれを伝えようとは考えないでしょう。

　すべてが先生の指示で授業が行われている状況では、本当の会話のやり取りがおろそかになってしまうこともあるでしょう。このような状況では、先生の仕事は、子どもたちが活動的で生産的であるようにすることだけだと普通は思いこむものです。盲ろう児たちも基本的な会話のエチケットを学ぶ必要があることを認識することが大切です。どのような課題でも、やりとりを含む

人との自然な会話を身につけることが、幸せな大人
としての生活を送るための鍵となる。

ものにしていくことは、盲ろう児にとって計りしれないほど価値のある訓練です。このような相
互関係は、その課題に含まれるあらゆる技術の練習になるだけでなく、周囲の人々の社会に安心
して参加できる方法を生徒に教えてくれるのです。

　盲ろうの生徒が充分な言語を持っているときには、その生徒と社会的スキルについて直接話す
ことができるでしょう。社会の暗黙のルールのことを話すかもしれません。会話を、彼らの言語
と視覚的言語やボディランゲージの両方の側面から通訳をすることで、これを最も効果的に行う
ことができます。そしてそれから、生徒との会話についての議論をすることができるのです（今
日の子どもたちが、人との交流についてテレビから学んでいることがどれほどあるか、ちょっと
考えてみてください。それが望ましいかどうかはともかく、盲ろうの生徒は、普通はまったく利
用できません）。

12-4-8 幅広い会話の話題
　いろいろな興味あることを話し合えるということは、すべての盲ろうの人の大人としての人生
を豊かにしてくれます。これは会話が言語的であっても非言語的であっても同じです。会話の話
題は、普通は経験から出てきます。盲ろう児に人生の経験をさせることについて考えるとき、私
たちは、ほとんどの場合、活動や実践的な体験に関して考えます。これはとても大切で、どのよ
うな盲ろう児への教育でもその中心に置かれるべきことです。

　加えて、社会性を身につけるため、もう一つ重要な経験があります。それは他の人の人生を共
有する経験です。先生として私たちは、その子どものことだけに注目してしまう傾向があります。
私たちもまた仲間の一員であり、子どもと自然に関わるのには、自分の人生を共有することも含
まれていることを忘れがちです。「朝のサークル」や「シェアリングタイム（sharing times）」（訳
注　日本のホームルームのような時間）」などでは、そこに参加している大人たちは、自分のこと
をまったく消し去って、あたかも存在していないかのようにすることが多いのです。

　盲ろう児たちに社会化するための経験を積ませるには、ごく初期の段階から彼らの生活の中に
大人の見本や関わりがあることが必要です。あなた自身の経験、考え、アイデア、ものごとの見
方を子どもたちと共有することができます。これはどんなレベルでもできます。子どもが正式な
言語を理解できないからといって、状況や経験へのあなたの対応を表わす、表情、ボディラン
ゲージ、指差し、絵、その他いろいろな方法に対して反応しないことはありません。通学路で車
がパンクしていらだったこと、小道でリスを見たこと、雪の中で転んだこと、お姉さんに赤ちゃ
んが生まれたこと、新しい柔らかいセーターを持っていることなどを、盲ろうの子どもや若い人
に伝えるといいでしょう。また、テレビで聞いたニュースのことや、地元のスポーツイベントの

こと、見た映画のことなどを話すこともできます。もしあなたがこれらのことを伝えなければ、その生徒はそういうことがあるということをどうやって知ることができるのでしょうか。その生徒の世界は非常に自己中心的になっていくでしょうし、それは生徒自身のせいではなく、感覚障害であるために多くの情報を見逃してしまうからなのです。私たちは伝えることを忘れて、ただ尋ねるだけになってしまうときもありますが、これが盲ろう児にとっては活き活きとした会話の相手になることをより難しくしてしまうのです。

12-5 より大きな未来を見る

12-5-1 成人した二人の事例
　第1章で10代だったころに出会った二人の盲ろうの人を見てみましょう。今ここでは、彼らは大人になって、豊かで興味ある人生を送っていることが分かります。

ジェイソン
　ジェイソンは小鳥の給餌器の工場で組み立て作業員として働いています。23歳の男性で、プレカットされた給餌器を組み立て、梱包し、出荷するのです。仕事は介護付きの作業環境で行われ、日ごとに、週ごとにその環境の中で変わります。仕事の中にはいくつか彼が好きなものがあります。彼のお気に入りは、組み立て済の給餌器でいっぱいになった段ボール箱を2階の出荷部門に運ぶコンベアベルトに載せることです（第1章に、彼がとくに機械好きだと書いてあったのを覚えているでしょう。コンベアベルトは彼のお気に入りの機械です）。彼は手話、非常に簡単なメモ（自分で読み書きする）、ボディランゲージを組み合わせて上司や仲間とコミュニケーションしています。
　ジェイソンは彼と年齢の近い、ろうの人と発達障害のある人の二人の男性と一緒に、支援付きのアパートに住んでいます。家では家事にかなりの時間を費やしています。とくに料理が好きで、週に2回、アパートで料理を担当しています。また、彼が料理に使う食材の買い物も手伝っています。彼はかなり複雑なレシピのものを、簡単な文字での説明のある絵のレシピを使って始めから料理を作ります。これは彼が学校で何年も練習してきた技術で、それに誇りを持っています。また毎晩、電卓やカメラ何台かで遊んで過ごしていますが、これもまた機械的なものにとても興味を持っていることを示しています。ジェイソンは機械的なものの絵を描いたり、それに関する単語や簡単な文章を書いたりすることを楽しんでいるのです。それらを寝室に大切に保管し、慎重に整理し、また整頓しなおしたりしています。週末には、近くの町にいる家族を訪ねます。その際には、地元のYMCAで泳いだり、父の仕事（父は大型機械の修理をしています）に付いていったり、妹と遊んだり、他の親戚のところに行ったりしています。ジェイソンは概して人付き合いよりも機械で遊んだり料理をしたりする方が好きで、余暇の大半をこれらに費やしています。

ジュリア
　ジュリアは大きな都市の病院でメッセンジャーをしています（ジュリアとは第1章で出会い、第10章で再会しました）。彼女は30歳の女性で、重度の聴覚障害、重度の視覚障害があります（触手話と非常に濃い拡大文字を必要としています）。仕事は、病院全体に郵便物、実験室のサンプル、報告書を配ることです。彼女は、病院内の非常に複雑なレイアウトを知るために、歩行訓練士から訓練を受けました。ジュリアは、院内を移動する毎日の決まったルートを持っています

が、臨時に入る集荷や配達のために待機していることもあります。

　ジュリアは、制服の襟に「私は盲ろう者です」と書いたピンをつけています。通路で会う人々とコミュニケーションをとる必要がある場合に備えて、彼女は黒いマジックペンと筆記用紙を持ち歩いています。時間的な制約があるため、コミュニケーションの多くは身振り手振りです。各所で出会うよく知った人たちには笑顔でうなずき、ジェスチャーをし、親しげに握手してもらったり、肩を軽く叩いてもらいます。彼女はこの仕事に就いて6年になります。最低賃金以上の収入を得ていて、休暇や健康手当もあります。働いている同じ部署には、他に4人の盲ろうの人がいて、彼らは休憩時間やランチタイムに交流しています。

　ジュリアは非常に活発な社会生活を送っています。彼女は盲ろうの別の女性とアパートをシェアしていますが、二人の余暇生活は比較的別々です（週に一度は一緒に買い物をしていますが、ルームメイトは近くのスーパーでジュリアのガイドを充分できる視力があるので、この取り決めはうまくいっています）。ジュリアは夜はほとんど友人と直接会ったり、コンピュータのモデムを使って掲示板にアクセスしてコミュニケーションしたりして過ごしています。また、友人と連絡を取るための大活字のTDDを使って、チャットをしたり、訪問する用意をしたりしています。彼女が会いに行く友人はさまざまで、彼女のような盲ろうの人もいれば、聴覚障害の人もいますし、障害の無い人も何人かいます。週に一度、彼女は地元の盲学校で、卒業生や他の視覚障害のある人のための夜間授業を受けています。受講しているのはエアロビクス、手芸、料理などの授業です。また、地元のYMCAやその他の成人教育施設でも、通訳を利用して授業を受けています。彼女は学習を続けられるこのような機会を楽しんでいます。また、地元の盲ろう者協会の運営委員会にも参加しており、月に一度の会合に出席して、グループの活動の計画を立てています。ジュリアは週末には数年前の学生時代に同級生だったボーイフレンドのジムに会います。ジムが彼女のアパートを訪れることもあり、ジュリアが、両親と一緒に住んでいる彼の家を訪問することもあります。二人はときどき他の親戚や友人に行くために、ちょっとした旅行に出かけます。ジュリアは非常に活発で満足のいく余暇生活を送っていて、そのほとんどが人付き合いを中心に回っています。

　私たちは、専門家として、家族として、友人として、盲ろうの人たちが満足のいく大人の生活を送れるようにするために、もう一つできることがあります。盲ろうについて、またとくに、盲ろうの人の人生において非常に大切なコミュニケーションの問題について、自分自身や他の人たちに教育を続けていくことです。

12-5-2 新たに生まれつつある盲ろうの文化

　アメリカ人の多くは、ろう文化が新たに興ってきたことについて、少なくとも最低限の認識を持っていて、これはろうの人々が自身を前向きに捉える機会を与えています。1989年、ロデリック・マクドナルドという盲ろうの人が、アメリカ盲ろう者協会の会議で、「盲ろう文化が生まれつつある」という論文を発表しました。彼は盲ろうの人の間には充分な共通の経験、共通の言語、コミュニケーションがあり、真の文化が形成されつつあると主張したのです。この文化の根底にあるのは、盲ろうの人に特有の経験で、とくに社会的な接触を意味のあるものにするための、触覚への依存です。その他の共通する経験もまた、盲ろう文化の新たな発展に寄与しています。たとえば、一対一の（集団ではなく）コミュニケーション、通訳への依存、盲ろうコミュニティ内での独自の社会的な道徳観、少ない一般的知識、概して最小限の物質的な豊かさ、触覚言語の発達

です。コンピュータ技術でもたらされた、盲ろうの人の教育機会の増加とコミュニケーションの取りやすさは、この盲ろう文化の形成に貢献しています。先生や盲ろう児の家族は、この文化について学び、その独自性を尊重することで、子どもたちがこの文化の一員になる準備をするのを助けることができます。

12-5-3 他の人々への盲ろうに関する教育

私たちのコミュニティや世界で、より多くの人々が盲ろうの障害について学べば、盲ろうの人の生活の質は確実に向上していきます。私たちは、何らかの形で一般の人々への盲ろうに関する教育に貢献することができますが、そのためには、まず盲ろうの人と友だちになり、その友人関係を他の人と共有することが必要です。このような友人関係の中では、私たちが通訳者になることが必要な場合もあるでしょう。もし私たちがそれに意欲的になれば、まちがいなく自分自身の生活を豊かにするような、素晴らしい会話ができている自分に気がつくでしょう。

私たちの盲ろうの友人との経験を人々とちょっと共有することで、盲ろうについて人々伝えることもできます。機会があればそれについて書いてもいいし、盲ろうについて一般の人に伝える団体を支援してもいいでしょう。小さな努力の一つひとつが、盲ろうの人に充実した生活を送るより大きな可能性を与えるのです。

［引用文献］

MacDonald, R. (1989). *Deajblindness: An emerging culture?* Silver Springs, MD: AADB.

Mount, B., & Zwernik, K. (1985). *Personal futures planning*. St. Paul, MN: Governor's Planning Council on Developmental Disabilities.

Winnicott, D.W. (1982). *Playing and reality*. New York, NY: Routledge. （邦訳：橋本雅雄・大矢泰士『遊ぶことと現実』岩崎学術出版社、2015）

［参考文献・資料］

MacDonald, R. (1995). Programs after the school years: Alternatives. *Deaf-blind American*, 34 (1), 13-24.

McCay, V. (1976). *Psychological and social dimensions of usher's syndrome*. Sands Point, NY: Helen Keller National Center for Deaf-Blind Youths and Adults.

Rothstein, R., & Davenport, S. (1997). A brief overview of Usher Syndrome. In, Hilton/Perkins Program, *Proceedings of the national conference on deafblindness: The individual in a changing society* (pp.693-704) Watertown, M.A: Perkins School for the Blind.

Sauerburger, D. (1993). *Independence without sight or sound: Suggestions for practitioners working with deafblind adults*. New York, NY: American Foundation for the Blind.

Stiefel, D.H. (1982). Dealing with the threat of loss. Corpus Christi, TX: The Business of Living Booklets.

第13章

子ども一人ひとりの
ニーズへの対応

マリアンヌ・リジオ

13-1 盲ろう児のニーズを満たす計画

　この本を通して、私たちは、盲ろう児たちが人生で成功するためのあらゆる機会をしっかりと与えられるようにするのに必要な、複雑な思考をいくつか共有してきました。社会的関係の構築、有効なコミュニケーション能力、そして彼らが住む世界への理解は、あらゆる教育計画と教育プログラムの心臓部でなければなりません。

　私たちは、一つのサービスのモデルですべての盲ろう児のニーズを満たすことができるものは無いという事実に、あなた自身の感覚が高まっていることを願っています。私たちの計画の中で、個々の子どもと家族のニーズに合わせたプログラムを作らなければなりません。この章では、家族と学校関係者が効果的に盲ろう児のニーズを満たす計画を作るときに考慮しなければならない、重要な事項をいくつかを見ていきましょう。

　サービスを設計するときは、視覚と聴覚の障害が社会的つながりと学習に与える深刻な影響に敏感でなければなりません。盲ろうの人のための孤立から社会的交流への橋渡しをするには、いくつかの強い、持続的な人間関係と、注意深く練り上げられた支援と教育のプログラムが必要です。まず歴史を振り返ってみましょう。

13-2 学ぶべきレガシー

　世界で最も身近な盲ろう者像といえば、ヘレン・ケラーでしょう。現在の盲ろうの人の集団は極めて多様で、彼女との共通点は少ないように思われるでしょうが、盲ろうの人すべてが、視覚と聴覚の喪失による孤立感を共有していることを忘れてはなりません。アン・サリバンは、コミュニケーションと言語を通してヘレンを孤立から社会的なやり取りの世界へと導きました。私たちは、サービスの開発を模索する中で、ヘレンとアンの関係から多くのことを学ぶことができるのです。

　アン・サリバンとヘレン・ケラーの関係は、盲ろう教育の分野にいる人や、『奇跡の人』を読んだり観たりした人なら誰でも知っています。アンが幼いヘレンのための仕事を始めたとき、ヘレンは手に負えない子どもでした。この映画の中には、とても印象に残るシーンが二つあります。一つは朝食のテーブルで、ヘレンが誰の皿からでも勝手に食べ物をつかんで皆の食事を乱す場面です。これは家族がヘレンとのコミュニケーションの取り方を知らなかったため、よく起こっていました。アンは、この仕事で成功するためには、ヘレンも自分も二人とも尊敬すべき人間であり、自分はヘレンとの本当の関係を持ちたいと願っているという明確なメッセージをヘレンに送らなければならないと考えていました。

　もう一つ印象的なシーンは、アンがヘレンを井戸のポンプのところへ連れていくシーンです。このシーンで、若いヘレン・ケラーは、それぞれの物には名前があり、指文字はコミュニケーションの手段だという知識に目覚めます。ヘレンはこの大発見の瞬間を境に、急速に世界のことを学んでいきます。映画ではこの大発見が簡単に起こったように描いていますが、実はアン・サリバンは、ヘレンが言語を理解するその瞬間を実現するために、長い間努力していたのです。実生活では、ヘレン・ケラーは最終的にアメリカの名門校ラドクリフ・カレッジを卒業するまでに至り、国際的な有名人になったことは周知のとおりです。

　アン・サリバンとヘレン・ケラーの関係からは、多くのことを学ぶことができます。第一に、盲ろう児の発達を確実に成功させる方法は、全力を尽してその子どもとの関係を築くことです。

アン・サリバンは、コミュニケーションと言語を通じて、ヘレン・ケラーを孤立から社会的やり取りの世界へと導いた。

　もしアン・サリバンが、何ヶ月も一日中ヘレン・ケラーのために働くという個人的な努力と忍耐力を持っていなかったら、このような飛躍的進歩は決して起こらなかったでしょう。アンが計りしれないほどの時間と日数をかけて自分のあらゆる経験をヘレンと共有し、世界を見せたことで、ヘレンはやがて自分の考えを表現することができるようになったのです。ヘレンの、さまざまな人とコミュニケーションをとる能力はますます説得力のある、洗練されたものになり、彼女はいろいろ興味を持ち、熱心に学習するようになりました。

　もしアンとのやり取りが、具体的な物や活動のための言語を覚えるだけに限られていたら、ヘレンは自分の気持ちをこれほど明確に表現する言語を使うことはできなかったでしょう。ヘレンは明らかにアンとの個人的な会話に多くの時間を過ごし、のちにはアンを通して他の多くの人々とも会話をしていました。このような豊かな会話、興味深い経験と言語に満ちた環境に浸ったことで、ヘレンは幼い生徒たちとだけでなく、国の指導者たちともスムーズに会話ができるような人になれたのです。

　これは、盲ろう児たちへ今日私たちが与える教育の方法とは大きく異なるように見えるかもしれませんが、ヘレン・ケラーが社会に大きく貢献する一員となることを可能にしたアン・サリバンの資質は称賛すべきものです。アンは、献身的で、決断力があり、充分なスキルを持ち、創造的で自発的でした。盲ろう児たちへのサービスを考える際に、これらの資質を忘れてはなりません。

13-3 教育チーム

13-3-1 地域の教育チーム

　地域の教育チームには、個別教育計画の策定と実施、および盲ろう児の今後の行先処遇を監督する責任があります。そこで、私たちが議論を始めるのはまずこのチームについてです。米国では、教育チームのメンバーはどのような人でなければならないかが、一定の法律で定められています。盲ろう児のための計画に責任を持つことになるチームを編成する際に忘れてはならないのは、チームのメンバーが、その子のために知識を持ち、個人的に理解し、関心を持って初めてチームが効果的に働くということです。地域レベルのチームには常に、この障害や独自の教育課題に精通した人が参加していることが必須です。すべての子どもには、学習ニーズを理解している人から教えてもらう基本的な権利がありますが、さらに、計画も同様の理解を持つ人が立てなければなりません。

13-3-2 チームメンバーの選定

盲ろう児の教育に関する重要な決定を行うチームは、充分な検討と配慮のもとに選ぶことが必要です。教育計画チームのメンバーは、特別支援教育の監督者と家族が共同で選ぶべきです。このチームには、その子のことをよく知っていて、その子のケアや教育に直接携わっている人が入っていなければなりません。特別支援教育の監督者と家族（可能な限りその子どもも含めて）に加えて、チームメンバーには、その子の担任の教諭、セラピスト、ティーチング・アシスタント、看護師、その他の定期的に関与する人々も含まれるでしょう。一人ひとりの子どもの教育に大きく関わっているすべての人がチーム会議に参加することが重要です。このような会議は、子どもの強みやニーズについてともに考え、その子の教育のための最善の計画を作成する貴重な機会だからです。

チームの協同作業に関しては多くのモデルがありますが、プロセスが知識の代わりになることはできないことを覚えておかなければなりません。チームのメンバーの中には、盲ろう児のプログラムのニーズに精通している、経験のある人が少なくとも一人は必要です。そのような人が地域の教育スタッフにはいない場合は、外部に依頼しなければなりません。これは、個人的に契約する専門家、あるいは州全体に盲ろうの人のアウトリーチサービスを提供している機関のコンサルタントであったりします。

チームのリーダーには、定期的にあるいはとくに必要性が生じたときにチームを招集し、また、チームの提言がすべて実行されるようにする責任があります。

13-4 適切なアセスメントを受ける

第6章で議論したように、良いアセスメントというのは多面的で継続的なプロセスです。教育アセスメントは、それをもとに子どものプログラムを策定する基礎であるべきものです。ここでは完全なプロセスを辿ることはしません。しかし、教育アセスメントに先立って、評価者は子どもの教育歴、家族歴、医療歴を完全に理解し、評価プロセスに影響を与える医学的評価を更新しておく必要があることを忘れてはなりません。

完全な教育アセスメントは、盲ろう児のアセスメントの実施に適格なチームが行わなければなりません。評価者は、盲ろう児が理解し、使っている独自のコミュニケーション方法に精通しているとともに、将来その子が使えるようになるかもしれない方法にも精通していなければなりません（手話を知らない子どもに対しては手話を知っている評価者は必要ない、と単純に言われるかもしれませんが、実際には、子どもが手話を学ぶ可能性を評価できる唯一の人は、手話をよく知っている人でしょう）。また、適格な評価チームは、視覚と聴覚の障害が重複することが全体的な発達に与える影響をしっかりと理解した上で評価をするのです。

高品質の評価サービスがなければ、子どもの生活に深刻な影響を及ぼす可能性のある不適切な判断が下される可能性があります。「従来の」または「通常の」と考えられているもの（すなわち、声による発話）とは違う方法で情報を受け取ったり表現したりする子どもは、熟練した評価者によって評価された場合よりも能力が低いとレッテルを貼られる危険性があります。とくにこれは、盲ろうという障害を直接経験したことのない人たちが評価を行ったときに起こります。

適正な教育評価チームのサービスが地域レベルで利用できない可能性は高く、その場合、外部の資源を探すことが重要です。そのためには、地域のチームに盲ろうの専門家のサポートを入れ

るか、適切な評価センターを探すことが必要になります。州に盲ろうの人へのサービスを提供している人や機関がない場合は、ろうや盲の人のためのサービスを契約することが、チームが適切な資源を利用できるようにするための次の選択肢になります。

　盲ろうの学習者のための適切な教育アセスメントは、以下のようなことに関する提言につながるでしょう。

- ・その子の長所とニーズ
- ・生徒にとって最適な学習環境（たとえば、物理的環境、クラスの大きさ、クラスのグループ分け、技術的な適応、教室での言語）
- ・残存視力と聴力でアクセスできるように教材を提示する最善の方法
- ・その子どものユニークな学習スタイルに合わせた教育戦略
- ・コミュニケーションを促すために、生徒の自発性に最もうまく対応する方法
- ・表出スキルと受信スキルの発達を促すために、子どもの周囲で使われるべき具体的なコミュニケーションの方法
- ・特定の支援サービス（たとえば、盲ろうの専門家、セラピーサービス、オーディオロジスト（聴覚専門家）、弱視専門家）の必要性

　評価チームの拠点が近くに無い場合は、評価チームの情報が地域の教育チームでの個人的な対話やミーティングを通じて共有できるようにすることが大切です。その助けを得て地域のチームは、その生徒にとって現実的な目標を設定し、生徒のニーズを最もよく満たすプログラムを作ることができるのです。理想的には、評価チームの代表者が、その子のプログラムの策定と、家族や教育チームの専門家に研修や支援サービスを提供する役割をいつも持っていることです。そうすると、チームのメンバーは自分自身のスキルを向上させ、自信を持てるようになるでしょう。

13-5 プログラムの策定

13-5-1 プログラム策定の要件
　アセスメントに基づいて、教育チームは盲ろうの学習者の教育計画を作成する責任があります。このプロセスはしばしば複雑で、以下のような点を特定することが必要です。

- ・指導の優先分野
- ・具体的な目的と目標
- ・使うべき具体的な指導法
- ・この計画を実行するために責任を負うべき熟練した人々のタイプと、各ポジションに必要な資格
- ・子どものニーズを満たすためのプログラムの成功を確認する方法

　子どもにとって適切なプログラムの構成をチームが思い描いたら、チームメンバーは、そのプログラムを最も効果的に、かつ一貫した方法で提供するために利用可能な資源を探し出すことが必要です。このレベルでは、量が質に取って代わるものではないことを頭に入れておかなければなりません。盲ろう児のニーズは非常に複雑なので、地域内のすべての専門家の名前が教育計画に挙げられていることがよくあります。しかしこのような子どもたちと関わった経験のある専門家が一人もいない、あるいは時間もない場合が多いのです。チームは、子どもと家族のニーズを

満たし、また主たる指導者を支援するために、盲ろう児に総体的なプログラムを提供するのに誰が価値ある貢献をしているのかを慎重に考えなければなりません。

　もし、盲ろう児の先生が主に責任指導者になることができれば、それほど多くの支援サービスは要らないかもしれません。よく訓練された先生は、子どものコミュニケーションや感覚的なニーズを、普通なら何人もの人を必要とするようなレベルで理解できるでしょう。そのような人は、この子にサービスを提供するチームメンバーの能力を強化するための柱となり得ます。それができない場合には、どこからかこの支援を取り入れなければなりません。さらに、個々の子どものためのプログラムを計画する際には、スタッフと家族のメンバーが能力を発揮できるようにするための計画も作ることが必要です。その人たちが、質の高いサービスを提供し、刺激的な家庭環境を整えるのに必要な知識と技術を身につけるためです。

13-5-2 学び先を選択する

　個々の子どものために適切なプログラムを選択することは、両親や学校の関係者が直面する最も困難な判断の一つです。多くの場合、このプロセスでは、いろいろなプラス面とマイナス面を考慮する必要があります。たとえば、盲ろう児のための特別プログラムがあり、その分野で専門的な訓練を受けた先生がいる学校があったとしても、その子の家からはかなり遠いという場合があるでしょう。また、その子のための別の選択肢として、言語聴覚士（Speech and Language therapist）と視覚障害児専門の先生が支援サービスをしている、地元の公立学校のプログラムもあるかもしれません。学び先は、家族の価値観、子どもの個々のニーズ、それぞれの候補先で利用できるサービスの質などをもとに選ぶ必要があります。チームは、それぞれの学び先が、最終的に潜在能力を発揮するその子の能力に与える影響を判断しなければなりません。

　言語を学ぶのに最適な時期は、人生の早い段階です。したがって、盲ろう児は、言語を学び、社会的関係を築き、周囲の世界についての重要な概念を身につける機会を最大限に提供されるプログラムで、できるだけ早期にサービスを受けなければなりません。これはとくに盲ろう児たちにとって重要です。この子たちは日常生活の中で言語へのアクセスが制限されているからです。私たちは、スタッフが盲ろう児とのコミュニケーション方法について適切な訓練を受けていないプログラムに、幼い盲ろう児が入れられているケースをあまりにも多く目にしてきました。盲ろう児たちはほとんど受け身であることが多いため、コミュニケーション能力を身につけることなく、何年も取り残されてしまうことがあるのです。そして、彼らは青少年期（またはそれに近い時期）に達すると、重度の行動障害を起こし始め、クラスで手に負えなくなることがあります。これらの行動は、多くの場合、長年コミュニケーションしようとした努力を無視されてきたことによるフラストレーションに根ざしています。この時点になって、学区が専門的な資源の導入を検討したり、その生徒のニーズを満たすことができる専門的なプログラムを探したりすることが多いのです。もし教育者として言語を学ぶ最適な機会を提供しようとするならば、私たちは事前に行動を起こすことです。できるだけ早い年齢時に、その子の個々のニーズに合わせたコミュニケーション豊かな環境を提供しなければなりません。私たちは、危機が広がるのを待っていてはいけません。

　最も制約の少ない環境（訳注　LRE: Least Restrictive Environment　最小制約環境）を選びましょう：障害のある子どものための最も制約の少ない環境というと、人々は最も一般的には、同じ年齢の仲間がいる地元の公立学校に通う子どもたちを想い描きます。幼い子どものために、そして実際には青少年のためにも、最も豊かな生活を提供する可能性を持っているのは、家庭、家

族、地域社会の環境です。しかし、これがうまくいくためには家族と盲ろう児への、しっかりとした教育プログラムと個人的な支援システムが必要です。適切な教育と支援サービスがあれば、盲ろう児の多くにとっては地元の公立学校に入学するのが適切でしょう。しかし、個々の子どもにとって、「最も制約の少ない」という言語がどのような意味を持つのかを考えなければなりません。盲ろう児にとって「最も制約の少ない」とは、孤立感が最も少なく、周囲で起こることに完全に参加できる機会が最も多い環境を意味します。有意義な社会的関係を築くための選択肢と支援を持つことが、最も重要です。

　世界中のすべての文化において、人々が有意義な社会的関係を築いていけるのは、共通言語での結びつきによるものです。過去10年間、ろう者コミュニティは、教育を受けたい、他のろうの人たちと交流したいという願いを明確にしてきました。専門的なサービスを提供したり、盲ろう者コミュニティを支援したりする理由は、同様の願いに基づくものです。私たちは皆、同じように世界を認識している人に惹きつけられます。また、共通の言語の共有は、やり取りを大いに促進するものです。

　流暢ではない言語を使わなければならない状況にいるとき、母国語で会話できる人がいると安心します。このような観点からすると、盲ろうの人にとって最も制約の少ない環境とは、最も快適で自然な言語を使っていろいろな人と直接コミュニケーションできる機会が最大限にある環境です。このような環境は、その他の重要な概念や技能を学ぶ機会も提供するものでなければなりません。したがって、盲ろうの生徒ののちの行先の選択をする際には、どのような環境がその子にとって最も長期的な成功と達成の機会を与えられるのかを考慮する必要があります。ときには、最初は制限的な環境のように見えていたところが、大人になってからの生活の中で最も幅広い選択肢を与えてくれそうだということが判明することもあります。

　この本の多くのところ（第1章、第10章、第12章）で、ジュリアのことを読んだのを覚えているでしょう。彼女が過ごした学習生活の大部分は、盲ろうの生徒のための特別プログラムでした。一部の人にとっては、このようなプログラムは非常に制限的に見えるかもしれません。しかしこれはそうではなく、さまざまな方法で流暢にコミュニケーションを取ることを学び、また活発で幸せな社会生活を送るためのスキルと好きな仕事に就いて自立するために必要なスキルを身につける機会を与えたのです。大人になった彼女は、地域社会の生活全般に非常によく溶け込んでいます。

13-5-3 長期的な体制を確約する

　地域レベルで、学区が近所の学校で盲ろう児への教育に真に尽力しているのであれば、その子と長期的なつながりを持つチームを育成する総合的な計画が必要です。子どもが教室を行ったり来たりさせられ、そこでは訓練を受けていないスタッフといつも顔を合わせるというのは、子どもにとっても家族にとってもあんまりなことです。先生が、その生徒と有意義な方法でやり取りを始められるのに充分な、盲ろう障害についての見識と情報を得るのには1年かかるかもしれません。その子が新しい教室に移った場合、この経験はすべて失われてしまいます。このようなことが年々繰り返されると、人間関係を築く可能性が失われ、貴重な教育の時間が浪費されてしまうでしょう。子どもが多くの教室を移動する場合は、慎重に計画を立てる必要があります。その子のために働くことになる先生や専門家は、その子とうまくコミュニケーションをとれるように準備し、適切な毎日の学習活動を与えるために、可能な限り、継続的な研修を受けるべきです。

　盲ろう児のニーズに応えるスキルに長けた専門家のチームの育成は不可欠です。単に1対1の

専門職助手を雇うだけでも、子どもと家族の生活にいくらかのプラスの影響を与えることができます。しかし、その人が辞めてしまった場合、子どもは不安定な立場に置かれるでしょう。また、その人が充分な訓練を受け、監督され、サポートを受けていない限り、その人にとっても子どもにとっても、極めて孤立した職場環境が作られてしまう恐れもあります。誰か一人、主担当の先生が、教育計画の実施と、支援スタッフの仕事の監督にあたるべきです。その人が盲ろうに関する特別な訓練を受けていない場合は、その専門知識のある人の支援を受ける必要があります（この章ではのちに、専門職助手と先生の役割について述べます）。

13-5-4 学際的なアプローチを用いる

盲ろうの生徒には、学際的な方法で教育サービスを提供することが最も望ましいと言えます。これは、ある一つの分野で伝統的に教えられてきた技術を、他の、その子のために直接仕事をする人と共有するモデルです（Rainforth & York, 1987）。このモデルは、日々子どものために働く人の数を最小限に抑え、クロストレーニング（訳注　その分野のトレーニング以外に、ほかの分野のトレーニングも取り入れて訓練する方法）の機会を提供します。またこれによって、より古い伝統的なサービスモデルによくあったような、子どもが特別な「処遇」のために、頻繁にクラスから引っ張り出されてしまう可能性が減ります。このことは、子どもが他とのコミュニケーションを学ぶのを支援することを検討するときにとくに重要です。コミュニケーションスキルを発達させることは、子どもの一日のあらゆる活動の一部になっていなければなりません。

この本の中でずっと述べてきたように、盲ろう児は分かり難い、断片的な情報を受け取ることが多いのです。子どもが一日中、専門家から専門家へと移動しながら過ごすと、子どもを混乱させるだけでなく、その生徒との個人的な関係（これは質の高いサービスを提供するために必要不可欠）を築く先生の能力を阻害する危険性があります。どのようなサービスが専門家によって提供されるのが最善か（たとえば、専門的なトレーニングを必要とする特定の理学療法の訓練など）、また、それが専門家の協力と支援をサポートするモデルを通して、子どもの日常生活に取り入れられるサービスかどうかを判断しなければなりません。

盲ろう児や盲ろうの青少年のための計画を立て、サービスを提供するチームの個々のメンバーは、サービスを提供される人とその人の具体的な障害について、できるだけ多くの情報を持っている必要があります。もし、あるチームメンバーが盲ろうを理解することにとくに長けているならば、その情報を他のチームメンバーとオープンに共有しなければなりません。すべてのメンバーは、異なる役割、視点を持ち、異なる関心事やスキルを持っています。まさにこれが、チームメンバーがお互いの話をオープンに聞き、盲ろうの人が学び、幸せで前向きな生活を送るための、あらゆる機会を得られるようにする計画を立てることが大切である理由です。

チームの中に、盲ろう児のために働いた経験が充分にあるメンバーがいない場合には、しばしば衝突が起こります。そのようなメンバーがいないと、チームは、誰もが納得できる実用的で有意義な計画を立てるのに必要な集中力と信頼を失ってしまう可能性があります。さらに、訓練の機会があれば、できるだけ多くのチームメンバー（家族を含む）に参加してもらうことが重要です。それによって盲ろう児たちのニーズへの共通理解を持つことができるのです。

13-6 教育プログラムスタッフ

13-6-1 プログラムスタッフの役割と責任

　私たちは、アン・サリバンやヘレン・ケラーとはまったく違う世界に生きています。現代社会は人の異動が多く、スタッフの入れ替わりが一般的です。今日、一人の人が何年もの間一人の子どもを支えることを期待するのは非現実的です。実際には、それは良い考えとは言えません。多くの人（セラピスト、担任の先生、同級生、校長、美術の先生など）を巻き込むことや、クラスメイトやコミュニティの人々に子どものコミュニケーション方法や学習スタイルを教育することには、多くの利点があります。それは、子どもがさまざまな人々と有意義な社会的関係を築く助けになり、自分の周りの世界について学ぶ機会をより多く作り出します。

　すでに議論されているように、学際的モデルは、とくに盲ろう児のための教育プログラムを準備する場合に適しています。当然のことながら、子どもたちが盲ろう児専門でないプログラムを受けている場合、各専門家がコミュニケーション技術に完全に精通していることはまれです。とはいえ、すべてのスタッフは基本的なレベルの能力を持っていなければなりません。そしてそのレベルは、子どものコミュニケーション能力によって異なるでしょう。

13-6-2 教育主責任者の割り当て

　通常、盲ろうの学習者の個別教育計画の実施には多くの人が関わります。したがって、責任の所在を明確にしておくことが重要です。ここで、すべての子どもたちにはきちんと教育ができると認められた人に教えてもらう権利がある、という点に立ち帰らなければなりません。チームは、教育計画の実施に主な責任を担う先生を決めなければなりません。その人は、子どもの教育上のニーズを適切に判断し、家族とスタッフにサポートやトレーニングを提供できるスキルを持っていることが大切です。

　多くの場合、盲ろう児たちの教育に主責任を負っているのは、専門職の助手（コミュニケーションの支援者）です。これは本人にとっても子どもにとっても正当ではありません。盲ろう児とのコミュニケーションに必要なスキルの訓練を受けた専門職の助手がいるとしても、その人や盲ろう児と一緒にいて、コミュニケーションやその他の機能、発達、学習のスキルを継続的に評価できる先生が必要です。この責任ある先生が、常に変化していく子どものニーズにプログラムが幅広く柔軟に対応できるようにするのです。

　盲ろう児の主担当の先生の役割は、コミュニケーション能力と子どもの学習スタイルをすべての教育領域にわたって統合した、教育計画の作成と実施を促進することです。盲ろう児にとっては、この先生はクラス担任だったり、盲ろう担当だったり、あるいは盲ろうに関する専門家の助言のもとに働く統合教育の専門家かもしれません。何よりも、この先生は盲ろうの子どもたちのために働く能力を発揮していなければなりません。また、常に子どもと直接のやり取りをすることが必要です。

　主責任者は以下のことをしなければなりません。

・盲ろう児のニーズと進捗状況を継続的に評価する。
・盲ろう児が学ぶ上で最も重要な、知的、コミュニケーション、勉強、社会性、日常生活、その他のスキルの発達を促すために、日常生活や活動の計画を立て、実施する。
・家族と協力して、家庭、学校、地域の環境にわたった学習ができるようにする。
・子どもの感覚モダリティや認知能力に応じて、適切な感覚を用いた指導戦略を開発する。

・個々の子どものニーズに合わせて環境を調整する。
・盲ろう児との関わり方について、他のスタッフをトレーニングする。
・コミュニケーション支援者（たち）を監督する。

　盲ろう児には、彼らが何を知る必要があるのかを理解している先生から教わる権利があることは、いくら強調してもしすぎることはありません。どのようなときでもその子は、自身の独自のニーズを満たすように計画された指導を、資質の高い人から受けなければなりません。盲ろう児の教育プログラムを計画する際には、次のようなことを問う必要があります。主担当の先生は、盲ろう児の教育ニーズを満たすことができるか？　主担当の先生の監督の下で働く専門職の助手は、指導やコミュニケーション支援のための適切な訓練を受けているか？　また、これらの先生が適切な訓練、指導、技術支援を受けていることを確認することが必要です。

13-6-3 コミュニケーション支援者の役割
　コミュニケーションを支援する人には、生徒との関係、受けた訓練や学歴、盲ろう児の教育に対する責任の度合いなどに応じて、多くの呼び名（介入者、通訳者、教員助手など）があります。ここでは、訓練を受けた先生が盲ろう児の教育プログラムを遂行するのを支援する人を「コミュニケーション支援者」と呼びます。この用語を使うのは、より広い範囲の職務に適用されるからです。盲ろう教育の分野の専門家は、盲ろうの子どもや青少年の生活の中でのコミュニケーション支援者の重要性を認識しています。一つの分野として、私たちは倫理的な役割の定義や、これらの職に就く人々を訓練するためのガイドラインを作成する必要があります。
　コミュニケーション支援者の役割と責任は、本人にも子どもにも公平であることが大切です。専門職助手として雇われた場合、子どもの先生として動かないことが重要です。見えて聴こえる子どもたちのクラスを担任以外の者が担当することが許されないのと同様に、「コミュニケーション支援者」の役割の人が、盲ろう児の教育プログラムを計画したり、実施する責任を負うことは認められません。コミュニケーション支援者の責任業務の一般的なガイドラインは、次のようなものであるべきです。
・子どもが先生と直接対話していないときに、周囲で起きていることを、理解できる方法で子どもに伝える。
・子どもとの自発的な会話に参加する。また、子どもが好むコミュニケーション方法で通訳をすることで、学習者と他の人とのつながりを助ける。
・教室やその他の環境でのグループ活動に生徒が参加するのを助ける。
・先生や他のチームメンバーに、活動や対応、懸念事項などを伝える。
・先生が盲ろうの学習者の適切な活動を計画するのを助ける。
・活動から活動へ、また環境から環境への子どもの移動を手伝う。
・子どもやその日の活動についての重要な情報を伝えるために、家族とコミュニケーションをとる。
・子どもと、理解できる方法でコミュニケーションをとる。また子どもが使うどのようなコミュニケーション形態にも対応する。
・子どものメッセージを他の人に通訳する。
・いろいろな環境にいる他の人が、盲ろうの学習者とやり取りするのを助ける。

13-6-4 主担当教員とコミュニケーション支援者の関わり

すべてのサービス提供者間の関係が明確に定義され、評価されなければなりません。主担当の先生は、子どものプログラム全体を調整することに加えて、コミュニケーション支援者の仕事を慎重に計画し、監督することが必要です。この役割には次のようなものが含まれていなければなりません。

・個々の盲ろうの学習者に適切なサービスを提供するために必要な能力の評価に基づいて、スタッフの訓練計画を立てる。
・コミュニケーション支援者が生徒と一緒に行える活動を計画する（教材の適応調整も含む）。
・コミュニケーション支援者に対して、定期的な監督、支援、訓練を行う。
・コミュニケーション支援者と協力して、子どものためのカリキュラムを調整する。

13-7 適切な専門的資源を探す

13-7-1 先生への訓練

私たちは、盲ろう児の教育サービスを提供することを選択した学区は、これらの盲ろう児の教育における最善の実践方法を知るために、それぞれ最大限の支援を追及してほしいと考えます。支援サービス提供者からの支援は、知識が積み重ねていけるような形で確保することが必要です。

もしあなたが、個々の子どもの教育課程の計画を主に担当しているなら、継続的に必要とされる支援サービスを提供することが不可欠です。今日、子どもたちが年度ごとにクラスを変えることはごく一般的になっています。ということは、毎年新しい先生が来るのですが、その先生は多くの場合、盲ろう児たちと関わった経験がほとんどあるいはまったくないでしょう。そこで、プログラムのスタッフに充分な準備がないために子どもが学習の機会を失ってしまうことがないように、訓練や技術的な支援を受けるための資源を確保することが重要です。

本書で一貫して説明してきたように、コミュニケーションスキルの上達に最も重要な要素は、盲ろう児との親密で信頼できる関係を築くことです。充分な訓練の機会が与えられていなければ、先生たちは生徒との有意義な、リラックスしたやり取りを始めることに消極的になるかもしれません。そのような訓練を受けるには、以下のような方法があります。

・盲ろう児の先生のための主要な資源センターで行われている総合的な現任研修を利用する。
・コミュニケーションクリニックに連絡して、相談や研修を準備する。
・盲ろう児のコミュニケーション計画を作成するとき、チームの資源となり得る盲ろうの専門家と連絡を取る。
・盲ろうの人のための技術に関する特別な資源センターに連絡する。通常、盲ろうの子どもや青少年が利用できる技術の評価や情報は、ろうあるいは難聴の人や盲あるいは弱視の人にサービスを提供している州の機関や、これらの機器を販売している業者から得られる。
・先生のネットワークを作る。他の盲ろう児の先生たちと会う機会を作り、共通の関心事を話し合う。

13-7-2 長期的な視点で考える

専門的な資源が発達してきているので、私たちは近視眼的にスタッフの現任研修を行うことがあってはなりません。充分な訓練を受けた、経験のあるスタッフがいない場合は、特別支援教育専門員（resource specialist）に、盲ろう教育のよりグローバルな広い側面での訓練を依頼し、段

コミュニケーション支援者は、生徒と、その生徒が理解できる方法で楽にコミュニケーションするスキルを持たなければならない。

階的にプログラムを策定していくことを支援してもらわなければなりません。

　個々の子どもたちに質の高い教育プログラムを提供するための技術的な側面に加えて、「個人将来計画」（Mount & Zwernik, 1988）のようなモデルは、生徒の他の人々との関係性の中で、その生徒についての考え方の骨組みを作るためのツールを提供してくれます。このモデルはまた、全体的なサービスや支援システムの方向性を示すことができます。

　個人将来計画を通して、家族、先生、友だちその他の重要な人たちを含むチームは、盲ろう児の重要な長期的目標を明確にしていくことができます。将来のイメージを作ることは、チームメンバーが、子どもが身につける必要のある重要なスキルや、自然環境の中での自然な生活経験の中で、そのスキルを教えるのに最適な活動に重点的に取り組み続けるのに役立つでしょう。

　前にも述べたように、大人の盲ろう者と出会う機会を作ることによって、盲ろうの人の生涯の可能性について、現実的な視点を得ることができます。彼らは、この障害の人々の人生の可能性がどのようなものかの全体像を示してくれます。地域社会での日常生活でどのようにコミュニケーションをとっているかについて、彼らから多くのことを学ぶことができます。また、大人を観察していると、彼らがどんな人との付き合いを選んでいるのか、さらに、彼ら一人ひとりを充実させているいろいろな仕事についても学ぶことができるでしょう。大切な友情を育む上で、共通のコミュニケーション手段がいかに重要かを知ることができます。

13-8 先生への支援

　私たちは長年、多くの先生、家族、その他のサービス提供者、そして何百人もの盲ろう児たちと一緒に仕事をしてきました。これらの子どもたちは、集中治療保育室、リハビリテーション病院、小児看護施設、老人保健施設、州の知的障害者施設、通常の公立学校、特別なニーズを持つ子どもたちのための地域プログラムで設置された特別支援学級、個々の公立学校、私立のデイスクール、私立の全寮制学校、実家、養子縁組家庭、里親家庭、児童養護施設、聴覚障害、視覚障害、行動障害の人のための学校などで生活してきました。私たちは、ひどいプログラムと考えるものの中にも、優れた先生を見てきましたし、モデルプログラムと見られているものの中に、ひどいサービスを見てきました。教育プログラムの成功に最も重要な要素は、先生が生徒との関係を築くことができるかどうか、そして先生自身が自分の仕事に献身できるかどうかです。

　管理者は、盲ろう児たちと関わる先生の努力を、その教育機関の中の他の子どもたちと関わる先生と同等に支援しなければなりません。実際、盲ろう児の先生たちは、同じような指導を行っている先生が周りにおらず、自然なサポートを受けられないため、それを補うより多くのサポー

トを必要とすることが多いのです。

このことを考えると、私たちは先生として、利用可能な資源を利用して仕事をすることが大切です。さらに、私たちは、サービスを提供する子どもたちのために、あらゆる可能性に敏感であることが必要です。担当しているプログラムには、望むような資源がないと思われる場合、子どもたちとうまくいくには、枠組（やシステム）ではなく、あなたの生徒とのやり取りの質に勝るものはないことを覚えておいてください。発展途上国のプログラムを見てみると、実際の資源が少なくても、自然に子どもたちのために働き、豊かな学習環境を提供している人たちの例を数え切れないほど見かけます。彼らは、物質的に不足しているものを、温かさと実践的で論理的な思考力で補っているのです。

先に、個々の盲ろうの人のための将来計画という概念にはちょっと触れました。正式なプロセスを使うにせよ使わないにせよ、先生として一歩離れたところから見て、あなたが生徒をどのような方向に導いているのかを慎重に考えることが大切です。先生は、個別教育計画を作成するとき、さらには、年間を通して定期的に、一歩下がって内省し、評価し、自分と生徒のために、自身の行動計画を作る必要があります。それは、双方を豊かにする、個々の盲ろう児にとって可能な限りの、教育経験を作りだすためです。

今日、教育予算がますます厳しくなってきているので、先生たちは学区や教育プログラムが提供するもの以外の、独自の支援を探す必要があります。

子どもたちが多くの学校に分散している現在、一つのプログラムだけであらゆる盲ろう児たちに対応することはほとんど困難です。同じような生徒を持つ他の先生たちを探す必要があります。自分自身の時間を割くことが必要かもしれません。他の先生たちとのつながりを築くことは、盲ろう児教育の今後の実践を最善のものにしていくのに役立ちます。また、日々の指導にも役立つでしょう。

13-9 家族の大切さを忘れない

以前、私たちが、子どもに何をすべきかを親に指示する専門家であると考える必要性を取り除くことについてお話ししました。そうではなく、私たちは自分自身を、盲ろう児が学び、成長することを奨励する環境を作るプロセスでのパートナーとして考えましょう。家族は、盲ろうの生徒との有意義なコミュニケーションを深める上で、私たちの最も貴重なパートナーです。家族は、彼らの子どもの本質を見抜く力があるので尊重しなければなりません。この力は専門家にはなかなか持てないものです。彼らは意思決定の際の真のチームメンバーとなるでしょう。そして子どもが、親戚を含む家族や地域社会、友人との長期的な関係を築く機会を多く持てるようにするた

子どもの家族の生涯にわたる愛情と献身を尊重することを忘れないこと。

めのトレーニングを受けることが必要です。

［引用文献］

McLetchie, B.A.B., & Riggio, M. (1997). *Competencies for teachers of learners who are deafblind*. Watertown, MA: Perkins School for the Blind.

Mount, B., & Zwernik, K. (1988). *Personal futures planning*. St. Paul, MN: Governor's Planning Council on Developmental Disabilities.

Rainforth, B., & York, J. (1987). Integrating related services in community instruction. *Journal of Applied Behavioral Analysis*, 10, 349-367.

［参考文献・資料］

Crane, P., Cuthbertson, D., Ferrell. K.A., Scherb, H. (1997). *Equals in partnership-Basic rights for families of children with blindness or visual impairment*. Watertown, MA: Perkins School for the Blind.

Downing, J., Bailey, B. (1990). Sharing the responsibility: Using a transdisciplinary team approach to enhance the learning of students with severe disabilities. *Journal of Educational and Psychological Consultation*, 1 (3), 259-278.

Welch, T.R. (1992). Developing quality services: perspectives on excellence (reaction paper). In *Proceedings of the national conference on deaf-blindness: Deaf-blind services in the 90s* (pp.42-45). Watertown, MA: Perkins School for the Blind.

Writer, J. (1997). An assessment-based approach to inclusive curricula design for children and youth who are deafblind/multihandicapped. In *Proceedings of the national conference on deafblindness: The individual in a changing society* (pp.840-875). Watertown, MA: Perkins School for the Blind.

第 14 章

質の高いサービスの構想を作る

マリアンヌ・リジオ

14-1 すべての子どもたちのための質の高い教育

　私たちは、この本の読者はいろいろな分野の人がおられると考えています。大学のトレーニングプログラムを管理したり、教えたりしている人もいれば、政策立案者である人もいます。家族、先生、管理者、言語専門家、言語聴覚士、専門職助手、また盲ろうの人の日常的なケアや教育に関与している人もいます。どのような役割を担っているかにかかわらず、一人ひとりの役割は、盲ろうの幼児、子ども、青少年、大人の生活において非常に重要です。

　私たちは、予算、授業計画、トイレのトレーニング、医療支援など、それぞれが違う視点に立っています。先に、子どもたちのために開かれたコミュニケーション環境を作ることを述べましたが、今度は専門家や家族のためにも同じ環境を作ることを話さなければなりません。開かれたコミュニケーションの道筋こそが、効果的なサービスやプログラムを展開する唯一の道なのです。

　具体的には、以下のような課題があります。どのようにしたら、盲ろうの人たちのコミュニケーションのニーズを満たす教育政策、サービス提供システム、地域プログラムを策定できるのか？　どのようにして個人や社会、国、州、地方自治体の姿勢や責務に影響を与えることができるのか？

　盲ろう児たちや他の障害のある子どもたちが必要な専門的サービスを得られるように努力する中で、しばしば、なぜこのグループの子どもたちには他の子どもたちよりも「手厚い」と思われるものが与えられなければならないのかについて、正当な理由を求められることがあります。これには、盲ろう児たちの権利とニーズを、障害の無い子どもたちのものと同じように考えれば、簡単に答えることができます。

　障害の重さや専門的なサービスのニーズにかかわらず、すべての子どもたちには質の高い教育を受ける価値がある、というのが私たちの信念です。私たちは、盲ろう児たちに平等な機会を提供しようとしていますので、まず、一般教育システムで子どもたちに提供されている教育サービスの主要な要素のいくつかが、盲ろう児たちに必要なサービスとどのように関連しているかを見ていきましょう。

14-1-1 高品質な人材

　障害の無い子どもたちの場合：どのような教育システムにおいても、最も重要な要素は、子どもや家族と毎日直接接している職員の質です。子どもたちに刺激的な教育機会を提供するための知識や技術が、子どもたちの意欲や学習能力に影響を与えます。

　この重要な要素は認識されていて、子どもたちの発達を指導する先生のための大学の、幅広い研修プログラムが用意されています。先生になろうと準備をしている生徒は、教育分野における重要な研究について学び、また、子どもの発達、特定の年齢層の子どものニーズを満たすカリキュラムの作成と実施、子どものニーズに最も適した環境の姿に影響を与える特別な配慮について学びます。

　先生が、たとえば初等教育の教員としての人材育成プログラムを修了した場合、このレベルに達した子どもたちの一般的な発達について学んでいます。その先生は、多くの子どもたちが幼稚園から8年生までの間に身につけているスキルについてたくさんのことを知っています。もし3年生を担当することになれば、子どもたちがおそらくその時点までに学んだスキルや概念を知り、自分のクラスに子どもたちがいるその1年間に身につけるべきスキルや概念について、全体的な

考えを持つでしょう。

　市販されている豊富な教材やカリキュラムは、子どもたちが知っておく必要のあることをある程度正確に扱っています。また、研修中の先生が、経験豊富な指導者の助言の下で教育実践をできるように、見学や「生徒指導」の機会も豊富に用意されています。

　初等教育の子どもたちの先生を探している学校の管理者は、候補者がこのグループの子どもたちのために働くのに充分な訓練を受けていることを確認するために、慎重に選抜評価します。微積分の先生や、ろう学校の中学・高等部の先生を雇うことはないでしょう。また、このような年齢の（小学校段階の）子どもに会ったことのない人を雇うこともないでしょう。

　盲ろう児たちの場合：すべての子どもたちに個々のニーズに対応できるように訓練を受けた先生から教育を受ける権利があるのと同じように、盲ろう児たちにもその権利があります。しかしながら盲ろう教育の分野では、訓練を受けた先生は、子どもの年齢や障害の程度、教育環境などによって、さまざまな役割を担うことが前提とされます。

　盲ろう児の先生は生徒に質の高い教育の機会を提供するために、さらに専門的な能力を備えていなければなりません。盲ろう児も他の子どもと同じように基本的なニーズを持っているのですが、複雑でユニークな課題を抱えている（McLetchie & Riggio, 1997）ため、特別な知識と技術が必要です。その中でも最も重要なのは、盲ろう児とのコミュニケーション能力です。

　盲ろう児のために働こうとしている先生は、盲ろう児の先生として知っておくべきことを対象とする有力な研究資料やカリキュラム資料を利用できることが必要です。カリキュラム作成やコミュニケーション発達などの分野での専門的な知識と技術も必要です。これには、必要な医療情報や技術情報へのアクセスも含まれます。さらに重要なのは、研修中にいろいろな盲ろうの人と出会って交流する機会を持つことと、盲ろう児を指導した経験を持つ指導者から学び、観察する機会を持つことです。また、盲ろう児たちの先生は、盲ろう児たちのニーズについて直接学ぶたくさんの機会を持つようにしなければなりません。

　覚えておくべきポイントは、すべての子どもは、盲ろうの独自性を理解している、訓練を受けた先生から教えてもらう権利を持っているということです。このような先生たちは盲ろう児のために直接働き、また、他のスタッフや家族を指導し、専門知識を習得できるようにしなければなりません。

　専門職助手：障害の無い子どもたちの多くの教室には指導補助者がいますが、これらの補助者は通常、それぞれの子どもの教育に責任を持っているクラス担当の先生の直接の監督の下で働いています。盲ろう児たちの多くは、すべてとは言わないまでも、専門職助手のスタッフから指導を受けていることが多いのです。専門職助手のスタッフを、1日を通して子どもとコミュニケーションをとり、他の人や周囲の世界との交流を促進するために雇うのは、多くの場合は適切なのですが、子どもは先生から教えられるべきであることを忘れてはなりません。先生の代わりに専門職助手で置き換えてはいけません。

　また、一般の初等教育を受けている児童生徒には、適切な学習体験を与えることに長けた先生を得る権利があり、これは盲ろう児も同様だということを忘れてはなりません。専門職助手は、盲ろう児と個人的な関係を築くことができなければなりません。そして、その子と効果的にコミュニケーションをとることを学ぶ必要がありますが、それは、指導者の助言や盲ろう児の先生からの継続的な訓練でなければなりません。

14-1-2 学校環境とカリキュラム

障害の無い子どもたちの場合：学校では、社会の一員として充分に参加するのに必要な知識や技能を身につける活動を継続的に行います。これまで述べてきたように、その子は、この重大な責任を担うための特別な訓練を受けた人たちによって指導されます。

　学校では、子どもたちが豊かな人間になるための幅広い科目や活動を提供しています。生徒のために年齢に応じて、勉強のカリキュラムの他にも、コーラス、バンド、職業経験、芸術、特別な技術コースなど、幅広いコースや課外活動が用意されています。

　それに加えて、子どもたちの個人やグループに対してさまざまな特別なサービスが提供されています。これらには、読書の専門家、音楽の専門家、体育の先生、美術の先生などがいます。これは一般に、担任の先生がこれらの分野である程度の研修を受けていたとしても、その先生に通常の授業で期待されている基本的なスキル以上のスキルが必要なサービスなのです。また、これらの専門的なサービスは、先生に過度の責任を負わせないようにするため用意されているのです。これらのサービスは、個別の別クラスとして提供されるのではなく、共同授業が行われたり、専門家の意見を取り入れて特別に調整した基本的なプログラムの中で行われます。

盲ろう児たちの場合：盲ろう児は、彼らの独特なニーズを理解している先生から指導を受けることに加えて、豊かな人間になるための支援をしてくれる必要なサービスを利用する機会を持たなければなりません。盲ろう児にとっては、提供されている支援サービスには、聴こえる、見える友だちが受けているものとは異なるように見えるものもあるかもしれません。しかしいくつか同じ（子どもたち個々のニーズに合わせて調整されていますが）ものもあります。職業訓練、技術利用指導、作業療法、障害に合わせた体育や美術コースなどです。

14-1-3 継続的なトレーニングとサポート

障害の無い子どもたちの場合：一般教育の分野では、先生がこの分野の最新の動向を常に把握し、特別な指導方法、新しいカリキュラム、最新の研究動向、教材などを学ぶ、幅広く多様な機会があります。先生は通常、自分のスキルを磨くために、ワークショップ、セミナー、講習会に参加しています。いろいろな専門団体が開催するものや、内部的に開かれるもの（地域の教員研修日）は、教員が学び、同じような責任を持つ他の先生と情報交換する助けになります。

　地域の教育システムの中では、いろいろな監督職員、校長、副校長、部門主任、特別支援教育専門員が、先生が充分にサポートされていること、子どもたちが一般に認められた「最良の手法」を使ってきちんと教えられているようにしています。さらに、食堂、教職員ラウンジ、放課後などでの毎日の先生同士の非公式な交流は、先生たちが生徒の共通のニーズ、ぶつかっている困難、成功体験などを話し合う場となっています。

盲ろう児の場合：盲ろう児の教育やケアをしている先生や家族は、この障害のある人の数が一般の子どもたちと比較して非常に少ないために、非常に孤立していることが多いのです（Baldwin, 1992）。このような人々は、物理的に孤立しているだけでなく、偶然入ってくる情報を得られる機会からも孤立しています。盲ろう児の大多数は、この障害があるのはただ一人か極めて少数であるプログラムの中でサービスを提供されています。したがって、先生やその他の専門家には、盲ろうや関連分野について読んだ記事や参加したワークショップについて話してくれる人や、盲ろうの生徒についての懸念事項を共有できる人はあまりいないのです。通常、このような情報を得るには大変な努力を要します。そこで、スタッフや保護者の能力を高めるための訓練計画を立て、併せて学習者の発達や教育上のニーズの進展に沿って継続的に情報にアクセスできるようにしな

けらばなりません。

14-1-4 資源となる教材

障害の無い子どもたちの場合：ほとんどの学校システムでは、先生が利用できるさまざまな教材がすぐに利用できるようになっています。充実した理科実験室、メディアセンター、コンピュータソフトライブラリ、教科書、ワークブック、その他の教材があり、先生は「車輪の再発明（reinvent the wheel　訳注　一から作り直す）」をしなくてもクラスの子どもたちを教えることができます。

盲ろう児の場合：盲ろう児の先生は、能力の高い先生であろうとすると、非常に専門的な教材が必要になります。そのため、先生は点字器、触覚モデル、サーモフォーム（熱成型）機器、手話教材、キャプション装置、コンピュータのハードウェアとソフトウェア、弱視用教材などを使えなければなりません。多くの場合、これらのアイテムは、適切な使用方法を熟知している人のサポートを受けて選ぶことが必要です。また、盲ろう、ろう、その他の関連分野からの、仕事上のガイドとなるようないろいろなカリキュラムが必要とされます。

14-1-5 家族との関わり

障害の無い子どもたちの場合：学校制度の発展に伴って、子どもの教育における保護者の役割がますます尊重されるようになってきています。米国では、保護者が学校と協力して活動できる組織としておそらく最もよく知られているのはPTO（Parent Teacher Organization）です。保護者組織や地域の教育委員会への保護者の参加、さらに定期的な保護者と教員の会議は、保護者と専門家の間に開かれた対話を生み出し、お互いに学び合うことができるようになっています。

盲ろう児たちの場合：盲ろう児の家族に一般的な保護者組織をオープンにすることに加えて、盲ろう児の家族が、他の盲ろう児の家族と会い、共通の心配事などについて話し合える機会を持つことは非常に重要です。そのようなグループは、自分の子どもの能力やニーズを理解するのに必要な特別な情報を得る機会も与えてくれるのです。

盲ろう児の家族の多くは、自分の子どもの可能性を知る方法を持っていません。しかし親向けの公的研修の取り組みや、大人の盲ろう者と接すること、他の盲ろう児の家族と会うことから多くを学ぶことができます。同じようなニーズを持つ他の家族と出会う機会は、個人的な支援の最大の機会となります。

14-1-6 課題

一般的な教育システムについて詳しく述べることもできますが、ここでの目標は、盲ろう児の教育上の必要性は、他の子どもたちに提供されているものと何ら変わるものではないということを示すことにとどめます。盲ろう児たちに、盲ろうだが少しは視力や聴力のある同級生と同等のサービスを提供しようとするならば、先生や家族もそれに相当する訓練や支援を受けられるようにしなければなりません。

私たちが認めなければならない主な違いは、今の大規模な教育システムは、大多数のニーズを満たすために作られたものだということです。盲ろう児たちにも同じサービスを提供するのは、何か違う贅沢なものを提供していると思われがちです。しかし、これらのサービスは贅沢などというものではなく、絶対に必要なものなのです。盲ろう児たちは、学習を他の人に大きく依存しているからです。

私たちの課題は、数々の入念なサービスを作ることではなく、障害の有無にかかわらず、すべての子どもたちに同じレベルの教育を与えられるシステムを作ることです。そのためには、盲ろう児一人ひとりのニーズをどのように満たすかを、実践的かつ創造的に考えなければなりません。個々の子どもやその子のプログラムのレベル、州や地域のレベル、国や国際的なレベルなど、すべてのレベルで思慮深い計画を立てる必要があります。

14-2 盲ろう児への質の高いサービスシステムに必須の要素

盲ろう児も、眼の見える、耳が聴こえる子どもと同等の質の高い教育サービスを受けるに値するという前提のもとに、次に、質の高いサービスシステムの構築にはどのような必須な要素を入れこむべきかを考えることができます。そこでは、類似した教育システムを作るのではなく、既存のサービスや資源を最大限に活用できるようにすることと、盲ろう児がその可能性を確実に発揮できるようにするのに必要なサービスによって、教育システムを充実させることを考えなくてはなりません。

14-2-1 サービス資源の一元化

すべての学区が盲ろう児のニーズに完全に対応できるような資源を持っていると期待するのは非現実的です。しかし、家庭や学区ができることを補強するために、資源センターやその他の中心的な資源としてサービスできる機関を置くことは可能でしょう。そのようなセンターは、盲ろう児たちが通う学校に置くことができます。そのほか、病院の診断センターや、盲ろうに関する専門家を養成する大学に設置することもできます。これらのセンターには、すべての範囲の、盲ろうと診断された子どもたちのために働いた幅広い経験を持つ専門家が配置されていなければなりません。理想的にはそこに定期的に盲ろう児たちが通えることです。そうすれば、家族や専門家は、盲ろう児を診断したり、教育したり、やり取りしたりする方法を学ぶための、すばらしい中心的な情報源を得ることができるでしょう。本当に対応力のある資源センターでは、次のようなサービスが提供されるでしょう。

・診断・評価サービス
・先生や家族への継続的な研修・支援
・ハイテク機器の使い方の研修

診断と評価：資源センターが必要なのは、人口密度の高い大都市圏以外では、地域レベルでの診断サービスが効果的に提供される可能性が低いからです。盲ろう児のアセスメント（第6章参照）は次のような多面的なプロセスです。

・子どもの全体像を把握しなければならない。
・この障害を理解している人でなければできない（適切な技能を持たない人が評価した場合、その子が成功する機会を制限するような検査結果を出す可能性が高い）。
・多くの障害を乗り越えてきた本人と家族への深い敬意に立脚していなければならない。
・子どもの可能性についての現実的なビジョンを作成しなければならない。
・子どもの可能性を実現するための最善の方法について、建設的なアドバイスを提供しなければならない。

上記のリストに加えて、診断・評価スタッフは、評価に対する乳幼児、児童、青少年、その家

族や早期介入、教育、大人へのサービスの提供者と継続的な関係を築くことができることが必要です。質の高い診断・評価センターとしては、これらの人々を評価プロセスに効果的にまとめ入れ、彼らから学び、彼らに指針と訓練を与えなければなりません。

先生と家族の継続的な訓練とサポート：どんな先生であろうと、盲ろうの分野でどれほどの訓練を受けていようと、生徒に最善のプログラムを提供するためには継続的なサポートが必要です。このサポートは、専門家たちが最高の教育戦略、サポートサービス、技術の探求、利用に注力している卓越したセンターから提供されるのが合理的です。専門家やその他のコンサルタント、専門スタッフは、個々の盲ろう児の強いニーズにいつでも対応できるようにしなければなりません。それには、子どもや家族の日常生活に定期的かつ継続的に接することが必要です。この卓越したセンターでは、さまざまな専門家、専門職助手、家族、地域の教育チームが定期的に集まり、訓練や支援を受ける機会を提供することができます。

テクノロジーの利用に関する研修：過去10年間（訳注　原著の初版は1998年発行なので、この10年間とは1990年代のことになる）の技術の進歩は、文字通り、障害のある人一人ひとりに世界を開放しました。このアクセスの拡大は、身体障害や感覚障害のある人にとって、とくに劇的なものでした。盲ろうで読み書き能力を身につける機会があった人たちも、今や電話やTDD、コンピュータモデム（電子メールやインターネット）を使って、問題なくコミュニケーションをとることができるようになりました。見えて聴こえる人がコンピュータでメッセージを墨字で送ると、それをすぐ点字に変換することができます（その逆も同様です）。

第7章「コミュニケーションの方法を選ぶ」で見たように、テクノロジーについて語るときには、考慮すべきレベルがたくさんあります。先ほど述べたハイテク機器は、識字能力のある子どもや青少年にとって非常に重要です。しかし、このレベルに達していない子どもにとっても、技術的な機器の利用可能性も同様に重要です。簡単なスイッチ技術やその他のローテク機器でも、適切に使えば、コミュニケーション能力や身体的自立性を高めるのに大いに役立つのです。

教育チームは、コミュニケーション強化クリニックやその他の技術センター、支援サービス提供者の助けを得て、技術を慎重に個々の子どもたちに合わせるようにしなければなりません。コミュニケーションと身体的自立を促すためには、どの機器が最も役に立つかを判断し、適切な機器の使い方をどのように教えるのが最善かを決めることが必要です。この作業に終わりはありません。技術が常に変化するのと同じように、盲ろうの子どもや青少年の発達や教育上のニーズも変化していくのです。

14-2-2 早期介入要員の訓練

多くのサービスを一元的に提供することに加えて、特別に訓練を受けた早期介入の専門家の必要性にも注意を払うことが必要です。家族が乳幼児のコミュニケーションを読み取ってそれに対応する方法を学ぶことができるならば、また、子どもに探究心と学習を促す家庭環境を提供することができれば、彼らはまさに最高の人間関係と最適なコミュニケーションスキルを身につけることができるでしょう。早期介入サービスは、子どもとその家族の間のコミュニケーションの発達に非常に大きな影響を与える可能性があるのです。

したがって、このような幼少の子どものいる家族に対応する人たちは、盲ろう児の初期のコミュニケーション能力の発達について優れた理解を持っていることが不可欠です。視覚、聴覚、あるいは重度の障害（またはそれらの組み合わせ）に関する訓練を受けた人ならば、誰でも盲ろうの生徒のニーズにも対応できると思われがちです。しかし必ずしもそうではありません。担当

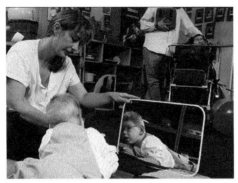
質の高い早期介入サービスは、家族が子どもとの強い
関係を築くのに役立つ。

する人が不安そうにしている（おそらく今までに盲ろう児に会ったことがないので）としたら、その家族と他のサービス提供者との長期的な関係を危うくすることになりかねません。何よりも重要なのは、家族と子どもとの関係に悪影響を及ぼすかもしれないということです。

14-2-3 盲ろうと盲ろうコミュニティの特定専門分野

　一般的に、盲ろうの分野で働く人材を育成する大学のプログラムは、より大きい他の障害グループのプログラムに比べて小規模です。これは、政府機関や民間の寄付者からの、さらなる財政支援が必要であることを意味しています。バランスのとれた支援を実現するためには、すべての障害児を支援する専門家、保護者、消費者のコミュニティが存在しなければなりません。そして、そのコミュニティの中には、盲ろう児のような、他にない集団を支援する公認のグループが必要です。大規模な相互支援ネットワークがあれば、資金や訓練資源をめぐってグループが競い合う必要性を感じないようにできるでしょう。盲ろうという障害のある子どもや青少年のニーズを満たすためには、協調が重要であることは何度も述べてきました。ほとんどの場合、私たちは、子どものために個別のプログラムを計画する人たちを「チーム」として考えています。あなたもそのようなチームの一員であるかもしれません。もしそうであれば、あなたの個人的な貢献が非常に大切です。さらに、学区、州、地方、国にわたる広いレベルでのチームワークの必要性についても考えなければなりません。

　盲ろう児たちの教育に関心を持っている私たちは、このユニークで発生率の低い集団のための質の高いサービスを開発するために、自分自身が重要な貢献者であると考える必要があります。親、先生、介入者、管理者、大学教授、特別なサービスを提供している人たちは、それぞれが貴重な貢献をしています。本当に適切なサービスを開発するためには、すべての視点を尊重しなければなりません。

　また、盲ろうの人が自分たちの社会的グループや消費者団体を作る努力を支援する必要があります。この分野の専門家は、そのような団体の活動に参加して、彼らのニーズや価値観、欲求を知るようにしなければなりません。そのためには、専門家、専門職助手や家族、さらには盲ろうの人自身の参加を支援することが重要です。たとえば、デフブラインド・インターナショナル（DbI）、盲人・視覚障害者教育リハビリテーション協会第3部門（AER-Division 3）（訳注Division 3は、重複障害及び盲ろう部門）、アメリカ盲ろう者協会（AADB）、全米盲ろう者家族協会（NFADB）などです。

14-3 対応力のあるシステムを作成する方法

　盲ろうは一般にはほとんど見られず、他の障害のある人のグループの中でもマイノリティです。そのため、盲ろうの幼児や子ども、大人とその家族が必要なサービスや支援を確実に受けられるような権利擁護の取り組みをすることが不可欠です。あなたが住んでいる地域に擁護団体が存在しない場合でも、擁護団体を作れないということはありません。盲ろう児たちへのサービスに大きな影響を与えてきたグループは、歴史的に、この集団のニーズに関心を持っている人たちが協力して支援を求めるために作られてきたものです。

　擁護の取り組みを成功させるためには、以下のステップをお勧めします。

1. 私たちが支援している集団を、早期介入や教育システムの中で「盲ろう者」と定義する。
2. 盲ろうの乳幼児、子ども、青少年のニーズを把握する。
3. 盲ろう児とその家族がいま利用できるプログラムやサービスを把握する。
4. 盲ろうの乳幼児・児童・青少年のためのサービスのギャップを特定する。
5. 盲ろうの乳幼児、子ども、青少年のニーズをどのようにして満たすことができるか、計画やビジョンを作成する。
6. 必要とされるサービスを作るために、地域、州、国のレベルで慎重に、思慮深く活動する。

14-3-1 サービスを提供する集団を定義する

　盲ろう児の先生の専門知識の恩恵を受けることができる多くの子どもたちがいます。しかしそれだけで、これらの子どもたちが盲ろうであるとは言えません。盲ろうとは視力と聴力に障害があると診断された障害であるという独自の「カテゴリー」をしっかり持つことが必要です。そうすれば、その子が誤ったラベル付けによって別のカテゴリー（たとえば重度の知的障害）に入れられ、充分なサービスを受けられないということを防げるのです。誤ったラベル付けが行われると、専門家が盲ろう児たちの感覚的ニーズに充分に対応しないことがよくあります。最適な学習環境を作るためには、視覚障害と聴覚障害の組み合わせがコミュニケーションに与える影響を理解することが不可欠なのです。

14-3-2 ニーズを特定するために情報を収集する

　あなたは第2章で、盲ろうと呼ばれる乳幼児、児童、青少年の多様性についての認識を得ておられると思います。どのような地域で働くにしても、盲ろうとはどのような人かを判断する基準だけでなく、この集団に関する具体的な情報を収集するメカニズムがあることが重要です。彼らの年齢や居場所、感覚障害や他に重複する障害の程度や性質を知ることは役に立ちます。この情報を政策立案者に明確に示すことができれば、あなたのアドボカシー（擁護、代弁）活動への取り組みも大きな信頼性を得ることができるでしょう。

　盲ろうの人と、ケアやサービス提供のあらゆる側面を担当する人には、効果的なサービスを実現するためのアイデアを共有し、計画を作る場が必要です。ある種のニーズは、そのニーズを持っている人や、そのニーズに密接に関わっている人たちが、最も明確に表現できるのです。そこで、このような計画グループには、盲ろうの子どもや青少年、その両親、きょうだい、親戚、専門家、養護者、さらには、このような人々のニーズを明確に示すことができるすべての人が参

加している必要があります。

14-3-3 既存のプログラムやサービスを評価する

　計画のあらゆるレベル（地方、州、地域、国）において、盲ろうの幼児、児童、青少年に質の高いサービスを提供していると評価されているプログラムやサービス、および、盲ろう児やその家族がよく利用している関連サービスをきちんと特定することが重要です。また、個々の人がそれぞれのサービスをどのように利用しているかを知っておく必要があります。こうすることによって、資源やサービスの不必要な重複を防ぐことができるのです。

14-3-4 サービスのギャップを特定する

　既存のサービスが特定されたら、次の重要なステップは、サービスのニーズやギャップを特定することになります。これらのギャップは私たちの擁護の取り組みの対象となるので、これは重要なステップです。最も本質的なニーズは、計画グループが多様性を持つことによって確実に特定されるようになります。

14-3-5 ビジョンを作る

　目標を立てることを考えるとき、私たちは一般的に生徒の教育目標を考えます。それと同じくらい重要なのは、自分自身の明確な目標を持つことと、盲ろう児たちが利用できるようにしたいと考えるサービスについてのビジョンを持つことです。障害のある人のためのサービスを作るときには、専門知識の不足に合わせて作ることがないように気をつけなければなりません。本書を読んで、盲ろうの人には特別なスキルを必要とする独自の指導法が必要であり、また彼らもそれを受けるに値することを確信していただければ幸いです。もしこのようなスキルを持つ人がいないとしても、いないままで進めてもよいと思ってはなりません。個人としても現場の一員としても、人材を育成するための、また質の高いサービスを提供するための、創造的な方法を考えることが必要です。

14-3-6 すべてのレベルで働き、変化を生み出す

　これまで何度も述べてきたように、盲ろうの人の数は非常に少なく、しかもとても多様性に富んでいます。したがって、盲ろうの人一人ひとりが質の高いサービス、支援、技術を利用できるようにするには、私たちの擁護への取り組みが充分かつ非常に強力であることが不可欠です。現在のところ、この人たちのコミュニケーションと教育全般のニーズを満たすプログラムを保証するのに必要な資源がありません。しかし、このようなギャップによって私たちが無力になったり、これを盲ろうの人へのサービスが不充分でも仕方がないとする理由にしたりしてはいけません。この本を読んだ方一人ひとりが、支援活動グループに直接参加したり、立法府の議員に手紙を書いたり電話をかけたりしてそのようなグループの最終的な提言を支援することで、地方、地域、国のレベルで重要な役割を果たすことができるのです。

　上記のステップに参加している擁護グループは、その取り組みの基礎を築いたことになります。このような入念な土台作りと取り組み間の協調があれば、盲ろうの幼児、子ども、若者にバランスのとれた、質の高いサービスを提供するための道をさらに進むことができるのです。

［引用文献］

McLetchie, B.A.B. & Riggio. M. (1997). *Competencies for teachers of learners who are deafblind*. Watertown, MA: Perkins School for the Blind.

Baldwin. V (1992). Population/demographics: presentation. In J. Reiman & P. Johnson (Eds.), *Proceedings of the national symposium on children and youth who are deaf-blind* (pp.53-72). Monmouth, OR: Teaching Research Publications.

［参考文献・資料］

Best. T. (1992). Developing quality services. Perspectives on excellence. In *Proceedings of the national conference on deaf-blindness: Deaf-blind services in the 90s* (pp.29-41). Watertown, MA: Perkins School for the Blind.

Chen, D., & Haney, M. (1994). *Key indicators of quality early intervention programs*. Northridge, CA; California State University.

Collins, M.T. (1992). Reflections and future directions. In *Proceedings of the national conference on deafblindness: Deaf-blind services in the 90s* (pp.46-57). Watertown, MA: Perkins School for the Blind.

Covey, S.R. (1990). *Principle-centered leadership*. New York. NY: Firesitde/Simon & Schuster. Inc.

Huebner, K.M., Prockett, J. G., Welch, T. R., & Joffee, E. (Eds.) (1995). *Hand in hand: Essentials of communication and orientation and mobility for your students who are deaf-blind*. New York :AFB Press. Kaufman. R., & Herman, J . (1991) Strategic planning in education: Rethinking, restructuring, revitalizing. Lancaster, PA: Technomic Publishing Co.

McLetchie, B.A.B. (1995). Personnel preparation. Past, present and future perspectives. *Deaf-Blind Perspectives*, 3 (1), 15-18.

Mclnnes, J.M., & Treffry, J.A. (1984). *Deaf-blind infants and children: A developmental guide*. Toronto, Canada: University of Toronto Press.

Orelove, F. P., & Sobsey, D. (1991). *Educating children with multiple disabilities: A transdisciplinary approach*. Baltimore, MD: Paul H. Brookes.

Senge, P.M. (1990). *The fifth discipline; The art and practice of the learning organization*. New York, NY: Doubleday/Currency. （邦訳：枝廣淳子・小田理一郎・中小路佳代子『学習する組織——システム思考で未来を創造する』英治出版、2011）

終わりにあたって

　私たちは皆、盲ろうの幼児、子ども、若者に、可能な限り最高の機会を提供しようと努力しています。私たちは、活動の中で目にする多くの素晴らしい情熱と献身の例から、大きなインスピレーションを得ています。アン・サリバンのヘレン・ケラーとの活動を端緒として、私たちは、献身的で創造的な先生たちの膨大な組織の一員となっています。私たちは、大きな課題に直面している子どもたちのために仕事をしていますが、彼らは私たちが費やす時間と努力に最もふさわしい存在なのです。

　この精神に基づいて、私たちは利用可能なすべてのトレーニング、資源、サポートを追求し続けなければなりません。生徒の可能性を信じ続けなければなりません。生徒とその家族に対する尊敬の念を育まなければなりません。私たちはこのようにして、盲ろうの人が幸せで充実した、前向きな人生を送るための数多くの機会を確実に持てるようにしていくのです。

訳者あとがき

　本書の原文は、バーバラ・マイルズ、マリアンヌ・リジオをはじめとする、障害児教育、盲ろう児教育、地域福祉などに長年取り組んできた5人の経験豊富な専門家たちによって書かれたものです。

　本書翻訳のきっかけは、訳者の一人の岡本が、障害のある人の支援技術の研究の一環として盲ろうの人のコミュニケーション支援の研究を進めるうち、この障害の特殊性をさらに深く理解する必要性を痛感したことにあります。そして当時、国立特殊教育総合研究所（現、国立特別支援教育総合研究所 以下、特総研）の星 祐子研究員他の方々にいろいろ教えを乞い、参考になる文献なども紹介していただきました。その中でもとくに本書原文は20年も前に出されたものだが、現在のアメリカでも、もちろん日本でも充分通用する内容であり、ぜひ読むべき、というアドバイスから読み始めたのですが、せっかくならば、盲ろう児教育に取り組んでおられる方々に広く紹介してはどうかというお話がありました。そこで、翻訳出版について全国盲ろう者協会の理事の福島智東大教授に相談したところ、全国盲ろう者協会としても全面的に協力していただけることになり、明石書店も出版を快く引き受けてくださいました。

　古い本なので、できるだけ早く出版したいと考えてはいたのですが、原書には難解な部分も多く、訳者の力不足から大幅に遅れてしまいました。約束の期限から1年以上も遅くなってしまい、また入稿後もたびたび多くの修正があったにもかかわらず、明石書店は辛抱強く待って対応していただきました。翻訳は全体の粗訳を岡本が行い、障害児教育、盲ろう児教育を専門とする亀井笑、山下志保とのディスカッションを行いながら内容についての詳細検討、吟味を進めました。

　さて、盲ろう児教育を歴史的にみると、アメリカではアン・サリバン（1866-1936）によるヘレン・ケラー（1880-1968）の教育実績が大変有名ですが、パーキンス盲学校ではその前にローラ・ブリッジマン（1829-1889）への教育に成功しています。

　ヨーロッパに目を向けると、盲ろう児教育についての文献は18世紀に英国にいたジェームス・ミッチェルへの教育研究のものとされています（彼に対しては当時の優秀な学者、医師が集まったのですがどうすることもできなかったということです）。また19世紀には、フランスでマリー・エルテンという女生徒が修道院で教育を受け、ドイツには障害者施設内に盲聾唖児教育グループが創設されました（メシチェリャコフ、1984）。

　これらのアメリカや西ヨーロッパでの盲ろう児教育の成功についてはロシアにもいち早く伝えられ、1894年にはペテルブルグに創設された重度の知的障害児のための養育院で、シューラという盲ろうの女児の教育が行われました（バシロワ、2017）。さらに1923年には、ウクライナのハリコフにハリコフ・クリニック・スクールという盲ろう児のための学校が設立され、盲ろう女性オリガ・イワーノヴィチ・スコロホードワ（1911-1982）ほかの多くの盲ろう児が教育されました（広瀬、2014）。

　一方日本では、山梨県立盲唖学校（現、山梨県立盲学校）で戦後まもなく行われた、盲ろう児への科学的知見に基づく教育が初めてとされています。この教育の克明な資料は同校に保管されています（岡本、2012）。

　本書の内容について簡単に触れておきたいと思います。
　第1章には、コミュニケーションについて、次のような基本的な考え方が具体的事例も含めて

示されています。

- ・コミュニケーションとはつながること。盲ろうの人にも人とつながる権利がある。その方法は、言語、ジェスチャー、手や眼などの動き、さらには沈黙であるかもしれない。
- ・養護者と子どもの間には、言語が始まる前に非言語的なつながりができている。言語はここから、子どもと養護者の関わりや、言語に常に触れている結果として発達する。
- ・盲ろうの人が生活の仲間入りできるようにするには、コミュニケーション能力を最大限にすることが必要。
- ・一人ひとりはそれぞれの方法でコミュニケーションする。すべての子どもに当てはまるたった一つの方法は無い。一人ひとりの子どもに倣うことが大切である（この概念は本書通して展開されていきます）。

第2章では、盲ろうがどのように定義されるかを考察し、盲ろうと呼ばれる人々の多様性を探索して、この障害が個々人に与える影響について詳しく見ていきます。

定義において、米国の障害者教育法では「Deafblind」という一つの単語が使われ、視覚障害プラス聴覚障害ではないとされていることが紹介されています。

また、盲ろうに共通の特性として、個別指導の必要性、経験量の制限などがあり、早期に盲ろうであると判定することが大切であるとしています。さらに、盲ろう児は孤立に陥りやすく、私たちはそれに共感できるようになるために、自分が孤立してしまったときの恐れと向き合い、自らも同じ立場に立って対応することの大切さが述べられています。

そのほか、先駆的研究者による知見などが紹介されています。

第3章は、教育者、スーパーバイザー、各種障害の専門家などと家族の間の重要な関係とそのあり方などがテーマです。

盲ろう児の発達には家族の存在が重要であり、専門家は家族へのサービスとサポートを提供する役割も常に考え、家族と協力して盲ろう児の教育・発達促進にあたることの大切さが述べられています。また家族に対して敬意と共感を持つこと、批判的にならないこと、家族ができることを認識し、できないことに着目してはならないとしています。そして、親とサービス提供者の間で情報が流れやすいような組織的な仕組みを作ることが重要であるとも述べられています。また家族だけでなく、親戚、近所の人、幼児ケアの提供者なども加えて個人将来計画を策定することが必要であるとしています。

第4章では、コミュニケーションのエッセンスとしての会話に焦点を当てています（本書ではコミュニケーションと会話はほぼ一体的なものと扱われています）。

子どもたちと接するうえで最初の大切なステップは、焦点を「彼らができないこと」から「できること」に移すことで、たとえば教育者にありがちな「この子はまだコミュニケーションの方法を知らないから、まずコミュニケーションのテクニックを教える必要がある」という思い込みに対して、必要なのはコミュニケーションを教えるのではなく、会話が豊富な環境を提供することであるとしています。そして、コミュニケーションを上手に受け止め、巧みな会話のパートナーになってコミュニケーションを「教える」ことの大切さ、その進め方などを、多くの具体例によって分かりやすく解説しています。経験豊富な著者だからこそ書けるものです。

第5章は、良いコミュニケーション環境とはどういうものか、どうすれば豊かな「開かれた」環境を作れるのかを主に扱っています。

まず、環境の最も重要な要素は「人」であり、尊敬の念をもって対応できる人は盲ろう児のコミュニケーションを促進する、とあります。そして盲ろう児に自分からコミュニケーションする

必要性を感じさせること、そのために自然なニーズを作り出すことが大切であると述べられています。

　さらに、いろいろな人々と接触することは、盲ろう児の個性を拡げ、表現する機会をたくさん与えてくれるので、盲ろう児にさまざまなコミュニケーション相手と結びつく手段を提供することの必要性が示されています。また家族や教育チームが協働することも大切であるとしています。

　最後に、教育者がこの活動をつまらないと思ったらその子もつまらなくなる、ワクワクしていれば熱意を生徒に伝えることができる、と締めくくられています。

　第6章には、盲ろう児のコミュニケーションのアセスメントが、事例を挙げながら深く解説されています。アセスメントは成人期も含むその人の学習時期を通して、進捗状況、ニーズや問題の状況などを評価する継続的なプロセスですが、ここでは主に初期の評価について議論されています。

　また、コミュニケーションスキルのアセスメントの重要な側面を示して、それらの側面から盲ろうの人を個別に知る具体的な方法が述べられています。とくに親や主な養護者以上に子どものことを知る人はなく、家族は盲ろう児のアセスメントにおいて最も貴重な情報源であるとしています。

　さらにアリーナアセスメントは、子どもをより客観的に見る機会を持てるため、ある特定の感覚的な制限に気づくことができるので、盲ろう児にはとくに有効であると述べています。

　これらはある生徒ファティマについて、アセスメントから提案まで詳細な具体例で示されています。

　第7章ではコミュニケーション手段について詳しく述べられています。手段はいくつかを組み合わせることになり、個々のニーズに合わせて最も効果的な手段を判断することが必要で、その際、子どもの素質と将来の社会的・教育的接触の可能性を考慮すること、生徒のコミュニケーションの進歩状況の継続的なモニタリングが必要であることが述べられています。また、言語学習の支援では流暢さを第一の目標とすることを念頭に置くことが非常に大切であると述べています。

　さらに、コミュニケーション手段の選択は教育プログラムを計画する上で重要で、乗り越えられない障害はないという前提から始めること、家族が何を望んでいるかを知る必要があることが示されています。

　この章では11人もの生徒の事例が分かりやすく紹介されています。なお、手話、点字、支援機器の説明は現在では若干古いものがありますが、必要なところには訳注を入れてあります。

　第8章では、他とのやり取りの機会が少ない盲ろう児にとって役に立つ、コミュニケーションを始めるための活動がいくつか提案されています。これらはバリエーションが多く、教育者は個々の子どもの独自性に留意することが必要であることが述べられています。

　まず、著者が多くの文献から編纂した、コミュニケーションが自然に始まる0歳から2歳の間の認知やコミュニケーションの発達のⅠ〜Ⅴの5段階への分類とその達成成果の概要が示されています。そして障害の有無にかかわらず、どの年齢の子どももこれらの初期発達段階に該当し、コミュニケーションの発達はどの年代からでも始まるものであると述べています。また、子どもへの支援を計画するときには、その発達年齢と暦年齢の両方を考慮に入れなければならないとし、それぞれの段階での子どもたちの状況や具体的な指導の方策、考え方などが提示されています。

　第9章は、言語を使い始めたレベルの子どもへの対応について多くの示唆、ガイドラインが述べられています。

言語の発達は考えや経験、それが起こる環境や関係から切り離すことはできず、盲ろう児は言語と意味のつながりや、文章とそれが表す概念のつながりを簡単には学べないので、最終的な目標はその子が世界についての考えや概念を簡単な文章で表現できることであるとしています。そして、その有益な教育ツールとして、ロードアイランドろう学校の文パターンが紹介されています。これはすべての英語文を5つの基本的な文パターンに分類したもので、単文、重文、複文のすべてを構築する基礎となります。

　生徒に身につけてほしいスキルのリストもあり、これは生徒の言語スキルを観察するときのガイドとなります。さらに、子どもは最初に社会的な文脈の中で点字の存在に触れることが重要であるとして、点字教育を始める際のヒントも示されています。

　第10章は、言語習得がより進んだ生徒への複雑な言語の教育について、いろいろな資料からの多くの知見が紹介されています。著者は教育者への動機付けにも注力していますが、ここでも「先生の最もやりがいのある側面は、言語の奇跡に気づく機会を持てること」、と勇気を与えています。

　このレベルの生徒には、豊かで複雑な言語に満ちた世界、アイデアに満ちた会話環境を与え、言語の成長を確実にすることが第一とし、その具体的な説明があります。複雑な構造を導入するのは、世の中ではいつも簡単な文章が話されているのではないので、盲ろう児もそれを理解する必要があるからです。また、視覚的な制限を理由に、ある言語構造や概念は教えないなどとせず、視覚情報の不足を補う方法を探すことが大切、としています。

　紹介されているのは、ロードアイランドろう学校のカリキュラムの要約や、先駆的研究者によるガイドラインほか、数多くの有意義なものです。

　第11章には、盲ろうでかつ重度の知的障害、肢体不自由、その他の障害も重複する青少年の独特のコミュニケーションニーズが紹介されています。これらの生徒にありがちな情緒的な困難さの多くは、良いコミュニケーション手段がないことによる孤立やフラストレーションが原因であるとしています。

　また、見えない聴こえないことが生徒の知的能力や学習能力に誤った判断を下す原因になる場合が多いので、正しい継続的な評価が重要だと強調されています。重度の身体障害のある生徒の先生には、生徒が何を理解しているのかを正確に把握することが課題であるともしています。

　さらに生徒がすべての点で「普通」である必要はないことを皆に示そう、指導では「お互いに」と「楽しめる」をキーワードに、楽しむ姿勢を養おう、家族の知識と困難を認識・尊重して連携しよう、と経験豊富な著者ならではのアドバイスもあります。

　第12章は、学校から大人の世界への移行についてです。6人の事例では、皆が周囲の人と快適なコミュニケーションがとれる状況で生活し、仕事をしている状況が紹介されています。

　良いコミュニケーションは生活の質に大きく影響し、大人への移行の際にも最重要事項ですが、これらは自然にできるものではなく、家族、教育者、地域サービス提供者、盲ろうの人たちなどが入念に策定する計画とチームワークの結果であるとしています。そして計画作成チームは、生徒の新しい環境での支援者や仲間がその生徒と自然に効果的にコミュニケーションできるようにすることや、適切なコミュニケーションパートナーがいる状況を模索することなど、計画策定の際の進め方、考え方が示されています。また、コミュニケーションマップやポートフォリオ（事例・情報集）を生徒が新しい職場や生活環境でいつも使えるようにすることも有効である、などのアドバイスもあります。

　第13章には、家族や教育関係者が盲ろう児のニーズを満たす計画を作る際に、個々の子どもと

家族のニーズに合わせたプログラムを作るためのいろいろな示唆がまとめられています。

盲ろうの人が社会的交流できるようにするには、強い持続的な人間関係と、注意深く練り上げられた支援と教育のプログラムが必要であり、アン・サリバンとヘレン・ケラーの歴史的事例を挙げ、全力を尽くしてその子どもとの関係を築くことが盲ろう児の発達を確実に成功させるとしています。

教育プログラムについては、計画メンバーの選定、アセスメント、プログラム策定、教育担当者の役割など、具体的な考え方や方法が述べられています。そしてチームメンバーがその子のために知識を持ち、個人的に理解し、関心を持つことが大切であるとしています。

この章の内容は、日本では学校システムや地域の状況など異なるところがありますが、基本的な考え方などは参考になるものです。

第14章では、すべての子どもには質の高い教育を受ける価値があるという、一貫した信念のもとに、そのためのシステムを作る方策について書かれています。

まず、障害の無い子どもへの教育サービスと盲ろう児に必要なサービスを対比し、盲ろう児には環境、教育資源、人材などで不足するところが多いので、しっかりした対策が必要であると述べています。また、質の高い早期介入サービスは家族が子どもとの強い関係を築くのに役立つとしています。

盲ろう児はその独自性を理解している、訓練を受けた先生（最も重要なのは盲ろう児とのコミュニケーション能力）から教えてもらう権利があり、先生、スタッフ、保護者への支援と訓練、アクセスできる情報源が必要で、そのための資源センターなどの機関を置くことも必要であると述べています。さらに、盲ろう児や家族がサービスや支援を確実に受けられる擁護の取り組みが不可欠で、そのステップが提案されています。

本書は盲ろう児教育に携わる先生や家族、関係者のために書かれたマニュアル的な文献ですが、そこには盲ろう児に対する限り無い愛情と尊敬の念があふれています。一方、当時改組されて新たに発足したデフブラインド・インターナショナル（DbI）による、つぎのような新たなアプローチ（土屋、2011）が基本としてしっかりと取り込まれています。

・盲ろう児はすべての人と同じ原理で発達する。
・盲ろう児の学習はすべての人と同じ原理で行われる。
・盲ろう児にとっての自然な環境を作ること。
・盲ろう児教育は全体論的なアプローチをとること。

また、本書には多くの盲ろう児の事例が紹介されていますが、アメリカの多くの盲ろう児・者について紹介されているものとしてはWadeの文献もあるのでこれもお読みいただくと参考になると思います（Wade、1904）、（中澤、2021）。

本書はかなり綿密に書かれていることや、共著であるために各章で重複することが書かれていたり、表現の違いがあったりして、全体をつかみづらいところもあります。翻訳にあたっては原著者の意図を損なわない範囲でこれらをできるだけ整理したつもりですが、まだ分かりにくさが残ってしまっているかと思います．訳者の力不足をご容赦ください．それを補う意味でも、特総研でまとめられた報告書（星 編著、2021）は、本書と併せてお読みいただくと理解が深まると思います。これは日本にはまだ数少ない盲ろう児教育の貴重な文献です。

翻訳にあたっては、「日本語版への序文」をお願いした筑波大学附属視覚特別支援学校の

星 祐子校長をはじめとする多くの方々に、盲ろう児教育全般にわたって多くのご教示を賜りました。山梨大学の広瀬信雄名誉教授、慶應義塾大学の皆川泰代教授には、障害児教育、幼児教育に関する専門的知識や用語などをお教えいただきました。筑波技術大学の大杉 豊教授、国立民族学博物館の神田和幸外来研究員、アメリカ在住の富田 望フレーミングハム州立大学助教・ハーバード大学博士研究員には手話、触手話等の専門用語について、また視覚障害リハビリテーション協会の加藤俊和理事にはアメリカにおける点字などに関してご教示いただきました。原本の編著者であるパーキンス盲学校のマリアンヌ・リジオさんには、原文に対するいろいろな質問への回答、貴重な写真の提供など多くのご協力をいただきました。

　全国盲ろう者協会の福島 智理事（東京大学教授）、山下正知参与には本書の出版全般についていろいろご支援をいただきました。明石書店の大江道雅社長には本書の出版を快くお引き受けいただきました。同社編集部の神野 斉部長には出版全体について多くのご指示、ご教示をいただき、また編集実務を担当していただいた岩井峰人さんには原稿に対して克明かつ適切なコメント、エディティングをしていただきました。さらに私事ながら、家内の岡本和子には原稿ドラフトのチェックなどの作業を手伝ってもらいました。

　そのほか、ここには挙げることができませんでしたが、多くの方々のご支援があって本書を完成することができました。皆さまには心から感謝申し上げます。

　本書が日ごろから障害児教育、盲ろう児教育にご尽力いただいている方々に少しでもお役に立てますように願っております。

　2021 年 11 月

訳者を代表して　岡本　明

［参考文献］

岡本 明 「先天盲ろう児教育の夜明け――山梨県立盲学校における実践記録」ノーマライゼーション 2012 年 8 月号、pp36-38、日本障害者リハビリテーション協会、2012

土屋良巳 「欧州における先天性盲ろうの子どもとの共創コミュニケーションアプローチ」、上越教育大学特別支援教育実践研究センター紀要、第 17 巻、pp1-11、2011

中澤幸子 「アメリカにおける初期の盲ろう教育――William Wade の盲ろう者リストからの検討」、山梨障害児教育学研究紀要 15、pp111-123、2021

広瀬信雄 『盲ろうあ児教育のパイオニア・サカリャンスキーの記録』、文芸社、2014

星 祐子編著 「視覚と聴覚の両方に障害のある盲ろうの子どもたちの育ちと学びのために――教職員、保護者、関係するみなさまへ」、特教研 B-345、2021

アレクサンドル・イワノヴィチ・メシチェリャコフ著、坂本市郎訳 『盲聾唖児教育――三重苦に光を』現代ソビエト教育学体系⑤、ナウカ、1984

タチヤーナ・アレクサンドロヴナ・バシロワ著、広瀬信雄訳 『20 世紀ロシアの挑戦――盲ろう児教育の歴史』、明石書店、2017

Wade. W. *The blind-deaf: A monograph.* Hecker Brothers, Indianapolis. 1904

索　引

135-136, 157-160, 217, 218-220
〜的指示 83-85 →手，触るも見よ
ピジン英語対応手話 162，233，236-237, 249, 274 →
　　手話，アメリカ手話，指文字も見よ
非対称性緊張性頸反射（ATNR: Asymmetrical tonic
　　neck reflex）148
ビデオ 51, 60, 85, 186, 318, 321, 329-330
ビデオポートフォリオ 62
ファン・ダイク，ヤン（van Dijk）94, 74
フィッシュグランド，ジョセフ（Fischgrund）278,
　　284
フライバーグ，セルマ（Fraiberg）34-37, 77
プライバシー 48-49, 335
プラグマティクス（語用論）314-317
ブラゼルトン，バリー（Brazelton）52, 247
ブリザリング 271
ブリッジマン，ローラ（Bridgman）29
ふれあい 42, 182
文脈 32, 39, 88-89, 98, 276, 277-278, 282-283
ヘレン・ケラー→ケラー，ヘレンを見よ
法的盲 95
保護者→親を見よ
補聴器 102,106, 121, 219, 231 → FM システムも見よ
補助具 106, 119, 306
ボディランゲージ 154-156, 157-158, 190 →動きも見よ
ポートフォリオ 62, 329-330
ホームブック 247

ま行

味覚 41, 120-121
身振り 35, 158, 337
メタ言語 274-275
盲
　　〜とピクチャーコミュニケーション 217
　　〜の影響 34-38
　　法的〜 95
　　複雑な言語発達と〜 289-290
盲人・視覚障害者教育リハビリテーション協会第
　　3 部門（AER: Association for the Education
　　and Rehabilitation of the Blind and Visually
　　Impaired -Division 3）366
網膜色素変性症 102
盲ろう
　　〜の定義 28-32, 367
　　〜文化 342-343
モチベーション 243-244, 252, 258, 273 →動機付けも
　　見よ
物

思い出ブックへの〜の利用 312-313
会話への〜の利用 77-79
〜の永続性 35-37, 42, 77, 103

や行

やり取り→会話も見よ
　　家族の中での〜 116-117
　　社会的な〜 99, 138-139, 272, 339-340
　　身体的接触による〜 195（表）
　　非言語コミュニケーションと〜 157-160
　　非指示的な〜 95-96
　　他の障害も重複する青少年との〜 302-305
　　〜のペース配分 87-88
　　〜を促すためのガイドライン 187（表）, 188-191
指差し 77, 85-86, 109, 300
指文字 163, 264-265 →手話，アメリカ手話も見よ
養護者
　　〜自身も楽しむ 110-111
　　〜と子どものコミュニケーション 150
　　〜との非言語的つながり 16, 67
　　〜と盲ろう児の身体的接触 189
読み書き 19, 147, 163, 254-256
読み聞かせ 248-249, 255

ら行

理学療法士 72, 173
リソーススペシャリスト→特別支援教育専門員を見
　　よ
リテラシー→読み書きを見よ
リュセイラン，ジャック（Lusseyran）38
ろう文化 99, 162, 342-343
ロールプレイ 240

わ行

話者交替 83, 187, 187（表）, 191-192

アルファベット

AAAB →アメリカ盲ろう者協会（American
　　Association of the Deaf-Blind）を見よ
AER →盲人・視覚障害者教育リハビリテーション協
　　会（Association forEducation and Rehabilitation
　　of the Blind and Visually Impaired）を見よ
ASL（American Sign Language）→アメリカ手話を
　　見よ
ATNR →非対称性緊張性頸反射を見よ
CCTV →拡大読書機を見よ
FM システム 103
IDEA（Individuals with Disabilities Education Act）

事例索引

編著者略歴

バーバラ・マイルズ

　バーバラ・マイルズは、ボストン・カレッジで盲ろう者教育の修士号を取得。盲ろう児や盲ろうの大人の教育者のための独立コンサルタント。パーキンス盲学校の盲人プログラムに、クラス担任および言語専門家として参画。ニューイングランド盲ろう者支援センターのコンサルタントとして、メイン州、マサチューセッツ州、ニューハンプシャー州、コネチカット州の学校や家族のための業務に従事。

　1990年にバーモント州に移住後は、ニューイングランドの多くの学区でコンサルティングとして、全国的な先生の訓練に従事。また、ヒルトン／パーキンスプログラムのために、ヨーロッパ、ラテンアメリカ、アジアを歴訪し、先生の現職研修を行った。盲ろう者に関する情報を集めたナショナル・クリアリングハウスであるDB-LINKのファクトシートなど、数多くの論文を発表。盲ろう児・者との相互の会話によるコミュニケーションの重要性についての認識を高めることを主な専門領域としている。ガーデニング、詩作、陶芸、ダンス、愛犬ロージーとの散歩が趣味。
（訳者追記　現在（2021年）は既にリタイアされている。）

マリアンヌ・リジオ

　マリアンヌ・リジオは、ボストン・カレッジで盲ろう者教育の修士号を取得。パーキンス盲学校のヒルトン／パーキンス・プログラムの教育コンサルタントとして、乳幼児や就学前の子どもを対象とした米国内のプロジェクトのプログラム策定と技術支援のコーディネーター。また、盲ろうの分野で全国的な技術支援を行い、盲ろうを含む視覚障害や重複障害のある子どもたちの教材を開発。アジアの視覚障害や重複障害のある子どもたちのプロジェクトをコーディネート。アフリカの盲ろうプロジェクトのコンサルタント。

　1993年から1996年、パーキンス全国盲ろう者トレーニングプロジェクトのプロジェクトディレクターとして、全米各地で盲ろう者トレーニングを実施。

　ヒルトン／パーキンズ・プログラム以前は、ニューイングランド盲ろう者サービスセンターに勤務。ニューハンプシャー州視覚障害者教育サービスの重複障害および盲ろう者サービスのティーチング・コーディネーター。
（訳者追記　現在（2021年）は、パーキンス盲学校のパーキンス・インターナショナルでエデュケイショナル・リーダーシップ・プログラムのディレクタとして活躍されている。）

共同執筆者略歴

キャロル・クルック

　キャロル・クルックは、ボストン大学で盲ろう者教育の修士号を取得。パーキンス盲学校の盲人プログラムでは、クラス担任、プリスクールプログラムのヘッドティーチャー、アシスタント・スーパーバイザー、教育評価チームのメンバーとして、コミュニケーションスキルの評価や診断に従事。

　キャロルは、ヒルトン／パーキンズ・プログラムで盲ろう者プログラムとのリエゾン、インターナショナル・エデュケーショナル・リーダーシップ・プログラムの講師。また、東欧やラテンアメリカのプログラムのコンサルタントとしても活躍し、1998年には、盲ろう児の教育への多大な貢献により、アン・サリバン・メダルを受賞。
（訳者追記　現在（2021年）は既にリタイアされている。）

カレン・オルソン

　カレン・オルソンは、ボストン・カレッジで盲ろう重複障害者教育の修士号を取得。現在、コネチカット州の盲人教育・支援委員会（BESB: Board of Education and Services for the Blind）のプリスクール・コンサルタント。また、コネチカット州のニューイングランド盲ろう者サービスセンターで、盲ろう児の親や先生への技術支援やコンサルティングに従事。

　パーキンス盲学校の盲ろう者プログラムで、指導者と家庭保護者のほか、ニューイングランド盲ろう者サービス

センターとパーキンス・プリスクール・プログラムとの共同プロジェクトで乳幼児向けのアウトリーチ指導に従事。また、ワシントンD.C.のギャローデット・モデル・セカンダリー・スクールでも教員として従事。

（訳者追記　現在（2021年）は既にリタイアされている。）

クリスティーナ・カストロ

　クリスティーナ・カストロは、ワシントン大学の中央ろう学校（ミズーリ州）で音声・聴覚学の修士号を取得。またレスリー大学で異文化関係の上級大学院研究の証明書（CAGS: Certificate of Advanced Graduate Studies）を取得。また、パーキンス盲学校の教師養成プログラムを修了。

　パーキンスの盲ろう者プログラムでは最初は教員として、後に盲ろう者プログラムのアシスタントスーパーバイザーとして長年勤務。インターナショナル・エデュケーショナル・リーダーシップ・プログラムにも従事。また、ボストンカレッジで盲ろう児の言語発達について講義を行った。

　クリスティーナは現在は引退し、ボストンのフィリピン人コミュニティでの文化活動に積極的に参加。また、フィリピンの音楽グループと共に世界各地を回っている。

訳者略歴

岡本 明

1967年　慶応義塾大学工学部卒業、(株)リコー入社。ヒューマンインタフェース、障害支援機器の研究開発等に従事。情報通信研究所副所長ほかを歴任。

2001年　筑波技術短期大学（現 筑波技術大学）教授。

2010年　筑波技術大学 名誉教授。公立はこだて未来大学客員教授、芝浦工業大学非常勤講師ほかを歴任。

ヒューマンインタフェース学会名誉会員、電子情報通信学会会員、全国盲ろう教育研究会会員、（社会福祉法人）全国盲ろう者協会評議員、（NPO法人）全国盲ろう児教育・支援協会監事ほか。

訳・著書にD・ノーマン著『誰のためのデザイン　増補改訂版』新曜社（共訳）、L・スキャッデン著『期待を超えた人生』慶應大学出版会、『音声コミュニケーションと障害がい者』コロナ社（共著）ほか。博士（工学）、社会福祉士。

山下志保

2021年　東京学芸大学教育学部C類特別支援教育教員養成課程卒業。特別支援学校教諭一種免許、小学校教諭一種免許、幼稚園教諭一種免許取得。同年、（社会福祉法人）全国盲ろう者協会職員、（NPO法人）全国盲ろう児教育・支援協会職員（兼務）。委託事業「特別支援教育に関する実践研究充実事業」ほかに従事。

2019年〜2020年　同大学在学中にスウェーデンのヨーテボリ大学へ交換留学。課外活動として盲ろうに関係のある施設で、スウェーデンの盲ろう児や盲ろう者への福祉的サービス、教育的サービスなどを学ぶ。

亀井 笑

2009年　東京女子大学文理学部数理学科卒業。同年、東京都立中央ろう学校教諭。

2015年　東京都立久我山青光学園視覚障害教育部門教諭。

2017年　（社会福祉法人）全国盲ろう者協会にて盲ろう児支援に従事。パーキンス盲学校 へ留学、Educational Leadership Programにて盲ろう教育における理論と実践を学ぶ。

2020年　オランダのフローニンゲン大学行動・社会科学部教育科学学科修士課程 Communication and Deafblindness 修了、教育科学修士号取得。

2021年 王立オランダ・ケンタリス、小学校でケアワーカーとして盲ろう児、聴覚重複障害児、医療的ケア児の支援に従事。同年、筑波大学附属視覚特別支援学校教諭。

テキストデータ
『盲ろう児コミュニケーション教育・支援ガイド』
引換券
明石書店

【協力】

社会福祉法人　全国盲ろう者協会

1991 年に、盲ろう者の福祉向上を目的とした我が国唯一の社会福祉法人として設立。目と耳に重複して障害を持つ全国の盲ろう者を支援するために様々な活動を展開している。

（連絡先）TEL 03-5287-1140 ／ FAX 03-5287-1141
MAIL info@jdba.or.jp　　URL http://www.jdba.or.jp/

特定非営利活動法人　全国盲ろう児教育・支援協会

2019 年に、盲ろう児支援のための全国的な活動を展開することを目的として設立。全ての盲ろう児が、その子らしく伸び伸びと成長し、幸せな人生を送ることのできる社会の実現を目指して、盲ろう児に関する啓発や盲ろう教育の推進などに向けた活動を進めている。

（連絡先）TEL 03-5287-1140 ／ FAX 03-5287-1141
MAIL jdbcy-info@jdba.or.jp　　URL http://www.jdba.or.jp/jdbcy/

盲ろう児コミュニケーション教育・支援ガイド
── 豊かな「会話」の力を育むために

2021 年 12 月 25 日　　初版第 1 刷発行

編著者	バーバラ・マイルズ
	マリアンヌ・リジオ
訳　者	岡　本　　　明
	山　下　志　保
	亀　井　　　笑
発行者	大　江　道　雅
発行所	株式会社 明石書店

〒 101-0021 東京都千代田区外神田 6-9-5
電　話　03（5818）1171
FAX　03（5818）1174
振　替　00100-7-24505
https://www.akashi.co.jp

装　　丁	明石書店デザイン室
印　　刷	株式会社文化カラー印刷
製　　本	協栄製本株式会社

（定価はカバーに表示してあります）　　ISBN978-4-7503-5304-3

〈価格は本体価格です〉

盲ろう者として生きて

指点字によるコミュニケーションの復活と再生

福島 智 著

A5判／上製／520頁 ◎2800円

幼くして視覚を、ついで聴覚を喪失し、深い失意と孤独の中に沈んでいた著者が「指点字」という手段によって他者とのコミュニケーションを回復し、再生するに至るまでを綿密に分析した自伝的論文。

内容構成

第Ⅰ部　盲ろう者研究と本書の性格
第1章●「盲ろう者」という存在と先行研究の概況／第2章●本研究の目的と方法

第Ⅱ部　福島智における視覚・聴覚の喪失と「指点字」を用いたコミュニケーション再構築の過程
第3章●失明に至るまで／第4章●失明から失聴へ／第5章●失聴へ／第6章●聴力低下と内面への沈潜／第7章●「指点字」の考案／第8章●学校復帰─指点字を中心とした生活の始まり／第9章●再び絶望の状態へ─集団の中での孤独な自己の発見／第10章●再生─指点字通訳によるコミュニケーションの再構築

第Ⅲ部　分析と考察
第11章●文脈的理解の喪失と再構築の過程／第12章●根元的な孤独とそれと同じくらい強い他者への憧れの共存

ハーベン　ハーバード大学法科大学院初の盲ろう女子学生の物語

ハーベン・ギルマ 著

斎藤愛、マギー・ケント・ウォン 訳

■四六判／上製／368頁 ◎2400円

「視界なき現代に盲ろう女性が放つ心のサーチライト。空前の回想録。」福島智氏推薦！

障害を革新のチャンスと捉え、すべての人のアクセシビリティ向上をめざす弁護士として活躍する盲ろう女性・ハーベンのぞくぞくする体験をユーモアあふれる表現で綴った回想録。

内容構成

父が連れ去られた日──1995年夏 エチオピア アディスアベバ
ばかげた性差別とばかげた雄牛──2001年夏 エリトリア アスマラ
アフリカの夜に途方にくれる──2004年春 マリ ケグネ村
盲目を積極的に捉えるポリシー──2006年春 ルイジアナ州ラストン
唯一、信じられるおとぎ話──2006年秋 オレゴン州ポートランド
氷山の上までついてくるほどの〝愛〟──2010年冬 アラスカ州ジュノー
ハーベン大学法科大学院初の盲ろう学生──2010年秋 マサチューセッツ州ケンブリッジ
ホワイトハウスでのアメリカ障害者法記念式典──2015年夏 ワシントンDC

ほか

〈価格は本体価格です〉